中国社会科学院老年学者文库

潮阳方言研究

张盛裕／著

社会科学文献出版社
SOCIAL SCIENCES ACADEMIC PRESS (CHINA)

前　言

本人1941年因家乡潮阳遭受日寇骚扰，人民不得安生，便随父亲经厦门逃难到上海上小学和中学，大学考入北京大学中国语言文学系，被分配在语言专修科就读，学成后到中国科学院（1977年中国科学院哲学社会科学部改为中国社会科学院）语言研究所方言研究室工作，继续专攻方言，1988年7月评为研究员，10月起享受政府特殊津贴。

1960年起本人确定主攻方向为闽语。先从家乡话入手，曾数度到潮阳实地调查，一去就是几个月。有幸有缘有福，请到林敬之、姚翔宇、林厚梧、洪采石等几位比较理想的发音合作人。几位老先生当时虽年事已高，但均能以己之长补人之短，个个生龙活虎，思维敏捷，精神抖擞，谈笑风生，深深感染了后学的治学精神，使后学有热忱不断的钻研劲儿，对潮阳音韵系统才能步步深入，一钻再钻，本书就是学习成绩的汇报。

本书前几篇文章得益于李荣先生的指导，象声词一文在通信交往中受益于朱德熙先生的指点，均专此以示鸣谢。本书的出版得到中国社会科学院离退休干部工作局2010年初夏出版资助，特此致谢。还要深深感谢潮阳县人民政府、教育局和文化馆的协助和支持。

张盛裕

2013年8月1日

四位主要发音合作人的简况和诗作

姓名 林敬之

年龄 62

原籍 潮阳县棉城镇平东乡（平东乡太和巷 3 号）

职业 曾任教潮阳高级中学，现退休

教育程度 中等程度

幼年语言环境 一直住棉城

本地有几种语言 关埠、半客、棉城、内山（农村）

本人所说的是哪种 棉城话

姓名 姚翔宇

年龄 65

原籍 潮阳县棉城镇平东乡（平东乡郑厝地巷 1 号）

职业 退休在家

教育程度 中师程度

幼年语言环境 一直住棉城，曾任教职 40 年，师友学生多本县人

本人所说的是哪种 棉城话

姓名 林厚梧

年龄 65

原籍 潮阳县棉城镇平东乡（平东乡大有门 15 号）

职业 曾任潮阳高级中学职员，现退休

教育程度 全日制师范生

幼年语言环境 早年在潮州读书，后在汕头商界任职，解放后在学校
任职

本人所说的是哪种 兼能说广州话

姓名 洪采石

年龄 58

原籍 广东省潮阳县棉城镇兴归大队

职业 写字

教育程度 中等

幼年语言环境 一向住棉城

本地有几种口音 绝大部分是棉城口音，少数汕头、揭阳、潮安、澄海等口音

本人所说的是哪一种 棉城话

赠张君盛裕返北京

专攻语学探音源，
地北天南不惮烦。
三月共研承教益，
寒梅时节别归辕。

林敬之

1963 年 12 月 12 日

送张盛裕同志北归

仆仆风尘收语音，
领南燕北幸相寻。
探源穷本别讹谬，
析韵分声有轨箴。
文化推驰深倚赖，
空疏借重乐长临。
寒梅竟欲迎归驾，
苦乏阳关一曲吟。

姚翔宇

1963 年 12 月 13 日

赠张盛裕先生

其一

羡君国府观风使，为采方言到此乡。

岭海乡音多俚俗，远征民族衍流长。

其二

研究切磋明俗雅，质疑问难愧刍荛。

音标汇集汪洋广，洞悉语言演变潮。

其三

聚首言欢亲采范，追随教益觉前缘。

高轩他日再临莅，畅叙风生忆此年。

林厚梧

1963 年 11 月

送别张盛裕先生旋北京"步敬老韵"

敲音尤韵究流源，

雅俗方言搜集烦。

座末附培亲教益，

骊歌逸响绕回辕。

林厚梧

1963 年 12 月 14 日

率上 張盛禮同志 并希哂正

憐魚文雅又首途同人詩
贈我慚無卿將俚語表
微意藉祝功成及後延

公元一九六三年十二月十四日浮惠
張同志回京期近同人都賦詩送
別我素東營學為詩因情之所發
敬撰蕪址不計工拙聊志景仰
云爾

棉城渾采石學

目　录

第一章　潮阳方言的语音系统[*]

潮阳县位于广东省东南沿海，东南临南海，西南与惠来县相接，西连普宁县，北接揭阳县，东北隔榕江出海口的内海湾牛田洋和汕头市毗邻，面积约 1300 平方公里，人口 150 多万。

潮阳话是潮州方言的一种，属于闽南方言，统称潮州话。潮阳全县都说潮州话，^① 县境南部的大南山和北部的小北山小部分地区数万人说客家话，但他们大多数也会说潮州话。县城棉城镇，位于县境东南，是全县政治、经济、文化和交通的中心。潮阳方言内部略有差别，本文所说以县城棉城话为准。

2003 年 1 月 29 日经国务院批准，撤销县级潮阳市，分别设立汕头市潮阳区和潮南区。

本章将分声母、韵母和声调三部分介绍潮阳方言的语音系统。［b l g m n ŋ］和韵母的拼合关系在第二部分介绍。

本书用方框"□"表示有音而无适当的字形可写。举例时用曲线"～"当作替代号，表示复举本条目的单字。

一　声母

潮阳话有 18 个声母，包括零声母在内：

p pʻ b m t tʻ l n ts tsʻ s z k kʻ g ŋ h Ø

---

* 原载《方言》1981 年第 1 期。

① 潮州话广义指潮州方言，狭义指潮州地区某一个县市的方言，或专指潮州市方言。这里指的是潮阳方言。

［p pʻ b m］四母有些人逢合口呼韵母读成［pf pfʻ bv ɱ］，逢齐齿呼、开口呼还读［p pʻ b m］。

［ts tsʻ s z］四母拼齐齿呼韵母都有比较明显的腭化现象，近似前舌面龈腭音［tɕ ɕ ʑ］。

［k kʻ ŋ h］五母拼齐齿呼韵母时，发音部位偏前，近似前舌面硬腭音［c cʻ ɲ ç］。

零声母开头有紧喉作用，就是带喉塞音［ʔ］，不过，带不带喉塞音并不对立。本文零声母列表时用［∅］，拼音时省去不写，也不写［ʔ-］。

［b l g］前略带同部位鼻音。[l] 介乎边音［l］和塞音［d］之间。

声母举例：

［p］北京 pak˩ ｜ kiã˥ ｜ 方刀 paŋ˥ ｜ to˥ 菜刀 ｜ 哺 pou˩ 嚼 ｜ 缚 pak˩ 绑，捆

［pʻ］拍 pʻaʔ˩ 打 ｜ 芳 pʻaŋ˥ 香 ｜ 水藻 tsui˥˩ pʻio˥ 浮萍 ｜ 浮酵 pʻu˥˩ kã˧ 发酵

［b］马公 be˥˩ kaŋ˥ 公马 ｜ 米碎 bi˥˩ tsʻui˥ 碎米 ｜ 拍雾 pʻaʔ˩ bu˩ 下雾 ｜ 尾 buey˥ 尾巴

［m］面 miŋ˩ 脸 ｜ 猛 mẽ˥ 快 ｜ 探问 tʻam˥˩ mŋ˩ 打听 ｜ 网纱胜① maŋ˧˥ se˧ la˩ 网油

［t］刀砧 to˥ tiam˥ 菜墩子 ｜ 豆粉 tau˩˧ huŋ˥ 粉丝 ｜ 贮饭 tiu˥˩ pŋ˥ 盛饭 ｜ 箸 tu˩ 筷子 ｜ 茶滓 te˥˩ tai˥ 茶锈 ｜ 该你乜事 kai˥ lu˥˩ mĩʔ˩ tai˩ 关你什么事 ｜ 鹿茸 tek˥ zioŋ˥

［tʻ］透风 tʻau˥˩ huaŋ˥ 刮风 ｜ 涂墩 tʻou˥ tuŋ˥ 土堆 ｜ 柴配抽 tsʻa˥ pʻuey˥ tʻiu˥ 铇花 ｜ 蛇② tʻe˩ 海蜇 ｜ 炉窗 lou˥˩ tʻeŋ˥ 炉算子 ｜ 筛斗 tʻai˥ tau˥ 筛子

［l］落雹 loʔ˥ pʻak˩ 下雹子 ｜ 腹内 pak˩˥ lai˩ 动物的内脏 ｜ 吞忍 tʻuŋ˥ luŋ˥ 忍气吞声

［n］猫娘 ŋiãu˥ niõ˥ 女猫 ｜ 篮团 nã˥ kiã˥ 小篮子 ｜ 染衫裤 nĩ˥˩ sã˧ kʻou˩ 染衣服

［ts］迹 tsiaʔ˩ 疤，痕迹 ｜ 矮矬矮矬 oi˥˩ tso˥ oi˥˩ tso˥ 形容身材矮 ｜ 截截旋 tsaʔ˩ tsaʔ˩ tsŋ˥ 徘徊 ｜ 知影 tsai˥ iã˥ 知道 ｜ 冲撞 tsʻoŋ˥ tsuaŋ˧ 得罪，冒犯 ｜ 食斋 tsiaʔ˥ tse˧ 吃素 ｜ 添状 tʻiam˥ tsuaŋ˧ 添枝加叶 ｜ 掌更 tsiõ˥˩ kẽ˧ 守夜 ｜ 舌 tsiʔ˥ 舌头 ｜ 水鸡 tsui˥˩ koi˥ 青蛙 ｜ 石 tsioʔ˩ 石头 ｜ 爬痒 pe˥ tsiõ˧ 挠痒痒 ｜ 薪水 tsiŋ˥ tsui˥

_____

① 《集韵》平声豪韵："朥，肠指"，郎刀切。今从俗写作"胜"。

② 《广韵》去声祃韵："蛇，水母也，一名蝷，形如羊胃，无目，以虾为目，除驾切。"《集韵》："蛇，除驾切，虫名。《南越志》：'水母东海谓之蛇。'"

[ts'] 菜头 ts'ai˦ t'au˧ 萝卜 | 半蹲倚 puã˧ ts'ŋ˩ k'ia˨ 半蹲着 | 粟 ts'ek˨ 稻谷 | 饲猪 ts'˥ tu˧ 养猪，喂猪 | 痴哥 ts'i˦ ko˧ 傻子 | 橙 ts'eŋ˧ 橙子 | 疮嘴 ts'ŋ˧ ts'ui˨ 疮口 | 柴 ts'a˧ 木头 | 臭酸 ts'au˨ sŋ˧ 馊 | 拭 ts'ik˨ 擦 | 树泥鞋 ts'iu˥ nĩ˩ oi˧ 胶鞋

[s] 洗浴 soi˥ ek˧ 洗澡 | 泅水 siu˧ tsui˨ 游泳 | 通柿 t'aŋ˧ sai˨ 柿子 | 衰 sue˧ 倒霉 | 合扇 hap˩ sĩ˨ 折扇 | 豉油 si˥ iu˧ 酱油 | 翼 sik˧ 翅膀

[z] 出日天 ts'uk˩ zik˧ t'ĩ˧ 晴天 | 放尿 paŋ˧ zio˨ 小便 | 杖枝 ziaŋ˥ ki˧ 衰杖 | 骹爪 k'a˦ ziau˨ 爪子 | 池沼 ti˧ ziau˨ | 鱿鱼 ziu˧ hu˧ | 相悦 sio˦ zua?˨ 男女相爱

[k] 广东 kŋ˦ taŋ˧ | 妗 kim˨ 舅母 | 咬① ka˨ | 铰刀 ka˦ to˧ 剪子 | 易 koi˧ 容易

[k'] 挈阄 k'io?˩ k'au˧ 抓阄 | 园 k'ŋ˨ 藏 | 俭 k'iam˨ 节约 | 薅菜头 k'au˧ ts'ai˦ t'au˧ 拔萝卜 | 杏仁 k'eŋ˥ ziŋ˧ | 齿 k'i˨ 牙齿 | 轧碎 k'oi?˩ ts'ui˨ 压碎，碾碎

[g] 鹅公 go˧ kaŋ˧ 公鹅 | 月娘 gue?˩ niõ˧ 月亮 | 袜 gue?˧ 袜子

[ŋ] 生雅 sẽ˦ ŋiã˨ 长相漂亮 | 砚池 ŋĩ˥ ti˧ 圆形砚台 | 阎 ŋiam˧ 姓 | 猫牯 ŋiãu˦ kou˨ 男猫

[h] 走风 tsau˨ huaŋ˧ 漏气 | 番梨 huaŋ˧ lai˧ 菠萝 | 腐枝 hu˥ ki˧ 腐竹 | 连 hiã˧ 姓 | 枭鸟 hiau˦ tsiau˨ 猫头鹰 | 墟 hu˧ 集市 | 蚁 hia˨ 蚂蚁 | 蚶 ham˧ 蚶子 | 后生 hau˥ sẽ˧ 年轻 | 雨遮 hou˥ tsia˧ 雨伞 | 叶 hio?˧ 叶子 | 耳 hĩ˨ 耳朵 | 岁声 hue˨ siã˧ 岁数

[∅] 后倚 au˥ ua˨ 椅子背儿 | 沃雨 ak˩ hou˨ 淋雨 | 芋 ou˧ 芋头 | 铅笔 iaŋ˧ pik˩ | 锅囝 ue˦ kiã˨ 小铝锅儿 | 枵 iau˦ 饿 | 卧铺 õ˥ p'ou˧

二 韵母

潮阳话有九十个韵母，合音字专用和象声字专用的韵母除外，见表1-1。[b l g m n ŋ] 和韵母的拼合关系，见表1-2。表1-2里加号"+"表示能拼，减号"-"表示不能拼。我们先讨论韵母的构造和音值，然后讨论 [b l g m n ŋ] 和韵母的拼合关系。

---

① "咬"字《广韵》五巧切，《集韵》下巧切。潮阳方言用下巧切的音，普通话用五巧切的音。

潮阳话韵母系统整齐，看表1-1可以一目了然。表里竖行按主要元音是否鼻化和韵尾分类。横行按主要元音和有无介音分类。这九十个韵母由十个元音和五个辅音组成。十个元音是五个口元音 ［i e a o u］ 和相当的鼻化元音 ［ĩ ẽ ã õ ũ］。五个辅音是 ［m ŋ p k ʔ］。

口元音和鼻化元音唇舌位置相同。［i u］ 比标准元音略开，［e］ 介乎标准元音 ［e ɛ］ 之间，［o］ 介乎标准元音 ［o ɔ］ 之间，［a］ 介乎标准元音 ［a ɑ］ 之间而略偏后。

五个口元音都可以单独作韵母。高元音 ［i u］ 还可以作介音和韵尾。第1~3行都是口元音韵母。第1行是开尾韵，第2行是 ［i］ 尾韵，第3行是 ［u］ 尾韵。［ui］ 是主要元音 ［u］ 带 ［i］ 韵尾，［iu］ 是主要元音 ［i］ 带 ［u］ 韵尾。

第4~6行是和第1~3行相当的鼻化元音韵母。这三行韵母不单主要元音鼻化，介音和韵尾也都鼻化。为书写方便，只在主要元音上标明鼻化。主要元音鼻化，介音和韵尾也鼻化。［ũĩ］ 是主要元音 ［ũ］ 带 ［ĩ］ 韵尾，［ĩũ］ 是主要元音 ［ĩ］ 带 ［ũ］ 韵尾。

第1~6行韵母加喉塞音韵尾就成为第9~14行韵母。［aiʔ uiʔ uaiʔ ouʔ］ 和 ［iõʔ ũʔ uãʔ ũĩʔ uãĩʔ õuʔ］ 十韵未见。入声韵母和舒声韵母相比，有十个空白。要是这些空白都有字，潮阳整整有一百个韵母。

［m ŋ］ 韵尾都只拼口元音，不拼鼻化元音。第7行 ［m］ 韵尾改成 ［p］ 韵尾就成为第15行韵母，第8行 ［ŋ］ 韵尾改成 ［k］ 韵尾就成为第16行韵母。

［ʔ］ 韵尾和 ［m ŋ p k］ 韵尾的不同在于：［ʔ］ 韵尾可以拼口元音和鼻化元音，［m ŋ p k］ 韵尾只拼口元音，不拼鼻化元音。［i u］ 韵尾后可以再带 ［ʔ］ 韵尾，但不能再带 ［p k］ 韵尾。

表1-1第1至第8竖行是舒声韵母，第9至第16竖行是入声韵母。表1-2表头第1横行是韵母分类，第2横行的数目是韵母表竖行次第。

表 1-1　潮阳韵母表

舒声韵								入声韵							
口音			鼻音			口音+m或ŋ		口音+ʔ			鼻音+ʔ			口音+p或k	
1	2	3	4	5	6	7	8	9	10	11	12	13	14	15	16
a	ai	au	ã	ãi	ãu	am	aŋ	aʔ		auʔ	ãʔ	ãiʔ	ãuʔ	ap	ak
e			ẽ				eŋ	eʔ			ẽʔ				ek
o	oi	ou	õ	õi	õu	om	oŋ	oʔ	oiʔ		õʔ	õiʔ		op	ok
˙i		iu	ĩ		ĩu	im	iŋ	iʔ		iuʔ	ĩʔ		ĩuʔ	ip	ik
ia		iau	iã		iãu	iam	iaŋ	iaʔ		iauʔ	iãʔ		iãuʔ	iap	iak
io			iõ				ioŋ	ioʔ							iok
u	ui		ũ	ũi			uŋ	uʔ							uk
ua	uai		uã	uãi		uam	uaŋ	uaʔ						uap	uak
ue			uẽ				ueŋ					uẽʔ			uek
			m								mʔ				
			ŋ								ŋʔ				

表 1-2　潮阳 [b l g m n ŋ] 和韵母的拼合关系表①

声母＼韵母		口音韵			鼻音韵			"口音+ʔ"韵			"鼻音+ʔ"韵			m尾韵	p尾韵	ŋ尾韵	k尾韵
		1	2	3	4	5	6	9	10	11	12	13	14	7	15	8	16
口音声母	b													−		+	
	l		+			−			+			−			+		
	g													−	+	−	+
鼻音声母	m													−		+	
	n		−			+			−			+				+	
	ŋ															+	

　　舒声韵母开尾，或带元音尾（[i u]），或带鼻音尾（[m ŋ]）。入声韵母带塞音韵尾 [ʔ p k]，比舒声韵母短。

　　表 1-1 第 4 竖行 [m ŋ] 两韵是鼻音作韵母，第 12 竖行 [mʔ ŋʔ] 两韵是鼻音带 [ʔ] 尾作韵母。[m ŋ] 作韵母或韵母的主要成分，通常在 [m] 下 [ŋ] 上加成音节符号，写成 [m̩ ŋ̍]，本文一律略去成音节符号。比如 [m ŋ]（[m̩ ŋ̍]）是 [m] 声母拼 [ŋ] 韵母，[n ŋ]（[n̩ ŋ̍]）是 [n] 声母拼 [ŋ] 韵母。

_____

① 潮阳话口音浊声母 [z] 和韵母的拼合关系跟 [l] 一样。

[m] 韵只拼零声母和 [h] 声母。例如："唔 不"［ˊmↃ］，"□ 用棒槌或拳头打人"［hmˀ］。[mˀ] 韵只拼 [h] 声母。例如："□ 用棒槌或拳头打人"［hmˀↄ］。

[h] 拼 [m mˀ] 两韵时是 [m̥]，[hm]（［m̥m］）实际上是一个先清后浊的 [m]，[hmˀ]（［m̥mˀ］）就再带 [ˀ] 韵尾。

[ŋ] 韵除拼零声母外，还可以和 [p m t tʻ n ts tsʻ s k kʻ h] 等十一个声母相拼。例如：秧 下~种 ₍ŋㆩ｜饭 ~疮，锅巴 pŋↄ²｜门 ₍mŋㄱ｜撞 ~着，碰见 tŋↄ²｜糖 ₍tʻŋㄱ｜软 ₍nŋↄ｜砖 tsŋㆩ｜床 桌子 ₍tsʻŋㄱ｜霜 落~，下~ ₍sŋㆩ｜钢① kŋↄ²｜糠 ~团，细~ ₍kʻŋㆩ｜园 菜~或果~ ₍hŋㄱ。

[ŋˀ] 韵只拼零声母、[t] 和 [h] 声母。例如：□ 睡觉 ŋˀㄱↄ｜□ ~着，身体向后摔着 tŋˀↄ｜□ ~鼻，擤鼻涕 hŋˀㄱↄ。

[h] 拼 [ŋ ŋˀ] 两韵时是[ŋ̥]，[hŋ]（［ŋ̥ŋ］）是一个前清后浊的 [ŋ]，[hŋˀ]（［ŋ̥ŋˀ］）就再带 [ˀ] 韵尾。

[kŋ] 的 [k] 和 [ŋ] 密切接合，[k] 除阻在 [ŋ] 成阻之后，就是声带颤动软腭下垂之后，舌根才离开软腭。[kʻŋ] 的 [kʻ] 和 [ŋ] 也密切接合，[kʻ] 除阻送气在 [ŋ] 成阻之后，就是声带颤动软腭下垂之后，舌根才离开软腭，才送气。

[p m t tʻ n ts tsʻ s] 等八个声母拼 [ŋ] 韵母，中间有过渡音 [ə]，不过韵母的主要成分还是 [ŋ]，不是 [ə]。本文略去 [ə] 不写。

[t] 拼 [ŋˀ] 的时候，中间也有过渡音 [ə]，本文也略去不写。

潮阳话里口音带 [ˀ] 尾的入声韵和口音带 [k] 尾的入声韵是对立的，表 1–1 第 9 竖行九韵和第 16 竖行九韵只有 [ˀ] 尾和 [k] 尾的差别。现在分别对比举例如下：

ˀ 尾 韵			k 尾 韵	
鸭	aˀↄ	≠	沃 ~水，浇水	akↄ
册 书~，书本儿	tsʻeˀↄ	≠	粟 稻谷	tsʻekↄ
啄 ~木鸟	toˀↄ	≠	斫 用刀剁	tokↄ
碟 ~团，~子	tiˀㄱↄ	≠	直	tikↄ
籴 买粮食	tiaˀㄱↄ	≠	侄 ~子	tiakㄱↄ
药 铳~，弹药	ioˀㄱↄ	≠	育 教~	iokㄱↄ

---

① "钢"字潮阳方言读阴去，相当于《广韵》古浪切，北京读阴平，相当于《广韵》古郎切。

ʔ 尾 韵		k 尾 韵	
腯 矮~，矮~，又矮又胖	tuʔ˥˩	≠ 术 白~，中药名	tuk˥˩
活	uaʔ˥˩	≠ 粤 广东省的别称	uak˥˩
划 计~	ueʔ˥˩	≠ 获 收~	uek˥˩

潮阳话里，鼻音带［ʔ］尾的韵母（韵母表第 12～14 竖行）字比较少，并且往往没有现成的写法。但是这些韵母和口音带［ʔ］尾的韵母还是对立的。例如：

口 音 韵 加 ʔ 尾		鼻 音 韵 加 ʔ 尾	
押 ~车	aʔ˥˩	≠ □ ~~实，很密	ãʔ˥˩
宅 厝~，住~	tʻeʔ˥˩	≠ □［nẽʔ̩ ~］啰唆	tʻẽʔ˥˩
撮 ~囝，一点儿	tsʻoʔ˥˩	≠ □ ~骂人，骂人爹娘	tsʻõʔ˥˩
□［~ kʻiʔ̩］凶野，利害	liʔ˥˩	≠ 瞑 ~目，眨眼	nĩʔ˥˩
歇 ~凉，乘凉	hiaʔ˥˩	≠ □ ~凉，掀开被子使身体凉爽	hiãʔ˥˩
尺	tsʻioʔ˥˩		
腯 肥~肥~，胖乎乎的	tʻuʔ˥˩		
阔 宽	kʻuaʔ˥˩		
□ 泡沫	pʻueʔ˥˩	≠ 物 ~件，东西；弄	muẽʔ˥˩
		□ 用棒槌或拳头打人	hmʔ˥˩
		□ 睡觉	ŋʔ˥˩
		□ ~~，稠而黏	ŋãiʔ˥˩
狭 路~~，形容路狭窄	oiʔ˥˩	≠ □ 面~~，形容脸瘦	õiʔ˥˩
□ 大嘴大~，形容抢着吃	auʔ˥˩	≠ □ 硬~硬~，坚硬	ãuʔ˥˩
发 ~芽	piuʔ˥˩	≠ □ ~芽，嫩芽	ĩuʔ˥˩
跃 ~碾斗，翻跟斗	iauʔ˥˩	≠ □ 捲	iãuʔ˥˩

表 1-1 已说明，潮阳话中无［aiʔ］韵，又无［iõʔ ũ uãʔ］韵，［mʔ ŋʔ］两韵又没有相配的口音带［ʔ］尾韵母。所以上列十六竖行例字有六处是空位。十竖行对比的例字中，八竖行声母都相同，只有两竖行（［ueʔ： uẽʔ；iuʔ：ĩuʔ］）声母不同。［ueʔ］韵不拼［m n］，［uẽʔ］韵只拼［m n］，［iuʔ］韵没有零声母字，只和［p t k］三个声母相拼，［ĩuʔ］韵只有零声母字和［h］母字，不和其他声母相拼。所以这两对韵母只能举声母不同的例字。

［b l g］三母和［m n ŋ］三母的音韵地位需要讨论。某些闽南方言，如厦门话，这两套声母分别互补，［b l g］是口音，只拼口音韵母，［m n ŋ］是

鼻音，只拼鼻音韵母，只要把韵母的口音鼻音分开，［b l g］和［m n ŋ］就可以合并为三个声母。合并以后成为十五个声母（包括零声母在内），就是所谓十五音。厦门有的人［dz l］不分，就是十四个声母，厦门［dz］大致相当于潮阳的［z］。潮阳方言［b l g］和［m n ŋ］的分布情况不完全互补，有时对立，不能合并。这两套声母和韵母的拼合关系如表1－2。

如表1－2前四竖栏所示，口音声母拼口音韵母，鼻音声母拼鼻音韵母。［b l g］三母能拼口音韵和“口音加ʔ”韵，不拼鼻音韵和“鼻音加ʔ”韵；［m n ŋ］三母能拼鼻音韵和“鼻音加ʔ”韵，不拼口音韵和“口音加ʔ”韵。例如：

磨 ～刀	꜁bua˥	≠	麻 油～，芝麻	꜁muã˥
亩	꜀bou˧˩˧	≠	某 ～个，某人	꜂mõu˧˩˧
麦 小～	beʔ˥꜇	≠	脉 拍～，号脉	mẽʔ˥꜇
内 家里	꜃lai˨˩˧	≠	耐	꜁nãi˨˩˧
利 锋利	lai˩꜅	≠	棟 苦～	nãi˩꜅
邋［～tʻaʔ꜆］～遢，不整洁	laʔ˩꜆	≠	□［～sap꜆］脏	nãʔ˩꜆
鹅	꜁go˥	≠	娥 嫦～	꜁ŋõ˥
疑	꜁gi˥	≠	宜	꜁ŋĩ˥

又如：［ŋ］韵可以拼［m n］，如“问”［mŋ˩꜅］，“瓤 瓜～”［꜁nŋ˥］。［m mʔ ŋ ŋʔ］四韵都不拼［b l g］。

以上例子说明，在口音韵、鼻音韵、“口音加ʔ”韵和“鼻音加ʔ”韵这四类韵母前，［b l g］只拼口音，［m n ŋ］只拼鼻音，不对立。“音乐”有［꜀im˧ gauʔ˥꜇］、［꜀im˧ ŋãuʔ˥꜇］两个读法，“乐”字读［gauʔ˥꜇］是口音声母拼口音韵母，“乐”字读［ŋãuʔ˥꜇］是鼻音声母拼鼻音韵母。下面三个合音字的读法很有意思。

“嫒 不要”［mãi˥˧꜄］是“唔 方言字，不的意思”［꜃m˨˩˧］和“爱 要”［ãi˥˧꜄］的合音（［꜃m＋ãi꜄＞mãi꜄］）。

“㛪 不怕，不要紧，也写作覔”［mũi˥˧꜃］是“唔 不”［꜃m˨˩˧］和“畏 怕”［ũi˥˧꜄］的合音（［꜃m＋ũi꜄＞mũi˥˧꜄］）。

“𫠡 不会，也写作孬”［꜃boi˨˩˧］是“唔 不”［꜃m˨˩˧］和“会”［꜃oi˨˩˧］的合音（［꜃m＋꜃oi＞꜃boi］）。

从这三个合音字可以看出，［m］在［ãi ũi］前头保留［m］的读法，［m］在［oi］前头变成相当的口音［b］了。

还有一个合音字“孬”，虽然保留［m］的读法，但韵母却起了变化。

"孬 不好"［ᶜmõ˅］是"唔 不"［ᶜm˩］和"好"［ᶜho˅］的合音（［ᶜm ＋ᶜho ＞ ᶜmõ］）。

在这个合音字里，口音韵母［o］在［m］后头变成相当的鼻音韵母［õ］了。可见，这类合音字的读法，无论是声母起了变化（鼻音声母合音后变成口音声母：［m ＞ b］），还是韵母起了变化（口音韵母合音后变成鼻音韵母：［o ＞ õ］），声韵母的拼合总是受上述语音结构的规律所制约。

如表1–2后两竖栏所示，口音声母［b l g］和鼻音声母［m n ŋ］在［m］尾韵、［p］尾韵、［ŋ］尾韵和［k］尾韵前是对立的。例如：

望 名～	ᶜbuaŋ˩	≠	网	ᶜmaŋ˩
墨 笔～	bak˧	≠	目 眼睛	mak˥
淋 ～饭，舀羹汤浇饭	ᶜlam˧	≠	淋［～t'ŋˢ］涂上釉子	ᶜnam˧
笼 箱～	ᶜlaŋ˅	≠	俺 咱们	ᶜnaŋ˅
粒	liap˧˲	≠	捻①用水指捏	niap˧˲
绿	lek˧˲	≠	肉	nek˧˲
			癌	ᶜŋam˧
			银	ᶜŋiŋ˩
□ 次数多	giap˧˲	≠	业	ŋiap˧˲
玉	gek˧˲	≠	逆 ～风	ŋek˧˲

唇音声母［b m］都不拼闭口韵（［m］尾韵和［p］尾韵），所以没有在闭口韵前对立的情况。此外，还没有发现［g］母拼［m］尾韵和［ŋ］尾韵的实例，所以例字"癌"和"银"前头是空位。

既然［b l g］和［m n ŋ］在［m］、［p］、［ŋ］、［k］这四类尾韵前有对立，就得承认它们是两套不同的声母。在别的位置虽然互补，但也不能合并。因此，潮阳方言就有十八个声母，即所谓十八音。这是潮阳方言和某些只有十五个声母的闽南方言的显著差别。

传统的音韵学家也承认［b l g］和［m n ŋ］这两套声母有区别，如刘绎如在《新编潮声十八音》一书的序里说："十五音以'柳边求去地'等十五字为声母，而潮音应有十八声母，方足运用。"该书中所列十八音的十八个例字是：波［p］，粕［p·］，毛［m］，无［b］，各［k］，克［k·］，岳［ŋ］，曷［h］，大［t］，台［t·］，乃［n］，来［l］，子［ts］，此［ts·］，史［s］，耳［z］，乙［ɵ］，玉［g］。

---

① 《广韵》入声帖韵："捻，指捻"，奴协切。

韵母举例：

[a] 阿兄 a˦ hia˥ 哥哥｜柴梳 ts‘a˥˨ siu˥ 木梳｜岂有此理 k‘a˥˦ u˦˥ ts‘u˥˦ li˦｜相诮 sio˦ aˇ 吵嘴｜扣除 k‘a˥˥ tu˥｜□团 ba˦ kiã˥ 鳢鱼｜□粕 sa˥˥ p‘oʔ˦ 鱼饵

[e] 哑团 e˥˦ kiã˥ 哑巴｜茶米 te˥˨ bi˦ 茶叶｜斋菜 tse˦ ts‘ai˩ 素菜｜厕池 ts‘e˥˨ ti˥ 茅坑

[o] 蠔 o˥ 牡蛎｜河溪 ho˥˨ k‘oi˦ 天河｜锁匙 so˥˦ si˥ 钥匙｜臊菜 ts‘o˦ ts‘ai˩ 荤菜

[i] 伊 i˦ 他｜青苔 ts‘ĕ˦ t‘i˥ ｜剃头 t‘i˦˨ t‘au˥ ｜起厝 k‘i˥˦ ts‘u˦˩ 盖房子｜刺瓜 ts‘i˦˨ kue˦ 黄瓜｜死惰 si˥˦ tuã˦˩ 懒惰｜粙① t‘i˦ 粘｜□□zi˦˨ zi 形容微笑

[ia] 野 ia˦˩ 蛮横｜蔗 tsia˩ 甘蔗｜瓦瓴 hia˦˥ t‘aŋ˥ 筒瓦｜匏橀② pu˥˨ hia˦ 水瓢｜徛起 k‘ia˦˥ k‘i˥˩ 住｜□kia˩ 陛｜□k‘ia˦ 端东西｜□ia˩ 撒

[io] 舀 io˦˩｜烧水 sio˦ tsui˩ 热水｜粜米 t‘io˥˨ bi˩ 卖米｜撩 lio˥ 从液体面上舀取

[u] 有影 u˦˥ iã˦ 真的｜鱼春 hu˥˨ ts‘uŋ˦ 鱼子｜珠葱 tsu˦ ts‘aŋ˦ 葱花｜热壶 ziak˥˨ hu˥ 暖水瓶｜放肆 huaŋ˥˦ su˩ ｜跍 k‘u˦ 蹲｜□□lu˦˥ lu˩ 形容圆状物粗大｜□hu˦ 涂

[ua] 我 ua˦˩｜外口 gua˦˥ k‘au˦ 外面｜徒厝 sua˥˦ ts‘u˦˩ 搬家｜拖磨 t‘ua˦ bua˥ 劳碌｜鼎盖 tiã˦˥ kua˩ 铁锅盖｜□kua˦ 走路身子摇摆｜□ts‘ua˦ 歪

[ue] 菠薐 pue˦ leŋ˥ 菠菜｜焙火 pue˥˦ hue˦˥ 烤火｜花目 hue˦ mak˥ 老花眼｜被 p‘ue˩ 被子｜捼③ zue 用手指搓揉｜箠 ts‘ue˦ 鞭子｜缀钮 tue˦˨ nĩu˦ 钉扣子｜□ts‘ue˥ 寻找

[ai] 菜脯 ts‘ai˥˨ pou˦ 萝卜干｜下颏 e˦˥ hai˥ 下巴｜团婿 kiã˦˥ sai˩ 女

---

① 《广韵》平声支韵："黐，所以粘鸟"，丑知切。《集韵》注云："《博雅》，粘也，或作粙。"今写作"粙"。

② 《广韵》平声支韵："桸，杓也；蠵，蠡名"，许羁切。又戈韵："蠡，瓠瓢也"，热戈切。《集韵》平声支韵："橀，蠡也；瓟，瓠瓢也"，虚宜切。《方言》卷五郭璞注云："今江东通呼勺为橀。"玄应《一切经音义》卷十八："《三苍》，瓢，瓠勺也，江南曰瓢橀。""桸、蠵、橀、瓟"四字同音，义也相通，今写作"橀"。

③ 《广韵》平声灰韵："捼，手摩物也"，乃回切。又戈韵奴和切。"捼"字单就潮阳方言看，分不清是灰韵字还是戈韵字。

婿｜牛屎龟 gu˩ sai˥ ku˧ 蜣螂｜驶车 sai˥ tsʻia˧ 开车｜痞囝 pʻai˥ kiã˥ 浪荡子｜刣 tʻai˧ 杀，"刣"是方言字

[oi] 挨砻 oi˧ laŋ˩ 推砻，用砻去掉稻谷的外壳｜街招 koi˧ tsio˧ 广告｜鸡翁 koi˧ aŋ˧ 公鸡｜虾膎① he˩ koi˧ 虾酱｜□loi˥ 劈｜□kʻoi˥ 啃

[ui] 草围 tsʻau˥ ui˧ 柴火垛｜开嘴 kʻui˧ tsʻui˩ 开口说话｜碎票 tsʻui˩ pʻio˩ 零钱｜水蕹 tsui˥ eŋ˩ 种在池塘里的蕹菜｜助 tui˥ 用力拉｜桑□ sŋ˧ sui˧ 桑葚儿

[uai] 铜锣乖 taŋ˩ lo˩ kuai˧ 一种河豚｜拐骹② kuai˥ kʻa˧ 瘸子｜猛溜快 mẽ˥ liu˩ kʻuai˩ 形容干活儿快

[au] 后斗 au˥ tau˥ 后脑勺儿｜草猴 tsʻan˥ kau˩ 蝗螂｜觳 tʻau˥ 打开包儿或打开卷儿｜灶鸡 tsau˩ koi˧ 灶马儿｜□lau˧ 掺和｜□tsau˩ 均匀｜□tsʻau˩ 移动｜□kʻau˩ 刮削

[ou] 乌涂 ou˧ tʻou˧ 黑土｜斧头 pou˥ tʻau˩ 斧子｜斗意 tou˩ i˩ 故意｜恼 lou˥ 恨；讨厌

[iu] 柚子 iu˩ 柚子｜梳毛 siu˧ mõ˩ 梳头｜须 tsʻiu˧ 胡子｜抽刀 tʻiu˧ to˧ 刨子｜□tsʻiu˩ 擦

[iau] 晓 hiau˥ 懂｜铜铫③ taŋ˩ tiau˩ 铜制的铫子，烧水用｜搅扰 kiau˥ ziau˩｜捞面 liau˩ mĩ˩｜柱 tʻiau˩ 柱子｜白鹭鸶 peʔ˩ liau˩ si˧ 白鹭｜鼻齁齁④ pʻĩ˩ kʻiau˩ kʻiau˧ 仰鼻貌

[ã] 馅 ã˩ 馅儿｜怕光 pʻã˥ kŋ˧ 也指小孩儿羞亮儿｜酵包 kã˩ pau˧ 馒头｜松柏林 seŋ˩ peʔ˩ nã˧ 本县地名｜担粗 tã˧ tsʻou˧ 挑粪｜咟 tã˥ 说，"咟"是方言字｜衫襋⑤ sã˧ ŋ˥ 袖子

[ẽ] 张架势 tiõ˧ kẽ˩ si˩ 装模作样｜生口舌 sẽ˧ kʻau˥ tsiʔ˧ 争吵｜争头前 tsẽ˧ tʻau˩ tsãi˧ 争先｜性头 sẽ˩ tʻau˩ 脾气｜□tẽ˧ 阻挡｜□nẽ˧ 晾

[õ] 磨空 mõ˩ kʻaŋ˧ 磨脐儿｜目刺毛 mak˩ tsʻi˥ mõ˧ 眼睫毛｜倒望 to˥ mõ˩ 回头看

---

① 《广韵》平声佳韵："膎，脯也，肉食肴也"，户佳切。
② 《广韵》平声肴韵："跤，胫骨近足细处；骹，上同"，口交切。今写作"骹"，潮阳方言是脚和腿的意思。
③ 《广韵》去声啸韵："铫，烧器"，徒吊切。潮阳方言"铫"字读如端母阴去。
④ 《广韵》上声宥韵："齁，齁齁，仰鼻"，丘救切。
⑤ 《广韵》上声阮韵："襋"，於阮切。《集韵》注云："一曰袖耑屈。"《方言》卷四第3页下郭璞注曰："衣褾……江东呼襋，音婉。"（《广韵》上声小韵："褾，袖端"，方小切）

[ĩ] 椅 ĩ˅ 椅子｜挤密 tsĩ˥ bik˧ 挤满｜鼻空 p'ĩ˩ k'aŋ˧ 鼻孔｜耳耙 hĩ˥
pe˧ 耳挖子｜钱葱 tsĩ˩ ts'aŋ˧ 荸荠｜面线 mĩ˩ suã˅ 挂面｜臭丸
ts'au˅ ĩ˧ 樟脑丸｜秫圆 tsuk˧ ĩ˧ 糯米汤圆｜染乌 nĩ˥ ou˧ 染黑｜□
hĩ˅ 甩｜肥□肥□pui˧ nĩ˩ pui˧ nĩ˅ 形容肥胖

[iã] 纸影 tsua˥ iã˥ 一种木偶戏｜雅咀 ŋiã˥ tã˅ 说得好听｜骱篱 p'iã˩ li˧
两肋｜行恶 kiã˩ ak˧ 作恶｜饼药 piã˥ ioʔ˧ 肥皂｜鼎 tiã˥ 铁锅｜孥
囝 nãu˧ kiã˥ 小孩儿｜白饕 peʔ˧ tsiã˥ 淡而无味｜□ts'iã˧ 修描使整齐
美观｜□siã˥ 羡慕

[iõ] 样 iõ˩ 样子｜羊桃① iõ˧ to˧ 水果名｜亲像 ts'iŋ˧ ts'iõ˅ 好像｜乌鲳
ou˧ ts'iõ˧ 一种鲳鱼｜香柴 hiõ˧ ts'a˧ 檀香｜蛀蝉 tsu˅ iõ˧ 米象

[ũ] 相遇着 sio˧ ŋũ˥ tioʔ˧ 遇见｜龉龉② ŋũ˥ ŋũ˥ 说本地话方音不纯

[uã] 晏 nã˅ 晚｜困惰 k'uŋ˩ tuã˅ 疲倦｜麻油 muã˧ iu˩ 香油｜弹²铳
tuã˩ts'eŋ˥ 打枪｜半丁 puã˩ teŋ˧ 傻子｜旷活 k'uã˅ uaʔ˧ 舒服｜
□nuã˅ 痰，口水

[uẽ] 糜 muẽ˧ 粥｜果子 kuẽ˥ tsi˥ 水果｜拗横夺直 au˥ huẽ˧ toʔ˧
tik˧ 强词夺理｜关门关户 kuẽ˧ mŋ˩ kuẽ˧ hou˩ 形容门窗都紧紧关着

[m] 阿姆 a˧ m˥ 伯母，母亲｜□拍 hm˧ p'aʔ˧ 用棒槌或拳头打人｜唔闲唔了
m˥ ãi˧ m˥ liau˥ 没完没了｜爱唔爱唔 ãi˩ m˥ ãi˩ m˥ 犹犹豫豫

[ŋ] 饭痞 pŋ˩ p'i˥ 锅巴｜旋²tsŋ˩ 头发旋儿｜钻囝 tsŋ˩ kiã˥ 锥子｜褪衫
t'ŋ˅ sã˧ 脱上衣｜荡嘴 tŋ˥ ts'ui˅ 漱口｜仰²ŋ˧ 依靠｜床 ts'ŋ˧ 桌子｜
狂眠 kŋ˧ miŋ˧ 说梦话｜吮 tsŋ˥ 吮吸

[ãi] 肉眼 nek˧ ãi˥ 龙眼｜稗 p'ãi˩ 稗子｜指甲蜇 tsãi˥ kaʔ˩ t'aŋ˧ 一种蛰
子｜蚬囝 hãi˥ kiã˥ 蚬｜腔盖人 k'iõ˧ k'ãi˧ naŋ˧ 讽刺人家｜还数
hãi˧ siau˅ 还账｜脐母 tsãi˧ boˇ 收生婆｜挠③ ŋãi˥ 脾气拧｜褪赤骹
板 t'ŋ˅ ts'iaʔ˧ k'a˧ pãi˥ 光脚

[õi] 看 t'õi˥ "看"字读本韵是训读｜看想 t'õi˥ siõ˅ 羡慕｜看脉 t'õi˥ meʔ˧
号脉

---

① 叶俊生：《闽方言考》（无尽藏室丛著第一种，上海中华书局，1923）释木第五"羊桃"条
下注曰："五稜子也。……《临海果志》：'五稜子形甚诡异，瓣五出，如碌碡状，味酸，
久嚼微甘，闽人谓之羊桃。'"
② 《广韵》上声语韵："龉，龃龉，不相当也，或作鉏铻。《语文》曰：'龉，齿不相值也。'"
语巨切。杨维增《字义韵辨异》[清光绪二十一年（1895）寿州刻本]上声语韵："龉，
牙齿上下不合，又语言不合曰龃龉。"
③ 《广韵》上声荠韵："挠，不从也"，研启切。

［ũi］风柜 huaŋ˩ kũi˩ 风箱｜畏生分 ũi˩ tsʰẽ˩ huŋ˩ 认生

［uãi］橖① suãi˩ 杧果｜弯倒转 uãi˧ to˩ tŋ˧ 绕回来｜惯势 kuãi˩ sĩ˩（＜siʔ）习惯｜悬 kuãi˩ 高｜潮阳县 tiõ˧ iõ˩ kuãi˩

［ãu］孥童 nãu˩ tʰoŋ˧ 儿童｜熬冥 ŋãu˩ mẽ˩ 熬夜｜莲藕粉 nãi˧ nãu˩ huŋ˧ 藕粉｜好² 雅 hãu˩ ŋiã˩ 好打扮｜□ãu˧ 团弄乱塞｜□□ŋãu˩ ŋãu˩ 形容脸丰满

［õu］摸 mõu˧ ｜揳 本地字，即舞字虎狮 mõu˩ hom˩ sai˩ 跳狮子舞｜蒙天塞地 mõu˧ tʰĩ˩ sak˩ ti 形容黑夜

［ĩu］纽 nĩu˩ 纽扣｜幼细 ĩu˩ soi˩ 幼小｜棉裘 mĩ˩ hĩu˧ 棉衣

［iãu］猫目窗 ŋiãu˩ mak˩ tʰeŋ˩ 一种小天窗｜□鼠 ŋiãu˩ tsʰu˩ 老鼠｜□草 niãu˩ tsʰau˩ 含羞草｜□niãu˩ 在别人身上抓弄使发痒；形容身上被人抓弄而痒痒｜□iãu˩ 掀开

［am］饮 am˩ 米汤｜涵空 am˧ kʰaŋ˩ 下水道｜疳虫 kam˩ tʰaŋ˧ 蛔虫｜斩树 tsam˩ tsʰiu 砍树｜溵 tam˩ 潮湿｜鼎罨 tiã˩ kam˩ 大铁锅的盖子｜啱 ŋam˩ 方言字，恰好｜□ham˩ 砸｜癉② 昧 tam˩ bai˩ 笨｜唅③ am˩ 拿食物送进嘴｜橄榄粖④ kã˩ nã˩ sam˩ 用橄榄制成的一种蜜饯｜頷⑤盘 am˩ pʰuaŋ˧ 围巾

［om］五篢 ŋom˩ kui˩ 用竹篾编成的一种盛器，旧俗祭祀用来盛五牲｜藕节 ŋom˩ tsak˩ ｜花□花□hue˩ lom˩ hue˩ lom˩ 形容杂色｜□人 kom˩ naŋ˩ 用拳头打人

［im］揕⑥ tsim˩ 用手探取东西｜霪浸 im˧ tsim˩ 因雨水过多庄稼涝了｜心性 sim˩ sẽ˩ 性情｜猪母熊 tu˩ bo˩ him˧ 熊｜□him˩ 盖上使不透气

［iam］咸酸 kiam˧ sŋ˩ 统称下饭的菜｜尖粽 tsiam˩ tsaŋ˩ 粽子｜闪雨 siam˩ hou˩ 避雨｜兼配 kiam˩ pʰue˩ 配搭｜荅⑦椒 hiam˩ tsio˩ 辣

---

① 《台湾纪略·物产编》："果之美者橖为最，状如猪肾，味甘冽，可敌荔枝，越宿即烂，故难到远地。"

② 《集韵》去声阚韵："癉，痴貌"，都滥切。

③ 《广韵》去声勘韵："唅，唅啥"，胡绀切。《集韵》注曰："《博雅》：'唵也，一曰哺也'。"玄应《一切经音义》卷十一："唵，啥也。《埤仓》：'唵，啥也，谓掌进食也。'"

④ 《广韵》上声感韵："粖，蜜藏木瓜"，桑感切。《集韵》注云："蜜渍瓜实曰粖。"

⑤ 《广韵》上声感韵："頷，《汉书》曰'班超虎头燕頷'"，胡感切。按，《汉书》据《太平御览》卷三六九当作《东观汉记》。

⑥ 《广韵》平声侵韵："揕，取也"，徐林切。

⑦ 《集韵》平声盐韵："荅，辛味"，火占切。

椒｜□ tiam˩ 停

［uam］走犯 tsau˦˥ huam˩ 逃犯｜范围 huam˩˧ ui˩

［aŋ］红联 aŋ˧˥ liaŋ˩ 春联｜斋缸 tse˧ kaŋ˧ 花瓶｜芳碱 p'aŋ˧ kaŋ˥ 香皂｜网帕 maŋ˩˧ p'e˨ 网兜｜毯 t'aŋ˥ 毯子｜看详 k'aŋ˧˥ siaŋ˧ 细看｜人客naŋ˧ k'e˨ 客人｜瘖 saŋ˥ 瘦

［eŋ］水涌 tsui˦˥ eŋ˦˥ 波浪｜弓蕉 keŋ˧ tsio˧ 香蕉｜灯檠 teŋ˧ k'eŋ˧ 灯台｜鹦哥鸟 eŋ˧ ko˧ tsiau˦˥ 鹦鹉｜清气 ts'eŋ˧ k'i˩ 干净｜灵精 leŋ˧˥ tseŋ˧ 机灵｜筐 k'eŋ˧ 筐子｜虹 k'eŋ˩

［oŋ］戆 k'oŋ˧ 愚笨｜拢总 loŋ˦˥ tsoŋ˦˥｜农贸 loŋ˧˥ mõu˩ 农村集市贸易的简称｜面红绛赤 miŋ˩˧ aŋ˧˥ koŋ˧˥ ts'ia˨ 脸红耳赤｜水管 tsui˦˥ koŋ˥ 用竹筒制成的水管子

［iŋ］盖印 k'ãi˧˥ iŋ˧ 盖图章｜排阵 pai˧˥ tiŋ˩ 排队｜承水 siŋ˧˥ tsui˦ 接水｜面布 miŋ˩˧ pou˩ 擦脸用的毛巾｜擤鼻 siŋ˦˥ p'ĩ˩ 擤鼻涕｜盘□ sak˧˩ piŋ˧ 筐子｜瀧① ts'iŋ˩ 冷

［iaŋ］免 miaŋ˥ 不用｜电涂 tiaŋ˩˧ t'ou˩ 电池｜棉城 miaŋ˧˥ siã˧ 潮阳县城｜镇路 tiaŋ˧˥ lou˩ 挡路｜香豉 hiaŋ˧ si˩ 豆豉｜齿蚚蚚② k'i˦ ŋiaŋ˦˥ ŋiaŋ˩ 形容牙齿露出｜月晕疽 gue˨˧˥ iaŋ˩˧ ts'u˦ 金钱癣｜□ k'iaŋ˦˥ 能干｜□ŋiaŋ˥ 爱好｜□hiaŋ˥ 气味

［ioŋ］行雄雄 kiã˧˥ hioŋ˧˥ hioŋ˧ 形容步伐雄健｜半中容 puã˦˥ tioŋ˧ ioŋ˧ 指中年人｜鳙鱼 sioŋ˧˥ hu˩

［uŋ］樽 tsuŋ˧ 瓶子｜滚水 kuŋ˦˥ tsui˦ 开水｜粉鸟 huŋ˦˥ tsiau˥ 鸽子｜熏屎huŋ˧ sai˥ 烟灰｜韧 zuŋ˩ 坚韧｜潘 p'uŋ˧ 泔水｜火船 hue˦˥ tsuŋ˧ 轮船｜搵 uŋ˥ 蘸｜歕③ puŋ˧ 吹气

［uaŋ］芫荽 uaŋ˧˥ sui˧ 香菜｜番碱 huaŋ˧ kaŋ˥ 肥皂｜断约 tuaŋ˦˥ io˨ 约定｜转弯头 tŋ˦˥ uaŋ˧ t'au˧ 拐角儿｜面圆 mĩ˩˧ uaŋ˧ 一团一团的挂面｜黄头团 huaŋ˧˥ t'au˧ kiã˥ 贬称头上长黄癣的人｜粗风 ts'ou˧ huaŋ˧ 比较大的风｜□zuaŋ˥ 拧动｜□tuaŋ˧ 挑选

［ueŋ］光荣 kuaŋ˧ ueŋ˧｜倾向 k'ueŋ˧ hiaŋ˥

［a˨］押味 a˨˧ bi˧ 调味儿｜棉搭配 mĩ˧ ta˨˧ p'ue˥ 棉坎肩儿｜蜡头

---

① 《广韵》去声径韵："瀧，《说文》'冷寒也'"，千定切。

② 《集韵》去声霰韵："蚚，开口见齿谓之蚚"，倪甸切。

③ 《广韵》平声魂韵："歕，吐也，又吹气也"，普魂切。按普魂切，古滂母平声，今音一般读阴平，声母送气。今潮阳方言"歕"字读阳平，声母不送气。

laʔ┐┗ t'au┐ 秃子｜煤 saʔ┐ 煮｜踏拍 taʔ┐┗ p'aʔ┐ 失约；失信｜□tsaʔ┐ 携带

[eʔ] 客鸟 k'eʔ┐┐ tsiauˋ 喜鹊｜擘册缝 peʔ┐┌ ts'eʔ┐┌ p'aŋ 钻牛角尖｜历日头 leʔ┐┗ zik┗ t'au┐ 日历｜剧 leʔ┐ 割｜□geʔ┐ 小孩乖｜□te ʔ┐┘ 压

[oʔ] 索 soʔ┐ 绳子｜粕 p'oʔ┐ 渣子｜学古 oʔ┐┗ kouˋ 讲故事｜撮囤 ts'oʔ┐┌ kiãˋ 一点儿｜雪衣 soʔ┐┌ iˉ 斗篷｜□k'oʔ┐ 用文火熬｜□相 hoʔ┐┌ siõˋ 照相｜□□koʔ┐┌ koʔ┐ 黏糊

[iʔ] 颏交 kiʔ┐┌ kauˉ 脸蛋儿｜折被 tsiʔ┐┌ p'ueˋ 叠被｜拗折 aˋˋ tsiʔ┐ 撅折｜铁管 t'iʔ┐┌ koŋˋ 铁罐子｜缺嘴 k'iʔ┐┌ ts'uiˋ 豁嘴｜觋① biʔ┐┘ 躲藏｜瓜□kueˉ tiʔ┐┘ 瓜当

[iaʔ] □iaʔ┐ 招手｜闪僻 siamˋˋ p'iaʔ┐ 背静｜刺②网 ts'iaʔ┐┌ maŋˋ 手工织网｜拆茶 t'iaʔ┐┌ teˉ 抓药｜掠舵 liaʔ┐┗ tuaˋ 掌舵｜炊食 ts'ueˉ tsiaʔ┐ 做饭｜□kiaʔ┐ 抬起头

[ioʔ] 约 ioʔ┐ 猜；邀请｜着痧 tioʔ┐┗ suaˉ 中暑｜惜 sioʔ┐ 爱惜，爱护｜略亲 lioʔ┐┌ ts'iŋˉ 相亲｜相借③问 sioˉ tsioʔ┐┌ mŋˉ 打招呼｜挈肥 k'ioʔ┐┌ puiˉ 捡粪｜臭俗 ts'auˉ sioʔ┐ 俗气

[uʔ] 肥腤腤 puiˉ┗ t'uʔ┐┗ t'uʔ┐ 胖乎乎的｜□puʔ┐ 刺入｜□破皮 t'uʔ┐┌ p'uaˋ p'ueˉ 蹭破皮儿｜□人 luʔ┐┌ naŋˉ 责备人｜□□静 tsuʔ┐┌ tsuʔ┐┌ tsẽˋ 寂静

[uaʔ] 阔 k'uaʔ┐ 宽｜发寒热 huak┗ kuãˉ zuaʔ┐ 发疟子｜割釉 kuaʔ┐┌ tiuˋ 割稻子｜煞困 suaʔ┐┌ k'uŋˋ 解饿｜烙鱼 luaʔ┐┌ huˉ 煎鱼｜汰米 t'uaʔ┐┌ biˋ 淘米｜趨④ ts'uaʔ┐┌ 向前倾斜｜□puaʔ┐ 跌跤｜掣 ts'uaʔ┐┌ 用猛劲儿拉｜咄彩 tuaʔ┐┌ ts'ãiˋ 喝彩

[ueʔ] 挖 ueʔ┐ 挖取，挖补｜无说 boˉ┗ sueʔ┐┌ 说话不合情理｜裤橛 k'ouˋˋ kueʔ┐┌ 裤衩｜月尾饺 gueʔ┐┗ bueˋˋ k'aˉ 月底前一两天｜血山崩 hueʔ┐┌ suãˉ paŋˉ 血崩

[oiʔ] 狭 oiʔ┐ 狭窄｜解笠 koiˋˋ loiʔ┐┌ 斗笠｜轧碎 k'oiʔ┐┌ ts'uiˋ 碾碎｜截

---

① 《广韵》入声屑韵："觋，不相见貌"，莫结切。
② 《广韵》入声昔韵："刺，穿也"，七迹切。
③ "借"字见《广韵》入声昔韵，资昔切；又见去声祃韵，子夜切。潮阳话用入声的音，普通话用去声的音。
④ 《广韵》入声屑韵："趨，傍出前也"，昨结切。

肉 tsoi˥˩ꜙ nek˥ 切肉｜使塞 sai˦˥ soi˥˩ꜙ 贿赂｜□koi˥˩ꜙ 挤

[auʔ] 卵角 nŋ˦˥ kau˥˩ꜙ 蛋饺儿｜大嘴大□tua˧ꜙ ts'ui˦ tua˧ꜙ auʔ˧ꜙ 形容抢着吃｜变□pian˥˩ꜘ pauʔ˥˩ꜙ 变质｜□lauʔ˥˩ꜙ 舔｜音乐 im˧ gauʔ˧ꜙ｜□k'auʔ˥˩ꜙ 焦而发脆｜□肥 kauʔ˥˩ꜙ pui˧ 沤肥｜白□白□peʔ˥ꜙ pauʔ˥˩ꜙ peʔ˥ꜙ pauʔ˥˩ꜙ 形容一种淡白色｜酥□sou˧ sauʔ˥˩ꜙ 酥脆

[iuʔ] 发芽 piuʔ˥˩ꜙ ge˧｜□掉脓 kiuʔ˥˩ꜙ tiau˧ꜙ nan˧｜挤脓｜短□短□toʔ˦˥ tiuʔ˥˩ꜙ toʔ˦˥ tiuʔ˥˩ꜙ 形容短小｜酸□酸□sŋ˧ kiuʔ˥˩ꜙ sŋ˧ kiuʔ˥˩ꜙ 形容有酸味儿

[iauʔ] 跃碾˥斗 iauʔ˥˩ꜙ lin˥˩ꜘ tau˦˥ 翻跟头｜雀盲 tsiauʔ˥˩ꜙ mẽ˧ 麻雀｜□纽 tiauʔ˥˩ꜙ niu˦˥ 子母扣｜面青面□min˧ꜙ ts'ẽ˧ min˧ꜙ liauʔ˥˩ꜙ 形容受惊脸变色｜□钩 kiauʔ˥˩ꜙ kau˧ 汉字笔画，如横钩、斜钩、竖钩、竖弯钩等笔画的最后部分

[ãʔ] 蛃 nãʔ˥˩ꜙ 咬或啃，多指动物｜□□实 ãʔ˥˩ꜙ ãʔ˥˩ꜙ tsak˥ 很密｜□□ nãʔ˥˩ꜙ sap˩ 脏

[ẽʔ] 放□pan˥˩꜕ ẽʔ˥˩ꜙ 小孩儿拉屎｜拍脉 p'aʔ˥˩ꜙ mẽʔ˥˩ꜙ 号脉｜草□ts'au˦˥ mẽʔ˥˩ꜙ 蚱蜢｜□下叫 heʔ˥˩ꜙ e˧ꜙ kio˦ 吓一跳

[õʔ] 愕愕 ŋõʔ˥˩ꜙ ŋõʔ˥˩ꜙ 发呆｜□骂 ts'õʔ˥˩ꜙ mẽ˧ 骂街｜□□ts'õʔ˥˩ꜙ ts'õʔ˥˩ꜙ 愁眉不展

[ĩʔ] □ĩʔ˥˩ꜙ 睡觉｜瞇①目 nĩʔ˥˩ꜙ mak˥ 眼睛一眨一眨｜□团 ĩʔ˥˩ꜙ kiã˦˥ 一点儿｜乜个 mĩʔ˥˩ꜙ kai˧ 什么｜□□hĩʔ˥˩ꜙ hãĩ˥˩ꜙ 形容生病｜□声 ĩʔ˥˩ꜙ siã˧ 开口说话

[iãʔ] 白到□□peʔ˥ꜙ kau˥˩꜕ iãʔ˥˩ꜙ iãʔ˥˩ꜙ 洁白有光｜□掉被 hiãʔ˥˩ꜙ tiau˧ꜙ p'ue˦ 掀开被子

[uẽʔ] 物食 muẽʔ˥˩ꜙ tsiaʔ˥˩ꜙ 糕点｜□nuẽʔ˥˩ꜙ 拾取

[mʔ] □hmʔ˥˩ꜙ 用棒槌或拳头打人

[ŋʔ] □ŋʔ˥˩ꜙ 睡觉｜□着 tŋʔ˥˩ꜙ tioʔ˥˩ꜙ 身体向后摔着

[ãĩʔ] □□ŋãĩʔ˥˩ꜙ ŋãĩʔ˥˩ꜙ 稠而黏｜□□hĩʔ˥˩ꜙ haĩʔ˥˩ꜙ 形容生病

[õiʔ] 面□□min˧ꜙ õiʔ˥˩ꜙ õiʔ˥˩ꜙ 形容脸瘦｜□nõiʔ˥˩ꜙ 形容人走路身子一扭二扭｜□ts'õiʔ˥˩ꜙ 哭泣｜□下□hõiʔ˥˩ꜙ e˧ꜙ hõiʔ˥˩ꜙ 形容气息奄奄

[ãuʔ] 硬□硬□ŋẽ˦˥ ãuʔ˥˩ꜙ ŋẽ˦˥ ãuʔ˥˩ꜙ 坚硬｜□□ĩʔ˥˩ꜙ ãuʔ˥˩ꜙ 彼此有意见｜音乐 im˧ ŋãuʔ˥˩ꜙ｜嘴□□ts'ui˦ mãuʔ˥˩ꜙ mãuʔ˥˩ꜙ 形容撅嘴

---

① 《集韵》入声葉韵："瞇，目动"，昵辄切。

［ĩuʔ］□芽 ĩuʔ┘┌ ge┐　嫩芽 | □□ĩuʔ┘┘ ĩuʔ┘　形容生物幼小或东西小 | □
hĩuʔ┘　用鞭子抽

［iãuʔ］□iãuʔ┘　捲 | □□□iãuʔ┘┘ iãuʔ┘┘ tsuŋ↙　形容女子扭捏 | 跪跪①趢②
niãuʔ┐┐ niãuʔ┘┘ so┤　形容不安想走

［ap］火拭盒 hue↙ ts'ik┘┌ ap┘　火柴盒儿 | 插嘴插舌 ts'ap┘ ts'ui↙
ts'ap┘┌ tsiʔ┐　| 塌目 t'ap┘┌ mak┐　眼部凹陷 | 押钱 ap┘┌ tsĩ┐　找
钱 | 蛤婆 kap┌ po┐　蟾蜍 | 目汁 mak┐└ tsap┘　眼泪 | 㧢③ nap┘　软；
煮得烂熟

［op］糤④□糤□ts'ioʔ┘┌ lop┘┌ ts'ioʔ┘┌ lop┘　形容粥稀 | □□□□lop┘┌
t'u┤ lop┘┌ t'u┤　形容朴素 | □kop┐　密谈；幽会

［ip］浥湿 ip┘┌ sip┘　湿润 | 急性 kip┘┌ sẽ┐　急性子 | 肥□肥□pui┐└ nip┘┌
pui┐└ nip┘　形容肥胖 | □ts'ip┐　揉弄 | 枝尾□□ki┤ bue↙ k'ip┘└ k'ip┐　形容缩着尾巴

［iap］叠 t'iap┐　用手把东西堆起来 | 斗接 tau↙┌ tsiap┘　接头 | 涩皮 siap┘┌
p'ue┤　难办 | 蝎囝 hiap┘┌ kiã↙　蝎子 | 卌 siap┘　四十

［uap］做把法 tso↙┌ pa↙↙ huap┘　变戏法 | 无法着 bo┐└ huap┘┌ tioʔ┐　没办法

［ak］沃菜 ak┘┌ ts'ai↙　浇菜 | 木虱 bak┐└ sak┘　臭虫 | 节俭 tsak┘┌ k'iam↙
| 死肠塞肚 si↙↙ tŋ┐└ sak┘┌ tou↙　死心眼儿 | 㯡 hak┐　淋巴结 | 凿囝 ts'
ak┐└ kiã↙　凿子 | 薄壳 poʔ┐└ k'ak┘　一种介壳较薄的蚬 | 搦 nak┘　抓取 |
仂 lak┐　勤劳 | □mak┘　沾染 | □kak┐　投掷 | 山□suã┤ p'ak┘　山背 |
□醒 tsak┘┌ ts'ẽ↙　吵醒

［ek］浴布 ek┘└ pou┤　洗澡用的毛巾 | 竹篙 tek┘┌ ko┤　竹竿 | 激气 kek┘┌ k'i↙
跟人生气 | 积恶 tsek┘┌ ak┘　指人做坏事 | 鲡鱼 lek┘└ hu┐　| 色水 sek┘┌
tsui↙　衣着漂亮 | 惊蛰 keŋ┤ tek┐

［ok］斫 tok┘　用刀剁 | 乐心死 lok┐└ sim┤ si↙　很高兴 | 独方 tok┐└ hŋ┤　单
方 | 摵⑤ lok┘　摇动 | 曝⑥疱 p'ok┘┌ p'a↙　皮肤上长小水疱 | 头□□t'au┐

---

① 《广韵》入声屑韵："跪，跪跪不安"，五结切。
② 《广韵》平声戈韵："趢"，《集韵》注云："《说文》：'走意。'"
③ 《广韵》入声合韵："㧢，腝貌，奴答切。"腝"和"软"同音。《集韵》注云："《博雅》：'软也。'"
④ 《广韵》入声陌韵："糤，煮米多水"，山戟切。
⑤ 《广韵》入声屋韵："摵，振也。《周礼》曰：'摵铎。'郑玄云：'掩上振之为摵。'"卢谷切。
⑥ 《集韵》入声觉韵："曝，皮破起"，匹角切。

k'ok˩ ⌐ k'ok˩ 形容前额突出 | 鼻□□p'ĩ˩ kok˩ ⌐ kok˩ 形容鼻梁高

[ik] 日昼 zik˩ tau˥ 中午 | 火拭 hue˥ ts'ik˩ 火柴 | □kik˩ 稠 | □婆 pik⌐ po˥ 蝙蝠 | □掉 k'ik⌐ tiau˥ 坏了 | □猎 lik˩ la?˥ 散步 | □ pik⌐ 裂 | □p'ik˩ 走跛脚步不稳，身体东摇西摆 | □□t'ik˩ t'o˥ 游逛

[iak] 约略 iak⌐ liak˩ 大概 | 窒碍 tiak˩ gai˥ 妨碍 | 结疤 kiak⌐ p'i˥ 结痂 | 设心事 siak⌐ sim˩ su˩ 想法子 | 敲①头壳 k'iak⌐ t'au˥ k'ak˩ 弯着手指打人的头 | 揦② siak˩ 投掷 | □tiak˩ 用手指弹打 | 纸□□tsua˥ li-ak⌐ liak˩ 形容纸张硬而平

[iok] 褥 ziok⌐ 褥子 | 教育 kau˩ iok˩ | 储蓄③ t'u˩ t'iok˩

[uk] 窟 k'uk˩ 坑 | 秫米 tsuk˩ bi˥ 江米 | 熨④斗 uk⌐ tau˥ | 出破 ts'uk⌐ p'ua˥ 揭露 | 锯□ku⌐ suk˩ 锯末 | 抔 puk˩ 用两臂拢着取东西，"抔"是方言字 | □luk˩ 脱落 | 笑□笑□ts'io˥ buk⌐ ts'io˥ buk˩ 微笑 | □目 tsuk˩ mak˩ 揉眼睛 | □guk˩ 睡觉

[uak] 发烧热 huak⌐ sio˥ ziak˩ 发烧 | 穴字头 huak˩ zi˩ t'au˥ 汉字偏旁，如"穿"字头上的部分 | 跋涉 puak˩ siap˩ 旅途艰苦 | 秫□tsuk˩ huak˩ 江米面 | 肥□肥□pui˩ kuak˩ pui˩ kuak˩ 又矮又胖 | □kuak˩ 大口喝

[uek] 兵役 piã˩ uek˩ | 区域 k'u˩ huek˩

三　声调

潮阳话有八个单字调，见表 1-3。

表 1-3　潮阳字调表（单字调）

1	阴平˧ 33	低降 ~	˪ti	惊怕	˪kiã	庵佛寺	˪am	东	˪taŋ
2	阳平˥ 55	池池塘	˪ti	行走	˪kiã	涵熏 ~，烟囱	˪am	铜	˪taŋ
3	阴上˥ 53	底原 ~，原先	˪ti	团儿子，子女	˪kiã	饮米汤	˪am	党	˪taŋ
4	阳上˩ 313	弟阿 ~，弟弟	˪ti	件物 ~，东西	˪kiã	领脖子	˪am	重轻 ~	˪taŋ

---

① 《广韵》入声觉韵："敲，敲打头"，苦角切。

② 《集韵》入声屑韵："揦，挺出物也"，先结切。

③ "储蓄"的"蓄"，潮阳方言用丑六切的音，声母读塞音，普通话用许竹切的音，声母读擦音。

④ 《广韵》入声物韵："熨，火展帛也"，纡物切。《集韵》去声焮韵："熨，以火伸物"，纡问切。潮阳方言用纡物切的音，普通话用纡问切的音。

续表

5	阴去╲ 31	戴~帽	ti˥	镜~子	kiã˥	暗	am˥	冻肉~	taŋ˥
6	阳去⌐ 11	地	ti˩	健~壮	kiã˩	陷山~,山谷	ham˩	洞	taŋ˩
7	阴入 ʔ⌐ 11	滴	tiʔ˩	揭~开	kiaʔ˩	押找钱	ap˩	□拍~,打瞌睡	tak˩
8	阳入 ʔ⌐ 55	碟~子	tiʔ˥	屐胶~,木~	kiaʔ˥	盒盒子	ap˥	毒	tak˥

　　阴平是 33 调〔˧〕。阳上是 55 调〔˥〕。阴上是 53 调〔˥˧〕，这个调的起点比阳平稍微高一点儿，是单字调相对音高的最高点。阳上是 323 调，曲折度不大，为调型清楚起见，写成 313 调〔˧˩˧〕。阴去是 32 调，为调型清楚起见，写成 31 调〔˧˩〕。阳去是 21 调，这个调的终点是单字调相对音高的最低点，为调型清楚起见，写成 11 调〔˩〕。阴入是 22 短调，为调型清楚起见，写成 11 调〔˩〕。阳入是 44 短调，为调型清楚起见，写成 55 调〔˥〕。阴平、阳平、阴上、阳上、阴去、阳去都是长调，都不拼塞音尾韵母。阴入和阳入都是短调，只拼塞音尾韵母。阳平和阳入，阳去和阴入，调型写法虽然相同，从韵母可以看出声调的长短，不会混淆。列表时阴入和阳入用喉塞音〔ʔ〕（入声韵尾之一）表示短调。

　　潮阳方言的单字调分新老两派，老派阳上阴去单字调（本调）和连读变调都有分别；新派阳上阴去单字调（本调）相同，而连读变调仍有分别。如老派"舅"字读阳上〔ku˥〕，"锯"字读阴去〔ku˥〕，声调不同。新派阳上、阴去单字调不分，"舅"字和"锯"字同音〔ku˥〕。无论老派新派，"舅囝"都读〔ku˧ kiã˥〕，"锯囝"都读〔ku˥ kiã˥〕，"舅囝"和"锯囝"读音都有分别。"囝"读阴上〔kiã˥〕，是"子"的意思。"舅囝"就是小舅子，"锯囝"就是锯子。本书所讲声调一律按老派的读法。

第二章　潮阳方言的连读变调（一）[*]

提要　本章讨论潮阳方言的连读变调，主要是两三字组的前变连调。潮阳方言有 8 个独用调（本调），6 个前变调，3 个后变调。潮阳方言连读变调的单位是连调组。最简单的连调组是单字成句（单字组），读独用调，也就是本调，例如"芋，无"。变调只用于多字的连调组。多字的连调组可以分成三类：第一，前变连调组是前变调加本调，如"十一"。第二，后变连调组是本调加后变调，如"一月"。第三，前后都变的连调组是前变调加本调加后变调，如"十一月"。成分相同的连调组，前字变调和后字变调往往能区别意义。比如"日头"前字变调是太阳的意思，后字变调是白天的意思；"头顶"前字变调是上头的意思，后字变调是头上的意思。从潮阳方言里三种后变调看，某些闽南话（如厦门话）著作的所谓"轻音"，也许还要重新仔细分析。本章分五节：（1）连调组和本调、变调；（2）连调组的划分；（3）前变连调组的主要格式；（4）两字前变连调组举例；（5）三字前变连调组举例。

一　连调组和本调、 变调

潮阳话有十八个声母，包括零声母在内。

p p' b m t t' l n ts ts' s z k k' g ŋ h Ø（零声母）

潮阳话有九十个韵母，合音字专用和象声字专用的韵母除外。

a ai au aʔ　　auʔ am aŋ ap ak ã ãi ãu ãʔ ãiʔ ãuʔ

e　　　eʔ　　　　　eŋ ek ẽ　　ẽʔ

---

* 原载《方言》1979 年第 2 期。

o　oi　ou　oʔ　oiʔ　　　　om　oŋ　op　ok　õ　õi　õu　õʔ　õiʔ

i　　iu　iʔ　　　iuʔ　im　iŋ　ip　ik　ĩ　　ĩu　ĩʔ　　　ĩuʔ

ia　　iau　iaʔ　　　iauʔ　iam　iaŋ　iap　iak　iã　　iãu　iãʔ　　　iãuʔ

io　　　io ʔ　　　　ioŋ　iok　iõ

u　ui　uʔ　　　　　uŋ　uk　ũ　ũi

ua　uai　uaʔ　　　uam　uaŋ　uap　uak　uã　uãi

ue　　ueʔ　　　ueŋ　uek　uẽ　　　ueʔ

　　　　　　　m　　mʔ

　　　　　　　ŋ　　ŋʔ

āp 韵是合音字专用的唯一韵母，只限于数词"卅<三＋十"的合音读法〔sãp˩＜sã˩ tsap˩〕，不列入表内。

请注意，潮阳方言韵母主要元音鼻化时，介音和元音韵尾也都鼻化，但本文在介音和元音韵尾上省去鼻化符号。如 iãu 和 iãuʔ 两韵的实际读法是 ĩãũ 和 ĩãũʔ。

潮阳话有八个调类。独用调（单字成句的单字调）分新老两派，老派阳上和阴去独用调（本调）和连读变调都有分别；新派阳上和阴去独用调（本调）相同，而连读变调仍有分别。本文依据老派的读法。本调和变调的关系如表 2－1。

表 2－1　潮阳调类表

	阴平	阳平	阴上	阳上	阴去	阳去	阴入	阳入
前变调	˧	˩	˨˦	˦	˦	˦	ʔ˦	ʔ˩
独用调（本调）	˧	˥	˨˦	˨˩	˨˩	˩	ʔ˨˩	ʔ˥
后变调	˩	˩	˨˦	˩	˩	˩	ʔ˩	ʔ˩

潮阳方言连读变调的单位是连调组。本调指独用调，变调只用于多字的连调组。最简单的连调组是单字成句（单字组），读独用调，也就是本调。例如：

蜕 ₌tʔaŋ˧ 蜕子　　芋 ou˩ˀ 芋头　　雅 ˪ŋiã˥ 漂亮　　芳 ˪pʔaŋ˧ 香

知 ₌tsai˧ 知道　　无 ₌bo˩ 没有　　免 ˪miaŋ˦ 不用　　嫲① mũi˨˩ 不怕，不要紧

多字的连调组可以分成三类。

---

① "嫲"是"唔"（方言字，"不"的意思）和"畏"（怕）的合音方言字，也写作"裹"。

第一，前变连调组是前变调加本调，如：十一 tsap˧˩ ik˩。

第二，后变连调组是本调加后变调，如：一月 ik˩ gue?˧˩ 阳历。

第三，前后都变的连调组是前变调加本调加后变调，如：十一月 tsa˧˩ ik˦ gue?˧˩。

连调组里头，读本调的字叫本调字；在本调字之前，读前变调的字叫前字；在本调字之后，读后变调的字叫后字。在上述三个连调组中，"一"字读阴入本调，是本调字；"十"字读阳入前变调，是前字；"月"字读阳入后变调，是后字。

一个连调组只有一个本调字。但阴平作为前字不变调，阳去和阴入作为后字不变调。前字可以是一个字，也可以是几个字。后字通常是一个字至三个字。在连调组里，本调字非有不可，前字和后字都可有可无。既无前字又无后字的连调组只有一个本调字，就是单字组。

如表 2-1 所示，前字变调的规律如下。

前字阴平 33 调［˧］不变。前字阳上 313 调和前字阳去 11 调都变 33 调［˧˩、˩˧］。阳平 55 调变 11 调［˧˩］。阴上 53 调变 31 调［˥˩］。阴去 31 调变 55 调［˩˥］。阴入 11 短调［?˩］变 55 短调［?˩˥］。阳入 55 短调［?˥］变 11 短调［?˧˩］。前变调中有［˧、˩、˥、˦］和［?˥、?˩］六种调型，分别相当于本调（独用调）的阴平、阳去、阴去、阳平、阳入和阴入，没有出现独用调以外的新调型。

阳上和阳去作为前字和阴平调值相同。请看下列四对例子。举例时，为对比和醒目起见，有时调类用代码。"1、2、3、4、5、6、7、8"分别表示阴平、阳平、阴上、阳上、阴去、阳去、阴入、阳入。

4 1［˥˩˧］尽心	=	1 1［˧˧］真心	tsiŋ sim
4 8［˥˩?˥］尽力	=	1 8［˧ ?˥］真仂[①]真勤快	tsiŋ lak
6 3［˩˧˥˩］树尾树梢	=	1 3［˧˥˩］秋尾秋末	ts'iu bue
6 7［˩˧?˩］易擘容易擘开	=	1 7［˧ ?˩］鸡伯指老长不大的鸡	koi pe?

"尽"［˥］和"真"［˧］声韵相同，声调有阳上、阴平之别。但是作为前字，调值相同。因此"尽心"和"真心"同音，"尽力"和"真仂"同音。"树"［˩］和"秋"［˧］，"易"［˩］和"鸡"［˧］声韵分别相同，声调都有阳去和阴平之别。但是作为前字，调值相同。因此，"树尾"和"秋

---

① 《广韵》入声职韵："仂，不懈"，林直切。《一切经音义》卷七："勤仂，六冀反，《字书》仂，勤也，今皆为力字。""六翼反"和"林直切"同音。

尾"同音，"易孹"和"鸡伯"同音。这就证实了，阳上、阳去作为前字和阴平不分。

后字变调的规律如下。

后字阴平 33 调、阳平 55 调、阳上 313 调和阴去 31 调，一律变 11 调 ［⫯ㄥ、⫰ㄥ、⫱ㄥ、⫲ㄥ］。阴上 53 调变 31 调 ［ㄚ⫯］。阳入 55 短调 ［ʔ⫰］ 变 11 短调 ［ʔ⫯ㄥ］。后字总的变化趋势是调值变低。后字阳去 11 调 ［⫰］和阴入 11 短调 ［ʔ⫯］本来都是低调，都不变调。后变调中有 ［ㄥ、⫯］和 ［ʔㄥ］三种调型，分别相当于本调（独用调）的阳去、阴去和阴入，也没有出现独用调以外的新调型。

从表 2-1 可以看出，各调类的调值根据它在连调组里的位置而定。拿"唔"字和"月"字做例子说，"唔"字阳上，有三个调，本调和前后变调都不同音。下文举例，连调组之间用竖线"│"隔开。

伊硬呾唔 ［i⫯ │ ŋẽ⫱ tã⫲ m⫱］他硬说不　　　　"唔"字读阳上本调

伊唔知 ［i⫯ │ m⫱ tsai⫯］他不知道　　　　　　"唔"字读阳上前变调

你知唔 ［lu⫰ │ tsai⫯ m⫱ㄥ］你知道不知道　　　"唔"字读阳上后变调

"月"字阳入，有两个调，前后变调同音。"落月临月"［lo ʔ⫰ㄥ gueʔ⫰］的"月"读阳入本调，"月娘月亮"［gueʔ⫰ㄥ niõ⫰］的"月"读阳入前变调，"一月阳历"、"十一月"的"月"读阳入后变调。

潮阳话本调（独用调）有八个。阴平、阳上、阳去作为多字组的前字声调相同，所以前变调只有六个。多字组里头，前字读 33 调而来历未详的，它的调类就有以下三种可能：（一）是阴平（⫯ 33，不变调）；（二）是阳上的前变调（⫱⫯，313 变 33）；（三）是阳去的前变调（⫰⫯，11 变 33）。这种字的调值符号用变调符号⫯，调类符号用小圆圈加在左下角（。□）。换句话说，⫯表示⫯，⫱⫯或⫰⫯；"。□"表示 ₌□，₌□或□²。例如"□夫男人"标作 ［ta⫯ pou⫯］ 或 ［₌ta ₌pou］。

阴平、阳平、阳上、阴去、阳去作为多字组的后字声调相同，阴入、阳入作为多字组的后字声调也相同，所以后变调只有三个。多字组里头，后字读 11 调而来历未详的，它的调类就有以下五种可能：（一）是阳去（⫰ 11，不变调）；（二）是阴平的后变调（⫯ㄥ，33 变 11）；（三）是阳平的后变调（⫰ㄥ，55 变 11）；（四）是阳上的后变调（⫱ㄥ，313 变 11）；（五）是阴去的后变调（⫲ㄥ，31 变 11）。这种字的调值符号用变调符号ㄥ，调类符号用小圆圈加在右上角（□°）。换句话说，ㄥ表示⫰，⫯ㄥ，⫰ㄥ，⫱ㄥ或⫲ㄥ；"□°"表示□²，₌□，₌□，₌□或□°。例如"雷□雷鸣"标作 ［lui⫰ taŋㄥ］

或〔 ˏlui taŋ˚ 〕。

多字组里头，后字读 11 短调而来历未详的，它的调类就有以下两种可能：（一）是阴入（ʔ˩11 短调，不变调）；（二）是阳入的后变调（ʔ˥，55 短调变 11 短调）。这种字的调值符号用变调符号 ʔ˥，调类符号用小圆圈加在右下角（囗˳）。换句话说，ʔ˥表示 ʔ˩或 ʔ˥；"囗˳"表示囗˩或囗˥。

下文举例，没有前字读 33 调、后字读 11 调或 11 短调而来历未详的。

二 连调组的划分

连调组的划分有些两可的情况，这是由本调和前变调或后变调相同而引起的。主要有三种情况：第一是阴平的本调和前变调相同，都是 33 调（阳上、阳去的前变调也都是 33 调）；第二是阳去的本调和后变调相同，都是 11 调（阴平、阳平、阳上和阴去的后变调也都是 11 调）；第三是阴入的本调和后变调都是 11 短调（阳入的后变调也都是 11 短调）。因此，划分连调组时，阴平（包括来历不明的 33 调）是自成一个连调组，还是作为多字组的前字，单纯就调值看是两可的，不易确定。同样的道理，阳去（包括来历不明的 11 调）、阴入（包括来历不明的 11 短调）是自成一个连调组，还是作为多字组的后字，单纯就调值看也是两可的，也不好确定。碰到这些两可的情况，非主谓式都可以用方言内部比较法来确定划分。如阴平作为前字不变调，非阴平作为前字变调。因此在划分连调组时，阴平字可以参照非阴平字在同类格式中的表现来确定。只有一部分主谓式的划分法才是真正两可的。

2.1 非主谓式

非主谓式中阴平前字如何划分连调组，都可以参考非阴平前字决定。非主谓式的前变连调组包括并列式，偏正式（不包括某些时间词），述宾式（人称代词、量词和某些数量词作宾语在外）和述补式（补语不是趋向补语）等。第三节讨论前变连调组的主要格式。第四节两字前变连调组和第五节三字前变连调组列有各种格式的大量例子。这里只举一些例子对比一下。

前字非阴平　　　　　　　　　　　前字阴平

爸①母　pe˩˥ bou˥ 父母　　　　翁母②　aŋ˦ bou˥ 夫妻

姐妹　tse˥˥ muẽ˩　　　　　　　兄妹　hiã˦ muẽ˩

火水　hue˥˥ tsui˥ 煤油　　　　烧水　sio˦ tsui˥ 热水

黄豆　ŋ˧˩ tau˩　　　　　　　　乌豆　ou˦ tau˩ 黑豆

药草　ioʔ˧˩ tsʻau˥ 草药　　　青草　tsʻẽ˦ tsʻau˥

野大　ia˥˥ tua˩ 很大　　　　　真大　tsiŋ˦ tua˩

慢慢行　maŋ˩˦ maŋ˩˦ kiã˧ 慢慢儿走　宽宽行　kʻuã˦ kʻuã˦ kiã˧ 慢慢儿走

粜米　tʻio˩˥ bi˥ 卖米　　　　挨米　oi˦ bi˥ 磨米

作塍③　tsoʔ˥ tsʻaŋ˧ 种田　　耕塍　kẽ˦ tsʻaŋ˧ 耕田

饲牛　tsʻi˩˥ gu˧ 喂牛　　　　牵牛　kʻaŋ˦ gu˧

助直　tui˥˥ tik˧ 拉直　　　　舒直　tsʻu˦ tik˧ 铺平

拭掉　tsʻik˥˧ tiau˩ 擦掉　　　剃掉　pʻoi˦ tiau˩ 削掉

甜绝　tiam˧˩ tsoʔ˥ 甜极了　　芳绝　pʻaŋ˦ tsoʔ˥ 香极了

上述这十三对例子，同一横行的每一对例子，格式都相同。拿第一横行说，"爸母"的〔˩˥〕〔˥〕"爸"字读阳上前变调，是前变连调组。"翁母"〔˦˥〕的"翁"字阴平不变调，也应该认为是前变连调组。其他可以类推。

2.2　主谓式

较长的主谓式，无论是自成句子或作为句子内部的一个成分，主谓两部分都分属于不同的连调组。如例句"你｜去做乜事你去干什么"〔lu˥｜kʻu˩˥ tsoˇ˥ mĩ˥ ｜ su˩〕分为两个连调组。又如例句"只个学校｜校长｜是知个这个学校校长是谁"〔tsi˥˥ kai˧ hak˧ hau˩｜hau˩˦ tsiaŋ˥｜si˩˦ ti˦ kai˧〕，这句话全句是主谓式。"只个学校"是全句的主语，自成一个连调组。"校长｜是知个"是主谓式，作全句的谓语。其中"校长"和"是知个"分为两个连调组。

较短的主谓式，就是两三字组的主谓式，怎样划分连调组，可以依据连调的读法分成五项来讨论。

第一项主谓式分成两个连调组。例如：

---

① "爸母"本地写作"父母"。此"爸"字读阳上前变调，《广韵》上声果韵："爸，父也"，捕可切。（"阿爸"〔a˥ pa˦〕的"爸"读阴平，"爸爸"〔pa˦ pa˧〕前字读阴平，后字读阳平，另有来历）

② 潮阳方言管妻子叫〔ˢbou˥〕，音同"亩"，俗写"嫩"或"妚"，其实就是"母"字。

③ 《广韵》平声蒸韵："塍，稻田畦也"，食陵切。"塍"当地写作"田"（训读字）。

3 1 ［ㄚㄐ］肚枵 tou｜iau 肚子饿

8 2 ［?ㄱ ㄱ］目红 mak｜aŋ 眼红

8 3 ［?ㄱ ㄚ］日猛 zik｜mẽ 日光强烈

4 4 ［ㄐㄐ］耳重 hĭ｜taŋ 耳背

3 5 ［ㄚㄣ］胆细 tã｜soi 胆子小

3 8 ［ㄚ ?ㄱ］火着 hue｜to? 跟人生气

8 8 1 ［?ㄱ ?ㄱㄐ］日落山 zik｜lo? suã 太阳下山

6 3 1 ［ㄐㄚˋㄐ］味野芳 bi｜ia p'aŋ 味道很香

5 2 8 ［ㄣㄱ ?ㄱ］嘴头滑 ts'ui t'au｜kuk 胃口好。也说嘴斗好

6 6 3 ［ㄐㄣㄐ］话阵好 ue tiŋ｜ho 说话有条理

两个并列的主谓式也都各自分为两个连调组。例如：

5 2 8 3 ［ㄣㄱ ?ㄱ ㄚ］价廉物美 ke｜niam｜muẽ?｜mĭ

2 1 3 5 ［ㄱ ㄐㄚㄣ］眉清眼秀 bai｜ts'eŋ｜ŋaŋ｜siu

6 5 2 1 ［ㄐㄚㄱㄐ］地旷人稀 ti｜k'uã｜naŋ｜hi 地广人稀

8 1 5 4 ［?ㄱ ㄐㄣ］物轻意重 muẽ?｜k'iŋ｜i｜taŋ 礼轻情重

从变调方式说，这一项主谓式的主谓部分分属于两个连调组，并且只能这样分析。请注意，其中两字组（就是主谓两部分都只有一个字），第一字的本调不能是阴平，第二字的本调不能是阳去或阴入。要是第一字本调是阴平而第二字又不变调的话，就属于第四项。要是第二字本调是阳去或阴入而第一字又不变调的话，就属于第五项。三字组也有类似限制。

第二项主谓式是后变连调组。这一项单词性较强，数量上比较少见。现在根据我们调查所得，列举所有实例。

1 1 ［ㄐ ㄐㄴ］骹疫 k'a sŋ 脚疫　　腰疫 io sŋ　　天光 t'ĭ kŋ 天亮

2 1 ［ㄱ ㄐㄴ］喉干 au ta 口渴

3 1 ［ㄚ ㄐㄴ］手疫 ts'iu sŋ

8 1 ［?ㄱ ㄐㄴ］目花 mak hue 眼花

2 2 ［ㄱ ㄱㄴ］头□ t'au hiŋ 头晕

3 2 ［ㄚ ㄱㄴ］马来 be lai 也说月经来

4 2 ［ㄐ ㄱㄴ］耳聋 hĭ laŋ 耳朵聋

2 3 ［ㄱ ㄚㄴ］人孬①naŋ mõ 病了（"人孬"读 ［ㄱ ㄚ］，指人品不好）

3 3 ［ㄚ ㄚㄴ］款孬 k'uaŋ mõ 态度不好

---

① "孬"（不好）是"唔"和"好"的合音方言字。

1 5　［┤ ↘┗］　骹痛 kʻa tʻiã 脚疼　　腰痛 io tʻiã 腰疼

2 5　［┐ ↘┗］　头痛 tʻau tʻiã 头疼　　喉痛 au tʻiã 嗓子疼

3 5　［Y ↘┗］　齿痛 kʻi tʻiã 牙疼　　肚痛 tou tʻiã 肚子疼

　　　　　　　肚困 tou kʻuŋ 肚子饿

5 5　［↘ ↘┗］　气痛 kʻi tʻiã 中医指人体因气滞而引起的疼痛

8 8　［ʔ┐ ʔ┒┗］　日食 zik siʔ　　月食 gueʔ siʔ

从变调方式说，这一项主谓式构成是后变连调组，并且只能这样分析。其中两字组第一字无限制，第二字的本调不能是阳去或阴入。要是第二字是阳去或阴入而第一字又不变调的话，就属于第五项了。

这一项主谓式，要是主语是多音节词，就构成前后都变的连调组。例如：

［┐┗ ʔ┛┗ ┐┗］ 头壳□ tʻau kʻak hiŋ 头晕

［Yʰ Yʰ┐ ↘┗］ 草眼头痛 tsʻau ŋaŋ tʻau tʻiã 太阳穴疼

［┤ ↘ʰ Yʰ┤ ↘┗］ 鸡嘴口风痛 koi tsʻui kʻau huaŋ tʻiã 胃疼

第三项主谓式主语限于量词或名词重叠式近乎状语，整个格式有点像偏正式，是前变连调组。主语是阴平，参照非阴平，也认为是前变连调组。例如：

［┐┗ ┐┗↘］ 人人爱 naŋ naŋ ãi 人人都要

［┤ ┤ ┤］ 家家知 ke ke tsai 每家都知道

［ʔ┛ʰ ʔ┛ʰ ┐］ 只只肥 tsiaʔ tsiaʔ pui 每只都肥

［┤ ┤ ┤］ 间间通 kãi kãi tʻoŋ 每间都是通的

［↘ʰ ↘ʰ ┤］ 顿顿烧 tŋ tŋ sio 每顿都吃热的

［┤ ┤ ┤］ 张张新 tiõ tiõ siŋ 每张都新

［ʔ┐┗ ʔ┐┗ ┐］ 日日来 zik zik lai 天天都来

就变调行为而论，以上一、二、三等三项主谓式，都只能有一种分析法；以下四、五两项，都可以有两种分析法。

第四项主谓式的特点是主语部分的本调是阴平，或者其中第二字是阴平。例如：

1 1　［┤ ┤］　腰疴 io ku 腰弯着，驼背　　风粗 huaŋ tsʻou 风大

1 1 1　［┤ ┤ ┤］　灯光光 teŋ kŋ kŋ 灯很亮

1 7 6　［┤ ʔ┛ʰ ┛］　星搭渡 tsʻẽ taʔ tou 星划过天空下坠，流星

2 1 1　［┐┗ ┤ ┤］　名声芳 miã siã pʻaŋ 名声好

单纯就连调行为看，这些例子可以认为主谓式构成一个连调组（都是

前变连调组，阴平作为前字不变调），也可以依主谓分成两个连调组。现在参照较长的主谓式和本节第一项，划分成两个连调组：“腰｜痀；风｜粗；灯｜光光；星｜搭渡；名声｜芳”。现在再举两个并列的主谓式。

1188　［˧ ˧ ʔ˩ ʔ˩］星光月白 tsʻe kŋ gueʔ peʔ 星亮月明

2411　［˥ ˩˧˧ ˧］冥静更深 mẽ tsẽ kẽ tsʻim 夜静更深

其中“月白”和“冥静”都属于第一项的主谓式，分别划成两个连调组，就是“月｜白”和“冥｜静”。“星光”和“更深”才属于第四项的主谓式，现在也像“腰痀”一样，分别划成两个连调组。这样一来，不单是“星光，更深”和“月白，冥静”平行，“星光月白，冥静更深”也和第一项的“价廉物美，眉清眼秀，地旷人稀，物轻意重”平行了。

第五项主谓式，第二字限于阳去或阴入。例如：

26　［˥ ˩］藤韧 tiŋ zuŋ 藤柔韧

36　［˨˦ ˩］胆大 tã tua 胆子大　　脸大 liaŋ tua 面子大

66　［˩ ˩］事载 ᵓsu tsoi 事情多

86　［ʔ˥ ˩］力大 lak tua 力气大　　目利 mak lai 眼光敏锐

日晕 zik iaŋ　　月晕 gueʔ iaŋ

57　［˧˩ ʔ˩］嘴涩 tsʻui siap 胃口不好

67　［˩ ʔ˩］鼻塞 pʻĩ sak 鼻子不通气

87　［ʔ˥ ʔ˩］目涩 mak siap 困，想睡

这些例子，可以参照第一项，认为第二字读阳去或阴入本调，依主谓分成两个连调组；也可以参照第二项，认为第二字读阳去后变调或阴入后变调（这两类后变调和本调相同），是后变连调组。前者的好处是符合多数主谓式不构成一个连调组的情况。后者的好处是能够反映第五项例子单词性比较强的情况。如“目涩”［ʔ˥ ʔ˩］是“困（想睡）”，前头可以加“𫗫①”，“𫗫目涩”［boi˩˧˧ mak˥ siap˩］是“不困”。参照第二项的例子“肚困”是“饿”，“𫗫肚困”是“不饿”。现在姑且采取把第五项主谓式作为后变连调组的办法。

主谓式读后变连调组的，要是谓语部分扩展，或带补语，或带修饰语，或是重叠，主语和谓语就分别自成一个连调组。例如：

齿痛死［kʻi˨˦｜tʻiã˧˩˧ si˨˦］牙齿疼极了

力大绝［lak˥｜tua˩˧ tsoʔ˥］力气大极了

---

① “𫗫”（不会）是“唔”和“会”的合音方言字，也写作“孬”。

头痛到耐唔去［tʻau˥ │ tʻiã˩ kauʔ˥ nãi˨ m˨ kʻu˩］头疼得受不了

喉野干［au˥ │ ia˥˩ ta˩］口很渴

胆□大［tã˥˩ │ kʻaʔ˩ tua˩］胆子太大

肚死绝痛［tou˥˩ │ si˥˩ tsoʔ˥ tʻiã˩］肚子疼极了

目花花［mak˥ │ hue˧ hue˧］形容眼花

三　前变连调组的主要格式

前变连调组里，前字和本调字用字都没有限制。后变连调组里，本调字用字没有限制，后字是有限制的。现在以述宾式和述补式为例。一般的述宾式是前变连调组，述语和宾语用字没有限制。人称代词、量词和某些数量词作宾语的述宾式是后变连调组，述语用字没有限制，宾语用字限于这三类。又如带结果补语的述补式是前变连调组，带趋向补语的述补式是后变连调组，趋向补语用字比结果补语用字就少得多了。

成分相同的两字组，有时变调方式不同（前变或后变），能区别意义，现在举十对例子来说明。

前变连调组				后变连调组		
日头	zik tʻau	［ʔ˥˩˧˥］太阳	≠	［ʔ˥ ˥˩］日里，白天
大头	tua tʻau	［˩˥˥］大脑袋	≠	［˩ ˥˩］大的一端
头底	tʻau toi	［˥˩˥˩］里边	≠	［˥ ˥˩］脑袋里
井底	tsẽ toi	［˥˩˥˩］井的底	≠	［˥˩ ˥˩］井里
头顶	tʻau teŋ	［˥˩˥˩］上头	≠	［˥ ˥˩］头上
面顶	miŋ teŋ	［˩˥˥˩］事物的表面上	≠	［˩ ˥˩］脸上
面爿①	miŋ pãi	［˩˥˥］左脸蛋儿或右脸蛋儿	≠	［˩ ˥˩］正面，对反面而言
细爿	soi pãi	［˥˩˥］小半边、小半截或小半个	≠	［˥ ˥˩］右边
细个	soi kai	［˥˩˥］小个儿，多指小个儿的东西	≠	［˥ ˥˩］小的
老伙	lau hue	［˩˥˩˥］老伴儿	≠	［˩˥ ˥˩］泛指年老的人

如上所举，后变连调组后字近似词尾。前人记录某些闽南话（如厦门话），认为这些后字是轻音。就潮阳话而论，后字都是低调（˥˩，˥˩，˥˩，˥˩，˥˩，˩，ʔ˩，ʔ˥˩），但是有 31 调、11 调和 11 短调的差别，并且和本调的 31 调、11 调和 11 短调分别相同，不能合并为一类轻音。比方"面爿"

---

① 《集韵》平声删韵："爿，步还切，片也。""爿"就是"爿"字的俗体字。

读前变连调组〔⌐⊢⌐〕跟读后变连调组〔⌐⌐⌐〕意义不同。但后者和前变连调组"民办"〔miŋ⌐⌐ pãi〕同音。"面卅 正面"的"卅"读后变调〔⌐⌐〕，和"民办"的"办"读本调〔⌐〕同音，证实潮阳方言的后变调不是轻音。由此看来，某些闽南话（如厦门话）著作的所谓"轻音"，也许还要重新仔细分析。

本文讨论连读变调，限于非重叠式的前变连调组，主要是两字组和三字组的前变连调组。后变连调组和相关的前后都变的连调组，准备另行讨论。关于重叠式的连读变调，本文只在第二节里提到一点，详见拙作《潮阳方言的重叠式》（《中国语文》1979 年第 2 期）。

在四、五两节依调类为序排列两三字前变连调组之前，这里先分成十二类说明前变连调组的各种格式。

3.1 主谓式（主语限于量词或名词重叠式）。

主谓式构成前变连调组的已见上节第三项，本项就不举例说明了。

3.2 并列式。四字并列式一个连调组的比较少见。例如：

3 7 垢圿〔kau ⅄⊢ koiʔ ⌐〕积在身上的污垢。《广韵》入声黠韵："圿，垢蚧"，古黠切。《广雅疏证》卷五下："圿，垢也。《西山经》，钱来之山，其下多洗石。郭璞注云，澡洗可以硾体去垢蚧。"

6 6 样式〔iõ ⌐⊢ sek ⌐〕式样

2 1 咸酸〔kiam⌐⌐ sŋ⊢〕统称下饭的菜，也叫物配

2 4 饶裕〔ziau⌐⌐ zu ⌐〕富饶   2 3 盘徙〔puã⌐⌐ sua ↗〕迁移

7 4 刺咬〔ts·iaʔ⌐⊢ ka ↗〕刺痒   7 5 拍战〔p·aʔ⌐⊢ tsiaŋ ↘〕打仗

1 2 3 薰茶酒〔huŋ⊢ te⌐⌐ tsiu ↗〕烟茶酒

2 1 4 前中后〔tsãi⌐⌐ tioŋ⊢ au ↘〕

3 8 6 饱实有〔pa ⅄⅄ tsak⌐⌐ tãi ⌐〕结实耐用或富裕。"有"是方言字，是硬的意思

5 3 2 富雅□〔pu ↗ ŋiã⅄⅄ gau⌐〕富，美，贤惠

2 7 8 刣拍劂〔t·ai⌐⌐ p·a ⌐⊢ leʔ⌐〕打架或西医解剖病人。"刣"是方言字，是杀的意思。劂是用刀割的意思。《集韵》入声锡韵："劂，割也"，狼狄切。

1 2 3 4 蛆虫蠓蚁〔ts·u⊣ t·sŋ⌐⌐ maŋ⅄⅄ hia↗〕指这四种生物，蠓是蚊子的意思。也用来表示谦虚或用作骂人的话

1 2 4 4 姑姨舅妗〔kou⊣ i⌐⌐ ku ⅄⊢ kim ⌐〕姑表姨表和母舅妻舅等亲戚的统称

2 3 2 2 柴米油盐〔ts·a⌐⌐ bi ⅄⅄ iu⌐⌐ iam ⌐〕

1 2 8 3 青黄白瘠〔ts·ẽ⊣ ŋ⌐⌐ peʔ⌐⌐ saŋ↗〕脸黄肌瘦

请注意，单音名词构成的三四字组并列式，慢说或强调的时候，也可以分成三四个单字组。比如"薰茶酒"可以是三个单字组读〔huŋ⊣｜te⌐｜

tsiuㄚ]，"柴米油盐"可以是四个单字组读［tsʻaㄱ｜biㄚ｜iuㄱ｜iamㄱ］。四字组并列式也有前两字和后两字分别自成前变连调组的。例如：

7836［ʔ˩ㄥ ʔㄱ ㄚ˪］笔墨纸砚 pik bak｜tsua ŋĩ

2418［ㄱㄥ ㄥ˩ ʔㄱ］　浓淡疏密 loŋ tā｜so bik

3.3　定体偏正式（不包括某些时间词）。例如：

23船肚［tsuŋㄥ touㄚ］船舱　26猴袋［kauㄥ to˩］衣服兜儿。也叫猴帕

73铁屎［tʻiʔㄥ saiㄚ］铁屑　62旧年［kuㄥㅏ nĩㄥ］去年

32水城［tsuiㄚㅏ siãㄚ］菜畦四周的土围，用来防止水土流失

125玻璃碎［poㅓ liㄚㄥ tsuiˇ］碎玻璃

332水涌云［tsuiㄚㅏ eŋㄚㅏ huŋㄱ］也叫鱼鳞云

631大肚申［tuaㄥㅏ touㄚㅏ siŋㅓ］"大肚"说明"申"字的形体

2115咸酸衫裤［kiamㄱ sŋㄥ sãㅓ kʻouˇ］指日常穿的普通衣服

5428碓臼头石［tuiㄚㅏ kʻuㄥㅏ tʻauㄥㄥ tsioʔㄱ］装在碓上舂米用的圆形石头

末字是方位后置字"前、后、下、内、外"表示时间或处所（"下"只表示处所）的偏正式，都是前变连调组。例如：

22头前［tʻauㄱㄥ tsãiㄱ］前面

174冬节后［taŋㅓ tsoiʔ˩ㄥ auˇ］冬至以后

14骹下［kʻaㅓ eˇ］脚下；下面

254门扇后［mŋㄱㄥ sĩㄚㅏ auˇ］门后

54厝内［tsʻuㄚㄥ laiㄚ］家里。也指妻

186三日外［sãㄱ zikㄱㄥ guaㄥ］三天多

末字是方位后置字"头、顶、底"实指的偏正式，也都是前变连调组。例如：

12春头［tsʻuŋㅓ tʻauㄱ］春初　62路头［louㄥㅏ tʻauㄱ］道路的起点

53厝顶［tsʻuㄚˇ teŋㄚ］房顶　13溪底［kʻoiㅓ toiㄚ］小河沟的底

在定体偏正式里，有一些带时间后置字"天、年、月、日"等的时间词读后变连调组。例如："春天"［tsʻuŋㅓ tʻĩㄥㄥ］、"后日后天"［auˇ zikㄱㄥ］。

3.4　状谓偏正式。例如：

33顶猛［teŋㄚㅏ mẽㄚ］最快　41上加［siaŋㄚㅏ keㅓ］最多

43唔雅［mㄚㅏ ŋiãㄚ］不漂亮　76一大［ikㄥㄥ tuaㄥ］最大

52斗红［touˇㄥ aŋㄱ］也叫深红　65慢嫁［maŋㄥㅏ keˇ］女子晚婚

87白发［peʔㄱㄥ huakㄥ］自然生长的植物。也叫白生

388死绝热［siㄚㅏ tsoʔㄱㄥ zuaʔㄱ］热死了

431 上等芳 [siaŋ˦˩ teŋ˦˩ p'aŋ˧] 最香

853 绝世好 [tso?˧˩ si˧ ho˦] 好极了

315 野清气 [ia˦˩ ts'eŋ˧ k'i˧] 很干净

114 痴哥想 [ts'i˧ ko˧ siõ˦˩] 幻想

778 恶测度 [o?˧˩ tsek˧˩ tak˧] 难估计

7331 一等紧张 [ik˧˩ teŋ˦˩ kiŋ˦˩ tsiaŋ˧] 最紧张

3.5 带人称前置字"阿"的附加式，"阿"是前变调。例如：

11 阿爹 [a˧ tia˧] 称呼父亲。还有阿爸、阿伯、阿丈、阿叔等称呼，随家庭习惯而定

12 阿郎 [a˧ nŋ˧] 岳家称呼女婿

阿姨 [a˧ i˧] 称呼姨母或母亲

13 阿姆 [a˧ m˧] 称呼伯母或母亲

阿婶 [a˧ sim˧] 称呼叔母、母亲、保姆或后妈

14 阿丈 [a˧ tiõ˩] 称呼姑父、姨父或父亲

阿妗 [a˧ kim˩] 称呼舅母

3.6 带名物后置字"囝①、子、头"的名词，"囝、子、头"读本调。这类词有的是偏正式，如"双生囝孪生子"[saŋ˧ sẽ˧ kiã˦]、"铳子子弹"[ts'eŋ˥ tsi˦]、"菜头萝卜"[ts'ai˥ t'au˧]；有的是附加式，如"钻囝锥子"[tsŋ˥ kiã˦]、"肾子腰子"[siaŋ˦˩ tsi˦]、"锁头锁"[so˦ t'au˧]；有的又像偏正式又像附加式，如"贩囝也叫小贩"[huaŋ˥ kiã˦]、"砣子天平秤上用的砝码"[to˧ tsi˦]、"标头商标"[p'iau˧ t'au˧]，从构词上看，不易断定，因此单列一类。现在分别举例。

33 鼎囝 [tiã˦˩ kiã˦] 小钦锅

63 字囝 [zi˩ kiã˦] 小字

13 孥囝 [nãu˧ kiã˦] 小孩儿。也叫细孥囝

323 斧头囝 [pou˦˩ t'au˧ kiã˦] 小斧子

113 衰家囝 [sue˧ ke˧ kiã˦] 指无能而使家境败落的子弟，也叫衰家丁或惨囝

173 金菊囝 [kim˧ kek˧˩ kiã˦] 一种菊花，花朵较小，呈金黄色

6253 巷头铺囝 [haŋ˧˩ t'au˧ p'ou˥ kiã˦] 巷口儿的小商店

23 砬子 [laŋ˧ tsi˦] 砬齿

13 梯子 [t'ui˧ tsi˦] 梯子上横穿的短竹条或短水条

---

① 《集韵》上声狝韵："囝，闽人呼儿曰囝"，九件切。潮阳方言和某些闽语方言相同，也管"儿子"叫"囝"。这里"囝"字用来作名物后置字，通行写法作"仔"。

１１３　相思子〔sio˧　si˧　tsi˧˨〕红豆

７５３　急性子〔kip˨˩˧　sẽ˥˨　tsi˧˨〕凤仙花的花子儿

１２　销头〔siau˧　t'au˧˥〕销路

５２　性头〔sẽ˥˨　t'au˧˥〕性子。也叫性

６２　豆头〔tau˨˩˧　t'au˧˥〕豆渣

８２　食头〔tsiaʔ˥˩　t'au˧˥〕吃头

１３２　胸坎头〔heŋ˧　kam˥˨　t'au˧˥〕胸脯

４３２　后母头〔au˧˨　bo˥˨　t'au˧˥〕贬称后妈

3.7　数词单位数读本调，两位及两位以上数读前变连调组。例如：

８４　廿二〔ziʔ˥˩　zi˧˩〕也说二十二

４７　两百〔nõ˧˨　peʔ˨˩〕二百

５８５　四十四〔si˥˩　tsap˧˩　si˧˩〕

４１４　两千二〔nõ˧˨　ts'ãi˧　zi˧˩〕也说两千两百

７５４　百空二〔peʔ˨˩　k'aŋ˥˧　zi˧˨〕一百零二。也说百单两

８７４８　蜀百二十〔tsek˧˩　peʔ˨˩　zi˧˨　tsap˧〕一百二十。也说百二

４６４４　两万二二〔nõ˧˨　buaŋ˧˨　zi˧˨　zi˧˩〕两万二千二。也说两万两千二

上述例子中，四十四也可以说成"卅①四"〔siap˨˩˧　si˧˩〕，但"四十"后无其他数字，不能说成"卅"。

3.8　序数式和数量式等都是前变连调组，可以分为以下两项。

A项，序数式、序数量式和序数量式＋名词，分别举例如下：

４７　第一〔toi˧˨　ik˨˩〕

４４　第五〔toi˧˨　ŋom˧˩〕

２８２　头蜀个〔t'au˧˥　tsek˧˩　kai˧〕第一个

４４２　第二个〔toi˧˨　zi˧˨　kai˧˥〕也说头二个

４７２２　第一个人〔toi˧˨　ik˨˩　kai˧˥　naŋ˧˥〕也说头蜀个人

４４２６　第五丛树〔toi˧˨　ŋom˧˨　tsaŋ˧˥　ts'iu˨˩〕第五棵树

B项，数量式、数名式、量名式和数量名式，分别举例如下：

８２　蜀个〔tsek˧　kai˧˥〕也叫单个或零个

１２　双个〔saŋ˧　kai˧˥〕也叫两个或蜀双

７６２　卅外个〔siap˨˩　gua˨˩˧　kai˧〕四十多个

４４４　两丈二〔nõ˧˨　tŋ˧˨　zi˧˩〕

───────────

①　《广韵》入声缉韵："卅，……《说文》云，数名，今直以为四十字"，先立切。

8782 蜀百廿个 ［tsek˩ peʔ˧ ziap˩ kai˧］一百二十个。也说蜀百二十个

41 二兄 ［zi˨ hiã˧］二哥

48 五日 ［ŋom˨ ˨ zik ˧］五天

65 座厝 ［tso˨ tsʼu˩］一座房子

15 枝扇 ［ki˧ sĩ˩］一把扇子

853 粒铳子 ［liap˩ tsʼeŋ˩ tsi˥］一粒子弹

834 蜀领被 ［tsek˩ niã˥ pʼue˩］一床被

8227 蜀个人客 ［tsek˩ kai˩ naŋ˧ kʼeʔ˩］一位客人

上述例子中，"双个"的"双"用作数词。"蜀双"的"双"用作量词。潮阳话在数词后头加"外"字表示大概的数量，相当于北京话在数词后头加"多"字。"两丈二"是数量式后头带数词（是"两丈两尺"的省略式），整个数量式（"两丈"）读前变调。其他表示度量衡的量词，后头带数词的，其连调读法可以依此类推。数量名式要是数词是"蜀"［tsek˧］的话，往往可以省略，一省略就成为量名式了。

3.9 一般述宾式。宾语不是人称代词、量词，不是某些数量词。例如：

13 勼水 ［kiu˧ tsui˥］缩水

52 泻脾 ［sia˩ pi˧］拉稀。也叫走肚或溇屎

28 弹舌 ［tuã˩ tsiʔ˧］形容可口

76 发雾 ［huak˧ bu˩］下雾。也叫拍濛或濛烟

321 转唐山 ［tŋ˥ tŋ˩ suã˧］华侨回祖国

756 拍笑面 ［pʼaʔ˧ tsʼio˩ miŋ˨］生气后又笑了

511 献生鲜 ［hiaŋ˩ tsʼẽ˧ tsʼĩ˧］向刚熟悉的人献殷勤

1112 兜番鸡毛［tau˧ huaŋ˧ koi˧ mõ˧］拨弄雉鸡毛，比喻摆威风。因戏剧中武将有时拨弄帽上两根雉鸡毛表示威风，所以摆威风俗称兜番鸡毛

这里附带说明一下，拿人称代词作宾语的述宾式是后变连调组。例如："强我比我强"读［kiõ˧ ua˥］，"在你随你便"读［to˩ lu˥］。但它修饰动词时，或是在它后头紧跟着还有补语时，整个述宾式就读前变调。比如"在你拣随你挑"［to˨ lu˥ kãi˥］里的"在你"和"强我野载比我强多了"［kiõ˩ ua˥ ia˥ tsoi˨］里的"强我"都读前变调。拿量词作宾语的述宾式也是后变连调组，例如"食碗吃一碗"［tsiaʔ˧ uã˥］，"买双买一双"［boi˥ saŋ˩］。但拿它跟名词宾语连用，就构成前变连调组。比如"食碗糜吃一碗粥"［tsiaʔ˩ uã˥ muẽ˧］里的"食碗"，和"买双袜买一双袜子"

［boiˇ saŋ┤ gue?┐］里的"买双"都是前变调，"糜"和"袜"都是本调字。

3.10 述补式（补语不是趋向补语）。

述补式读前变连调组的有以下四种常用的格式。

（甲）带结果补语的述补式。例如：

18 炊熟［ts'ue┤ sek┐］蒸熟　　61 焙烧［pue┴ sio┤］烤热

73 拍倒［p'a?┌ to ˇ］打倒　　　75 斲碎［tok┌ ts'ui˅］剁碎

315 洗清气［soiˇ ts'eŋ┤ k'i˅］洗干净

728 作条直［tso?┌ tiau¬ tik┐］做完

（乙）带程度补语"死、绝"（相当于北京话带程度补语"死了、极了"）的述补式。例如：

13 芳死［p'aŋ┤ si ˇ］香极了　　28 甜绝［tiam¬ tso?┐］甜极了

53 细死［soi˅ si ˇ］小极了

88 热绝［zua?¬ tso?┐］热死了，热极了

喜兴死［hiˇ heŋ˅ si ˇ］高兴死了，高兴极了

清气绝［ts'eŋ┤ k'i˅ tso?┐］干净极了

艰苦死［kaŋ┤ k'ouˇ si ˇ］艰苦极了，难受极了

旷活绝［k'uã˅ ua?¬ tso?┐］舒服极了

"死"和"绝"作程度补语都表示达到极点。"死"和"绝"可以互换，意思一样。比方说，"雅死"［ŋiãˇ si ˇ］、"雅绝"［ŋiãˇ tso?┐］意思都是漂亮极了。

（丙）补语的可能式。

补语的肯定可能式是在述补式中间加"会""得"或"会得"。例如：

约会着［io?┌ oi ˇ tio?┐］猜得着

做得来［tso˅ tik┌ lai┐］会做。也说做得去

写会雅［siaˇ oi ˇ ŋiãˇ］写得漂亮

听会得着［t'iã┤ oi ˇ tik┌ tio?┐］听得着

又如："食会落、食得落、食会得落"都是吃得下的意思。"扲［k'io?¬］会浮、扲得浮、扲会得浮"都是拿得动的意思。

补语的否定可能式是在述补式中间加"唔"（不）或"豀"（不会）。例如：

行唔开［kiã¬ m ˇ k'ui┤］走不开

理唔直［liˇ m ˇ tik┐］料理不完

咀唔了［tãˉ　m ⊿　liauˇ］说不完

顶唔起［teŋˇ　m ⊿　k·iˇ］不顶事

合唔落［ha?ˉ　m ⊿　lo?ˉ］合不来

食觖□［tsia?ˉ　boi ⊿　iaˇ］不偎胃口

堵唔缀［tuˇ　m ⊿　tueˇ］吃不消。也说堵唔条。"堵"字也写作"拄"

　　表示补语的否定可能式，还有一种格式，在动词后头加"唔得"。比如"做得"［tsoˇ　tik］是说"行、可以"。"做唔得"［tsoˇ　m ⊿　tik］是说"不行、不可以"。"得、唔得"等作补语，可以称为可能补语。

　　带可能补语的述补式，后头有宾语，也构成前变连调组。比如"济唔得事"［tsiˇ　m ⊿　tikˉ　suˉ］、"顶唔得事"［teŋˇ　m ⊿　tikˉ　suˉ］都是不顶事的意思，"济、顶"是述语，"唔得"是可能补语，都读前变调，"事"是宾语，读本调。下面再举几个例子：

对得住人［tuiˇ　tikˉ　tsu ⊿　naŋˉ］对得起人。也说对会住人或对人得住

食觖疳积［tsia?ˉ　boi ⊿　tsekˉ］小孩吃了不会积食

行唔着运［kiãˉ　m ⊿　tio?ˉ　uŋˉ］不走远

食唔着水［tsia?ˉ　m ⊿　tio?ˉ　tsuiˇ］水土不服

咀唔得话［tãˉ　m ⊿　tikˉ　ue］说话没有威信。也说言轻

　　（丁）用"到"字联系的述补式（补语不是主谓式）。例如：

咸到苦［kiamˉ　kauˇ　k·ouˇ］咸极了

磨到无命［buaˉ　kauˇ　boˉ　miãˇ］累得要命

芳到出托［p·aŋˉ　kauˇ　ts·ukˉ　t·o?ˉ］香极了

热到爱死［zua?ˉ　kauˇ　ãiˇ　siˇ］热得要命

好到耐唔去［hoˇ　kauˇ　nãi ⊿　m ⊿　k·uˇ］好极了

臭到揰①破鼻［ts·auˇ　kauˇ　ts·eŋˇ　p·uaˇ　p·ĩˇ］臭极了

　　在这种格式里"到"字可以读［kauˇ］，也可以减音，脱落 k 声母读［auˇ］，本文一律标作［kauˇ］。

　　"到"字后头的补语是主谓式，主谓连调方式不变，比如原来是后变连调组的主谓式，用"到"联系作补语，仍读后变连调组，因此就和前头的述语构成前后都变的连调组。例如：

行到骹瘝［kiãˉ　kauˇ　k·aˉ　sŋˉ］走得脚疼

气到肚痛［k·iˇ　kauˇ　touˇ　t·iãˇ］气得肚子疼

────────────

① 《集韵》去声用韵："揰，昌用切，推击也。"

又如，原来是两个连调组的主谓式，用“到”联系作补语，还分成两个连调组。例如：

气到嘴猪猪［kʻi˅˹ kau˅˹ tsʻui˅ ｜ tu˧ tu˧］气得噘嘴

瘖看到重皮缠重骨［saŋ˧˥ kau˅˹ teŋ˥˪ pʻue˥ ｜ tĩ˥˪ teŋ˥˪ kuk˩］形容瘦极了

“嘴猪猪”本身是主谓式，作“气”的补语，“重皮缠重骨”本身也是主谓式，作“瘖”的补语。例中“嘴”和“重皮”都用“到”字分别和前头的述语联结，构成一个前变连调组，“猪猪”和“缠重骨”则各自组成前变连调组，各连调组的末字都是本调字。

但“气到面红颧赤”［kʻi˅˹ kau˅˹ miŋ˩˫ aŋ˥˪ koŋ˅˹ tʻsiaʔ˩］气得脸通红整个词组是一个前变连调组，补语“面红颧赤”是熟语，其中主语“面、颧”变调，与其他主谓式不同。

趋向补语中简单复合，除“转”字读本调外（如“行转往回走”读［kiã˥˪ tŋ˧］），都读后变调。比如“入来进来”读［zip˥ lai˥˪］，“行出去走出去”读［kiã˥ tsʻuk˩ ku˅˪］，但带趋向补语的述补式，作修饰成分时，整个述补式都读前变调。例如：

入来坐［zip˥˪ lai˥˪ tso˩˧］进来坐

行出去看蜀下［kiã˥˪ tsʻuk˩˹ kʻu˅˹ tʻõi˧ tsek˥˪ e˩］走出去看一下

3.11 “形容词＋过＋宾语”（述补宾）。

说明事物性质或状态的程度，潮阳话常常用“形容词加‘过’带宾语”（相当于北京话形容词后头加程度补语“极了”）来表示。

在这种格式里，形容词是一个字，读前变调。“过”字也是前变调，可以读［kue˅˹］，也可以减音，脱落 k 声母和 u 介音，读［e˅˹］，本文一律标作［kue˅˹］。补语是一个字或几个字，如果是一个字就是本调字，如果是几个字，前字读前变调，末字是本调字。整个格式构成前变连调组。例如：

甜过蜜［tiam˥˪ kue˅˹ bik˥］甜极了

苦过猪胆［kʻou˧˥ kue˅˹ tu˧ tã˧］苦极了

旷过海［kʻuã˅˹ kue˅˹ hai˧］宽极了

惰过死人［tuã˩˫ kue˅˹ si˧˥ naŋ˥］懒极了

轻过屁［kʻiŋ˧ kue˅˹ pʻui˅］轻极了

乌过火炭［ou˧ kue˅˹ hue˧˥ tʻuã˅］黑极了

枭过死绝［hiau˧ kue˅˹ si˧˥ tsoʔ˥］毫无情义，多指忘恩负义

酸过老米醋［sŋ˦ kue˥˩ lau˥ bi˩˥ tsˈou˨］酸极了

这类格式要是用读后变连调组的时间词作宾语，就构成前后都变的连调组。例如：

静过冥界［tsẽ˩˥ kue˥˩ mõ˥ kuu˨˩］比夜间还静，静极了的意思

3.12 "动词＋着/了"作为复杂谓语的前置部分，"着、了"读本调，"动词＋着/了"是前变连调组。例如：

（1）我听着流目汁［ua˥ tˈiã˦ tioʔ˥ ｜ lau˧˩ mak˧˩ tsap˨］我听了流眼泪

（2）听着觖始坐觖徛［tˈiã˦ tioʔ˥ ｜ boi˩˦ tso˩˦ boi˩˦ kˈia˩］听了坐立不安

（3）食着嘴涩［tsiaʔ˧˩ tioʔ˥ ｜ tsˈui˨ siap˨］胃口不好，吃着不香

（4）食了正去搭船［tsiaʔ˥˩ liau˥ ｜ tsiã˥˩ kˈu˥˩ taʔ˨˩ tsuŋ˥］吃了再去坐船

（5）伊诐了就出来［iŋ˦ pˈueʔ˥˩ liau˥ ｜ tsiu˩˦ tsˈuk˨ lai˧˩］他们谈了就出来

（6）食了吓嘴死［tsiaʔ˧˩ liau˥ ｜ heʔ˨˩ tsˈui˥˩ si˥］吃了倒胃口

从上述例子看，所谓复杂谓语主要有两种情况。一种是连动式。"动词＋着/了"作为连动式的前一部分表示领先的动作。如例句（1）"我听着流目汁"，是先"听"后"流眼泪"；例句（4）"食了正去搭船"，是先"吃"后"去坐船"。"动词＋着"虽然可以作为连动式的前一部分，但是比较少见。

还有一种"动词＋着/了"近于状语，是谓语的前一部分。如例句（3）"食着嘴涩"，"食着"（吃着）是修饰"嘴涩"（胃口不好）的；例句（6）"食了吓嘴死"，"食了"（吃了）是修饰"吓嘴死"（倒胃口）的。这类句子都是描写事物的性质状态的，而不是表示动作的。

有一点要注意，这类近于状语的"动词＋着/了"，在句子里"着"字和"了"字往往可以互换，意思相同。比方说，"听着欢喜死"［tˈiã˦ tioʔ˥ ｜ huã˦ hi˥ si˥］，也可以说成"听了欢喜死"［tˈiã˦ liau˥ ｜ huã˦ hi˥ si˥］，都是听了很高兴的意思。

无论复杂谓语是哪种情况，"动词＋着/了"的位置都在前头。"动词＋着/了"后头是谓语的主要部分，另成连调组。

四 两字前变连调组举例

前变连调组里，无论是本调字还是前字，用字都没有限制。所以本节和下节举例时，两字和三字的前变连调组都依连调组的声调组合举例。

两字前变连调组有六十四种组合（8×8＝64），每一种声调组合各举三个例子。三字前变连调组分成五百一十二种组合（8×8×8＝512），每一种声调组合各举一个或两个例子。

本节和下节举例都按声调排列。简便起见，阴平、阳平、阴上、阳上、阴去、阳去、阴入、阳入分别用代码"1、2、3、4、5、6、7、8"来表示。各连调组先按第一字调类代码为序，再按第二字调类代码为序排列，三字前变连调组第三字也以调类代码为序排列。

排列时，每一个两字和三字的前变连调组都分别先用代码标调类，其次标调值（前字标本调和变调，前字的变调规律可以从中一目了然），然后举例，并标声韵母。因为同一横行连调组的变调方式相同，所以调值只标一次。例子标音后，注明普通话说法或略加解释。同一词条，要是方言中有几种说法，就同时注明。

1 1 ㄱㄱ 番葱 huaŋ tsʻaŋ 洋葱　羁心 ki sim 留心　尖担 tsiam tã 两头尖的扁担

1 2 ㄱㄱ 声喉 siã au 嗓门儿　灯筒 teŋ taŋ 灯罩儿　书橱 tsu tu 也比喻无真才实学的人

1 3 ㄱㄧ 欢喜 huã hi 喜欢　骹本 kʻa pŋ 脚本　三鸟 sã tsiau 鸡、鸭、鹅的统称

1 4 ㄱㄥ 粗重 tsʻou taŋ 笨重　心行 sim heŋ 心地　相辅 sio hu 帮忙

1 5 ㄱㄥ 相诮① sio a 吵嘴　针菜 tsam tsʻai 黄花菜　开镜 kʻui kiã 新说法是透视

1 6 ㄱㄥ 街路 koi lou 街道　生分 tsʻẽ huŋ 陌生　芳味 pʻaŋ bi 香味儿。也叫芳头或香头

1 7 ㄱ ʔㄥ 书册 tsu tsʻeʔ 书本儿　相拍 sio pʻaʔ 打架　膏笔 ko pik 圆珠笔

1 8 ㄱ ʔㄱ 堪值 kʻam tak 值得　遮截 tsia tsaʔ 遮掩　花蟳 hue tsʻiʔ 一种海螃蟹

2 1 ㄱㄥㄱ 鞋膏 oi ko 鞋油　仁箍 ziŋ kʻou 花生饼　濛烟 mõu iaŋ 烟雾或

---

① 《集韵》去声效韵，"诮，言逆也"，於教切。

炊烟弥漫

2 2 ㄱㄴㄱ 培成 pʻue seŋ 培养　云婆 huŋ po 成团的云　松泥 seŋ nĩ 榕树的树胶

2 3 ㄱㄴㄚ 柴草 tsʻa tsʻau 柴火　棋鬼 ki kui 棋迷　重感 teŋ kam 感冒没好又感冒了

2 4 ㄱㄴㄥ 寻想 sim siõ 寻思　承嗣 seŋ su 承继　炉耳 lou hĩ 炉子上架锅的凸出部分

2 5 ㄱㄴㄟ 疲醉 pʻi tsui 疲倦　铅线 iaŋ suã 铁丝儿　柴炭 tsʻa tʻuã 木炭

2 6 ㄱㄴㄏ 油漏 iu lau 漏斗　牙箸 ge tu 象牙筷子　长鼻 tŋ pʻĩ 嗅觉灵敏

2 7 ㄱㄴʔㄏ 莲角 nãi kak 菱角　膦粕 la pʻoʔ 油渣　钱窟 tsĩ kʻuk 扑满，供储蓄零钱用

2 8 ㄱㄴʔㄱ 行踏 kiã taʔ 走动　浮热 pʻu zuaʔ 上火。也叫浮火　牛橛 gu kʻik 拴牛用的小木桩

3 1 ㄚㄅㄐ 母花 bo hue 雌蕊　使枭 sai hiau 使坏　火刀 hue to 火镰

3 2 ㄚㄅㄱ 火牛 hue gu 变压器　椅条 ĩ tiau 长板凳　打投 ta tau 打击投机倒把的简称

3 3 ㄚㄅㄚ 吼喘 hau tsʻuaŋ 气喘　齿屎 kʻi sai 牙垢　水斗 tsui tau 脚盆。也叫洗骸斗

3 4 ㄚㄅㄥ 倚近 ua kiŋ 靠近　水蟹 tsui hoi 一种螃蟹　母妗 bo kim 舅母的背称

3 5 ㄚㄅㄟ 使性 sai sẽ 任性　死窍 si kʻiau 死心眼儿　米概① bi kai 平斗、斛的木尺

3 6 ㄚㄅㄏ 比面 pi miŋ 给面子　扁豆 pʻiaŋ tau 蚕豆　保贺 po ho 保佑

3 7 ㄚㄅʔㄏ 土拙 tʻou tsuak 笨拙　惨切 tsʻam tsʻiak 凄切　草鐹 tsʻau koiʔ 割草的镰刀

3 8 ㄚㄅʔㄱ 把缚 pe pak 阻拦　土直 tʻou tik 直率　惹人 zia zip 自找麻烦。也说捧虱上头爬。

4 1 ㄐㄅㄐ 后生 hau sẽ 年轻　蟹膏 hoi ko 蟹黄　后阴 au im 正房后面和正房平行的一排房屋

4 2 ㄐㄅㄱ 卵仁 nŋ aiŋ 蛋黄儿　伴灵 pʻuã leŋ 守灵　抱槌 pʻo tʻui 偏旁，如"协"字的左边部分

4 3 ㄐㄅㄚ 荔果 nãi kuẽ 荔枝　电火 tiaŋ hue 也叫电灯　蟹厣 hoĩ 蟹腹下的甲壳

---

① 《广韵》去声代韵："概，平斗斛木"，古代切。

44　˧˩˦ ˧˩˧　厚重 kau taŋ 厚实　杜仲 tou tioŋ 一种中药　耐徛 nãi kʻia 食物经久不变质
45　˧˩˦ ˧˩　重秤 taŋ tsʻiŋ 压秤　耳镜 hĩ kiã 耳鼓　老数 lau siau 老账。也说旧数
46　˧˩˦ ˩˩　网袋 maŋ to 网兜。也叫网帕　柹树 sai tsʻiu　虹尿 kʻeŋ zio 出虹之后下的小雨
47　˧˩˦ ʔ˩　卵壳 nŋ kʻak 蛋壳儿　皂角 tsau kak 一种中药　爸伯 pe peʔ 伯父的背称
48　˧˩˦ ʔ˥　有力 u lak 有力气　俭食 kʻiam tsiaʔ 省吃俭用　薤白 hai peʔ 一种中药
51　˧˩ ˥˧　厝边 tsʻu pĩ邻居　斗墟 tau hu 赶集　退坡 tʻo po 意志衰退。也叫落懒
52　˧˩ ˥˧ ˥　滥涂 nam tʻou 烂泥　褪鞋 tʻŋ oi 脱鞋　汽筒 kʻi taŋ 也叫热壶或热水壶
53　˧˩ ˥˧ ˥˧　细码 soi be 尺码小的　铳子 tsʻeŋ tsi 子弹　过饮 kue am 用米汤糨衣服
54　˧˩ ˥˧ ˧˩˧　数簿 siau pʻou 账本　暗静 am tsẽ 偷偷地　对市 tui tsʻi 指市场买卖正热闹时
55　˧˩ ˥˧ ˧˩　斗拗 tau a 争论　税厝 sue tsʻu 租房子　旷园 kʻuã kʻŋ 心胸开阔
56　˧˩ ˥˧ ˩˩　幼腻 ĩu zi 细腻　畏事 ũi su 怕事　布地 pou ti 布的质地
57　˧˩ ˥˧ ʔ˩　戏出 hi tsʻuk 戏码　倒跃 to iauʔ 后滚翻　信壳 siŋ kʻak 也叫信封、信套或信筒
58　˧˩ ˥˧ ʔ˥　信肉 siŋ nek 信瓤儿　细缚 soi pak 小捆　破白 pʻua peʔ 说明“白”字的形体
61　˩˩˦ ˧　坠胎 tui to 打胎　豆生 tau sẽ 也叫豆芽　队间 tui kãi 生产队办公的屋子
62　˩˩˦ ˥　字爿 zi pãi 字的偏旁　箸筒 tu taŋ 筷笼　话皮 ue pʻue 无关紧要的话
63　˩˩˦ ˥˧　巷囝 haŋ kiã 小巷　共总 kaŋ tsoŋ 一共　面脸 miŋ liaŋ 面子
64　˩˩˦ ˧˩˧　饲奶 tsʻi nẽ 喂奶　芋卵 ou nŋ 比较小的芋头　砚瓦 ŋĩ hia 用瓦做的砚台
65　˩˩˦ ˧˩　样相 iõ siõ 样子　面线 mĩ suã 挂面　面布 miŋ pou 擦脸用的毛巾
66　˩˩˦ ˩˩　地豆 ti tau 花生　外袋 gua to 衣服的外兜儿　弹掉 tuã tiau 也叫枪毙或拍靶
67　˩˩˦ ʔ˩　面色 miŋ sek 脸色　镀赤 tou tsʻiaʔ 镀上金色　话骨 ue kuk 谈

话的主要内容

6 8　˩˦ ʔ˥　败白 pai peʔ 白带　　大食 tua tsiaʔ 饭量大　　柚檵 iu huk 柚子核，入药

7 1　ʔ˩˥˦　沃粗 ak tsʻou 浇粪　　出珠 tsʻuk tsu 出痘　　借刀 tsioʔ to 侧刀儿，汉字偏旁

7 2　ʔ˩˥˥　雪条 soʔ tiau 冰棍儿　　鸭雄 aʔ heŋ 公鸭　　涩脾 siap pi 便秘。也叫热结和干涩

7 3　ʔ˩˥˧　拍粉 pʻaʔ huŋ 搭粉　　竹笓 tek tsʻāi 用竹子做的炊帚
　　　　　挈齿 kʻioʔ kʻi 拔牙。也叫挈牙、挽牙或挽齿

7 4　ʔ˩˥˨　挈恨 kʻioʔ hiŋ 记恨　　掣断 tsʻuaʔ tŋ 用猛劲儿拉断
　　　　　粟簟① tsʻek tiam 用竹篾编的粗席子，窄条形，多用来围起来囤放稻谷

7 5　ʔ˩˥˩　郁气 uk kʻi 闷气　　拍褪 pʻaʔ tʻŋ 鸡、鸭、鸟换毛
　　　　　发性 huak sẽ 也叫发脾气、发火、浮性、胀性或出火肝

7 6　ʔ˩˥˩　粟穗 tsʻek sui 谷穗儿　　铁箸 tʻiʔ tu 火筷子　　恶露 ak lou 寒气较重的露水

7 7　ʔ˩˥ʔ˩　拍很饫② pʻaʔ oʔ 打嗝儿　　督责 tok tseʔ 督促　　吓咄 heʔ tuaʔ 大声恫吓

7 8　ʔ˩˥ʔ˥　阔达 kʻuaʔ tak 阔气　　插杂 tsʻap tsap 嘈杂　　霍斛 kʻak hok 霍山石斛，一种中药

8 1　ʔ˥˩˦　额声 hiaʔ siã 数额　　凿空 tsʻak kʻaŋ 打眼儿　　舌沙 tsiʔ sua 舌苔。也叫舌泽

8 2　ʔ˥˩˥　篾黄 bik nŋ 篾黄　　食存 tsiaʔ tsʻuŋ 吃剩　　蜡丸 laʔ ĩ 用蜡壳封着的丸药

8 3　ʔ˥˩˧　目屎 mak sai 眼眵　　落短 loʔ to 理亏。也叫落理　　掠手 liaʔ tsʻiu 拿手

8 4　ʔ˥˩˨　合耳 haʔ h 顺耳　　物件 muẽʔ kiã 东西　　鹿肾 tek siaŋ 鹿鞭，一种中药

8 5　ʔ˥˩˩　截菜 tsoiʔ tsʻai 切菜　　木桂 bak kui 桂花　　蜡蔗 laʔ tsia 一种蔗皮发黄的甘蔗

8 6　ʔ˥˩˩　食饭 tsiaʔ pŋ 吃饭　　煠面 saʔ mĩ 煮面
　　　　　白鼻 peʔ pʻĩ 多指潮剧中扮演花花公子的生角。也叫白鼻公子或花生

8 7　ʔ˥˩ʔ˩　目汁 mak tsap 眼泪　　折骨 tsiʔ kuk 骨折　　缚索 pak soʔ 用绳

_____

① 《广韵》上声忝韵："簟，竹席"，徒玷切。
② 《广韵》入声德韵："饫，噎声"，爱黑切。

子捆

8 8　ʔ˥ ʔ˥　曝日 pʻak ziʔ 晒太阳　落力 loʔ lak 使劲儿　木屐 bak kiaʔ 也叫骹屐或柴屐

五　三字前变连调组举例

三字除主谓式是两个连调组外，其他都是前变连调组。

三字的前变连调组第一、二字读前变调，第三字读本调，第一、二字的变调规律和两字组前字的变调规律相同。下面分别举例。

1 1 1　˧ ˧ ˧　乌阴天 ou im tʻĩ 阴天　通花缸 tʻoŋ hue kaŋ 一种雕花的小花瓶

1 1 2　˧ ˧ ˥　心肝头 sim kuã tʻau 心窝儿　骹车泥 kʻa tsʻia nĩ 自行车外带

1 1 3　˧ ˧ ˨　鸡翁指 boi an tsãi 食指　金橄榄 kim kã nã 辣椒。也叫苤椒

1 1 4　˧ ˧ ˩˦　冤家耳 uaŋ ke hĩ 指人好猜疑　蜘蛛蟹 ti tu hoi 一种海螃蟹

1 1 5　˧ ˧ ˩　铰衫裤 ka sã kʻou 裁衣服　溪沙坝 kʻoi sua pa 小河沟里的沙滩

1 1 6　˧ ˧ ˧˥　通身汗 tʻoŋ siŋ kuã 满身汗。也叫蜀身汗　相思树 sio si tsʻiu 红豆树

1 1 7　˧ ˧ ʔ˧　肩窝窟 kãi o kʻuk 肩窝　痴哥鳖 tsʻi ko piʔ 好色之徒。也叫痴哥鳖团或痴哥鬼

1 1 8　˧ ˧ ʔ˥　抽刀舌 tʻiu to tsiʔ 铇刀儿　精猪肉 tsiã tu nek 瘦肉。也叫精肉、猪肉或涩肉

1 2 1　˧ ˥ ˧　猪头风 tu tʻau huaŋ 痄腮。也叫猪头肥　番薯箱 huaŋ tsu siõ 也叫番薯畦

1 2 2　˧ ˥ ˥　金胡蝇 kim hou siŋ 绿豆蝇　蜂房炉 pʻaŋ paŋ lou 两用炉

1 2 3　˧ ˥ ˨　鸡毛筅 koi mõ tsʻai 鸡毛掸子。也叫毛筅　骹肠肚 kʻa tŋ tou 腿肚子

1 2 4　˧ ˥ ˩˦　风时雨 huaŋ si hou 阵雨　玻璃瓦 po hi hia 也叫天窗瓦

1 2 5　˧ ˥ ˩　菠薐菜 pue leŋ tsʻai 菠菜。也叫菠薐　熏筒嘴 huŋ taŋ tsʻui 烟袋嘴儿

1 2 6　˧ ˥ ˧˥　牵炉柜 kʻaŋ lou kũi 拉风箱　花童帽 hue tʻoŋ bo 一种印花的儿童草帽

1 2 7　˧ ˥ ʔ˧　骹筒骨 kʻa taŋ kuk 胫面骨　腰棱骨 io leŋ kuk 脊骨

128 ㄐㄧㆲ ʔㄍ 金蒙石 kim mõu tsioʔ 一种中药。也叫蒙石　家神椟 ke siŋ tok 神龛

131 ㄐㄧㄚㆩ ㄐ 身底衫 siŋ toi sã 内衣　偷走书 tʻau tsau tsu 逃学

132 ㄐㄧㄚㆩ ㄍ 番囝藤 huaŋ kiã tiŋ 牵牛化　撑纸船 tʻe tsua tsuŋ 比喻打笔墨官司

133 ㄐㄧㄚㆩ ㄚ 猪母笼 tu bo tsʻãi 癫痫　家伙笼 ke hue laŋ 工具箱。也比喻多面手

134 ㄐㄧㄚㆩ ㄐ 骹马下 kʻa be e 胯下　真死惰 tsiŋ si tuã 真懒

135 ㄐㄧㄚㆩ ㄟ 风鼓嘴 huaŋ kou tsʻui 比喻乱说　身底裤 siŋ toi kʻou 内裤

136 ㄐㄧㄚㆩ ㄩ 骹趾缝 kʻa tsãi pʻaŋ 脚趾甲缝儿　干果料 kaŋ kuẽ liau 果料儿

137 ㄐㄧㄚㆩ ʔㄩ 薰囝壳 huŋ kiã kʻak 纸烟盒儿　骹碗骨 kʻa uã kuk 膝盖骨

138 ㄐㄧㄚㆩ ʔㄍ 芳饼药 pʻaŋ piã io 也叫香皂或芳碱
　　　　　龛囝椟 kʻam kiã tok 小的佛龛匣子。也叫龛囝或椟囝

141 ㄐㄧㄚㆪ ㄐ 翻后阄 huaŋ au kʻau 重提并推翻已经说清楚的事。也叫翻后话、翻话骹或反板

142 ㄐㄧㄚㆪ ㄍ 鸡卵黄 koi nŋ ŋ 蛋黄色　金耳环 kim hĩ huaŋ 也指圆吻海鳄

143 ㄐㄧㄚㆪ ㄚ 猪肾子 tu siaŋ tsi 猪腰子　钩耳屎 kau hĩ sai 掏耳朵

144 ㄐㄧㄚㆪ ㄐ 生内痔 sẽ lai tʻi 长内痔　科二二 kʻue zi zi 一种早熟稻种

145 ㄐㄧㄚㆪ ㄟ 千五四 tsʻãi ŋom si 一千五百五十　医务界 ui bu kai 也叫医界

146 ㄐㄧㄚㆪ ㄩ 相会面 sio hue miŋ 会面　加倍载 kia pue tsoi 多得很

147 ㄐㄧㄚㆪ ʔㄩ 纱网结 se maŋ kak 用线绳织网兜所织的扣儿　鸡卵壳 koi nŋ kʻak 鸡蛋壳儿

148 ㄐㄧㄚㆪ ʔㄍ 鸡□膜 koi kiŋ mõ 也叫鸡内金。鸡□是鸡肫，□阳上

151 ㄐㄧㄩㆰ ㄐ 鸡髻花 koi kue hue 鸡冠花　通嘴风 tʻoŋ tsʻui huaŋ 满嘴瞎话。也叫满嘴风

152 ㄐㄧㄩㆰ ㄍ 堆粪头 to puŋ tʻau 垃圾堆　肩扇头 kãi sĩ tʻãu 肩膀

153 ㄐㄧㄩㆰ ㄚ 番线碾 huaŋ suã liŋ 木线轴儿　鸡嘴口 koi tsʻui kʻau 心口

154 ㄐㄧㄩㆰ ㄐ 分数簿 huŋ siau pʻou 记分册。也叫成绩簿或记分簿

155 ㄐㄧㄩㆰ ㄟ 妖怪相 iau kuai siõ 怪样儿　清气相 tsʻeŋ kʻi siõ 爱干净

156 ㄐㄧㄩㆰ ㄩ 骹气病 kʻa kʻi pẽ 脚气病　偷放尿 tʻau paŋ zio 小孩儿遗尿

157 ㄐㄧㄩㆰ ʔㄩ 方扇骨 pŋ sĩ kuk 肩胛骨　机器曲 ki kʻi kʻek 也叫留声机

158　˧ ˩˥ ʔ˥　尖嘴鱙 tsiam tsʻui ueʔ 叫姑鱼，也叫臭嘴鱙　真旷活 tsiŋ kʻuã uaʔ 真舒服

161　˧ ˥˧˧˧　青面刁 tsʻẽ miŋ tiau 贬称容易翻脸的人　花面猫 hue miŋ ŋiãu 花猫

162　˧ ˥˧˧˥　生分人 tsʻẽ huŋ naŋ 陌生人　炊事员 tsʻue su uaŋ 也叫火头或煮食

163　˧ ˥˧˧˦　心事桶 sim su tʻaŋ 贬称心眼儿多　枵饿鬼 iau go kui 饿鬼。也指贪得无厌的人

164　˧ ˥˧˧˩　乌豆蟹 ou tau hoi 指六七月黑豆收割时上市的一种螃蟹

165　˧ ˥˧˧˨　车大炮 tsʻia tua pʻau 比喻人说大话。也叫拉空、拉大空、好（阴去）拉或好（阴去）车

166　˧ ˥˧˧˩　挨豆腐 oi tau hu 磨豆腐　相共同 sio kaŋ eŋ 共同使用

167　˧ ˥˧ʔ˩　乌豆壳 ou tau kʻak 黑豆皮

168　˧ ˥˧ʔ˥　三座落 sã tso loʔ 一种旧式套院儿房子，也叫七间过

171　˧ ʔ˩˧˧　青竹标 tsʻẽ tek pio 竹叶青蛇　相啄鸡 sio toʔ koi 比喻一见面就相争的人

172　˧ ʔ˩˧˥　空壳名 kʻaŋ kʻak miã 虚名
　　　　疳积虫 kam tsek tʻaŋ 贬称患食积身体瘦弱的小孩儿。也叫疳积团

173　˧ ʔ˩˧˦　空腹肚 kʻaŋ pak tou 空肚子　沙发椅 so huak ĩ 也叫沙发

174　˧ ʔ˩˧˩　三八雨 sã poiʔ hou 阴历八月初八、十八和廿八都下雨叫"三八雨"，预兆天将大旱

175　˧ ʔ˩˧˨　书册铺 tsu tsʻeʔ pʻou 也叫书店
　　　　金角带 kim kak tua 一种毒蛇，蛇皮一截儿黑一截儿黄

176　˧ ʔ˩˧˩　相借问 sio tsioʔ mŋ 互相打招呼　书册面 tsu tsʻeʔ miŋ 书皮儿

177　˧ ʔ˩ʔ˩　担八索 tã poiʔ soʔ 挑担兜售的小贩　腰脊骨 io tsik kuk 腰椎

178　˧ ʔ˩ʔ˥　疳积药 kam tsek ioʔ 一种治食积的药

181　˧ ʔ˥˩˧　生目针 sẽ mak tsam 长针眼
　　　　骹踏车 kʻa taʔ tsʻia 自行车。也叫骹车或单车，旧称孔明车

182　˧ ʔ˥˩˧　正月头 tsiã gueʔ tʻau 正月初　挑玉刂 tʻio gek pãi 斜玉旁

183　˧ ʔ˥˩˨　加若久 ke zio ʔ ku 还要多久　骹屐疕 kʻa kiaʔ pʻi 穿薄了的木屐

184 ˧ ʔ˧˩˥ 生物件 sẽ muẽʔ kiã 长疮　分落户 puŋ loʔ hou 分到住户

185 ˧ ʔ˧˩˨ 猪肉铺 tu nek pʻou 也叫肉铺　商业界 siaŋ ŋiap kai 也叫商界

186 ˧ ʔ˧˩˧ 安席位 aŋ siaʔ ui 办酒席给客人排座位。也叫女位

187 ˧ ʔ˧˩ʔ˧ 骹目骨 kʻa mak kuk 踝子骨　山白菊 suã peʔ kek 一种中草药

188 ˧ ʔ˧˩ʔ˧ 三目蟳 sã mak tsʻiʔ 一种海螃蟹

三踏食 sã taʔ tsiaʔ 指一样东西经过三个人倒手转卖，三个人都赚钱

211 ˧˩˧ 磨哀工 bua sue kaŋ 白费事　红先生 aŋ siŋ sẽ 一种瓢虫

212 ˧˩˧ 长衣橱 tŋ i tu 大立柜　连衫裙 liaŋ sã kuŋ 连衣裙

213 ˧˩˥ 濛烟水 mõu iaŋ tsui 日出雾消时的细雨　涵空鼠 am kʻaŋ tsʻu 下水道中老鼠

214 ˧˩˨ 无骹蟹 bo kʻa hoi 比喻不能自主或受欺负的人。也指没人帮助的人

215 ˧˩˨ 咸衫裤 kiam sã kʻou 脏衣服　长衫镜 tŋ sã kiã 穿衣镜

216 ˧˩˧ 红砂鼻 aŋ sa pʻĩ 海鱼。也叫红砂鱼　时钟坠 si tseŋ tʻui 钟摆。也叫乓板

217 ˧˩ʔ˧ 梨青色 lai tsʻẽ sek 一种青颜色　黄金甲 ŋ kim kaʔ 金环蛇

218 ˧˩ʔ˧ 胡椒末 hou tsio buaʔ 胡椒面儿　盘骹石 pʻuaŋ kʻa tsioʔ 绊脚石

221 ˧˩˧˩ 羊毛衫 iõ mõ sã 毛衣　红毛灰 aŋ mõ hue 也叫洋灰或土敏土，旧时叫番人灰

222 ˧˩˧˩ 无头神 bo tʻau siŋ 健忘　齐头鳗 tsoi tʻau muã 大眼油鳗

223 ˧˩˧˥ 牙头母 ge tʻau bo 也叫白齿　柔鱼脯 ziu hu pou 鱿鱼干

224 ˧˩˧˨ 同郎丈 taŋ nŋ tiõ 连襟。也叫同门丈

长啼雨 tŋ tʻi hou 连阴雨。也叫长拖雨

225 ˧˩˧˨ 鱼鳞赘 hu laŋ tsue 瘊子　临时窍 niam si kʻiau 能临机应变。也叫临时行（阳上）

226 ˧˩˧˧ 红毛靛 aŋ mõ tãi 蓝靛　荷芒豆 ho maŋ tau 豌豆的嫩荚。也叫荷目豆

227 ˧˩˧ʔ˧ 留人客 lau naŋ kʻeʔ 留客人　红牙戟 aŋ ge kek 一种中药

228 ˧˩˧ʔ˧ 啼头落 tʻi tʻau loʔ 鸡叫头一遍　胡蝇翼 hou siŋ sik 中草药。也叫蚁牯草

231 ㄱㄴ ㄚㄚ ㄱ　长尾生 tŋ bue seŋ 蠹鱼　毛管空 mõ kŋ kʼaŋ 寒毛眼儿

232 ㄱㄴ ㄚㄚ ㄱ　盘碗橱 puã uã tu 碗柜。也叫咸酸橱或食橱　猴囝蹲 kau kiã tsʼŋ 形容蹲着

233 ㄱㄴ ㄚㄚ ㄚ　梨囝脯 lai kiã pou 梨干儿　龙虎井 leŋ hom tsẽ 套院儿房子左右院儿的统称

234 ㄱㄴ ㄚㄚ ㄥ　行野远 kiã ia hŋ 走很远　羊尾下 iõ bue e 羊阴

235 ㄱㄴ ㄚㄚ ㄟ　弹软线 tuã nŋ suã 比喻用温和的态度跟人说话

236 ㄱㄴ ㄚㄚ ㄱ　毫子袋 hau tsi to 钱包。也叫荷包或钱袋

元草帽 ŋuaŋ tsʼau bo 用粗草帽缠编成的草帽

237 ㄱㄴ ㄚㄚ ?ㄱ　人囝册 naŋ kiã tsʼeʔ 小人儿书　茶米粕 te bi pʼoʔ 茶叶渣。也叫茶粕

238 ㄱㄴ ㄚㄚ ?ㄱ　楼囝橛 lau kiã kueʔ 阁楼。也叫楼囝。本地"橛"字写作"坐"

牛屎橛 gu sai huk 蜣螂，也叫牛屎龟

241 ㄱㄴ ㄐㄚ ㄱ　红五分 aŋ ŋom huŋ 满分。也叫五分。多用于五分制

242 ㄱㄴ ㄐㄚ ㄱ　鹅卵形 go nŋ heŋ 椭圆形　无奈何 bo nãi ho 无可奈何

243 ㄱㄴ ㄐㄚ ㄚ　头上囝 tʼau tsʼiõ kiã 也叫头胎囝　红柿囝 aŋ sai kiã 西红柿。也叫番茄

244 ㄱㄴ ㄐㄚ ㄥ　门户臼 mŋ hou kʼu 门墩儿。也叫门骹臼

头上卵 tʼau tsʼõ nŋ 第一次下的蛋

245 ㄱㄴ ㄐㄚ ㄟ　无有兴 bo u heŋ 没有兴趣

246 ㄱㄴ ㄐㄚ ㄱ　余后步 u au pou 留有余地　行近路 kiã kiŋ lou 走近道儿

247 ㄱㄴ ㄐㄚ ?ㄱ　渔网结 hu maŋ kak 织渔网所织的扣儿

248 ㄱㄴ ㄐㄚ ?ㄱ　虫咬叶 tʼaŋ ka hioʔ 虫子咬过的叶子　茶垫碟 te tiaŋ tiʔ 一种茶托儿

251 ㄱㄴ ㄐㄟ ㄱ　柴秤星 tsʼa tsʼiŋ tsʼẽ 秤星。也指一种中草药，别名山甘草。又指一种甲虫，别名金龟

252 ㄱㄴ ㄐㄟ ㄱ　红菜头 aŋ tsʼai tʼau 胡萝卜　零碎钱 leŋ tsʼui tsĩ 零钱

253 ㄱㄴ ㄐㄟ ㄚ　溦相鬼 tam siõ kui 贬称爱占便宜的人

韩信草 haŋ siŋ tsʼau 一种中草药。也叫多年红

254 ㄱㄴ ㄐㄟ ㄥ　庞派俭 pʼaŋ pʼai kʼiam 又有场面，又省钱

255 ㄱㄴ ㄐㄟ ㄟ　煤炭铺 bue tʼuã pʼou 煤铺　曹操笑 tsʼau tsʼau tsʼio 形容嘴笑面不笑

256 ㄱㄴ ㄐㄟ ㄱ　行碎步 kiã tsʼui pou 迈小步很快地走路，多指戏剧中演员的表

演动作

2 5 7　ㄱㄴ √ ʔㄴ　农贸粟 loŋ mõu tsʻek 农村集市交易的稻谷

2 5 8　ㄱㄴ √ ʔㄱ　厘秤盒 li tsʻiŋ ap 也指双鳍电鳐，别名秤盒、瘴团或花瘴团

2 6 1　ㄱㄴ ⊦ ⊣　浮豆干 pʻu tau kuã 煤豆腐干儿　朥豆方 la tau paŋ 一种
糕点

2 6 2　ㄱㄴ ⊦ ㄱ　牛鼻环 gu pʻĩ huaŋ 牛鼻桊儿　人字头 naŋ zi tʻau 卧人儿，
汉字偏旁

2 6 3　ㄱㄴ ⊦ Ⅴ　流鼻水 lau pʻĩ tsui 流清鼻涕　牛磨斗 gu mõ tau 筛面用具

2 6 4　ㄱㄴ ⊦ √　无味道 bo bi tau 吃着没味儿

2 6 5　ㄱㄴ ⊦ ⌵　咸料铺 kiam liau pʻou 酱园　柴大戆 tsʻa tua koŋ 指愚笨
或不灵活的人

2 6 6　ㄱㄴ ⊦ ㄴ　甜尿病 tiam zio pẽ 也叫糖尿病　无路用 bo lou eŋ 不中
用。也说无中用

2 6 7　ㄱㄴ ⊦ ʔㄴ　门字壳 mŋ zi kʻak 汉字偏旁，如"问"字的靠外部分

2 6 8　ㄱㄴ ⊦ ʔㄱ　牛大力 gu tua lak 一种中草药。也叫金钟根
无定着 bo tiã tioʔ 不一定。也叫无蜀定

2 7 1　ㄱㄴ ʔㄴ ⌐ ⊣　留级生 liu kʻip seŋ 蹲班生　松柏须 seŋ peʔ tsʻiu 松针

2 7 2　ㄱㄴ ʔㄴ ⌐ ㄱ　松柏蕾 seŋ peʔ lui 松球。也指一种海鱼　松柏明 seŋ peʔ
miã 松树明子

2 7 3　ㄱㄴ ʔㄴ ⌐ Ⅴ　头壳碗 tʻau kʻak uã 脑袋。也叫头壳　咸涩鬼 kiam siap
kui 吝啬鬼

2 7 4　ㄱㄴ ʔㄴ ⌐ √　莲角士 nãi kak su 下象棋用语，士也作仕，指士或仕已经朝前
移动一步或两步

2 7 5　ㄱㄴ ʔㄴ ⌐ ⌵　涂墼厝 tʻou kʻak tsʻu 用土坯砌墙的房子　棉搭配 mĩ taʔ
pʻue 棉背心儿

2 7 6　ㄱㄴ ʔㄴ ⌐ ㄴ　无窒碍 bo tiak gai 不妨碍　长荚豆 tŋ koiʔ tau 豇豆

2 7 7　ㄱㄴ ʔㄴ ⌐ ʔㄴ　咸滴□ kiam tiʔ tak 形容食物太咸　头各插 tʻau kaʔ tsʻaʔ
脸各朝相反的方向

2 7 8　ㄱㄴ ʔㄴ ⌐ ʔㄱ　量阔狭 niõ kʻuaʔ oiʔ 量宽窄　无法着 bo huap tioʔ 没办法

2 8 1　ㄱㄴ ʔ ㄱㄴ ⊣　随月星 sui gueʔ tsʻẽ 月亮的伴星　红目呆 aŋ mak tai 梭鱼

2 8 2　ㄱㄴ ʔ ㄱㄴ ㄱ　横笛蛇 huẽ tek tsua 一种毒蛇。蛇皮一截儿黑一截白

2 8 3　ㄱㄴ ʔ ㄱㄴ Ⅴ　斜目尾 sia mak bue 斜着眼偷看　蛇舌草 tsua tsiʔ tsʻau
一种中草药

2 8 4　ㄱㄴ ʔ ㄱㄴ √　行若远 kiã zioʔ hŋ 走多远

285　ㄱㄴㄟ ㄱㄴ丶　重叠顿 teŋ tʰaʔ tŋ 指连着两顿吃同样的好饭菜

286　ㄱㄴㄟ ㄱㄴ」　行着运 kiã tioʔ uŋ 走运　红白事 aŋ peʔ su 红白喜事

287　ㄱㄴㄟ ㄱㄴㄟ　流目汁 lau mak tsap 流眼泪　长翼角 tŋ sik kak 一种红娘鱼

288　ㄱㄴㄟ ㄱㄴㄱ　临落月 niam loʔ gueʔ 临产　成十日 tsiã tsap zik 十来天

311　ㄚㄟㄟ　拗花枝 a hue ki 比喻贪小便宜　火金龟 hue kim ku 萤火虫

312　ㄚㄟㄱ　走骹皮 tsau kʰa pʰue 跑腿　水仙槽 tsui siaŋ tso 专用来养水仙花的花盆

313　ㄚㄟ丨　守生寡 siu sẽ kua 多指丈夫长期外出　拐骹囝 kuai kʰa kiã 瘸子

314　ㄚㄟ丿　炒鸡卵 tsʰa koi nŋ 炒鸡蛋　赶机会 kuã ki hue 乘机。也叫赶乘势

315　ㄚㄟ丶　展书句 tiaŋ tsu ku 说话引经据典，故意显示自己有学问

316　ㄚㄟ」　普通话 pʰou tʰoŋ ue 也叫官话　火车路 hue tsʰia lou 也叫铁路

317　ㄚㄟㄟ」　酒盅窟 tsiu tseŋ kʰuk 酒窝儿。也叫颊交窟　枣干色 tso kuã sek 枣红色

318　ㄚㄟㄟㄱ　手瓜络 tsʰiu kue lok 用来擦澡或擦洗东西的丝瓜络

321　ㄚㄟㄱㄴㄟ　齿龈根 kʰi ŋiŋ kiŋ 牙床　美人肩 mī ziŋ kãi 溜肩膀。也叫落肩

322　ㄚㄟㄱㄴㄱ　指头模 tsãi tʰau bou 手印。也叫指模或手模

323　ㄚㄟㄱㄴㄚ　苦毛团 kʰou mõ kiã 寒毛。也叫毛团　火船团 hue tsuŋ kiã 小轮船

324　ㄚㄟㄱㄴ丿　肚脐下 tou tsãi e 小肚子。也叫下肚或腹下　粉藤卵 huŋ tiŋ nŋ 中草药

325　ㄚㄟㄱㄴ丶　枕头布 tsim tʰau pou 枕巾　洗头过 soi tʰau kue 洗第一过

326　ㄚㄟㄱㄴ」　走无路 tsau bo lou 走投无路
　　比个度 pi kai tou 量大小、长短、宽窄、高低。也叫比度

327　ㄚㄟㄱㄴㄟ」　肚脐窟 tou tsãi kʰuk 肚脐眼儿。也叫肚脐

328　ㄚㄟㄱㄴㄟㄱ　虎头挟 hom tʰau kiap 老虎钳　枕头席 tsim tʰau tsʰioʔ 也叫枕席或枕头席团

331　ㄚㄟㄚㄟㄟ　锁纽空 so nĩu kʰaŋ 锁扣眼儿　火水灯 hue tsui teŋ 煤油灯。也叫火油灯

332　ㄚㄟㄚㄟㄱ　草眼头 tsʰau ŋaŋ tʰau 太阳穴。也叫草眼
　　鸟屎松 tsiau sai seŋ 榕树。也叫松树

333　ㄚㄏㄚㄏ　　袘口纽 ŋ kˈau nĩu 袖子扣儿　尾指囝 bue tsãi kiã 小拇指。也叫尾指

334　ㄚㄏㄚㄏ　　走马蚁 tsau be hia 一种爬行较快的蚂蚁　粉鸟卵 huŋ tsiau nĩŋ 鸽子蛋

335　ㄚㄏㄚㄏ　　拗手擛 a tsˈiu pa 掰腕子　鼎钁盖 tiã kam kua 大铁锅的锅盖。也叫鼎钁

336　ㄚㄏㄚㄏ　　果子树 kuẽ tsi tsˈiu 果树　九囝利 kau kiã lai 一种高利贷

337　ㄚㄏㄚㄏ？　哑狗铁 e kau tˈi？ 白铁。也叫铁箔　手指骨 tsˈiu tsãi kuk 指骨

338　ㄚㄏㄚㄏ？　手尾力 tsˈiu bue lak 手劲儿　草囝药 tsˈau kiã io？ 草药。也叫青草药

341　ㄚㄏㄐㄏ　　鼠奶根 tsˈu nẽ kiŋ 一种中草药

342　ㄚㄏㄐㄏ　　手电筒 tsˈiu tiaŋ taŋ 也叫手电　苦楝牛 kˈou nãi gu 天牛

343　ㄚㄏㄐㄏ　　苦楝枕 kˈou nãi tsim 用楝树木材制成的枕头　虎耳草 hom hĩtsˈau 中草药

344　ㄚㄏㄐㄏ　　走肖赵 tsau siau tio 分析 "赵" 字形体　手后□ tsˈiu au tˈŋ 胳膊肘儿

345　ㄚㄏㄐㄏ　　赶大势 kuã tai si 随大溜。也叫随大流或随水流

346　ㄚㄏㄐㄏ　　海老大 hai lau tua 冠鲽　野老号 ia lau ho 长相很老

347　ㄚㄏㄐㄏ？　徙后壁 sua au pia？ 移到墙壁后

348　ㄚㄏㄐㄏ？　考唔入 kˈau m zip 没考取。也叫考唔着、取唔着或无取

351　ㄚㄏㄥㄏ　　粉线包 huŋ suã pau 打粉线用的粉包　影相机 iã siõ ki 也叫照相机或摄影机

352　ㄚㄏㄥㄏ　　展派头 tiaŋ pˈai tˈau 摆架子。也叫张架势或摆架势

353　ㄚㄏㄥㄏ　　使倒手 sai to tsˈiu 使左手　手臂股 tsˈiu pi kou 胳膊。也叫手臂

354　ㄚㄏㄥㄏ　　小相俭 sio siõ kˈiam 因小气而过分节约　转去内 tŋ kˈu lai 回家

355　ㄚㄏㄥㄏ　　小气概 sio kˈi kˈai 气量小。也叫小气或小相
　　　　　　　猛溜快 mẽ liu kˈuai 形容干活儿快

356　ㄚㄏㄥㄏ　　草菜字 tsˈau tsˈai zi 苏州码。也叫码囝号、码囝字、番薯码或草菜码

357　ㄚㄏㄥㄏ？　手臂骨 tsˈiu pi kuk 肱骨、尺骨和桡骨的统称

358　ㄚㄏㄥㄏ？　韭菜绿 ku tsˈai lek 一种绿颜色。也叫韭菜色

361　ɻ͡k̚ ɻ͡k̚ ┤　滚大风 kuŋ tua huaŋ 刮大风。也叫透大风　五路通 ŋom lou tʻoŋ 形容精明

362　ɻ͡k̚ ɻ͡k̚ ┐　写字头 sia zi tʻau 照着字样练习写毛笔字　马面床 be miŋ tsʻŋ 条案

363　ɻ͡k̚ ɻ͡k̚ ˥　使话囝 sai ue kiã 指桑骂槐。也说指冬瓜骂葫芦或借猪骂狗

364　ɻ͡k̚ ɻ͡k̚ ˩　买未有 boi bue u 还没买到

365　ɻ͡k̚ ɻ͡k̚ ˎ　敲大气 tʻau tua kʻui 叹气　扁豆胖 pʻiaŋ tau pʻoŋ 一种白薯良种

366　ɻ͡k̚ ɻ͡k̚ ┘　炒地豆 tsʻa ti tau 炒花生。也比喻拥挤　小字面 siau zi miŋ 果子狸

367　ɻ͡k̚ ɻ͡k̚ ʔ┘　土地伯 tʻou ti peʔ 土地爷。也叫伯公　免用拭 miaŋ eŋ tsʻik 不用擦

368　ɻ͡k̚ ɻ͡k̚ ʔ┐　野载日 ia tsoi zik 很多天

371　ɻ͡k̚ ʔ┘ ┤　指甲花 tsãi kaʔ hue 凤仙花　剪发师 tsiaŋ huak su 理发员。贬称剃头囝

372　ɻ͡k̚ ʔ┘ ┐　海雀冥 hai tsiauʔ mẽ 海麻雀，入药
酒粬茸 tsiu kʻak zioŋ 一种中草药。也叫酒粬草、鼠粬草或酒粬

373　ɻ͡k̚ ʔ┘ ˥　水竹草 tsui tek tsʻau 一种中草药。也叫蛇竹菜

374　ɻ͡k̚ ʔ┘ ˩　点搭二 tiam taʔ zi 一点十分。也叫点搭两、蜀点搭二、蜀点搭两或蜀点两个字

375　ɻ͡k̚ ʔ┘ ˎ　野切要 ia tsʻiak iau 很必要

376　ɻ͡k̚ ʔ┘ ┘　□骨缝 tsʻŋ kuk pʻaŋ 挑字眼儿。也叫择骨缝

377　ɻ͡k̚ ʔ┘ ʔ┘　拗折屈 au tsiʔ kʻuk 折叠　野着切 ia tioʔ tsʻiak 很着急。也说野急切

378　ɻ͡k̚ ʔ┘ ʔ┐　火拭盒 hue tsʻik ap 火柴盒　指甲肉 tsãi kaʔ nek 指甲心儿

381　ɻ͡k̚ ʔ┐ ┤　抢舌根 tsʻiõ tsiʔ kiŋ 抢先说话　掌活更 tsiõ uaʔ kẽ 通宵看守着

382　ɻ͡k̚ ʔ┐ ┐　赏月娘 siõ gueʔ niõ 赏月。也叫赏阿娘　伙食房 bue sik paŋ 伙房

383　ɻ͡k̚ ʔ┐ ˥　打舌鼓 ta tsiʔ kou 大舌头　矮膪囝 oi tuʔ kiã 贬称又矮又胖的人

384　ɻ͡k̚ ʔ┐ ˩　死绝惰 si tsoʔ tuã 懒极了

385　ɻ͡k̚ ʔ┐ ˎ　马踏镫 be taʔ teŋ 马镫　老实呾 lau sik tã 老实说。"呾"

是方言字

386 ㄚ卜ʔㄱㄴ˩ 写白字 sia peʔ zi 也叫写白水字或写别字

387 ㄚ卜ʔㄱㄴʔ˩ 手目骨 tsʻiu mak kuk 腕骨　短翼角 to sik kak 一种红娘鱼。也叫硬鳞角

388 ㄚ卜ʔㄱㄴʔㄱ 好食绝 ho tsiaʔ tsoʔ 好吃极了　口食物 kʻau tsiaʔ mueʔ 零食。也叫口食

411 ㄐㄚㄐㄐ 柱骹珠 tʻiau kʻa tsu 圆的柱脚石　老翁须 lau oŋ tsʻiu 也叫甘草

412 ㄐㄚㄐㄱ 网纱朥 maŋ se la 网油　抱心忄 pʻo sim pãi 竖心旁。也叫抱心

413 ㄐㄚㄐㄚ 后生囝 hau sẽ kiã 小伙子　颔骹纽 am kʻa niu 脖纽儿

414 ㄐㄚㄐ乀 五箍二 ŋom kʻou zi 五块二，也叫五个二、五个两角、五个两毫、五个两式、五个银两角、五个银两毫或五个银两式。"式"字也写作"色"，是货币单位角的意思

415 ㄐㄚㄐ丶 坐相对 tso sio tui 面对面坐着。也叫坐对面或对面坐

416 ㄐㄚㄐ˩ 奶瓜树 nẽ kue tsʻiu 木瓜　卫生帽 ue sẽ bo 一种白色的布帽

417 ㄐㄚㄐʔㄱ 耳空窟 hĩ kʻaŋ kʻuk 耳朵眼儿。也叫耳空或耳出门

418 ㄐㄚㄐʔㄱ 柱骹石 tʻiau kʻa tsioʔ 柱脚石　有腰力 u io lak 有人撑腰，有权或有钱

421 ㄐㄚㄱㄐ 丈人公 tiõ naŋ koŋ 岳父。也叫丈人　下颏腮 e hai sai 腮帮子的下部

422 ㄐㄚㄱㄱ 徛人忄 kʻia naŋ pãi 单人旁，汉字偏旁。也叫单徛人

423 ㄐㄚㄱ乀 雨微囝 hou bui kiã 毛毛雨。也叫雨毛囝或拍喷雨囝
后头囝 au tʻau kiã 房后的小空地

424 ㄐㄚㄱ丶 有围伴 u ui pʻuã 有伴儿　坐谈会 tso tʻam hue

425 ㄐㄚㄱ丶 卤咸菜 lou kiam tsʻai 腌咸菜
掼个性 kuã kai sẽ 形容性情不好。"掼"是本地字，拎的意思

426 ㄐㄚㄱ˩ 有时阵 u si tsuŋ 有时候儿　自留地 tsu liu ti

427 ㄐㄚㄱʔㄱ 状元竹 tso ŋuaŋ tek 夹竹桃

428 ㄐㄚㄱʔㄱ 内脢肉 lai bue nek 里脊。《广韵》平声灰韵："脢，脊侧之肉"，莫杯切

431 ㄐㄚㄚㄐ 雨水风 hou tsui huaŋ 预测要下雨的风

432 ㄐㄚㄚㄱ 白囝槌 kʻu kiã tʻui 蒜杵　俭草炉 kʻiam tsʻau lou 一种农户常用的炉子

433 ㄐㄚㄚ丶 卵鸟囝 laŋ tsiau kiã 赤子阴　老祖姊 lau tsou sim 曾祖父

的姉子

434 硬拄硬 ŋẽ tu ŋẽ 硬碰硬。也叫硬对硬 想短行 siõ to heŋ 寻短见

435 老米醋 lau bi tsʻou 也叫米醋 大小计 tai siau ki 一种中药

436 有理路 u li lou 有道理 老虎尿 lau hom zio 一种中草药。也叫山厚合

437 后斗窟 au tau kʻuk 后脑窝子 后枕骨 au tsim kuk 脑后的头骨

438 荔果榴 nãi kuẽ huk 荔枝核，入药 后斗挟 au tau kiap 一种发卡子

441 □额花 tsuŋ am hue 形容装腔作势 互助组 hu tso tsu

442 老在行 lau tsai haŋ 内行

443 大便纸 tai piaŋ tsua 手纸。也叫草纸、粗纸、放屎纸、卫生纸或拭尻穿纸

444 有道行 u tau heŋ 也说有本事或有本领 老社会 lau sia hue 也叫旧社会

445 耐唔去 nãi m kʻu 受不了 大便器 tai piaŋ kʻi 瓷质蹲坑儿。也叫屎盆

446 断后步 tŋ au pou 断了后路儿，没有回旋的余地

447 蟹网结 hoi maŋ kak 织捕蟹网所织的扣儿 老二叔 lau zi tsek 父亲的二叔

448 近视目 kiŋ si mak 近视眼 第二日 toi zi zik 第二天

451 舞剑花 mõu kiam hue 舞剑 唔过心 m kue sim 过意不去。也说唔过意

452 下半冥 e puã mẽ 下半夜，冥是夜的意思 会做人 oi tso naŋ 善于待人接物

453 徛灶囤 kʻia tsau kiã 支着腿睡 荡嘴管 tŋ tsʻui koŋ 漱口杯。也叫口壶

454 五过五 ŋom kue ŋom 势均力敌或平均的意思

455 下半界 e puã kua 下午。也叫下界或下半日 坐四正 tso si tsiã 坐正

456 五铺路 ŋom pʻou lou 五十里地，一铺十里 唔对话 m tui ue 说话不合情理

457 硬过铁 ŋẽ kue tʻiʔ 硬极了 唔照约 m tsio ioʔ 不遵守约定

的话

458 ⅃├ ˇ┌ ʔ┐ 有嘴舌 u ts‘ui tsiʔ 指见了熟人能打招呼、有礼貌。也叫有嘴水

461 ⅃├ ┘├ ┤ 上路衣 tsiõ lou ui 冥衣。也叫糊衣 上办公 tsiõ pãi koŋ 机关职工上班

462 ⅃├ ┘├ ┐ 后大房 au tua paŋ 正房 内大门 lai tua mŋ 里院儿的大门

463 ⅃├ ┘├ Y 有度伍 u tou ŋom 有分寸，有标准 荡尿桶 tŋ zio t‘aŋ 涮洗尿桶

464 ⅃├ ┘├ ⅃ 硬定有 ŋẽ tiã u 准有 两万二 nõ buaŋ zi 也叫两万两千

465 ⅃├ ┘├ ˇ 两面刺 nõ miŋ ts‘i 一种中草药。也叫刺刁根

466 ⅃├ ┘├ ┘ 淡豆豉 tã tau si 一种中药

467 ⅃├ ┘├ ʔ┘ 唔认迹 m ziŋ tsiaʔ 不认账。也说唔承认或唔算数

468 ⅃├ ┘├ ʔ┐ 𫝛大舌 boi tua tsiʔ 不结巴

471 ⅃├ ʔ┘┌ ┤ 硬壳疽 ŋẽ k‘ak ts‘u 金钱癣。也叫月晕疽

颔骨山 am kuk suã 脖梗子。也叫大筋

472 ⅃├ ʔ┘┌ ┐ 雨滴头 hou tiʔ t‘au 指雨刚停时房檐滴下的雨水

473 ⅃├ ʔ┘┌ Y 遗腹囝 zui pak kiã 遗腹子。也叫遗腹孥 五谷母 ŋom kak bo 神农氏

474 ⅃├ ʔ┘┌ ⅃ 受不是 siu puk si 承认错误 五百二 ŋom peʔ zi 也叫五百二十

475 ⅃├ ʔ┘┌ ˇ 两尺四 nõ ts‘ioʔ si 二尺四 𫝛得去 boi tik k‘u 去不了

476 ⅃├ ʔ┘┌ ┘ 是乜事 si mĩʔ su 什么事儿

477 ⅃├ ʔ┘┌ ʔ┘ 后八尺 au poiʔ ts‘ioʔ 在正房和厢房之间的小屋子，也可以当过道

478 ⅃├ ʔ┘┌ ʔ┐ 老合食 lau kap tsiaʔ 老夫妇。也叫老公婆、老翁母或老翁姐

𫝛得直 boi tik tik 不得了

481 ⅃├ ʔ┐└ ┤ 𫝛着烧 boi tioʔ sio 不烫 抱佛骹 p‘o huk k‘a 抱佛脚

482 ⅃├ ʔ┐└ ┐ 想食人 siõ tsiaʔ naŋ 使手段占人便宜。也说骗食人、张食人或是张食

483 ⅃├ ʔ┐└ Y 蟹目水 hoi mak tsui 快要烧开的水 电木碗 tiaŋ bak uã 用电木制成的碗

484 ⅃├ ʔ┐└ ⅃ 唔合耳 m haʔ hĩ 不顺耳，也说唔合听 有若重 u zioʔ taŋ 有多重

485 ⅃├ ʔ┐└ ˇ 厚合菜 kau haʔ ts‘ai 莙荙菜。也叫厚合 上白翳 ts‘iõ peʔ i 眼球长白翳

486 〢⸍⸍ 觖着绽 boi tioʔ tã 不错。"绽"本地写成"差"下加"错"，错的意思

487 〢⸍⸍⸍ 五月节 ŋom gueʔ tsoiʔ 端午节 混合色 huŋ haʔ sek 合成的颜色

488 〢⸍⸍⸍ 有食诐 u tsiaʔ pʻueʔ 有交往。"诐"是方言字，谈话的意思

511 〡⸍⸍ 绣花规 siu hue kui 一种绷子
灶空锅 tsau kʻaŋ ue 固定在灶上的小铁罐，做饭时可以同时热水

512 〡⸍⸍ 灶山头 tsau suã tʻau 锅台 半中容 puã tioŋ ioŋ 指中年人

513 〡⸍⸍ 破家囝 pʻua ke kiã 败家子 做骹手 tso kʻa tsʻiu 掺假

514 〡⸍⸍ 臭椿象 tsʻau tsʻuŋ tsʻiõ 椿象，龙眼的害虫。也叫肉眼贼、肉眼龟或肉眼鸡

515 〡⸍⸍ 圣公嘴 siã koŋ tsʻui 形容所言必应或主观任性
臭骹数 tsʻau kʻa siau 贬称能力低或人品次的人

516 〡⸍⸍ 臭臊味 tsʻau tsʻo bi 腥味儿。也叫海化味

517 〡⸍⸍ʔ⸍ 半枝甲 puã ki kaʔ 银环蛇 雇担脚 kou tã kioʔ 雇挑夫

518 〡⸍⸍ʔ⸍ 半精白 puã tsiã peʔ 半肥半瘦的猪肉 半生熟 puã tsʻẽ sek 夹生

521 〡⸍⸍⸍ 臭头鸡 tsʻau tʻau koi 比喻出头惹事的人。也叫臭头魁

522 〡⸍⸍⸍ 进屏门 tsiŋ pʻiŋ mŋ 屏门 灶炉橱 tsau lou tu 炉坑。也叫灶橱

523 〡⸍⸍⸍ 蛀毛癣 tsu mõ siaŋ 发癣 剃头笼 tʻi tʻau laŋ 剃头挑子

524 〡⸍⸍⸍ 吊云雨 tiau huŋ hou 低云悬浮时下的小阵雨。也叫云骹雨

525 〡⸍⸍⸍ 蒜泥醋 sŋ nĩ tsʻou 拌了蒜泥的醋，用来蘸菜调味
倒流孝 to lau ha 长辈料理晚辈的丧事

526 〡⸍⸍⸍ 嘴头话 tsʻui tʻau ue 平时常说的话。也叫嘴前话、嘴口话或口头话

527 〡⸍⸍ʔ⸍ 秤锤索 tsʻiŋ tʻui soʔ 拴秤砣的绳子
中扬脚 teŋ iaŋ kioʔ 指名演员或工作学习出色的人

528 〡⸍⸍ʔ⸍ 对绳墨 tui siŋ bak 合规矩 半寒热 puã kuã zuaʔ 节气不冷不热

531 〡⸍⸍⸍ 带土音 tua tʻou im 讲普通话带本地腔
对口痈 tui kʻau ioŋ 砍头痈。也叫枕头痈

532 〡⸍⸍⸍ 壮尾肥 tsaŋ bue pui 在秋分后至寒露前追肥 做火头 tso

hue tʻau 当炊事员

533　晏走醒 uã tsau tsʻẽ 晚起床　半桶屎 puã tʻaŋ sai 半瓶醋

534　嬡惹祸 mãi zia hua 别惹祸。"嬡"是"唔"和"爱"的合音方言字

535　倒手惯 to tsʻiu kuaŋ 左撇子　倒倒种 to tau tseŋ 倒栽葱。也叫倒头种

536　四桶柜 si tʻaŋ kũi 四屉柜。也叫镜床　呾土话 tã tʻou ue 说粗鲁的话

537　好脸客 hãu liaŋ kʻeʔ 贬称爱面子的人　做把法 tso pa huap 也叫做把戏

538　戴解笠 ti koi loiʔ 戴斗笠

541　送顺风 saŋ suŋ huaŋ 送行　□卵龟 iõ nŋ ku 煎荷包蛋

542　做会来 tso oi lai 会做　做唔成 tso m seŋ 做不成

543　代奶粉 tʻoi nẽ huŋ 代乳粉　跳大海 tʻiau tai hai 一种小孩儿游戏

544　对唔住 tui m tsu 对不起　对会住 tui oi tsu 对得起。也说对得住

545　听造化 tʻeŋ tsau hue 也叫碰运气、碰兴衰或听兴衰

546　暗静话 am tsẽ ue 秘密的话　扣老话 kʻa lau ue 说讽刺的话

547　嗽唔出 sau m tsʻuk 干咳　做唔得 tso m tik 不行

548　斗闹热 tau lau ziak 凑热闹儿。也叫凑闹热

551　蕹菜枝 eŋ tsʻai ki 蕹菜梗儿。也叫蕹菜管　做厝边 tso tsʻu pĩ 做邻居

552　冇菜头 pʻã tsʻai tʻau 糠心儿萝卜。"冇"是方言字，鼓起而不实的意思

553　臭相鬼 tsʻau siõ kui 贬称人品低的人　正倒好 tsiã to ho 随和，随便

554　散号爸 suã kʻau pe 乱叨叨的意思。"号爸"当地写作"哭父（训读书）"

555　吐泻症 tʻou sia tseŋ 霍乱　胀破嘴 tiõ pʻua tsʻui 形容有话憋不住

556　当铺利 tŋ pʻou lai 指旧社会当铺的高利贷　臭滥味 tsʻau nam bi 臭味儿

557　芥菜鸭 kua tsʻai aʔ 一种鸭子。也叫芥菜番或菜鸭　四散咄 si suã tuaʔ 乱吆喝

558　四散物 si suã muẽʔ 乱弄　做半橛 tso puã kueʔ 做了一半

561　卸大骹 sia tua kʻa 工作有困难推给别人　对面风 tui miŋ huaŋ 也叫逆风

562　搵豉油 uŋ si iu 蘸酱油　好大头 hãu tua tʻau 好出风头

563　做大水 tso tua tsui 涝了。也叫做大春或做春

564　正地道 tsiã ti tau 形容东西地道　对面雨 tui miŋ hou 迎面来的雨

565　信号铳 siŋ ho tsʻeŋ 信号枪　浸未透 tsim bue tʻau 没浸透

566　呾大话 tã tua ue 说大话　够大队 kau tua tui 一大队人

567　幼字笔 ĩu zi pik 也叫小楷笔、小字笔、细字笔或细笔

568　半旧□ puã ku lok 半新不旧　订定着 teŋ tiã tioʔ 也叫约定

571　褪赤骹 tʻŋ tsʻiaʔ kʻa 光脚。也叫剥赤骹　扫颏交 sau kiʔ kau 打耳光

572　碓踢箠 tui tʻak tsʻue 舂米时在石臼里拨米用的木棍

573　碎骨补 tsʻui kuk pou 申芟，一种中药。也叫碎补

574　暗作静 am tsoʔ tsẽ 偷偷摸摸　畏得有 ũi tik u 也许有

575　四拍四 si pʻaʔ si 四四拍，歌曲拍子的一种记号，表示以四分音符为一拍，每小节有四拍

576　对尺度 tui tsʻioʔ tou 尺寸合适。也叫对尺寸
　　呾得话 tã tik ue 说话有威信。也叫言重

577　做积恶 tso tsek ak 做坏事

578　做出月 tso tsʻuk gueʔ 做满月　嬡挈俗 mãi kʻioʔ sioʔ 别介意

581　柞叶青 tsa hioʔ tsʻẽ 一种早稻高产良种　跳日表 tʻiau zik pio 日历表

582　放目斜 paŋ mak sia 假装看不见。也叫放目
　　旷活人 kʻuã uaʔ naŋ 指生活安逸的人

583　好食鬼 hãu tsiaʔ kui 贬称嘴馋的人

584　做月内 tso gueʔ lai 坐月子

585　戴目镜 ti mak kiã 戴眼镜　教育界 ka iok kai 也叫学界

586　呾白话 tã peʔ ue 说实话。也叫呾实话　做着事 tso tioʔ su 从事某种好职业

587　敲合约 kʻa hap ioʔ 也叫订合同或敲合同。"敲"字也写作"扣"

588 ˇˊ ˀ˥ ˀ˥　做日食 tso zik tsiaˀ 生活费叫日食钱，做日食是当生活费的意思

611 ˩˦ ˦ ˦　鼻空风 pʰĩ kʰaŋ huaŋ 鼻息　大花狮 tua hue sai 一种墨斗鱼。也叫花狮

612 ˩˦ ˦ ˥　大开台 tua kʰai tʰai 大手大脚。也说大开大台、大开大使或大食大用

613 ˩˦ ˦ ˋ　豆乾团 tau kuã kiã 小块儿的豆腐干儿　办公椅 pãi koŋ ĩ 也叫交椅或餐椅

614 ˩˦ ˦ ˪　大新妇 tua sim（＜siŋ）pu 大儿媳妇儿。也叫长媳

615 ˩˦ ˦ ˇ　汗酸臭 kuã sŋ tsʰau 汗臭味儿　鱟骹菜 hau kʰa tsʰai 一种中草药

616 ˩˦ ˦ ˩　载心事 tsoi sim su 也叫多心　大家□ tua ke sai 贵重的家具。也叫大路货

617 ˩˦ ˦ ˀ˩　大腰骨 tua io kuk 骻骨。也叫内拐骨　大揸笔 tua tsa pik 笔头最大的毛笔

618 ˩˦ ˦ ˀ˥　忌生目 ki tsʰẽ mak 认生。也叫畏生分　大青绿 tua tsʰẽ lek 一种山水画

621 ˩˦ ˥˩ ˦　豉油樽 si iu tsuŋ 酱油瓶　大头蛆 tua tʰau tsʰu 蝌蚪

622 ˩˦ ˥˩ ˥　渡船头 tou tsuŋ tʰau 渡口。也叫渡头
大南龙 tua nam leŋ 一种雌的大鳝鱼。也叫南龙

623 ˩˦ ˥˩ ˋ　面前齿 miŋ tsãi kʰi 门牙。也叫门前齿
尿壶滓 zio hu tai 尿碱。用来做外科药叫人中白

624 ˩˦ ˥˩ ˪　未曾有 bue tseŋ u 没有过

625 ˩˦ ˥˩ ˇ　豆扗锉 tau pãi tsʰo 一种半圆形的锉刀　面盆架 miŋ pʰuŋ ke 脸盆架

626 ˩˦ ˥˩ ˩　办人事 pãi ziŋ su 办红白喜事。也叫做人事　树泥树 tsʰiu nĩ tsʰiu 橡胶树

627 ˩˦ ˥˩ ˀ˩　现时刻 hiaŋ si kʰek 也叫现在、现刻、现此在、眼在、眼刻、眼前或目前

628 ˩˦ ˥˩ ˀ˥　大长日 tua tŋ zik 大白天。也叫大长白日　豉油碟 si iu tiˀ 碟子。也叫碟团

631 ˩˦ ˦˦ ˦　夏尾天 he bue tʰĩ 夏末　面顶衫 miŋ teŋ sã 罩衣。也叫头顶衫或外衫

632 ˩˦ ˦˦ ˥　地胆头 ti tã tʰau 一种中草药

633 ˩˦ ˦˦ ˋ　号团码 ho kiã be 阿拉伯数字。也叫番团码

634 ⊥⊦ ⅄⊦ ⅃ 病死惰 pē si tuã 懒惰　大水雨 tua tsui hou 暴雨

635 ⊥⊦ ⅄⊦ ⅂ 饲米碎 tsʻi bi tsʻui 喂碎米　望远镜 mõ iaŋ kiã 也叫千里镜

636 ⊥⊦ ⅄⊦ ⌐ 大本字 tua pŋ zi 汉字的大写数字，如壹、拾、佰、仟等　大顶帽 tua teŋ bo 大帽子

637 ⊥⊦ ⅄⊦ ʔ⌐ 漏母角 lau bo kak 指靠近瓦垄主槽房檐下的角落

638 ⊥⊦ ⅄⊦ ʔ⌐ 射鸟目 sia tsiau mak 斜眼儿。也叫拍鸟目　大母物 tua bo muẽʔ 形容东西多

641 ⊥⊦ ⅃⊦ ⊦ 大颔规 tua am kui 大脖子

642 ⊥⊦ ⅃⊦ ⌐ 运动鞋 uŋ toŋ oi 也叫球鞋或缚带鞋　卖有存 boi u tsʻuŋ 卖剩。也叫卖存

643 ⊥⊦ ⅃⊦ ⅄ 卖唔了 boi m liau 卖不完　大蚁牯 tua hia kou 一种大蚂蚁

644 ⊥⊦ ⅃⊦ ⅃ 上下孟 tsiõ e meŋ《孟子》分上下卷，故名　画唔肖 ue m siau 画得不像

645 ⊥⊦ ⅃⊦ ⅂ 哺唔去 pou m kʻu 嚼不动。也叫哺唔落、咬唔去、咬唔落或咬唔展动

646 ⊥⊦ ⅃⊦ ⌐ 避孕袋 pi ueŋ to 也叫避孕套

647 ⊥⊦ ⅃⊦ ʔ⌐ 认唔出 ziŋ m tsʻuk 不认得

648 ⊥⊦ ⅃⊦ ʔ⌐ 病唔直 pē m tik 病老没好

651 ⊥⊦ ⅁⊦ ⊦ 豆蔻花 tau kʻou hue 也指一种药材　未嫁翁 bue ke aŋ 没出嫁，翁指丈夫

652 ⊥⊦ ⅁⊦ ⌐ 大半冥 tua puã mẽ 大半夜　大细㓥 tua soi pāi 一边大，一边小

653 ⊥⊦ ⅁⊦ ⅄ 病症鬼 pē tseŋ kui 也叫病鬼，骂人的话　大嘴母 tua tsʻui bo 口气大

654 ⊥⊦ ⅁⊦ ⅃ □对象 tsʻue tui siaŋ 找对象　万空五 maŋ kʻaŋ ŋom 一万零五

655 ⊥⊦ ⅁⊦ ⅂ 大气概 tua kʻi kʻai 形容心胸开阔，为人慷慨。也叫大气大概

656 ⊥⊦ ⅁⊦ ⌐ 未够位 bue kau ui 瓜果尚未成熟。也叫唔够位或唔够水

657 ⊥⊦ ⅁⊦ ʔ⌐ 大炮客 tua pʻau kʻeʔ 比喻好说大话的人。也叫大炮嘴或大炮总

658 ⊥⊦ ⅁⊦ ʔ⌐ 大细目 tua soi mak 比喻偏心，待人分厚薄　大半日 tua puã zik 大半天

661 ⊥⊦ ⅃⊦ ⊦ 豆腐花 tau hu hue 豆腐脑儿，当地多用红糖拌着吃

662 ⊥⊦ ⅃⊦ ⌐ 外大门 gua tua mŋ 外院儿的大门　万外人 buaŋ gua naŋ 一万多人

663 ⊥⊦⊣丫 地豆脯 ti tau pou 干花生

664 ⊥⊦⊥↙ 料定有 liau tiã u 估计准有

665 ⊥⊦⊥↘ 大字姓 tua zi sẽ 大姓　现代化 hiaŋ to hua

666 ⊔⎸⊥⊥ 漏掉字 lau tiau zi 漏丁字。也叫放掉字或欠字

667 ⊥⊦⊥ʔ⊐ 大字笔 tua zi pik 也叫大楷笔或大笔　地豆壳 ti tau kʻak
花生皮，指硬壳

668 ⊥⊦⊥ʔ⊓ 大大力 tua tua lak 使大劲儿

671 ⊥⊦ʔ⊐⊣⊣ □乜衫 tsʻeŋ mĩʔ sã 穿什么衣服。第一个字是单音动词，本调
阳去

672 ⊥⊦ʔ⊐⊩⊓ 练拍拳 liaŋ pʻaʔ kuŋ 练习打拳　大拍爷 tua peʔ ia 跳加官

673 ⊥⊦ʔ⊐⊩丫 大八桨 tua poiʔ tsiõ 一种载货的大木船　大国手 tua kok
tsʻiu 指高明的中医

674 ⊥⊦ʔ⊐⊩↙ 练刺网 liaŋ tsʻiaʔ maʔ 练习织网。《广韵》入声昔韵："刺，
穿也"，七迹切

675 ⊥⊦ʔ⊐⊩↘ 蠞壳刺 hau kʻak tsʻi 一种中草药　易斫碎 koi tok tsʻui 容
易剁碎

676 ⊥⊦ʔ⊐⊩⊥ 载得载 tsoi tik tsoi 多得多

677 ⊥⊦ʔ⊐⊩ʔ⊐ 易拍拆 koi pʻaʔ tʻiaʔ 容易打算　大骨魄 tua kuk pʻaʔ 形
容身体魁梧

678 ⊥⊦ʔ⊐⊩ʔ⊓ 卖国贼 boi kok tsʻak

681 ⊥⊦ʔ⊐⌐⊣ 望月砂 mõ gueʔ sa 用作药材的白兔屎　大力兴 tua lak
heŋ 非常兴盛

682 ⊥⊦ʔ⊐⌐⊓ 大舌猴 tua tsiʔ kau 贬称口吃的人　大食胜 tua tsiaʔ la 炒
菜费油

683 ⊥⊦ʔ⊐⌐丫 大食鬼 tua tsiaʔ kui 贬称饭量大的人

684 ⊥⊦ʔ⊐⌐↙ 换物件 uã mueʔ kiã 换东西

685 ⊥⊦ʔ⊐⌐↘ 定着去 tiã tioʔ kʻu 一定去。也说硬定去

686 ⊥⊦ʔ⊐⌐⊥ 定着载 tiã tioʔ tsoi 一定多。也说硬定载

687 ⊥⊦ʔ⊐⌐ʔ⊐ 未籴粟 bue tiaʔ tsʻek 还没买稻谷

688 ⊥⊦ʔ⊐⌐ʔ⊓ 练目实 liaŋ mak sik 也叫打靶。请注意，打靶不说拍靶，拍靶
是枪毙的意思

711 ʔ⊐⊣⊣ 拍官司 pʻaʔ kuã si 打官司　桌灯骹 toʔ teŋ kʻa 油灯的底
座。也叫倚灯骹

712 ʔ⊐⊩⊣⊓ 落阿孥 lak a nãu 小产。也叫拍倒阿孥　北风鹅 pak huaŋ

go 冬季养的鹅

713 ʔ˩˦˥ 竹枝囝 tek ki kiã 小竹枝儿 插腰囝 tsʻaʔ io kiã 叉腰。又叫插腰

714 ʔ˩˦˩ 略新妇 lioʔ sim（<siŋ）pu 相儿媳妇儿。也叫略新妇栽

715 ʔ˩˦˨ 拭清气 tsʻik tsʻeŋ kʻi 擦干净 拍空铳 pʻaʔ kʻaŋ tsʻeŋ 放空炮

716 ʔ˩˦˩ 设心事 siak sim su 想法子 惜身份 sioʔ siŋ huŋ 爱惜身体

717 ʔ˩˦˨ʔ 拍双结 pʻaʔ saŋ kak 系双扣儿 赤西北 tsʻiaʔ sai pak 暑天刮西北风天很热

718 ʔ˩˦˨˥ 竹篙掠 tek ko liaʔ 自由泳 发烧热 huak sio ziak 也叫发烧或发热

721 ʔ˩˥˩˦ 搭冥车 taʔ mẽ tsʻia 坐夜车 拍铜工 pʻaʔ taŋ kaŋ 铜匠

722 ʔ˩˥˩˥ 熨头毛 uk tʻau mõ 烫发。也叫烫毛或电毛 出人前 tsʻuk naŋ tsãi 出人头地

723 ʔ˩˥˩˥ 麯桃粿 kʻak tʻo kue 用米面，加上红麯，包豆馅儿等做成的一种饼。也叫麯桃

724 ʔ˩˥˩˩ 约个□ iak kai mã 大概估计一下的意思

725 ʔ˩˥˩˨ 百灵嘴 peʔ leŋ tsʻui 比喻话多 隔冥菜 keʔ mẽ tsʻai 前一天吃剩的菜

726 ʔ˩˥˩˩ 屈头巷 kʻuk tʻau haŋ 死胡同

727 ʔ˩˥˩˨ʔ 得人惜 tik naŋ sioʔ 讨人喜欢 敲头壳 kʻiak tʻau kʻak 弯着手指打人脑袋

728 ʔ˩˥˩˨˥ 雀盲目 tsiauʔ mẽ mak 夜盲眼。也叫雀目

731 ʔ˩˥˨˩˦ 客鸟精 kʻeʔ tsiau tsiã 客鸟就是喜鹊，这里比喻多嘴多舌的妇女

732 ʔ˩˥˨˩˥ 鸭屎涂 aʔ sai tʻou 田里的一种烂泥 拍酒枚 pʻaʔ tsiu bue 也叫猜拳

733 ʔ˩˥˨˥ 吸火管 kʻip hue koŋ 拔火罐儿 拍草稿 pʻaʔ tsʻo ko 打草稿。也叫拍稿

734 ʔ˩˥˨˩ 咄口令 tuaʔ kʻau leŋ 喊口令 约母量 iak bo liaŋ 大约

735 ʔ˩˥˨˨ 激酒铺 kek tsiu pʻou 酒坊 路囝婿 lioʔ kiã sai 相女婿。也叫略囝婿栽

736 ʔ˩˥˨˩ 搭猛渡 taʔ mẽ tou 坐快速横渡的渡船 雀团豆 tsiauʔ kiã tau 一种中草药

737 ʔ˩˥˨˨ʔ 色粉笔 sek huŋ pik 彩色粉笔 贴赏格 taʔ siõ keʔ 悬赏

738 ʔꞬ˥˩ ʔꞬ 　出猛日 tsˈuk mẽ zik 出大太阳　铁鼠挟 tˈiʔ tsˈu kiap 捉老鼠的铁夹子

741 ʔꞬ˥˩ Ɡ˦ 　铁厚刀 tˈi kau to 多用来比喻泼妇或凶横的人　鸭卵青 aʔ nŋ tsˈẽ 浅青色

742 ʔꞬ˥˩ Ɡ 　赤耳鳗 tsˈiaʔ hĩ muã 一种鳗鱼　拍被棉 pˈaʔ pˈue mĩ 弹棉花

743 ʔꞬ˥˩ Ɡ˥ 　八耳鼎 poiʔ hĩ tiã 一种中号铁锅　赤蟹草 tsˈiaʔ hoi tsˈau 一种有韧性的咸草

744 ʔꞬ˥˩ Ɡ˩ 　割籼后 kuaʔ tiu au 收割稻子后。《集韵》去声宥韵："籼，稻实"，直佑切。也说收冬后

745 ʔꞬ˥˩ Ɡ˥˩ 　卌二岁 siap zi hue 四十二岁

746 ʔꞬ˥˩ Ɡ 　拍电话 pˈaʔ tiaŋ ue 打电话　□上树 soʔ tsiõ tsˈiu 爬上树

747 ʔꞬ˥˩ Ɡ ʔꞬ 　鸭卵壳 aʔ nŋ kˈak 鸭蛋壳

748 ʔꞬ˥˩ Ɡ ʔꞬ 　屈唔落 kˈuk m loʔ 弯不下

751 ʔꞬ˥˩ Ɡ˦ 　擘破天 peʔ pˈua tˈĩ 大清早。也叫天光早　七寸金 tsˈik tsˈuŋ kim 中草药

752 ʔꞬ˥˩ Ɡ 　铁算盘 tˈiʔ sŋ puã 比喻吝啬　啜嘴茶 tsˈueʔ tsˈui te 喝口茶

753 ʔꞬ˥˩ Ɡ˥ 　璧碾转 piaʔ liŋ tŋ 也叫璧还、璧转或璧回　出世囝 tsˈuk si kiã 婴儿

754 ʔꞬ˥˩ Ɡ˩ 　积代会 tseʔ tˈoi hue 积极分子和先进单位代表大会的简称

755 ʔꞬ˥˩ Ɡ˥˩ 　隔顿菜 keʔ tŋ tsˈai 上顿的剩菜
嚼地布 tsoiʔ to pou 擦地用的布。也叫揉地布。《广韵》入声屑韵："嚼，嚼拭"，子结切

756 ʔꞬ˥˩ Ɡ˥˩ 　拍震晕 pˈaʔ tsuŋ uŋ 打寒噤　激笑话 kek tsˈio ue 用笑话引人发笑

757 ʔꞬ˥˩ Ɡ ʔꞬ 　拍做各 pˈaʔ tso koʔ 拿出部分东西另外放开。也叫拔做各。"拔"是方言字，拿的意思

758 ʔꞬ˥˩ Ɡ ʔꞬ 　作四直 tsoʔ si tik 做完　拍嘴乐 pˈaʔ tsˈui ŋãuʔ 形容吵两句嘴

761 ʔꞬ˥˩ Ɡ˦ 　八字骹 poiʔ zi kˈa 八字脚　拍字机 pˈaʔ zi ki 打字机

762 ʔꞬ˥˩ Ɡ 　惜面皮 sioʔ miŋ pˈue 爱面子。也叫爱脸或爱面脸
足字旁 tsiok zi pãi 足字旁。也叫打足

763 ʔꞬ˥˩ Ɡ˥ 　粟穗粿 tsˈek sui kue 条状糕饼　赤鼻团 tsˈiaʔ pˈĩ kiã 赤鼻棱鲲，一种海鱼

764　ʔ˩˥ ˧˥˨　沃大雨 ak tua hou 挨大雨淋了

765　ʔ˩˥ ˧˥˩　轧面线 kʻoiʔ mĩ suã 擀面条儿　卌外岁 siap gua hue 四十多岁

766　ʔ˩˥ ˧˥˩　擘地豆 peʔ ti tau 剥花生
国字面 kok zi miŋ 形容五官端正，长相漂亮，多指男子

767　ʔ˩˥ ˧˥ʔ˩　国字壳 kok zi kʻak 四框栏，汉字偏旁，如"国"字的四围部分　托大脚 tʻoʔ tua kioʔ 对男的拍马屁

768　ʔ˩˥ ˧˥ʔ˩　速效药 sok hau ioʔ 疗效显著的药　八字踏 poiʔ zi taʔ 迈方步

771　ʔ˩˥ ʔ˩˥˧　拍粟机 pʻaʔ tsʻek ki 一种打谷机　拍铁工 pʻaʔ tʻiʔ kaŋ 铁匠

772　ʔ˩˥ ʔ˩˥˥　铁夹仁 tʻiʔ koiʔ ziŋ 花生品种之一　拍折头 pʻaʔ tsiak tʻau 也叫打折扣

773　ʔ˩˥ ʔ˩˥˥　激色水 kek sek tsui 比阔气　插胳囝 tsʻaʔ koʔ kiã 双手在胸前交叉按着两臂

774　ʔ˩˥ ʔ˩˥˨　拍膝跪 pʻaʔ tsʻek kui 形容人摔倒在地上半蹲半跪

775　ʔ˩˥ ʔ˩˥˩　铁拍嘴 tʻiʔ pʻaʔ tsʻui 比喻健谈　裌搭配 koiʔ taʔ pʻue 裌坎肩儿

776　ʔ˩˥ ʔ˩˥˩　擘册缝 peʔ tsʻeʔ pʻaŋ 新说法是钻牛角尖

777　ʔ˩˥ ʔ˩˥ʔ˩　失觉察 sik kak tsʻak 忽略　拍扑克 pʻaʔ pʻok kʻiok 打扑克

778　ʔ˩˥ ʔ˩˥ʔ˩　八角末 poiʔ kak buaʔ 用大料等研碎成的一种调味品

781　ʔ˩˥ ʔ˩˩˧　借日花 tsioʔ zik hue 晒暖儿。也叫借日或曝日烧　鸭舌酥 aʔ tsiʔ tsou 糕点

782　ʔ˩˥ ʔ˩˩˧　着实人 tioʔ sik naŋ 脚踏实地的人　竹叶柔 tek hioʔ ziu 一种鱿鱼

783　ʔ˩˥ ʔ˩˩˩　铁拔斗 tʻiʔ puaʔ tau 一种小铁桶，多用来打井水。也叫拔水斗、铁桶囝或井桶

784　ʔ˩˥ ʔ˩˩˨　辖物件 hak muẽʔ kiã 购置东西　百物有 peʔ muẽʔ u 什么都有

785　ʔ˩˥ ʔ˩˩˩　百日嗽 peʔ zik sau 百日咳　夹物配 koiʔ muẽʔ pʻue 夹菜

786　ʔ˩˥ ʔ˩˩˩　拍僻话 pʻaʔ pʻiaʔ ue 说行话。也叫拍僻语或拍僻

787　ʔ˩˥ ʔ˩˩ʔ˩　一廿尺 ik ziap tsʻioʔ 一二十尺

788　ʔ˩˥ ʔ˩˩ʔ˩　拍杂剧 pʻaʔ tsap kiaʔ 打杂儿。也叫拍杂

811　ʔ˩˩˧˧　白东枫 peʔ taŋ pŋ 一种中草药。也叫东枫菜　挟心糕 kiap

sim ko 糕点

812 ʔㄱㄥㄐㄱ 目珠仁 mak tsiu ziŋ 眼珠。也叫目仁　麦生糖 beʔ sẽ tʼŋ 麦芽糖。也叫米糖

813 ʔㄱㄥㄐㄚ 落私笼 loʔ sai laŋ 贪污公款　活骹椅 uaʔ kʼa ĩ马扎

814 ʔㄱㄥㄐㄌ 白心虹 peʔ sim kʼeŋ 一种中草药　合金铝 haʔ kim lu 铝。也叫飞机铝

815 ʔㄱㄥㄐㄑ 廿伸岁 ziʔ tsʼuŋ hue 二十多岁　挟工课 kiap kʼaŋ kʼue 赶工作

816 ʔㄱㄥㄐㄥ 合骹步 haʔ kʼa pou 做事合得来　合欢树 haʔ huã tsʼiu

817 ʔㄱㄥㄐ ʔㄥ 合篙尺 haʔ ko tsʼioʔ 合规格

818 ʔㄱㄥㄐ ʔㄱ 蜀枝落 tsek ki loʔ 同父母所生的意思。也叫蜀枝流或同布袋

821 ʔㄱㄥㄱㄐ 日头公 zik tʼau koŋ 也叫太阳、太阳公、日、日头、日头爷或 日头爷公

822 ʔㄱㄥㄱㄱ 白头皇 peʔ tʼau huaŋ 白头翁　落神婆 loʔ siŋ pʼua 巫婆

823 ʔㄱㄥㄱㄚ 学泅水 oʔ siu tsui 学游泳　木莲子 mok liaŋ tsi 木棉种子

824 ʔㄱㄥㄱㄌ 石门□ tsioʔ mŋ tãi 石门坎儿　独人户 tok naŋ hou 只有 一个人的住户

825 ʔㄱㄥㄱㄑ 白头契 peʔ tʼau kʼoi 没有经行政机关盖章的契约。也叫白手契 或白契

826 ʔㄱㄥㄱㄥ 诐闲话 pʼueʔ ãi ue 聊天儿。也叫诮大话

827 ʔㄱㄥㄱ ʔㄥ 蜀条索 tsek tiau soʔ 一条绳子　蜀箩粟 tsek lua tsʼek 一 箩筐稻谷

828 ʔㄱㄥㄱ ʔㄱ 食闲食 tsiaʔ ãi tsiaʔ 吃零食

831 ʔㄱㄥㄚㄐ 肉眼干 nek ãi kuã 桂圆干　着火烧 tioʔ hue sio 烧焖了。 也叫着烧

832 ʔㄱㄥㄚㄱ 墨斗船 bak tau tsuŋ 海螺蛸　灭火筒 miak hue taŋ 也叫 灭火器

833 ʔㄱㄥㄚㄚ 石狗团 tsioʔ kau kiã 鹅卵石的统称。椭圆形的叫石卵，圆形的 叫石珠

834 ʔㄱㄥㄚㄌ 秫米耳 tsuk bi hĩ 比喻耳朵软，容易轻信别人的话。也叫顺风 耳

835 ʔㄱㄥㄚㄑ 实肚裤 tsak tou kʼou 漫裆裤　着紧症 tioʔ kiŋ tseŋ 也叫 急病、急症或紧症

836 ʔㄱㄥㄚㄐ 蜡李面 laʔ li miŋ 浅黄色掺杂深红色的李子叫蜡李，这里比喻 害羞脸红

８３７　ʔ˥˨ ˥˩ ˩˥ ʔ˩　拔桶索 puaʔ tʻaŋ soʔ 井绳　目碗骨 mak uã kuk 眉棱骨

８３８　ʔ˥˨ ˥˩ ˩˥ ʔ˥　白饼药 peʔ piã ioʔ 碱　踏斗石 taʔ tau tsioʔ 只有一级的台阶

８４１　ʔ˥˨ ˩˥ ˧˦ ˥　白鹭鸶 peʔ liau si 白鹭　蜀两斤 tsek nõ kiŋ 一二斤

８４２　ʔ˥˨ ˩˥ ˧˦ ˥　六耳猴 lak hĩ kau 贬称耳朵上长出肉珠的人　叶下红 hioʔ e aŋ 一种中草药

８４３　ʔ˥˨ ˩˥ ˧˦ ˥　落雨囝 loʔ hou kiã 下小雨　食硬粿 tsiaʔ ŋẽ kue 比喻做别人不敢做的事

８４４　ʔ˥˨ ˩˥ ˧˦ ˩　落命令 loʔ meŋ leŋ 下命令

８４５　ʔ˥˨ ˩˥ ˧˦ ˨　□唔去 ĩʔ m kʻu 睡不着　□唔去 guk m kʻu 睡不着

８４６　ʔ˥˨ ˩˥ ˧˦ ˩　着老命 tioʔ lau miã 因受刺激而着急或恼火

８４７　ʔ˥˨ ˩˥ ˧˦ ʔ˩　落唔歇 loʔ m hiaʔ 雨不停。也叫落唔直

８４８　ʔ˥˨ ˩˥ ˧˦ ʔ˥　物唔直 muẽʔ m tik 干不完。也说作唔直

８５１　ʔ˥˨ ˨˩ ˧˦ ˧　月半骹 gueʔ puã kʻa 月半前一两天　掠背筋 liaʔ pue kiŋ 用手在人背上按摩

８５２　ʔ˥˨ ˨˩ ˧˦ ˥　目镜仁 mak kiã ziŋ 镜片　月暗冥 gueʔ am mẽ 黑夜

８５３　ʔ˥˨ ˨˩ ˧˦ ˥　合嘴已 hap tsʻui ĩ "合嘴"说明"已"字的形体区别于"己"

８５４　ʔ˥˨ ˨˩ ˧˦ ˩　日昼后 zik tau au 午后。也叫日昼晏或晏昼

８５５　ʔ˥˨ ˨˩ ˧˦ ˨　着对岁 tioʔ tui hue 周岁。也叫着对或对岁　着对过 tioʔ tui kue 一周岁多

８５６　ʔ˥˨ ˨˩ ˧˦ ˧　蜀铺路 tsek pʻou lou 十里地　落句□ loʔ ku tam 押韵

８５７　ʔ˥˨ ˨˩ ˧˦ ʔ˩　白菜合 peʔ tsʻai haʔ 白菜帮儿　白信壳 peʔ siŋ kʻak 白信封

８５８　ʔ˥˨ ˨˩ ˧˦ ʔ˥　食旷活 tsiaʔ kʻuã uaʔ 生活安逸　物半橛 muẽʔ puã kueʔ 弄半截儿

８６１　ʔ˥˨ ˨˩ ˧˦ ˧　踏地骹 taʔ ti kʻa 打地基。也叫打地骹　绿豆烧 lek tau sio 一种烧酒

８６２　ʔ˥˨ ˨˩ ˧˦ ˥　踏步层 taʔ pou tsaŋ 台阶儿。也叫踏渡层

８６３　ʔ˥˨ ˨˩ ˧˦ ˥　着饿鬼 tioʔ go kui 贬称贪吃的人。也叫枵监鬼

　　折大本 siʔ tua pŋ 亏本亏大了。"折"字也写作"蚀"

８６４　ʔ˥˨ ˨˩ ˧˦ ˩　落大雨 loʔ tua hou 下大雨

８６５　ʔ˥˨ ˨˩ ˧˦ ˨　白饭菜 peʔ pŋ tsʻai 一种中草药。也叫乌饭叶

８６６　ʔ˥˨ ˨˩ ˧˦ ˧　曝地豆 pʻak ti tau 晒花生　□大步 huaʔ tua pou 迈大步。也叫行大步

867　ʔ˥˨ ˩˦ ʔ˩　掠面色 liaʔ miŋ sek 察看脸色　　学未□ oʔ bue pak 还没学懂

868　ʔ˥˨ ˩˦ ʔ˥　十外日 tsap gua zik 十多天　　白话剧 peʔ ue kiaʔ 也叫话剧

871　ʔ˥˨ ʔ˥ ˦　六角英 lak kak eŋ 一种中草药

872　ʔ˥˨ ʔ˥ ˥　目汁油 mak tsap iu 泪花　　白铁盘 peʔ tʼiʔ puã 搪瓷盘儿

873　ʔ˥˨ ʔ˥ ˥˨　的确卡 tek kʼak kʼa 的确良卡其

874　ʔ˥˨ ʔ˥ ˨˩　食鸭卵 tsiaʔ aʔ nŋ 也比喻得零分　　食七老 tsiaʔ tsʼik lau 指六七十岁的老人

875　ʔ˥˨ ʔ˥ ˩˧　独角戏 tok kioʔ hi 也叫独骹戏　　薄壳铳 poʔ kʼak tsʼeŋ 也叫薄壳枪

876　ʔ˥˨ ʔ˥ ˩　着烙味 tioʔ luaʔ bi 烟味儿。也叫着烧味　　白竹箸 peʔ tek tu 箸是筷子

877　ʔ˥˨ ʔ˥ ʔ˥˨　蜀只桌 tsek tsiaʔ toʔ 一桌酒席。也叫蜀只席

878　ʔ˥˨ ʔ˥ ʔ˥　着切热 tioʔ tsʼiak zuaʔ 打抱不平。也叫着切着热

881　ʔ˥˨ ʔ˥˨ ˦　热毒天 zuaʔ tak tʼĩ 伏天。也叫三伏暑或夏火天

882　ʔ˥˨ ʔ˥˨ ˥　历日头 leʔ zik tʼau 也叫日历　　挟目油 koiʔ mak iu 眼里含着泪花

883　ʔ˥˨ ʔ˥˨ ˥˨　目药水 mak ioʔ tsui 眼药水　　白木耳 peʔ mok zu

884　ʔ˥˨ ʔ˥˨ ˨˩　白毒疱 peʔ tak pʼa 一种疥疮。也叫白疱

885　ʔ˥˨ ʔ˥˨ ˩˧　食日昼 tsiaʔ zik tau 吃午饭。也叫食日昼顿、食下界或食下界顿

886　ʔ˥˨ ʔ˥˨ ˩　白落话 peʔ loʔ ue 谎话

887　ʔ˥˨ ʔ˥˨ ʔ˥˨　日月角 zik gueʔ kak 额角。左额叫日角，右额叫月角，统称日月角

888　ʔ˥˨ ʔ˥˨ ʔ˥　食物食 tsiaʔ mueʔ tsiaʔ 吃糕点。也叫食饼食

第三章　潮阳方言的连读变调（二）[*]

提要　本章是第二章《潮阳方言的连读变调（一）》的续篇。前变连调组里，前字和本调字用字都没有限制。后变连调组里，本调字用字没有限制，后字是有限制的。前篇主要讨论前变连调组。本章主要讨论后变连调组，分两节：（六）后变连调组的主要格式，（七）句子如何划分成连调组。

潮阳方言的声调系统，由独用调（本调）、前变调和后变调构成。

调类代码	调类	前变调	独用调（本调）	后变调
1	阴平	˧ 33	˧ 33	˩ 11
2	阳平	˩ 11	˥ 55	˩ 11
3	阴上	˧˩ 31	˥˧ 53	˧˩ 31
4	阳上	˧ 33	313	˩ 11
5	阴去	˥ 55	˧˩ 31	˩ 11
6	阳去	˧ 33	˩ 11	˩ 11
7	阴入	ʔ˥ 55	ʔ ̱11	ʔ ̱11
8	阳入	ʔ˩ 11	ʔ˥ 55	ʔ ̱11

入声短促，分别带 [ʔ p k] 三种塞音尾。讨论入声时，用 [ʔ] 尾代表。为调号醒目起见，入声也用长调号，即阴入和阳去 11 调用同一个调号（˩），阳入和阳平 5 5 调用同一个调号 [˥]，从塞音尾可以看出是短调。

连调组是潮阳方言连读变调的单位。连调组有单字和多字两种。单字组就是单字成句，读本调，也就是独用调。多字的连调组又可以分成前变连调组、后变连调组和前后都变的连调组三类。前变连调组是前变调（前

---

* 原载《方言》1980 年第 2 期。

字）加本调（本调字），后变连调组是本调（本调字）加后变调（后字），前后都变的连调组是前变调（前字）加本调（本调字）加后变调（后字）。

本章讨论后变连调组的主要格式，并且对比后变连调组和前变连调组的不同。相关的前后都变的连调组，也在适当的地方分别说明。研究潮阳方言的声调，后变连调组和前变连调组的区分是十分重要的。变调的方式往往跟语法格式有关，但语法格式相同，或成分相同，不见得连调方式也都相同。

前变连调组里，前字和本调字用字都没有限制。在第二章三、四、五三节中，已经举了不少实例，这里就不再细说了。后变连调组里头，本调字用字没有限制，后字是有限制的。某些字常读后变调，并不老读后变调。本章就以这些字为纲目，说明它们什么时候读后变调，什么时候读本调，前变连调组和后变连调组成分相同时，连调方式不同，意义有何差别。

连调组用竖线"｜"隔开，有标点处省去竖线。方框"□"表示有音而无适当的字形可写。

六　后变连调组的主要格式

由本调字加后字组成的后变连调组，可以分成十类来说。相关的前后都变的连调组也在适当的地方分别说明。

6.1　某些时间词，后字是"天、年、月、日、旬、间、头、界、时"等。现在依次说明，表示年份、月份、日子的时间词放在最后。

1 1 春天 ［tsʻuŋ˧ tˈi˧˩］

1 1 秋天 ［tsʻiu˧ tˈi˧˩］

1 1 冬天 ［taŋ˧ tˈi˧˩］

2 1 □天 ［ŋaŋ˥ tˈi˧˩］ 冷天，冬天

5 1 瀺天 ［tsʻiŋ˩ tˈi˧˩］ 冷天，冬天

6 1 夏天 ［he˩ tˈi˧˩］

8 1 热天 ［zuaʔ˥ tˈi˧˩］夏天

2 2 明年 ［mẽ˥ ni˧˩］（又读［˥˩˥］）

2 2 □年 ［tsuŋ˥ ni˧˩］ 前年

4 2 后年 ［au˩ ni˧˩］

6 2 2 大□年 ［tua˩˧ tsuŋ˥ ni˧˩］大前年

5 4 2 过后年 ［kue˥ au˩ ni˧˩］ 大后年

1 2 今年 [kiŋ˧ （<kim˧） nĩ˥] 6 2 旧年 [ku˩˥ nĩ˥] 去年

"大˻tsuŋ 年大前年，过后年大后年"是前后都变的连调组，读前变调加本调加后变调，相当于"˻tsuŋ 年、后年"前头加前变调"大"字"过"字。请注意，"今年，旧年"是前变连调组，读前变调加本调。

4 8 后日 [au˩ zik˥˩] 后天 7 8 □日 [tsoʔ˩˥ zik˥˩] 前天

5 4 8 过后日 [kue˩ au˩ zik˥˩] 大后天

5 7 8 □□日 [ts'uŋ˩ tsoʔ˩˥ zik˥˩] 大前天

6 7 8 大□日 [tua˩ tsoʔ˩˥ zik˥˩] 大前天

1 8 今日 [kiã˧ zik˥]

1 8 □日 [tsa˧ zik˥] 昨天

5 8 □日 [mã˩˥ zik˥] 明天

"过后日大后天"是前后都变的连调组，相当于"后日"加前变调"过"字。请注意，"ts'uŋ˥ tsoʔ，日大前天"的"ts'uŋ˥"字，可以读本调 [˩]，也可以读前变调 [˩˥]。"大 tsoʔ˩ 日 [˩ ʔ˩ ʔ˥˩] 大前天"的"大"字不变调。"今日，˻tsa 日昨天，mã˥ 日明天"是前变连调组，读前变调加本调。"˻tsa 日"的 [tsa] 读3 3调而本调未详，本文标调类代码时姑且当做阴平。

8 2 十旬 [tsap˥ suŋ˥˩] 中旬 8 2 廿旬 [ziap˥ suŋ˥˩] 下旬

请注意，"初旬 [ts'iu˧ suŋ˥] 上旬"是前变连调组，读前变调加本调。"十旬中旬、廿旬下旬"用在"下个月 [e˩˧ kai˥˩ gueʔ˥] 十旬下个月中旬、后个月 [au˩˧ kai˥˩ gueʔ˥] 廿旬下月下旬"等词组里。"初旬、十旬、廿旬"都是指阴历。

3 1 早间 [tsa˩ kaŋ˥˩] 刚才 2 1 冥间 [mẽ˥ kaŋ˥˩] 夜里，晚上

8 1 日间 [zik˥ kaŋ˥˩] 日里，白天 3 2 早头 [tsa˩ t'au˥˩] 刚才

2 2 冥头 [mẽ˥ t'au˥˩] 夜里，晚上 5 2 暗头 [am˩ t'au˥˩] 夜里，晚上

8 2 日头 [zik˥ t'au˥˩] 日里，白天（"日头"指太阳读 [ʔ˥˩ ˥]）

"日头日里、冥头夜里"的"头"相当于北京轻音"里"字，近乎词尾。

"年头 [nĩ˥ t'au˥] 年初，春头 [ts'uŋ˧ t'au˥] 春初，月头 [gueʔ˥ t'au˥] 月初，正月头 [tsiã˧ gueʔ˥ t'au˥] 正月初，初十头 [ts'iu˧ tsap˥ t'au˥] 上旬，早头 [tsa˩˥ t'au˥] 清早，冥暗头 [mẽ˥ am˩ t'au˥] 傍晚，冥昏头 [mẽ˥ huŋ˧ t'au˥] 傍晚"都是偏正式，读前变连调组，其中的"头"字都指开始的一段时间，如"年头"是一年之始。

25 冥界［mē˧˩ kua˧˩˨］夜里　　　　85 日界［zik˧ kua˧˩˨］日里，白天

请注意，"上界［tsiõ˨˩˦ kua˥］、上半界［tsiõ˨˩˦ puã˧˩˨ kua˥］上午，中界［tioŋ˧ kua˥］、中央界［ta˧（＜taŋ˧）ŋ˧ kua˥］中午，下界［e˨˩˦ kua˥］、下半界［e˨˩˦ puã˧˩˨ kua˥］下午"都是前变连调组，"界"字读本调。

32 早时［tsa˥ si˧˩˨］刚才　　　　22 冥时［mē˧˩ si˧˩˨］夜里，晚上

52 暗时［am˥ si˧˩˨］夜里，晚上　　82 日时［zik˧ si˧˩˨］日里，白天

52 细时［soi˥ si˧˩˨］小时候　　　42 老时［lau˥ si˧˩˨］老的时候

32 好时［ho˥ si˧˩˨］好的时候　　　72 囗时［kʻiap˩ si˧˩˨］赖的时候

262 闲阵时［ãi˧ tiaŋ˨ si˧˩˨］闲的时候

262 前阵时［tsãi˧ tiaŋ˨ si˧˩˨］前一阵，从前

362 古阵时［kou˥ tiaŋ˨ si˧˩˨］古时候

462 老阵时［lau˥ tiaŋ˨ si˧˩˨］老的时候

562 细阵时［soi˥ tiaŋ˨ si˧˩˨］小时候

662 大阵时［tua˥ tiaŋ˨ si˧˩˨］大的时候

462 有阵时［u˨˩˦ tiaŋ˨ si˧˩˨］有时候

622 旧前时［ku˨˩˦ tsãi˧ si˧˩˨］旧时，从前

4162 后生阵时［hau˨˩˦ sē˧ tiaŋ˨ si˧˩˨］年轻的时候

4262 有钱阵时［u˨˩˦ tsĩ˧ tiaŋ˨ si˧˩˨］有钱的时候

---

62 旧时［ku˨˩˦ si˧］从前　　　　22 平时［pʻeŋ˧ si˧］

32 满时［muã˥˦ si˧］平时

362 满阵时［muã˥˦ tiaŋ˨ si˧］平时

262 零阵时［laŋ˧ tiaŋ˨˩˦ si˧］偶尔，有时

横线以上前十四个例子都是后变连调组，其中第一字都读本调。横线以上后四个例子是前后都变的连调组，其中第二字读本调。"早时"也说"早阵［tsa˥ tsuŋ˨］刚才"，也是后变连调组，"早"照例读本调。横线以下五个例子是前变连调组，读前变调加本调，"时"是本调字。

在说明年份、月份、日子的连调方式之前，先提一下数词的连调方式。就是单音数词读本调，双音或多音数词读前变连调组。例如"五［ŋom˥］"，"十五［tsap˧ ŋom˥］"，"五十［ŋom˨˩˦ tsap˧］"，"五十五［ŋom˨˩˦ tsap˧ ŋom˥］"。"五十五"也可以说［ŋop˧（＜ŋom˨˩˦ tsap˧）ŋom˥］，"五十"两字合音，但"五十"后面无其他数字时，没有合音读法。

表示年份、月份、日子的"年、月、日"都读后变调，不影响前头数

词的连调方式。因此，逢单音数词都是后变连调组（元年、正月也是后变连调组），逢双音或多音数词都是前后都变的连调组。例如：

　　２２元年［ŋuaŋ˦ nĩ˨］

　　１２７２公元八年［koŋ˦ ŋuaŋ˦ ｜ poiʔ˨ nĩ˨］

　　８２２六零年［lak˨ leŋ˦ nĩ˨］（1960 年的简称）

　　７３７７２一九七七年［ik˨ kau˥ tsʼik˨ tsʼik˨ nĩ˨］

　　１８正月［tsiã˦ gueʔ˨］　　　　　７８一月［ik˨ gueʔ˨］阳历

　　４８二月［zi˩ gueʔ˨］　　　　　８４８十二月［tsap˨ zi˩ gueʔ˨］

　　４８五日［ŋom˩ zik˨］　　　　　８４８廿五日［ziʔ˨ ŋom˩ zik˨］

月份和日期连着说，表示月份的字都读前变调，因此构成前后都变的连调组。例如：

　　７８７８八月八日［poiʔ˨ gueʔ˨ poiʔ˨ zik˨］

　　８４８８８８十二月廿六日［tsap˨ zi˦ gueʔ˨ ziʔ˨ lak˦ zik˨］

　　有两点要提出来说一下，一是表示年数、日数的时间词，“年”字、“日”字读本调，前头的数词都读前变调，因而构成前变连调组。例如：

　　７２八年［poiʔ˩ nĩ˦］八年之久

　　８８２六十年［lak˨ tsap˨ nĩ˩］六十年之久

　　４８五日［ŋom˩ zik˦］五天

　　８７８十八日［tsap˨ poiʔ˩ zik˦］十八天

“月”字用法与“年、日”不全同，表示月数一定要用量词，如“两个月［nõ˦ kai˨ gueʔ˦］”。二是表示日子，平常说“日”的时候少，说初一到初十，十一到三十，一号到三十一号比较多。这些说法跟上文说“日”的不同，都是前变连调组。例如：

　　１４初二［tsʼiu˦ zi˩］　　　　　４８二十［zi˦ tsap˦］

　　４６五号［ŋom˦ ho˩］　　　　　１８６三十号［sã˦ tsap˨ ho˩］

　　加月份也都是前变连调组。例如：

　　７８１３七月初九［tsʼik˨ gueʔ˨ tsʼiu˦ kau˥］

　　８８７６十月一号［tsap˦ gueʔ˨ ik˨ ho˩］

　　6.2　某些处所词，后字是“底、顶、中、间、头、⼬”等，现在依次说明。先看“锅底、山顶”等七个两字组的两种变调法及其意义上的差别。

		前变连调组			后变连调组	
锅底	ue toi	［˦ ˥］锅底儿	≠		［˦ ˥˥］锅里	
溪底	kʼoi toi	［˦ ˥］小河沟的底	≠		［˦ ˥˥］小河沟里	

河底	ho toi	［┑乚 丫］河的底	≠	［┑ 丫┞］河里
碗底	uã toi	［丫┞ 丫］碗底儿	≠	［丫 丫┞］碗里
山顶	suã teŋ	［┧ 丫］山的顶，山尖儿	≠	［┧ 丫┞］山上
头顶	t'au teŋ	［┑乚 丫］上头	≠	［┑ 丫┞］头上
厝顶	ts'u teŋ	［丷┐ 丫］房顶	≠	［丷 丫┞］房上

以上七个两字组，读前变连调组时是偏正式，其中"底"都是用它的本义；"山顶、厝顶"的"顶"也用它的本义；"头顶"意义转化了。读后变连调组的"底、顶"近乎词尾，相当于北京话轻声的"里、上"。以下再举些后变两字组的例子。

３３ 鼎底 ［tiã丫 toi丫┞］铁锅里　　５３ 嘴底 ［ts'ui丷 toi 丫┞］嘴里，"嘴"字阴去

７３ 格底 ［ke?┛ toi丫┞］抽屉里　　８３ 盒底 ［ap┐ toi丫┞］盒子里

２３ 床顶 ［ts'ŋ┑ teŋ丫┞］桌子上　　３３ 椅顶 ［ĩ丫 teŋ丫┞］椅子上

４３ 市顶 ［ts'i丷 teŋ丫┞］市场上　　６３ 路顶 ［lou┛ teŋ丫┞］路上

有些前变连调组，加后字"底、顶"，就构成前后都变的连调组。例如：

１１３ 潘缸底 ［p'uŋ┧ kŋ┧ toi丫┞］泔水缸里

２５３ 猴帕底 ［kau┑乚 p'e丷 toi丫┞］衣服兜儿里

３７６３ 指甲缝底 ［tsãi丫┞ ka?┛┌ p'aŋ┛ toi丫┞］指甲缝儿里

２１３ 旗杆顶 ［ki┑乚 kuã┧ teŋ丫┞］旗杆儿上

２７３ 头壳顶 ［t'au┑乚 k'ak┛ teŋ丫┞］头上

２２３ 眠床顶 ［mŋ┑乚（＜miŋ┑乚）ts'ŋ┑ teŋ丫┞］床上

请注意，"内底 ［lai丫┞ toi丫］里头"读前变调加本调，符合并列式两字组构成前变连调组的常例。

潮阳话"内底"是并列式，就好比普通话的"内里、内中"是并列式。

１１ 心中 ［sim┧ taŋ┧乚］心里　　５１ 暗中 ［am丷 taŋ┧乚］

６１ 阵中 ［tiŋ┛ taŋ┧乚］阵地上　　８１ 席中 ［sia?┐ taŋ┧乚］酒席上

８１５３ 熟中变巧 ［sek┐ taŋ┧乚｜pĩ丷 k'a丫］熟能生巧

２１１４ 无中生有 ［bo┑ taŋ┧乚｜sẽ丫 u丷］

１１４６，６１４１ 诗中有画，画中有诗 ［si┧ taŋ┧乚｜u丷┞ ue┛，ue taŋ┧乚｜u丷┞ si┧］

２２１ 塍洋中 ［ts'aŋ┑乚 iõ┑ taŋ┧乚］田野里

２５１ 无意中 ［bo┑乚 i丷 taŋ┧乚］

————————————————

2 1 其中 [k·iㄱㄴ taŋㄐ]

"熟中、无中、诗中、画中"是后变连调组，连调的读法和"心中、暗中、阵中、席中"平行。"变巧"是前变连调组，符合述补式（补语不是趋向补语）连调读法的常例。"生有、有画、有诗"也是前变连调组，符合一般述宾式连调读法的常例。"塍洋中、无意中"是前后都变的连调组，由前变连调组加后字"中"组成。"塍洋"是偏正式，"无意"是一般的述宾式，照例是前变连调组。"其中"读前变调加本调，符合偏正式两字组构成前变连调组的常例。

1 1 阴间 [imㄐ kaŋㄐㄴ]   2 1 阳间 [iaŋㄱ kaŋㄐㄴ]

2 1 民间 [miŋㄱ kaŋㄐㄴ]   5 1 世间 [siↄ kaŋㄐㄴ]

熟语"鹅掌鸭掌，趾间有蹼 [goㄱㄴ tsiõㄚ| aʔㄐㄱ tsiõㄚ, tsãㄚ kaŋㄐㄴ| uↄ⊦ p·okㄴ]"，"鹅掌、鸭掌"是偏正式，"有蹼"是一般的述宾式，照常例都是前变连调组。"趾间 [ㄚ ㄐㄴ]"是后变连调组，连调的方式和"阴间、阳间、民间、世间"一致。

5 2 细头 [soiↄ t·auㄱㄴ] 小的一端   6 2 大头 [tua⌐ t·auㄱㄴ] 大的一端

2 2 头头 [t·auㄚ t·auㄱㄴ] 尖儿上   3 2 尾头 [bueㄚ t·auㄱㄴ] 末尾

1 2 厅头 [t·iãㄐ t·auㄱㄴ] 厅堂上   2 2 庭头 [tiãㄐ t·auㄱㄴ] 庭院上，俗写埕头

1 2 骹头 [k·aㄐ t·auㄱㄴ] 脚边儿   7 2 角头 [kakㄴ t·auㄱㄴ] 角落里

1 2 边头 [pĩㄐ t·auㄱㄴ] 边上   2 2 沿头 [kĩㄱ t·auㄱㄴ] 边沿，俗写墘头

2 2 坪头 [p·iãㄱ t·auㄱㄴ] 边上，范围比边头大

"大头"要是指大脑袋，就读 [ㄐㄐ ㄱ]，是前变连调组。"巷头 [haŋ⌐⊦ t·auㄱ] 巷子的起点，路头 [lou⌐⊦ t·auㄱ] 道路的起点，渡头 [tou⌐⊦ t·auㄱ] 渡口"都是偏正式，读前变调加本调，和前面所说"年头、春头"等偏正式的读法一致。

"爿"字构成的两字、三字组中，前变连调组比后变连调组常见。现在先举后变连调组的例子。

1 2 阴爿 [imㄐ pãiㄱㄴ] 背阴的一面，反面

2 2 阳爿 [iaŋㄱ pãiㄱㄴ] 向阳的一面，正面，对反面而言

5 2 暗爿 [amↄ pãiㄱㄴ] 暗的一面，反面

1 2 光爿 [kŋㄐ pãiㄱㄴ] 亮的一面，正面，对反面而言

7 2 仆爿 [p·akㄴ pãiㄱㄴ] 反面

6 2 面爿 [miŋ⌐ pãiㄱㄴ] 正面，对反面而言

２２坪爿［pʻiã˧ pãi˥˩］侧面

５２正爿［tsiã˨ pãi˥˩］正面，对侧面而言

１２粗爿［tsʻou˧˧ pãi˥˩］粗糙的一面 ８２滑爿［kuk˥ pãi˥˩］光滑的一面

３２雅爿［ŋiã˥˩ pãi˥˩］美观的一面

２２文爿［buŋ˧ pãi˥˩］搞文的，演奏弦乐器的，戏剧中的文脚，如老生、小生

３２武爿［bu˥˩ pãi˥˩］搞工的，搞军事的，演奏打击乐器的，戏剧中的武脚，如武生、武旦

"面爿"要是指左脸蛋儿或右脸蛋儿，就读前变连调组［˩˩ ˥］。"细爿、大爿"各有两种变调法。

前变连调组　　　　　　　　　　　　后变连调组

５２细爿　soi pãi　［˩˩˥ ˥］小半边、小半截或小半个 ≠ ［˨ ˥˩］右边

６２大爿　tua pãi　［˩˩ ˥］大半边、大半截或大半个 ≠ ［˩ ˥˩］左边

"细爿、大爿"读前变连调组是偏正式，每个字都用它的本义。"爿"字本作"牊"。《集韵》平声山韵："牊，步还切，片也。""细爿、大爿"读后变连调组，意思是右边、左边。但是"左爿、右爿"等下列的两字、三字组都是前变连调组。

３２左爿［tso˥˩ pãi˥］左边　　４２右爿［ĩu˨˩ pãi˥］右边

５２正爿［tsiã˩˩˥ pãi˥］右边　　５２倒爿［to˩˩˥ pãi˥］左边

５３２倒手爿［to˩˩˥ tsʻiu˥˩ pãi˥］左边

５３２正手爿［tsiã˩˩˥ tsʻiu˥˩ pãi˥］右边

３２底爿［toi˥˩ pãi˥］里头　　４２内爿［lai˨˩ pãi˥］里头

３２口爿［kʻau˥˩ pãi˥］外头　　６２外爿［gua˩ pãi˥］外头

３２顶爿［teŋ˥˩ pãi˥］上头　　４２下爿［e˨˩ pãi˥］下头

２２前爿［tsãi˥˩ pãi˥］前头　　４２后爿［au˨˩ pãi˥］后头

８２蜀爿［tsek˥˩ pãi˥］一边　　８２独爿［tok˥˩ pãi˥］单独一边

４２两爿［nõ˨˩ pãi˥］两边　　１２双爿［saŋ˧ pãi˥］两边

４２２徛人爿［kʻia˨˩ naŋ˥˩ pãi˥］单人旁

３３２反狗爿［pãi˥˩ kau˥˩ pãi˥］反犬旁

１６２乌面爿［ou˧ miŋ˨˩ pãi˥］长片状黑痣的左脸蛋儿或右脸蛋儿

２６２红面爿［aŋ˥˩ miŋ˨˩ pãi˥］长片状红痣的左脸蛋儿或右脸蛋儿

末字是"前、后、下、内、外"的偏正式，无论是时间词还是处所词，都是前变连调组。为对比起见，在这里也举些例子。

６２饭前［pŋ˨˩ tsãi˥］

８５４日昼后［zik˥˩ tau˩˩˥ au˥˩］午后

１７２ 冬节前 ［taŋ˦ tsoiʔ˞˩ tsãi˩］ 冬至以前

７４４ 割秥后 ［kuaʔ˩ tiu˦ au˩］ 收割稻子以后

１８４ 三日内 ［sã˦ zik˥ lai˩］

４８６ 两日外 ［nõ˦ zik˥ gua˩］ 两天多

以上是表示时间的。

３２ 以前 ［ĩ˧ tsãi˩］　　　　３４ 以后 ［ĩ˧ au˩］

３４ 以内 ［ĩ˧ lai˩］　　　　３６ 以外 ［ĩ˧ gua˩］

这四个例子既表示时间，也表示处所，还表示范围。

６２２ 面头前 ［miŋ˦˨ tʼau˥ tsãi˩］ 面前

１４ 家后 ［ke˦ au˩］ 娘家　　　１４ 家内 ［ke˦ lai˩］ 家里

７６ 国外 ［kok˩ gua˩］　　　　２４ 房内 ［paŋ˥ lai˩］ 屋里

６１４ 路骹下 ［lou˦ kʼa˦ e˩］ 路上

以上都是表示处所的。

　　6.3　某些指人的单词或词组，后字是"人、伙、家"等，两字组是后变连调组，三字组是前后都变的连调组。"×伙"后变居多，"×人"和"×家"前变居多。现在举一些后变连调组的例子，同时还举些前后都变的连调组和前变连调组的例子来对比。

后变连调组	前后都变的连调组
爹人 ［tia˦ naŋ˥˨］ 爷儿们，多指已婚的成年男子	老爹人 ［lau˦ tia˦ naŋ˥˨］ 老头儿
ꞏ妈人 ［mã˥ naŋ˥˨］ 女人家，多指已婚的	老ꞏ妈人 ［lau˦ mã˥ naŋ˥˨］ 成年妇女　老太太
大人 ［tua˩ naŋ˥˨］ 成年人，也背称长辈（乡指父母）	恁大人 ［niŋ˧ tua˩ naŋ˥˨］ 令尊令堂的统称
老人 ［lau˩ naŋ˥˨］ 年老的人	ꞏ妈数人 ［mã˥ siau˩ naŋ˥˨］ 妇女们，多指已婚者
伊人 ［i˦ naŋ˥˨］ 他们	老善人 ［lau˦ siaŋ˩ naŋ˥˨］ 老实善良的人
富人 ［pu˥ naŋ˥˨］ 又读前变连调组	做贼人 ［tsoʔ˞ tsʼak˦ naŋ˥˨］

以上两三字组里，"人"字都读后变调，所以两字组是后变连调组，三字组是前后都变的连调组。但"新人 ［siŋ˦ naŋ˦］ 新娘，客人 ［kʼeʔ˩ naŋ˦］ 客家，生分人 ［tsʼẽ˦ huŋ˦ naŋ˦］ 陌生人，大粒人 ［tua˦ liap˥ naŋ˦］ 大人物，作塍人 ［tsoʔ˩ tsʼaŋ˥ naŋ˦］ 农民"等，都读前变连调组。

１３ 兴伙［heŋ˧ hueʔ˥˧］幸运的人　　　　１３ 衰伙［sue˧ hueʔ˥˧］倒霉的人

４３ 会伙［oi˨ hueʔ˥˧］会的人　　　　　４３ 艙伙［boi˨ hueʔ˥˧］不会的人

５３ 细伙［soi˨ hueʔ˥˧］辈分小的人　　　６３ 大伙［tua˨ hueʔ˥˧］辈分大的人

２３ 头伙［tʼau˧ hueʔ˥˧］头头们　　　　　４３ 老伙［lau˨ hueʔ˥˧］年老的人

１３ 硗伙［kʼiau˧ hueʔ˥˧］穷的人

２３ 爷伙［ia˧ hueʔ˥˧］称述旧时的官僚、财主

２３ 孥伙［nãu˧ hueʔ˥˧］孩子们，指子女

８３ 侄伙［tiak˧ hueʔ˥˧］侄子侄女的统称

１４３ 兄弟伙［hiã˧ ti˨ hueʔ˥˧］兄弟们

５７３ 种作伙［tseŋ˥˧ tsoʔ˨ hueʔ˥˧］种田的人

４１３ 后生伙［hau˦ sẽ˧ hueʔ˥˧］年轻人

２３３ 娘囝伙［niõ˧ kiã˥ hueʔ˥˧］姑娘们

１２３ 诸娘伙［tsu˧ niõ˧ hueʔ˥˧］妇女们，也写作珠娘伙

３５３ ᶜ妈数伙［mã˥ siau˥ hueʔ˥˧］妇女们，多指已婚者

２５３ 同志伙［taŋ˧ tsi˨ hueʔ˥˧］同志们

３１３ 老师伙［lau˥ su˧ hueʔ˥˧］老师们

５１３ 厝边伙［tsʼu˥ pĩ˧ hueʔ˥˧］邻居们

２２３ 潮阳伙［tiõ˧ iõ˧ hueʔ˥˧］潮阳人

３８３ 老实伙［lau˥ sik˧ hueʔ˥˧］老实的人

４２３ 有钱伙［u˨ tsĩ˧ hueʔ˥˧］有钱人

以上两三字组里，"伙"字都读后变调，两字组是后变连调组，三字组是前后都变的连调组。但"小伙［sio˥ hueʔ˥］小工和老伙［lau˦ hueʔ˥］老伴儿"读前变调加本调。

"家"字读后变调只有"儒家［zu˧ ke˦˩］、道家［tau˨ ke˦˩］、佛家［huk˧ ke˦˩］"三个后变连调组。"法家［huap˥ ke˦］，大家［ta˦ ke˦］婆婆，头家［tʼau˥˧ ke˦］旧时称述庄家或老板，大家［tai˨ ke˦］大家伙，书面语，老人家［lau˦ naŋ˥˧ ke˦］，科学家［kʼue˦ hak˧˩ ke˦］"等，"家"字都读本调，都是前变连调组。

6.4 单音指示词和形容词，加后字"势"字构成的名词，是后变连调组。例如：

３５ 只势［tsi˥ si˨˩］这一部分，指长度或厚度等

３５ 许势［hu˥ si˨˩］那一部分，指长度或厚度等

１５ 深势［tsʼim˦ si˨˩］深度深的部分

３５浅势［ts'iaŋˇ siʯ］深度浅的部分

２５悬势［kuãiˀ siʯ］高度高的部分　　４５下势［keˌ siʯ］高度低的部分

２５长势［tŋˀ siʯ］长度长的部分　　３５短势［toˇ siʯ］长度短的部分

４５厚势［kauˌ siʯ］厚度厚的部分

８５薄势［poʔˀ siʯ］厚度薄的部分，也说"扁势"

８５直势［tikˀ siʯ］长度长的部分，多指长度

２５横势［huẽˀ siʯ］长度短的部分，多指宽度

６５大势［tuaˌ siʯ］体积或面积大的部分

５５细势［soiˇ siʯ］体积或面积小的部分

７５阔势［k'uaʔˌ siʯ］体积或面积宽的部分

８５狭势［oiʔˀ siʯ］体积或面积窄的部分

１５方势［paŋ┤ siʯ］体积或面积方的部分

２５圆势［ĩˀ siʯ］体积或面积圆的部分

这些名词可以用作主语或宾语，现在举几个例子。

扁势是若薄？［pĭˇ siʯ｜siˌ┤ zioʔ┒ poʔˀ？］（薄的部分多薄？）

厚势许片物有若厚？　［kauˌ siʯ｜huˇˀ p'ĭˇˀ muẽʔˀ｜u ˌ┤ zioʔ┒ kauˌʔ？］（厚的那一部分有多厚？）

我量长势，你量短势。［uaˇ｜niõ┒ tŋˀ siʯ，luˇ｜niõ┒ toˇ si ʯ］（我量长的部分，你量短的部分。）

6.5　单词或词组带"ˌ个"字尾。潮阳"个"字尾这种用法，相当于北京话"的"字尾。例如：

２２柴个［ts'aˀ kai┒］木头的　　　　８２食个［tsiaʔˀ kai┒］吃的

１２乌个［ou┤ kai┒］黑的

１２ˌ奇个［k'ia┤ kai┒］不成对儿不成双的

１２伊个［i┤ kai┒］他的　　　　　　３２俺个［naŋˇ kai┒］咱们的

３６２摆现个［paiˇˀ hiaŋˌ kai┒］明摆的

４４２在内个［toˌ┤ laiˌ kai┒］在家的

８２２白磨个［peʔˌ buaˀ kai┒］白费的

８８２白落个［peʔˌ loʔˀ kai┒］撒谎的

５４２续后个［suaˀ auˌ kai┒］再嫁的

８７２入出个［zip┒ ts'uk┘ kai┒］再嫁的寡妇

４２２抱人个［p'oˇ naŋ┒ kai┒］　　722惜人个［sioʔˌ naŋ┒ kai┒］

以上例子，"个"字都读后变调。"抱人个、惜人个"都是指孩子不是亲生

的，而是抱来的。"抱人个、惜人个"与其他六个三字组不同。"抱人个〔ˋㄇˋㄇㄣ〕，惜人个〔?˩ㄇˋㄇㄣ〕"是后变连调组，其他六个是前后都变的连调组。"细个、大个、只个、许个、者个"各有两种变调法。

<table>
<tr><td colspan="3" align="center"><u>前变连调组</u></td><td align="center"><u>后变连调组</u></td></tr>
<tr><td>5 2 细个</td><td>〔soi kai〕</td><td>〔ˋㄏㄱ〕小个儿，多指小个儿的东西</td><td>≠〔ˋㄱㄴ〕小的</td></tr>
<tr><td>6 2 大个</td><td>〔tua kai〕</td><td>〔ㄓㄏ〕大个儿，多指大个儿的东西</td><td>≠〔ㄓㄱㄴ〕大的</td></tr>
<tr><td>3 2 只个</td><td>〔tsi kai〕</td><td>〔ㄚㄏ〕这个，表示近指</td><td>≠〔ㄚㄱㄴ〕这个，表示更近指</td></tr>
<tr><td>3 2 许个</td><td>〔hu kai〕</td><td>〔ㄚㄏ〕那个，表示远指</td><td>≠〔ㄚㄱㄴ〕那个，表示更远指</td></tr>
<tr><td>3 2 者个</td><td>〔tsai kai〕</td><td>〔ㄚㄏ〕这个，表示近指</td><td>≠〔ㄚㄱㄴ〕这个，表示更近指</td></tr>
</table>

6.6 一些单词性较强的主谓式是后变连调组，例如"天光〔tˈĭㄏ kŋㄘ〕天亮，耳聋〔hĭˋ laŋㄣ〕耳朵聋，肚困〔touˋ kˈuŋㄣ〕肚子饿"等。全部实例已见前篇2.2节，这里就不一一列举了。但有一点需要说明，就是这一类主谓式，如果主语是多音节词，就构成前后都变的连调组，例如"鸡嘴口痛〔koiㄏ tsˈuiㄏ kˈauˋ tˈiãㄣ〕心口疼"。此外，一般主谓式分为两个连调组，例如"耳重〔hĭˋ｜ taŋˋ〕耳背"。还有一部分主语限于重叠式的主谓式，是前变连调组，例如"丛丛细〔tsaŋㄱ tsaŋㄘ soi ˋ〕每棵都小，世世有〔siˊ siˊ uˋ〕经常有"读前变调加本调，"细，有"是本调字。

6.7 动词后的"着、了、过、见"尾，和复合的"着了、过了、见了"都读后变调。本节"着"来自阳入。例如：

1 8 惊着〔kiãㄏ tioʔㄘ〕受惊　　2 8 排着〔paiㄏ tioʔㄘ〕轮到

3 8 考着〔kˈauˋ tioʔㄘ〕考取　　4 8 拒着〔kuˋ tioʔㄘ〕嘻着

5 8 秒着〔ueˋ tioʔㄘ〕受传染　　6 8 撞着〔tŋˌ tioʔㄘ〕遇见

7 8 □着〔takㄥ tioʔㄘ〕吃食物不小心咬舌头了

8 8 □着〔tsakㄱ tioʔㄘ〕吃食物辣着了

2 3 无了〔boㄱ auㄚ〕没了　　　4 3 会了〔oiˋ auㄚ〕

3 3 醒了〔tsˈ ẽˋ auㄚ〕　　　　8 3 食了〔tsiaʔ auㄚ〕吃了

5 5 咀过〔tãˋ kueㄣ〕说过　　8 5 食过〔tsiaʔㄱ kueˋ〕吃过

3 5 枕见〔tsimˋ kĭ ˋ〕梦见　　6 5 鼻见〔pˈĭˋ kĭㄣ〕闻见味了

4 8 3 撞着了〔tsuaŋˋ tioʔㄘ auㄚ〕撞上了

6 8 3 撞着了〔tŋˌ tioʔㄘ auㄚ〕遇见了

7 8 3 拍着了〔pˈaʔˌ tioʔㄘ auㄚ〕打着了

7 8 3 约着了［ioʔ˩ tioʔ˥˩ au˥˧］猜着了

5 5 3 见过了［kĩ˧˩ kue˧˩ au˥˧］

6 5 3 用过了［eŋ˩ kue˧˩ au˥˧］

1 5 3 听见了［tʰiã˦ kĩ˧˩ au˥˧］

3 5 3 看见了［tʰõi˦ kĩ˧˩ au˥˧］

"撞"字二音二义，读［tsuaŋ˩］是撞上物体的意思，读［tŋ˩］是遇见的意思。"了"尾可以读［au˥˧］，也可以读［liau˥˧］，以上一律写作［au˥˧］，不逐个注明。

同一个字，在连调组里的位置不同，声调不同，上文已有不少实例。"动词+着/了"，在连调组里的位置不同，声调也可以不同，如"食着"在以下例句中，声调有［ʔ˦ ʔ˥˩］、［ʔ˥˩ ʔ˥˩］、［ʔ˦ ʔ˦］三种读法。"食了"在以下例句中，声调有［ʔ˦ ˥˧］、［ʔ˥˩ ˥˧］、［ʔ˥˩ ˥］三种读法。现在分三项来说。

一是动词后的"着、了、着了、着唔、着未"用于句尾都读后变调，动词读本调。例如：

只样物你□食着唔？［tsi˥˧ iõ˩˦ muẽ˦ʔ˦ ｜ lu˥ ｜ pak˨ tsiaʔ˦ tioʔ˥˩ m˩˦ʔ˦］（这个你吃过没有？）

（答）我□食着。［ua˥ ｜ pak˨ tsiaʔ˦ tioʔ˥˩］（我吃过。）

今年个弓蕉你食着未？［kiŋ˦（<kim˦）nĩ˦ kai˦ ｜ keŋ˦ tsio˦ ｜ lu˥ ｜ tsiaʔ˦ tioʔ˥˩ bue˨ʔ］（今年的香蕉你吃着了没有？）

（答）我吃着了。［ua˥ ｜ tsiaʔ˦ tioʔ˥˩ au˥˧］（我吃着了。）

伊食未？［i˦ ｜ tsiaʔ˦ bue˨ʔ］（他吃了没有？）

（答）伊食了。［i˦ ｜ tsiaʔ˦ au˥˧］（他吃了。）

二是"V着、V了"带宾语，和一般的述宾式一样，宾语读本调，"V着、V了"读前变调。例如：

伊唔□食着樣。［i˦ ｜ m˩˦ pak˨ tsiaʔ˥˩ tioʔ˥˩ suãi˩］（他没有吃过芒果。）

食了两泡茶，伊个肚底枵枵。［tsiaʔ˥˩ liau˥˧ nõ˩˦ pʰau˨ te˦，i˦ kai˥˩ ｜ tou˥ tõi˥˧ ｜ iau˦ iau˦］（喝了一些茶，他肚子饿了。句中"枵枵"也可以说成"困困"［kʰuŋ˥˩ kʰuŋ˥˩］。）

三是"V着、V了"作为复杂谓语的前置部分，"着、了"读本调，"V着、V了"是前变连调组。例如：

食着野芳。［tsiaʔ˥˩ tioʔ˦ ｜ ia˥˧ pʰaŋ˦］（吃着很香。）

酒食落去，食了食碗饭落去。［tsiuɤ｜ tsiaʔㄱ louㄥㄥ（＜loʔㄱㄥ kʼuㄥㄥ），tsiaʔㄱㄥ liauɤ｜ tsiaʔㄱㄥ uãˀʏㄚ pŋㄥ louㄥㄥ］（酒喝下去，喝了吃碗饭。）

6.8 谓词带"着"［toㄥㄥ］字尾。梅祖麟在《中国语言学报》1989年第3期上以《汉语方言里虚词"著"字三种用法的来源》为题作了详细讨论，说明这个"著"字来自《广韵》去声御韵："著，陟虑切，明也，立也。""着"字就是"著"，还可以写成竹字头的"箸"。例如：

1 4 开着［kʼuiˀ toㄥㄥ］　　　　　　2 4 留着［lauㄱ toㄥㄥ］

3 4 醒着［tsʼẽʏ toㄥㄥ］　　　　　4 4 徛着［kʼiaˀ toㄥㄥ］站着

4 4 坐着［tsoˋ toㄥㄥ］　　　　　　5 4 放着［paŋㄥ toㄥㄥ］

5 4 园着［kʼŋㄥ toㄥㄥ］（东西）藏着　6 4 载²着［tsoiㄥ toㄥㄥ］多着呢

7 4 积着［tsekㄥ toㄥㄥ］攒着　　　8 4 搦着［nakㄱ toㄥㄥ］攥着

5 2 4 架浮在［keㄥ pʼuㄱ toㄥㄥ］搁置着，多指架起来放

以上十个两字组都是后变连调组。三字组"架浮在［ㄥˀ ㄱ ㄥㄥ］"是前后都变的连调组。如上文所述，潮阳方言中也有"着"字尾，但和"在"字尾用法不同，意义也有区别。比如"搦着"后字读阳去是说在手里攥着，说明状态，"搦着［nakㄱ tioʔㄱㄥ］"后字变读阴入是说一把抓着，表示动作。又如"留着"后字变读阳去是留着的意思，"留着［lauㄱ tioʔㄱㄥ］"是说留对了，留着了。可见，本节字尾和"着"字尾不可以随便互换。

6.9 带趋向补语的述补式。

趋向补语由表示趋向的动词构成，有简单的，也有复合的。如"行过［kiãㄱ kueㄥㄥ］走过"是动词"行"带简单的趋向补语"过"；"过来［kueㄥ laiㄱㄥ］"是动词"过"带简单的趋向补语"来"；"行过来［kiãㄱ kueㄥㄥ laiㄱㄥ］走过来"是动词带复合的趋向补语"过来"。趋向补语中简单复合，除"转［tŋʏ］"字和简单的趋向补语"出、入、上、落"读本调外，都读后变调，但"×来×去，×出×入，×上×落"一类格式读前变连调组。潮阳"上"字不用来构成复合的趋向补语。

简单的趋向补语有"来、去、过、起、出、入、上、落、转"等，用来构成述补式。例如：

8 2 掠来［liaʔㄱ laiㄱㄥ］抓来　　　2 5 糜去［mĩㄱ kʼuㄥㄥ］烂了

2 5 行过［kiãㄱ kueㄥㄥ］走过　　　5 3 园起［kʼŋㄥ kʼiˀʏ］把东西藏起来

1 2 1 5 飞来飞去［pueㄒ laiㄱㄥ pueㄒ kʼuㄥ］

2 7 2 8 行出行入［kiãㄱㄥ tsʼukㄥㄥ kiãㄱㄥ zipㄱ］走出走进

2 4 2 8 行上行落［kiãㄱㄥ tsiõˀㄍ kiãㄱㄥ loʔㄱ］走上走下，来来往往

２３行转［kiã˥˩ tŋˇ］往回走

"出、入、上、落"作简单的趋向补语很少单用，多用于"行出行入，走上走落"和"嗽会出，嗽唔出①"一类格式。潮阳"下"字不用作趋向补语。（潮阳"下"字作宾语见下文6.10节）

"转"字的特点是作补语时读本调，前头的动词读前变调。"来、去、过、起"等字作补语时（"×来×去"一类格式除外）都读后变调，前头的动词读本调。

"转、起、过、出、入、落"带趋向补语"来、去"，本身是述补式。

３２转来［tŋˇ lai˥˩］回来　　　　３５转去［tŋˇ kʻuˇ˩］回去

３２起来［kʻiˇ lai˥˩］也指上来　　３５起去［kʻiˇ kʻuˇ˩］上去

５２过来［kueˇ lai˥˩］　　　　　５５过去［kueˇ kʻuˇ˩］

７２出来［tsʻuk˩ lai˥˩］　　　　７５出去［tsʻuk˩ kʻuˇ˩］

８２入来［zip˥ lai˥˩］进来　　　８５入去［zip˥ kʻuˇ˩］进去

８２落来［loʔ˥ lai˥˩］下来　　　８５落去［loʔ˥ kʻuˇ˩］下去

这十二个述补式都可以作复合的趋向补语。例如：

２３２行转来［kiã˥˩ tŋˇ lai˥˩］走回来

２３５行转去［kiã˥˩ tŋˇ kʻuˇ˩］走回去

４３２徛起来［kʻiaˇ kʻiˇ lai˥˩］站起来

１３５飞起去［pue˥ kʻiˇ kʻuˇ˩］飞上去

７５２抔过来［puk˩ kueˇ˩ lai˥˩］把东西收拢抱过来

２５５泅过去［siu˥ kueˇ˩ kʻuˇ˩］游过去

２７２挦出来［tsim˥ tsʻuk˩ lai˥˩］掏出来

３７５徙出去［suaˇ tsʻuk˩ kʻuˇ˩］搬出去

５８２□入来［nŋˇ zip˥˩ lai˥˩］钻进来

１８５勾入去［kiu˥ zip˥˩ kʻuˇ˩］缩进去

６８２弹落来［tuã˥ loʔ˥˩ lai˥˩］用弹弓或枪打下来

８８５□落去［puaʔ˥ loʔ˥˩ kʻuˇ˩］摔下去

８３２抾转来［kʻioʔ˥˩ tŋˇ lai˥˩］拿回来

８３５抾转去［kʻioʔ˥˩ tŋˇ kʻuˇ˩］拿回去

８３２抾起来［kʻioʔ˥ kʻiˇ lai˥˩］拿起来，拿上来

潮阳"抾［kʻioʔ˥］"是方言俗字，是"拿"的意思，能带十二个复

---

① 趋向补语前头加"会、唔"转化为可能补语，读前变连调组。

合的趋向补语，不一一列举。"转来、转去"作补语，"转"字也读本调，所以"×转来，×转去"是前后都变的连调组。其他复合的趋向补语，两字都读后变调，所以"×起来，×起去"等一律是后变连调组。

述补式加"了［auʸㄥ］"，不改变述补式的连调方式。例如：

823 入来了［ziᵖ┐ laiㄱㄥ auʸㄥ］进来了

853 落去了［loʔ┐ kʼuㄥㄥ auʸㄥ］下去了

6323□起来了［tsʼo˩ kʼiʸㄥ laiㄱㄥ auʸㄥ］把东西装进盛器里了

4753□出去了［tsã˩ tsʼuk˩ kʼuㄥㄥ auʸㄥ］用勺儿、碗等把粒状的或粉末状的东西取出去了

带趋向补语的述补式，作为复杂谓语的前置成分，整个述补式都读前变调。例如：

拈去食［nĩ┤ kʼuㄥㄥ tsiaʔㄱ］拿去吃

行入来坐蜀下［kiãㄱㄥ ziᵖㄱㄥ laiㄱㄥ tso˩ tsekㄱㄥ e˩］走进来坐一下

某些动词加"来、去"，作为复杂谓语的前置成分，就自成前变连调组。例如：

生来水［sẽ┤ lai┐ ｜ suiʸ］长得漂亮

生来野雅［sẽ┤ lai┐ ｜ iaʸㄥ ŋiãʸ］长得很漂亮

生来溜ˀ死［sẽ┤ lai┐ ｜ liuㄥㄥ siʸ］长得很漂亮，多指小孩儿

生去□［sẽ┤ kʼuㄥ ｜ baiʸ］长得丑

物去孬［muẽʔㄱㄥ kʼuㄥ ｜ mõʸ］弄得不好

教来孬［kaㄥㄥ lai┐ ｜ mõʸ］教得不好

伊个话咀来野深层［i┤ kaiㄱㄥ ｜ ue˩ ｜ tãㄱㄥ lai┐ ｜ iaʸㄥ tsʼimㄱ tsaŋ┐］他的话说得很深刻

述补式里头，"落去"最常用。"落去"和其他动词连用时，有合音的说法，在前变调的位置读［louㄥㄱ（＜loʔㄱㄥ kʼuㄥㄱ）］，在后变调的位置读［louㄥㄥ（＜loʔㄱㄥ kʼuㄥㄥ）］。下列例句中，"落去"合音字的前变调标作［ㄥㄱ］，后变调标作［ㄥㄥ］，不再逐个注明合音。"落去"作趋向补语读后变调。例如：

ᒣ溜落去［liu┤ louㄥㄥ］滑下去　　　跃落去［iauʔ┘ louㄥㄥ］身体向后摔倒

"落去"或拿"落去"作补语的述补式，作复杂谓语的前置成分时读前变调。例如：

落去□了［louㄥㄱ ĩʔㄱ auʸㄥ］睡下了

落去坐蜀下［louㄥㄱ tso˩ tse˩（＜tsekㄱㄥ e˩）（＜tsekㄱㄥ e˩）］坐一会儿，

本句也可以不用"落去"

蹲落去睒①蜀下　［tsʻŋ˥˩ lou˥˧ iam˧ tse˥］（＜tsek˥˩ e˥）］蹲下去看一下

坐落去歇蜀下　［tso˧˩ lou˥˧ hiaʔ˨ tse˥］坐下去歇一会儿

拿"落去"作补语的述补式，后头再加结果补语也读前变调。例如：

约落去对对　［ioʔ˥˩˥ lou˥˧ tui˥˧ tui˥］

约落去中中　［ioʔ˥˩˥ lou˥˧ tioŋ˥˧ tioŋ˥］（"中中"又读［toŋ˥˧ toŋ˥］）

约落去着着　［ioʔ˥˩˥ lou˥˧ tioʔ˥˩ tioʔ˥˩］

这三个句子都是猜着了的意思，它们的连调方式，和"约会着［ioʔ˥˩ oi˧˩ tioʔ˥˩］、约得着［ioʔ˥˩ tik˥˩ tioʔ˥˩］、约会得着［ioʔ˥˩ oi˧˩ tik˥˩ tioʔ˥˩］都是猜得着的意思"等一类述补式读前变连调组平行。但连调方式，与"食着芳芳［tsiaʔ˥˩ tioʔ˥˩ │ pʻaŋ˥˩ pʻaŋ˥˩］吃着很香"（"V着××"）这一类复杂谓语读两个前变连调组不同。句尾"对、中ʔ正对上"或"着对"的重叠式，都是表示前头动作的结果。句中"落去"也可以说成"到"，读［kau˥˧］或［au˥˧］。

6.10　某些述宾式。宾语是人称代词、量词和某些数量词。

述宾式构成后变连调组的可以从两方面来说。

（甲）人称代词作宾语的述宾式都是后变连调组。例如：

12　输人　［su˧ naŋ˥˩˥］不如人家

23　随你　［sui˥ lu˧˥］随你便

63　累你　［lui˩ lu˧˥］使你劳累

31　赶伊　［kuã˧˥ i˥˩˥］他怎么做，也跟着怎么做

72　搭人　［taʔ˨ naŋ˥˩˥］托人携带或存放东西

23　强我　［kiõ˥˩ ua˧˥］比我强

43　在你　［to˧ lu˧˥］随你便

71　拍伊　［pʻaʔ˨ i˥˩］打他

这类述宾式，述语后加"着"［tioʔ˥˩˥］，宾语后加"了"［au˧˥］，都不改变原来的变调方式。

583　呾着你　［tã˥˧ tioʔ˥˩˥ lu˧˥］说起你

781　拍着伊　［pʻaʔ˨ tioʔ˥˩˥ i˥˩˥］打着他

783　激着我　［kek˨ tioʔ˥˩˥ ua˧˥］气我

713　拍伊了　［pʻaʔ˨ i˥˩˥ au˧˥］打他了

8833　踏着我了　［taʔ˥˩ tioʔ˥˩˥ ua˧˥ au˧˥］踩着我了

6813　撞着伊了　［tŋ˩ tioʔ˥˩˥ i˥˩˥ au˧˥］遇见他了

（乙）量词和某些数量词作宾语读后变调的有三项。

_____

① 《集韵》上声琰韵："睒，暂视貌"，以冉切。

一是用"下、蜀下"作宾语，都是"一下、一会儿"的意思。例如：

４６坐下［tso◞ e˩］坐一下，坐一会儿

７８６歇蜀下［hiaʔ˩ tsek˥˩ e˩］歇一下，歇一会儿

这类述宾式加后变调"了"字，也不改变原来的连调方式。例如：

７６３歇下了［hiaʔ˩ e˩ au˥˩］歇一会儿了

４８６３坐蜀下了［tso◞ tsek˥˩ e˩ au˥˩］坐一会儿了

"蜀下"和动词连用时，可以合成一个音节，声韵母是［tse］，在前变调的位置读［┠］调，在后变调的位置读［˩］调。因此可以推定合音的本调是［˩］，和作数量词用的"下"字一样。但"蜀下"在数数量单说时，"下"是本调，"蜀"是前变调，不能合音。下文"蜀下"合音字的前变调标作［˩┠］，后变调标作［˩］，不再逐个注明合音。

动词后头"蜀下"分成两个音节，或合成一个音节，或单用"下"字，意思都一样。例如"估蜀下估计一下"可以说成［kou˥ tse˩］、［kou˥ tsek˥˩ e˩］或［kou˥ e˩］，"约蜀下猜一下"可以说成［ioʔ˩ tse˩］、［ioʔ˩ tsek˥˩ e˩］或［ioʔ˩ e˩］。

"蜀下""做蜀下"作复杂谓语的前置成分，就构成前变连调组。例如：

蜀下约就着［tse˩┠ ioʔ˩ ∣ tsiu˩┠ tioʔ˥］一猜就对

做蜀下来，做蜀下去［tso◞˥ tse˩┠ lai˥，tso◞˥ tse˩┠ kʼu◞］一起来，一起去

二是用"两×"作宾语，"两"字活用，表示不定的数目，和"几"字差不多。例如：

１４５担两担［tã˦ nõ◞˩ tã˩］挑几担

５４５呾两句［tã◞ nõ◞˩ ku◞◞］说几句

８４３籴两斗［tiaʔ˥ nõ◞˩］买几斗

８４１食两杯［tsiaʔ˥ nõ◞˩ pue˦˩］喝几杯

８４８曝两日［pʼak˥ nõ◞˩ zik˥˩］晒几天

"两"字实用，如"食两碗［tsiaʔ˥˩ nõ˩┠ uã˥］"（不是吃一碗，也不是吃三碗）读前变连调组。其他数量词作宾语，如"籴三斗［tiaʔ˥˩ sã˦ tau˥］买三斗，大四岁［tua˦┠ si◞˥ hue◞］"也都读前变连调组。

三是用"些须"等作宾语，表示数量少、程度浅一类意思。例如：

４１１有些须［u◞ se˥˩ su˦˩］　　　　　４２１有零须［u◞ laŋ˥˩ su˦˩］

４１３有多几［u◞ to˦˩ kua˥］　　　　　４１３有多少［u◞ to˦˩ siau˥］

４６３有载²少［u◞ tsoi˩ tsio˥］　　　　４７３有滴团［u◞ tiʔ˩ kiã˥］

４７３ 有瞙囝［uˋ nĩʔˋ kiãˇˇ］　　　　　４３２ 有几成［uˋ kuaˇˇ siãˉˋ］

多用于答话（有几成的"几"字又读［kuiˇˇ］）

都是有点儿的意思。"有几成"读后变连调组还有"差不离、还可以"的意思。附带说一下，这个意思也可以说"舱离根［boiˋ liˉˋ kiŋˉˋ，又读ˇˇˉˋ ˉ］"。"会做得［oiˋ tsoˋˋ tik˪，又读ˇˇ ˇˋ ˉ］"意思也一样。"有几成"用于问话读前变连调组［ˇˋ kui ˇˇ ˉ］。

８１１ 绌些须［tsuaʔˉ seˉˋ suˉˋ］

８１１ 绌分分［tsuaʔˉ huŋˉˋ huŋˉˋ］

８２２ 绌厘厘［tsuaʔˉ liˉˋ liˉˋ］

８７３ 绌滴囝［tsuaʔˉ tiʔˋ kiãˇˇ］

８７３ 绌瞙囝［tsuaʔˉ nĩʔˋ kiãˇˇ］

都是差点儿的意思。

２１１ 强些须［kiõˉ seˉˋ suˉˋ］强一点儿

８２１ 食零须［tsiaʔˉ laŋˉˋ suˉˋ］吃一点儿

１５３ 加困囝［keˉ kʼuŋˋˋ kiãˇˇ］过一会儿

３５３ 等困囝［taŋˇ kʼuŋˋˋ kiãˇˇ］等一会儿

３６３ 猛下囝［mẽˇ eˋ kiãˇˇ］快一点儿

６６３ 利下囝［laiˋ eˋ kiãˇˇ］刀锋快一点儿

３７３ 好瞙囝［hoˇ nĩʔˋ kiãˇˇ］好一点儿

７７３ 撒瞙囝［suaʔˉ nĩʔˋ kiãˇˇ］撒上一点儿盐或糖

也都读后变连调组。

　　以上这类连调组末尾都可以加上后变调"了［auˇˇ］"字。不过，要是作为宾语的量词后头有名词，变调方式就和一般的述宾式相同，读前变连调组。如"有零须钱"［uˇˋ laŋˉˋ suˉ tsiˉ］（有点儿钱），"绌瞙囝钱"［tsuaʔˉˋ nĩʔˋ kiãˇˇ tsiˉ］（缺点儿钱），"撒瞙囝盐"［suaʔˉˋ nĩʔˋ kiãˇˇ iamˉ］（撒上点儿盐），连调方式和"有钱、缺钱、撒盐"一样。请注意，"强、猛、利、好"等是形容词，只能带量词宾语，量词后头不再带名词。

　　以上所说的后字是常见的，此外还有一些后字。例如：

２５ 林厝［limˉ tsʻuˋˋ］指本地姓林的人（也说成"林厝人［ˉˋ ˇˉ naŋˉ］"）

６５ 郑厝［tẽˉ tsʻuˋˋ］指本地姓郑的人（也说成"郑厝人［ˇˋ ˇˉ］"）

１１ 心经［simˉ keŋˉˋ］心脏的经脉

１１ 肝经［kuãˉ keŋˉˋ］肝脏的经脉

4 1 肾经 ［siaŋˊ keŋ˧］肾脏的经脉

2 16 人方面 ［naŋ˥ huaŋ˧˩ miŋ˨］多指人力

2 16 钱方面 ［tsĩ˥ huaŋ˧˩ miŋ˨］多指财力

8 16 物方面 ［muẽʔ˥ huaŋ˧˩ miŋ˨］多指物力

4 36 大体上 ［tai˩˧ tʼiˊ tsiõ˨］

前八个例子读后变连调组，"林、郑"和"心、肝、肾、人、钱、物"等字
是本调字，"厝、经、方、面"等字是后字。后一个例子是前后都变的连调
组，相当于前变连调组"大体"后头加后字"上"字。

叠字的亲属称谓，连调方式有特殊的说法。潮阳一般的亲属称谓，都
用人称前置字"阿"构成附加式，"阿"是前变调。如"父、母、弟、妹"
本地虽有各种说法，但每一种说法都符合潮阳方言连读变调的常例。可是，
叠字的亲属称谓，连调方式跟常例不同。如：

1 1 爸爸 ［pa˧ pa˧˥］   1 1 妈妈 ［mã˧ mã˧˥］

4 4 弟弟 ［ti˩˧ ti˧˥］   6 6 妹妹 ［muẽ˨˩˧ muẽ˧˥］

这是近期从普通话输入的叠字的亲属称谓。它们的连调方式都是［˧˥˧］，
相当于潮阳阴平加阳平的连调方式。这些词的连调，不能根据潮阳的单字
调来分析。

七　句子如何划分成连调组

现在我们举例看一看句子是怎样划分成连调组的。有些例句之后，略
加说明。

1 饭好了，猛来食。［pŋ˨ | ho˥ˊ au˥˧, mẽ˥ | lai˧ tsiaʔ˥］（饭好了，
快来吃罢。）

"猛 | 来食"也可以说成"来食 | 猛"，意思不变。也可以不用"猛"
字，光说"来食"，那就是"来吃罢"的意思了。

2 你食未？［lu˥ | tsiaʔ˥ bue˨?］（你吃了没有？）

3 （例2的肯定回答）食了。［tsiaʔ˥ au˥˧］（吃了。）

4 （例2的否定回答）未。［bue˨］（还没呢。）

5 今日天色野好。［kiã˧ zik˥ | tʼi˧ sek˨ | ia˥˧ ho˥］（今天天气
很好。）

6 去唔？［kʼu˥˧ m˩˧?］（去不去？）

7 （例6的肯定回答）去。［kʼu˥˧］

8　（例6的否定回答）唔。［m˩］（不去。本句也可以说"唔去"［m˩ k·u˩］。）

　　问话"去唔？"是后变连调组。答话"唔"是单字组。问话"食未？"也是后变连调组，"未"字阳去，后变调和本调相同。答话"未"是单字组。"食未？"［ʔ˥ ˩］单纯就调值看，似乎可以分为两个单字组。考虑到"食未？"和"去唔？"格式相同，还是以划成一个后变连调组为妥。

9　日头唔闲，冥头正去。［zik˥ t·au˥ ｜ m˩ ãi˥ , mẽ˥ t·au˥ ｜ tsiã˥ k·u˩］（白天没空儿，晚上才去。）

10　个天敢畏爱落雨了。［kai˥ tĩ˥ ｜ kã˥ ũi˥ ãi˥ loʔ˥ hou˩ au˥］（这天怕要下雨了。句中"敢畏"也可以说成"惊畏"［kiã˦ ũi˥］或"畏敢"［ũi˥ kã˥］，意思一样。）

11　你去做乜事？［lu˩ ｜ k·u˥ tso˥ mĩʔ˩ su˩?］（你去做什么事？）

12　你爱食了正去，□是去来正食，在你。［lu˥ ｜ ãi˥ tsiaʔ˥ liau˥ ｜ tsiã˥ k·u˩ , a˧ si˧ k·u˥ lai˥ ｜ tsiã˥ , to˩ lu˥］（你要吃了再去，还是去了回来再吃，随你便。）

13　嬷打理你去□唔去，我正倒是爱去个。［mãi˥ ta˥ li˥ lu˥ ｜ k·u˩ ｜ a˧ m˩ k·u˩ , ua˥ ｜ tsiã˥ to˩ si˩ ãi˥ k·u˩ kai˥］（不管你去不去，反正我是要去的。）

以上例12、13两个例句中，［a˧］也读［ia˧］，可以认为自成连调组，也可以认为是后一连调组的前字，本文采用后一种划分法。

14　门骹徛蜀群人。［mŋ˥ k·a˧ ｜ k·ia˥ tsek˥ kuŋ˥ naŋ˥ ］（门口站着一群人。）

15　伊两人呾件事，呾无两句诮起来了。［iŋ˥ ｜ nõ˥ naŋ˥ ｜ tã˥ kiã˥ su , tã˥ bo˥ nõ˥ ku˩ ｜ a˩ k·i˥ lai˥ au˥］（他们俩说一件事，没说上几句吵起来了。）

16　有话当面呾，嬷店在僻尻穿后呾。　［u˩ ue˩ ｜ tŋ˦ miŋ˩ tã˩ , mãi˥ tiam˥ to˥ p·iaʔ˩ k·a˦ ts·ŋ˦ au˩ tã˩］（有话当面说，不要躲在背地说。"店"是同音字，是躲的意思。本句也可以不用"店"字。）

例句16前半句"呾"是本调字，后半句"呾"字是后变调，可能是因为在句尾，调子变低。这样一来，"后"字就成为本调字了。

结　语

　　前章和本章分别举例，说明主谓式、并列式、偏正式、附加式、述宾式、述补式等各种格式的连调方式，和体词、谓词各种后置成分的连调读法。不能归入上列各种格式的两字、三字组，前变的见于前章的实例，后变的本章大多已列举。前变连调组或后变连调组，后头再加后变调而不改变原有调值的，只提一下，不细说。

　　潮阳多字组连调读法，由字的本调及多字组的语法结构决定。比如：（A）两字组不变调，除第一字阴平外，都是主谓式。（B）两字组前字变调，主要是并列式、偏正式、附加式、述补式（带趋向补语除外）和一般述宾式（宾语不是人称代词、量词，不是某些数量词），不过第一字阴平不变。（C）两字组后字变调，主要是时间词（带时间后置字"天、年、月、日、旬、头、界、时"等）、处所词（带方位后置字"底、顶、中、间、头、廿"等）、述补式（带趋向补语）、述宾式（限于人称代词、量词和某些数量词作宾语）和谓词带后置字"着、了、过、见"等，还有少数单词性较强的主谓式，不过第二字阳去和阴入不变。有时用字相同，意义不同，连调方式不同。比如"×头、×底、×顶"，实指（用本义）是前变连调组，虚指（相当于普通话"里、上"）是后变连调组。

第四章　潮阳方言的文白异读

提要　本章通过古今音的对比，用实例说明文白读的音韵差别。本章指出，单就个别字使用范围、词语色彩来区分文白读是不够的。白话音本地叫"白话"，文言音本地叫"孔子正"或"正音"。白话音和文言音都是传统的名目，两者之间是词汇层次的差别，不全是"说话音"和"读书音"的差别。有的字文言音在口语里也常用，有的字白话音也用在比较文的词语里，词语色彩、使用范围有时不太明确。因此，要区分文白读，必须分清异读的音韵层次，逐字作具体分析。本章根据同一类字的使用范围、词语色彩得出文白读的音韵差别，然后用这个差别区分文白读。这样做，得出的结论和其他闽南话的文白异读大致符合。本章分五部分：（一）引言，（二）怎么区分文白异读，（三）文白异读的音韵差别，（四）一字三音的异读层次，（五）一字四至六音的异读层次。

一　引言

文白异读是潮阳方言的一个重要特点。所谓文白异读，是说同一个字有文言音和白话音的不同，有两个或几个不同的读法。同一个字，一般的是指来历相同，在《切韵》系统里音韵地位相同的字。比如："斗"字《广韵》都豆切，潮阳有两个读音，"斗争"的"斗"读［tou˅］，是文读；"斗墟赶集、斗歌团赛山歌"的"斗"字读［tou˅］，是白读；"龙虎相斗"的"斗"两可。

有些字形同音不同，来历也不同，严格地说，那是两个不同的字。比如："要求"的"要"读［˒iau˧］，《广韵》於霄切；"重要"的"要"读［iau˅］，《广韵》於笑切。又如："手车手摇的纺车"的"车"读［˒ts'ia˧］，

《广韵》尺遮切；"车马炮象棋棋子"的"车"读〔ₔku˧〕，《广韵》九鱼切。"要"和"车"各有两个读音，每个读音各有来历，都不是同一个字的异读，不在本文讨论范围之内。

有的字有两个读音，从古今语音演变规律看，其中一个读音不像是同一字的异读，可能另有来历，姑且当作两个不同的字。比如，"凸"字有两个读音，一读〔tuk˧₎〕单字音，来自《广韵》入声没韵陀骨切；另一读〔ᶜt'ou˧〕（例如，形容鼓眼泡说"目ᶜ凸ᶜ凸"〔mak˧ t'ou˥ t'ou˥〕），和陀骨切的"凸"字似乎不相干，像是训读。又如，"个（箇）"字也有两个读音，一读阴去〔ko˧ᶜ〕（用于"个别、个人主义"），来自《广韵》去声箇韵古贺切；另一读阳平〔ₔkai˧〕（多用于量词），从方言比较上看，不像是从见母字来的，和《广韵》古贺切的"个"字未必有关。这类字也不在本文讨论范围之内。

字形相同，来历不同，我们认为是两个不同的字。要是它们都有异读，就分别区分文白读系统，分开讨论。比如"长"字古平声、上声两音，各有文白读。现在先比较读音再举例。

长 古平声直良切　文读 ₔts'iaŋ˧：长征，长途，长期，长寿，专长，长城
　　　　　　　　白读 ₔtŋ˧：　　长短，长命，长工，长衫，长长很长
长 古上声知丈切　文读 ᶜtsiaŋ˥：首长，校长，长辈，长子；生长
　　　　　　　　白读 ᶜtiõ˥：　　长房，族长

由此可见，古平声的"长"字是"长短"的"长"；古上声的"长"字是"长幼"和"生长"的"长"。要是不分两个"长"字，以为一个"长"字四个音，就弄不清文白读的差别了。

个别《切韵》系统来历不同的字，本章也作为文白异读收录。如"水"字潮阳文读〔ᶜsui˥〕，相当于《广韵》上声旨韵式轨切。"水"字潮阳白读〔ᶜtsui˥〕，相当于《集韵》上声旨韵的"沝，之诔切，闽人谓水曰沝"。

文白异读在习惯上都各有一定的使用范围，大体上是，文读多用在文言色彩比较浓的语词里，或读书识字时用，白读多用在口语里。不过，文（文言音）白（白话音）只是一个概括的说法。文言音不等于读书音，有的字文言音在口语里也常用，白话音不等于说话音，有的字白话音也用在比较文的词语里。比如"草团药草药、草猴螳螂、食短路草比喻只顾眼前利益"，"草"字用的是文言音〔ᶜts'au˥〕；"揭露、揭示、揭晓"，"揭"字用的是白话音〔kiaʔ˧₎〕。

一般来说，白读的使用范围比较广，文读的使用范围比较窄。比如

"人"字和"红"字，白话音的使用范围比文言音大多了。现在把"人"字和"红"字条目列在下面。举例时，用浪线"～"当作替代号，表示复举本条目的单字。如"人白话音"字条的"～，～～"表示"人，人人"。凡有音无字的，直接标音，音标外头不加括号。

人：naŋ˥ 白话音：～，～～，ₒta 夫～男人，嫲母〔ₒtsaɬ bouㄚ〕～、珠娘～女人，也写作诸娘人，爹～〔ㄱㄥ〕爷儿们，多指已婚的成年男子，ˎ妈～〔ㄱㄥ〕女人家，多指已婚的成年妇女，ˎ妈数～〔ㄱㄥ〕妇女们，老爹～〔ㄱㄥ〕老头儿，老ˎ妈～〔ㄱㄥ〕老太太，大～〔tua˩ㄱㄥ〕成年人，也背称长辈（多指父母），公～令郎，正～妻，对妾而言，二〔ˎzi〕～妾，丈～、丈～公，前～团带犊儿，媒～，媒～婆，新～新娘，客～客家，～客客人，顾客，番～外国人，红毛～西洋人，东洋～日本人，熟～，生分～陌生人，众～，别～，硗〔ₒkˈiau〕家～、穷～，富～、有钱～，大粒～大人物，作塍〔ₒtsˈaŋ〕～农民，做手工～、做工夫～手艺人，商家～、行家～、做生理～买卖人，读书～，hua² 家～当家人，ₒgau～贤明的人，着实～脚踏实地的人，老实～，老善～〔ㄱㄥ〕老实善良的人，kˈiaŋ²～能干的人，tsˈiau²～有权有势的人，旷活～生活安逸的人，讨赚〔tˈaŋ²〕～乞丐，古董～性情孤僻的人，做贼～〔ㄱㄥ〕，臭～贬称人格低劣的人，咸涩～吝啬者，枭心～背弃情谊的人，亲～，外方～、外处～、外地〔to²〕～，乡下～，中央〔ₒtaɬ < ₒtaŋɬ ㄫㄒ〕～中人，ˎ妈～婶指经常做家务事的男人，～民，～群，～生，ₒ个个子，～样，～影，～格，～品、～款，～丁，～头也指有作为的人或首领，～证，仙～瞳人，～民币，仙～掌，番～ₒ正元旦，番～话外国话，新～房新房，倚〔ˎkˈia〕～ㄐ，单倚～单人旁，双倚～双人旁，ziau²～追人；攉人，拍～打人，掠～抓人，接～，送～，雇～，截～拦截人；挡人，畏～认生；怕人，咄〔tuaʔ〕～大声喊人；大声责骂人，看〔kˈuãi²〕～、看是乜〔mĩʔ˩〕～看是谁了，秽～传染，ₒkiŋ～对人瞪眼，seŋ²骂～咒骂人，luʔ˩～责备人，刣劙〔leʔ˩〕～用严厉的话责备人，巴结～，啄～鸽人，骗惊～吓唬人，腔盖〔kˈuãi²〕～讽刺人，得失～、得罪～，想食～、张食～、骗食～使手段占人便宜，食值～占人便宜，泻衰～丢人，也写作卸衰人，作古～了死了，做新～做新娘，未配～、未嫁～，惊～知怕人知道，kui²～骂任人骂，得～惜讨人喜欢，无～、无半个～没人，～孬〔mõㄚ〕、～蔫祥、精神孬〔mõㄚ〕、～无乜好、～晤旷活病了，唔知～昏迷不省人事，畏～畏～形容认生，ₒ个～脯脯形容人瘦，涩过死～涩极了，热死～，ₒŋaŋ 死～、寒死～冷死了，～地生疏，舍己

为～，喜～重客好客，借刀刽～借刀杀人，～心狗^c行人面兽心。

_cziŋ┐ 文言音：工～，伟～，大［^ctai］～称长辈，多用在书面语，举～，爱～，黑～，旁～，白～傻子，私～，坏～，瞳～也作瞳仁，～中，～参，做事、办事小红白喜事，旁～话，美～蕉，美～肩溜肩膀儿，不求～竹手儿，挠痒用具，使无～钱白花钱。

红：_caŋ┐ 白话音：～，～旗，～军，～云，～茶，～米，～麯，～卵红蛋，～莲，～薯，～粿一种糕饼，～酒用糯米制成的一种酒，～花也指荔枝品种之一，百日～花名，～柿柿子，～花桃五敛子品种之一，～柿团西红柿，～心也指一种白薯，～菜头胡萝卜，～骹苋菜苋菜品种之一，～柚一种肉瓤微红的柚子，～螺一种螺，～目孔、～目鲢［_cliŋ┐］大眼鲷，～哥鲤金线鱼，～鸡、～袄红鳍笛鲷，～目呆梭鱼，～砂鼻、～砂、～砂鱼一种海鱼，～瓜黄姑鱼，～皮鳗一种鳗鱼，～鳜一种石斑鱼，～花鲰一种虾鱼，～虾、～头躬一种海虾，～头鳙鱼名，～龟一种海龟，～先生一种瓢虫，～头鹤白鹤，大～花一种中草药，～牙戟中药名，～薰一种烟丝，～箸红筷子，～木，～砖，～涂红土，～头绳，～纸对联春联，～毛靛蓝靛、～毛灰水泥，～面大花脸，～鼻酒糟鼻子，～痣［ki^ɔ］，～^c虹挨打的条状伤痕，～事婚事，～花男未结婚的男子，～花女处女，油～用油漆抹上一层红，败～一种月经病，～皇帝老帅，象棋棋子，～象棋子，～桃扑克牌四种花色之一，～很红，斗［tou^ɔ］～、深～，桃～，大～，浅～，粉～，通柿～比喻一种像柿子红了的颜色，～白～白，～_cniãu _cniãu、～浅～浅、～明～明各种浅红色，～乌～乌、～到斗斗、～_ck'am _ck'am 形容各种深红色，水～水～比较鲜艳的粉红色，粉～粉～粉红色，～通～通透红，鲜～鲜～、～到血血形容鲜红色，～芽～芽、～芽上粉、～粉～粉、～膏赤蟹形容脸色红润，灌灌～、～到灯灯通红，～肿～肿又红又肿，面～耳热、面～绛赤脸红耳赤。

_choŋ┐ 文言音：橘～，一丈～花名。

"红红红红［aŋ┐↳ hoŋ┐↳ aŋ┐↳ hoŋ┐］形容浅红"一、三字用白话音，二、四字用文言音。

也有少数字文读的使用范围比较广，白读的使用范围比较窄。比如"草"字。

草：^cts'o↘ 白话音：～稿，～书，～体，～案，起～，写～字写草体字，～略、～理略粗略，～～很潦草，～略～略形容粗略。

^cts'au↘文言音：～，粙［^ctiu］稿～稻草，狗尾～，水～，咸～一种水生

草，₋niāu ~含羞草，灯芯~，车池~车前子，益母~，甘~，炙ꜛ甘~，水竹~，牛筋~，猫毛~，尖刀~，蛇舌~，转魂~，骸目~，龙胆~，万灵~，天文~，百~王灯芯草，（至此都是中草药）截~铡草，₋k'iŋ~堆草，柴~柴火，~围柴火垛，~₋āi炊事烧火用的草团，~寮茅屋，~席，~鞋，~帽，~纸手纸，~幔［₋muā］草苫子，~稳草垫子，~耙耙子，~鏤［koiʔ₎］割草的镰刀，~索草绳，揉［₋zu］床~用来擦桌子的草团，~莱蔬菜，~菇，青~药、~团药、~药，~鱼，~猴，~mēʔ₎蚱蜢，~花蛇蛇名，~鹅也叫南风鹅，指春季喂养的鹅，~头汉字偏旁，如草字的头上部分，~头人结发夫妻，~头母［ᶜbouꜚ］原配，~头翁指第一次嫁的丈夫，~眼、~眼头太阳穴，~绿，食短路~。

本章排比调查所得全部材料，其中有异读的共七百多字，分析其文白层次。（一字一音的字大致也可以据此区分文白读，本文就不提了）文白读有使用范围、词语色彩的分别。这标准用于多数字，比较明确；就个别字而言，有时难以运用。本章根据同一类字的使用范围、词语色彩得出文白读的音韵差别，然后用这个差别区分文白读。比方"草"字两音的文白读，是根据效摄字文白读韵母差别而定的。

表 4 –1

效 摄	例 字	文读韵母	白读韵母
一 等	保 造 高	au	o
	尻		
二 等	教 孝 拗	iau	a
	巧		
三四等	表 小 桃		io

这样做，和其他闽南话的文白异读大致符合。文白异读两个大层次容易区分。两个层次中的小层次不易区分，要对比其他闽南话的研究才能论定。至于各层次的相对年代和绝对年代，更有待于方言比较研究，及其他有关课题的研究。相对年代有的可以确定。知彻澄三母读塞音［t t'］的在前，读塞擦音［ts ts'］的在后。非敷奉三母读塞音［p p'］的在前，读擦音［h］的在后。近期普通话借字也比较容易识别。

二　怎么区分文白异读

文白异读最常见的是一字两音，即一个白话音，一个文言音。例如"水缸"的"缸"〔 ˪kŋ˩〕读 ŋ 韵是白话音，"地缸瘝盂"的"缸"〔 ˪kaŋ˩〕读 aŋ 韵是文言音。文白异读分成两个层次是概括的说法，其实文白都不止一个层次。白话音和文言音这两个大层次里面都有小层次之分。文白异读表现为声韵调差别，现在举九个一字两音的字为例。

表 4 - 2

			声韵调	声韵调
住	〔 tiu˩˧ 〕单音词	〔 ˪tsu˥ 〕~宅	〔 tiu˩˧ 〕 白 白 白	〔 ˪tsu˥ 〕文 文 文
树	〔 tsʻiu˩˧ 〕单音词	〔 ˪su˥ 〕~立	〔 tsʻiu˩˧ 〕 白 白 白	〔 ˪su˥ 〕文 文 文
远	〔 ˪hŋ˥ 〕单音词	〔 ˪iaŋˠ 〕长~	〔 ˪hŋ˥ 〕 白 白 白	〔 ˪iaŋˠ 〕文 文 文
珠	〔 ˪tsiu˩ 〕目~:眼	〔 ˪tsu˩ 〕葱~: 葱花	〔 ˪tsiu˩ 〕 — 白 —	〔 ˪tsu˩ 〕— 文 —
末	〔 buaʔ˥˩ 〕药~	〔 muak˥ ˩ 〕本~	〔 buaʔ˥˩ 〕 白 白 —	〔 muak˥ ˩ 〕文 文 —
哺	〔 pou˩˧ 〕嚼	〔 ˪pu˥ 〕~乳	〔 pou˩˧ 〕 — 白 白	〔 ˪pu˥ 〕— 文 文
妇	〔 ˪pu˥ 〕新~:媳	〔 ˪hu˥ 〕~女	〔 ˪pu˥ 〕 白 白 白	〔 ˪hu˥ 〕文 白 文
便	〔 piaŋ˩˧ 〕食~	〔 ˪piaŋ˥ 〕方~	〔 piaŋ˩˧ 〕 — 文 白	〔 ˪piaŋ˥ 〕— 文 文
知	〔 ˪tsai˩ 〕知道	〔 ˪ti˩ 〕无~	〔 ˪tsai˩ 〕文 白 —	〔 ˪ti˩ 〕白 文 —

"住〔 tiu˩˧ 〕、树〔 tsʻiu˩˧ 〕、远〔 ˪hŋ˥ 〕"三字无论就声韵调哪方面说，全都是白话音。"住〔 ˪tsu˥ 〕、树〔 ˪su˥ 〕、远〔 ˪iaŋˠ 〕"全都是文言音。"珠"〔 ˪tsiu˩ 〕字就韵母说是白话音，"珠"〔 ˪tsu˩ 〕字就韵母说是文言音，"珠"字两读声母、声调相同，文白一致。"末"〔 buaʔ˥˩ 〕字就声母、韵母说是白话音，"末"〔 muak˥ ˩ 〕字就声母、韵母说是文言音，"末"字两读声调相同，文白一致。"哺"〔 pou˩˧ 〕从韵母、声调看是白话音，"哺"〔 ˪pu˥ 〕从韵母、声调看是文言音，"哺"字两读声母相同，文白也一致。以上六字分文白读没有问题。一字两音分文白读没有问题的，在异读字中占多数。以下三字分文白读有问题。"妇"字两音声调相同，文白不分；从韵母看，两音都是白话音；从声母看，读〔 p 〕是白话音，读〔 h 〕是文言音。"妇"字两音似乎属于白话音这个大层次里的两个小层次：

［ᶜpu˩˨］较白，［ᶜhu˩˨］较文。"便"字两音声母相同，文白不分，从韵母看，两音都是文言音；从声调看，阳去是白话音，阳上是文言音。"便"字两音似乎属于文言音这个大层次里的两个小层次：［piaŋ˨］较白（食便指吃现成儿的），［ᶜpiaŋ˩˨］较文。"知［ᴄtsai˧］"声母就是文言音，韵母是白话音，"知［ᴄti˧］"声母是白话音，韵母是文言音，"知"字两音声调不分文白。"知"字两音声母和韵母所反映的文白差别是冲突的。这种情况需要深入的探讨。本章一字两音一般只分文白两个大层次，不细分小层次。"妇"字根据声母分文白。"便"字根据声调分文白。"知"字也暂时根据韵母分文白，因为大量的异读字是由韵母的不同来区分文白读的。一字三音的才细分小层次。本章有时以 A 代表白话音，以 B 代表文言音，文白本身再分小层次时，在字母右下角用小阿拉伯数字表示，1 为较白，3 为较文，2 介乎两者之间。较白、较文只是一个大概的说法。如何仔细分析小层次，并把小层次的分析运用到全部异读字，甚至全部语言材料上去，有待于比较研究。

　　有些异读字不止两个音。例如"戴"字有三个读音，两个白话音，一个文言音。"姓戴"的"戴"［to˨˩］读 o 韵是白话音，"戴帽"的"戴"［ti˨˩］读 i 韵也是白话音，"爱戴"的"戴"［tai˩˨］读 ai 韵是文言音。

　　现在举假摄字为例，来说明怎么区分文白异读。

　　麻开二韵母有 e 爬， a 渣（茶~水，喝剩下的茶水）， ia 贾（姓）， ua 沙（~子），ẽ 骂， ã 怕， iã 雅（漂亮）， uã 麻（油~，芝麻）， o 沙（~发）等九个读法，其中，e、a、ia、ua、ẽ、ã、o 等七个读法见于有异读的字，但读 ua 韵和 o 韵的只有"沙"［ᴄsua˧ ~囝（细小的沙子）/ᴄsa˧ 豆~/ᴄso˧ ~发］字。下面分条列举异读字。

　　一字两个读法的：

　　把 ᶜpe˥：~拦住；把守，~溪 ~海比喻霸占/ᶜpa˥： ~握， ~家管理家务， ~将介词"把"

　　叉 ᴄtsʻe˥：三~路口三岔路口/ᴄtsʻa˧： ~手两手交叉着放在身前

　　加 ᴄke˧： ~多，平~一样多/ᴄkia˧： ~减乘除， ~强， ~班，参~

　　假 ᶜke˥：真~，无挑无~不弄虚作假/ᶜkia˥： ~设， ~期，请~，放~

　　假 ke˨˩：放 ~旧读/kẽ˨˩：年 ［ᴄhĩ］ ~春节放的假‖"非真"的"假"《广韵》上声古雅切，北京读 ［ᶜtɕia˩］。"休假"的"假"《广韵》去声古讶切，北京读 ［tɕia˨˩］。潮阳"假"字阴上阴去各两读。上条上声白读 ［ᶜke˥］和文读 ［ᶜkia˥］（假设）是"非真"的"假"。

上声〔ᶜkiaˀ〕（假期，请假，放假）可能是受普通话的影响。本条去声两读都是"休假"的"假"。

霞 ₋heˀ：云～/ˌhiaˀ：朝～，彩～，云～‖"云霞"的"霞"字文白两读，所以此处两见，下同。

夏 heˌ²：姓～/ˌhiaˌ²：～商周‖本条"夏"字《广韵》上声胡雅切。"夏天"的"夏"《广韵》去声胡驾切，潮阳读〔heˌ²〕。

鸦：₋aˀ：乌～，～胆子中药名/ˌãˀ：～片，～片薰鬼大烟鬼儿

一个字三个读法的：

马 ᶜbeˀ：～，～团马驹子，～鞭鱼毛烟管鱼/ᶜmãˀ：姓司～/ˌmãˀ：～虎〔₋huˀ〕

沙 ₋suaˀ：～粒，生～食物或粮食中带沙子/ˌsaˀ：豆～饼，～茶一种辣酱/ˌsoˀ：～发椅

家 ₋keˀ：国～，科学～，破～团败家子/ˌkaˀ：～己自己/ˌkiaˀ：～读书音

架 keˀ√：～团小型的架子，矮～矮～人矮小/kẽˀ√：～势，两～飞机/kiaˀ√：～子新词

下 ᶜkeˀ√：～低，悬悬～～高高低低/ᶜeˀ：窗～，～爿、～骹下面，～日将来/ᶜhiaˀ√：～贱

下 eˌ²：拍～打一下，歇～歇一会儿，猛～团快一点/ᶜheˀ√：～秧种，～酵放酵母/ᶜhiaˀ√：～降‖上条"下"字作方位词、时间词用，《广韵》上声胡雅切。本条"下"字作动词、动量词用，《广韵》去声胡驾切。参看贾昌朝《群经音辨》卷六辨字音疑混条："居卑定体曰下，胡贾切，自上而降曰下，胡嫁切。"

厦 ᶜeˀ√：～门地名/heˌ²：大～/hiaˌ²：大～

从这些异读字来看一下层次。声母不同的有两组：第一组 b/m；第二组 k/Ø/h（包括 Ø/h）。前者的例子在这里只有明母"马"字。大多数方言的明母字和北京话一样，今读双唇鼻音 m。潮阳方言"磨～刀〔₋buaˀ〕、买〔ᶜboiˀ〕、卖〔boiˌ²〕、帽〔boˌ²〕"等部分明母字今读双唇浊塞音 b。从现代方言比较上看，白话音往往和北京话差别较大，文言音往往接近北京音。因此单就 b/m 这组声母异读而论，读 b 的是白话音，读 m 的则是文言音。第二组这里的例子是匣母"下胡雅切"和"下胡驾切"两个字。匣母字北京话和多数方言读擦音。潮阳方言"糊浆糊〔₋kouˀ〕、猴猴子〔₋kauˀ〕、悬高〔₋kuãiˀ〕"和"喉喉咙〔₋auˀ〕、鞋〔₋oiˀ〕、胡姓〔₋ouˀ〕"等部

分匣母字白话音读 k 或零声母 Ø。因此仅从 k/Ø/h 这组声母异读来说，读 k 或 Ø 的是白话音，读 h 的是文言音。

声调不同的有三组。第一组阴上/阴平。这里的例子只有古上声"马"字。除此之外，仅有古上声"虎"[ᶜhomˠ 老~/ᶜʔuˠ读书音/ᶜhu˦ 马~，马马~]字一例。而且古上声字今阴上/阴平异读的，也只见于"马虎，马马虎"个别词语里。这可能是受了普通话的影响，不宜用来划分声调层次。第二组阳去/阳上。这里的例子有古去声"下胡驾切"字。白话音阳去对文言音阳上是潮阳话区分文白的重要声调标准，详见 3.3 节。第三组阳上/阳去。这里的例子是古上声"厦胡雅切"字。我们全部调查材料也仅此一例，也不宜用来划分声调层次。"厦"字应该根据韵母 e/ia 区分白话音和文言音。

上列"把、马"等十五个异读字，从表面上看韵母不少，归纳起来并不多。一字三音的，要对比异读的话，可以分成三个对比组：第一读/第二读，第一读/第三读，第二读/第三读。讨论韵母的层次，就无须乎考虑韵母相同的对比组了。"沙发"是从英语 sofa 来的借词。"沙"[ₑsoˤ]这个音要单独处理。现在来看韵母不同的对比组。"沙"字 a/au 之别，"假、架"两字 e/ẽ 之别和"鸦"字 a/ã 之别，都可以认为是同一层次里的小层次。a/ia 这个对应组不单独出现，除了附属于"家"字 e/a/ia 这个对应组里，未发现别的实例，即没有仅是 a/ia 两读的异读字。由此可见，在 e/a/ia 这个对应组里，e/a 之别，e/ia 之别是主要的。潮阳方言在口音韵、鼻音韵、口音带ʔ尾韵和鼻音带ʔ尾韵这四类韵母前，b、l、g 只拼口音，m、n、ŋ 只拼鼻音，而"马"字声母的不同恰好是 b/m 对应，所以"马"字 be/mã 对应，是和"把、叉"两字 e/a 的对应平行的。"架"字 ẽ/ia 对应也可以和"加、假、霞、夏、家"等字 e/ia 的对应一并考虑。将上述"把、马"等异读字中韵母不同的实例总括起来，主要有 e/a、e/ia 两个对应组。这就是麻开二韵在潮阳方言里韵母异读层次的主流。换句话说，麻开二韵在潮阳方言里主要有两个层次，e 韵是一个层次，a 韵和 ia 韵是另一个层次。

"下胡雅切"和"下胡驾切"两字都是两白一文。韵母是 e 白和 ia 文。"下胡雅切"两个白话音声母有 k/Ø 之别，可以说是白话音层次里的两个小层次。"下胡驾切"字三个音，[eˌˀ]按声韵调说都是白话音；[ᶜhiaˌ]按声韵调说都是文言音；[ᶜheˌ]按韵母说是白话音，按声母声调说是文言音，现在依韵母定为白话音层次的一个小层次。

麻开三韵读[e 些 ia 蔗（甘蔗） ua 蛇 ai 者（~个，这个） ẽ 夜（书面语） iã 且（~慢）]等六韵。其中[ua、ai、ẽ、iã]四韵，分别只有"蛇[ₑtsuaˀ]、

者 ~个（这个）［ᶜtsiaˇ］、夜 书面语［ᶜ²］、且 ~慢［ᶜtsˈiã ˇ］" 等个别字。下面分条列举异读字。

一个字两个读法的：

姐 ᶜtseˇ：阿~姐姐，细~称呼几个姐姐中年纪较小的一个/ᶜtsiaˇ：小~，翁~_{年轻夫妇}

也 e˩²：之乎者~文言语助词/ia˩²：~是

谢 tsia˩²：姓~/sia˩²：感~，载［tsoi²］~、多~，雕~

一个字四个读法的：

者 ᶜtseˇ：~回这回/tse˩²：之乎~也文言语助词/ᶜtsaiˇ：~个这个，~物这个东西，也贬称这个人/ᶜtsiaˇ：长~，记~，作~，胜利~

麻开三韵韵母异读主要是白 e 文 ia，和麻_{开二}韵大体一致。所不同的是麻_{开二}韵文言音里还有带不带 i 介音的区别，分为两个小层次，而麻_{开三}韵文言音只有 ia 韵，没有 a 韵。（"者"字四音，参看下文第五节）

"谢"字异读声母有 ts/s 之别。潮阳话 ts/s 异读的字一般是白 ts 文 s，有时有文白两个大层次里的小层次之分。

麻合二韵读［a 傻 ia 瓦（~甂，筒瓦） ua 寡 ua 瓜（番~，南瓜）］等四韵。读 a 韵的只有"傻"［ᶜsaˇ］字，可能受普通话影响。读 ia 韵的只有"瓦_{厝~}（瓦）"［ᶜhiaˇ］字。下面分条列举异读字。

一个字两个读法的：

花 ᶜhue˥：~，公~雄蕊，母~雌蕊，~须花丝，~蛤一种蛤蜊，老红~女老处女/ᶜhua˥：~费

化 hue˅²：~缘，造~幸运，听造~碰运气/hua˅²：~学，火~，机械~，文~馆

瓦 ᶜhiaˇ：厝~瓦，~ᶜpuā 瓦片，无砖厚~薄比喻一视同仁/ᶜuaˇ：~解

一个字三个读法：

瓜 kue˥：~，苦~，刺~黄瓜，秋~丝瓜，番~种白薯品种之一/ᶜkˈue˥：~子/ᶜkua˥：~分

麻二合韵异读主要是白 ue 文 ua。开二开三读 ua 是个别现象，合二读 ia 也是个别现象。参考上文开二开三白话音是 e 韵，文言音开二大部分是 a，但见系字多数读 ia（与普通话一致），三等大部分是 ia，就麻韵全部字说，白话音 e 与文言音 a 对立十分明显，开合、二等之间差别主要在于介音。现在对比排列全部麻韵字的文白异读。

白 话 音	文 言 音
把 ⁼pe˧	⁼pa˧
叉 ₌tsʻe˧	₌tsʻa˧
加 ₌ke˧	₌kia˧
假 ⁼ke˧	⁼kia˧
假 ke˩ᵓ kẽ˩ᵓ	
霞 ₌he˥	₌hia˥
夏 he˩²	hia˩²
鸦	₌a˧ ₌ã˧
马 ⁼be˧	⁼mã˧ ⁼mã˥
沙	₌sa˧ ₌sua˧ ₌so˧
家 ₌ke˧	₌ka˧ ₌kia˧
架 ke˩ᵓ kẽ˩ᵓ	kia˩ᵓ
下 ⁼ke˩ ⁼e˩	⁼hia˩
下 e˩² ⁼he˩	⁼hia˩
厦 ⁼e˩ he˩²	hia˩²
姐 ⁼tse˥	⁼tsia˥
也 e˩²	ia˩²
谢	tsia˩² sia˩²
者 ⁼tse˥ tse˩²	⁼tsai˥ ⁼tsai˥
花 ₌hue˧	₌hua˧
化 hue˩ᵓ	hua˩ᵓ
瓦	⁼hia˥ ⁼ua˥
瓜 ₌kue˧ ₌kʻue˧	₌kua˧

从上列对照来看，一个字两个读法的，大部分是一个白话音，一个文

言音，但"假"字两读都是白话音，"鸦"字和"瓦"字两读都是文言音。一个字三个读法的，大部分是两个白话音，一个文言音，但"马"字和"家"字是一个白话音，两个文言音，而"沙"字三个读法都是文言音。一个字四个读法的，三个白话音，一个文言音。由此可见，异读字不能都采用二分法来分白话音和文言音。因为有的字异读只是白话音或文言音里的小层次之分。

三　文白异读的音韵差别

现在就用第二节的方法，根据词汇色彩，根据当地人关于白话白话音和正音（孔子正）文言音的区分，用比较的方法得出同类字文白读的音韵差别，然后再用这些音韵差别来衡量所有异读字的读音。对比时，为醒目起见，列了一些对照表，表中例字只举有异读的字。要是例字栏空白无字，就是表示那一项未见异读字，或者只有个别例外的异读字。

3.1　声母的文白异读

帮母读 p 声母，如"反板"［huaŋˋ paŋˊ］违背约定的话的"板"。"褒贬"和"鄙"读 pʻ声母，例外。"布、标、扁"三个字有 p pʻ两读，见下文。滂母读 pʻ拍（～水，用桔槔打水）声母，"品～格"字［ᶜpiŋˋ／ᶜpʻiŋˋ］两读是例外。并母读 p 盘（血～，作为偏旁的"皿"）声母或 pʻ皮（擘破面～，撕破脸）声母，个别读 h 蚌（鹬～相争，渔人得利）声母。明母读 b 米（汏①～，淘米）声母或 m 目（～睬，视力）声母，个别字读 ŋ 猫（公道～贬称无能者）声母。

非母读 p 放（刣人～火，杀人放火）声母或 h 风（～鼓，扇车）声母，"甫"字［pʻ台 ～／h读书音］两读，"痱痱子"［buiˇ］字读 b 声母来历存疑。敷母读 p 费（～嘴～舌，形容费了许多话）、pʻ芳（听～鼻臭，听香闻臭，比喻爱听小道消息，或喜欢打听别人的事）、h 番（另～，重新）声母。奉母也读 p 肥（～脯脯，胖乎乎）、pʻ缝（抹～，挤时间）、h 扶（手～，手扶拖拉机的简称）声母。微母读 m 物（～东～西，弄这弄那）声母或 b 无（没有）声母，"袜番团～（袜子）"［gueʔ˩˨］字读 g 声母、"乏"［hek˩˨歇～／huak˩˨贫～］字读 h 声母都是例外。

帮组字和非组字潮阳文白异读如表 4 - 3。

---

① 《广韵》入声曷韵："汏，汏过"，他达切。《广韵》去声泰韵也有"汏"字，徒盖切，注云："涛汏，《说文》曰，渐淴也。"潮阳话"汏米（淘米）"的"汏"用他达切的音，"汏清（搓洗干净）"的"汏"用徒盖切的音。

表 4 – 3

	帮	滂	并	明		非	敷		奉			微
白读声母	p	p'	p p'	p	b	p	p	p'	p	p'		m
文读声母				p'	m	h						b
例字				盘	末	反	甫	费	蜂	妇	⊂缝	望

端母读 t 斗（~飞，形容鸟儿争先飞翔）声母。"带"字［t'顺~（顺便）/t缚~鞋（球鞋）］两读，"到"字［k单音动词/t老~（老练）］两读，"鸟"字［ts鹤~（仙鹤）/n读书音］两读，都可以认为是例外字。透母读 t'套（~房，套间）声母，"贴"字例外，有［t~纸（粘贴纸张）/t'~实（踏实）］两读。请注意，"推广"的"推"［⊂ts'ui┤］读 ts'声母，并不是透母的例外字，而是另有来历。① 这是穿初母字，用《广韵》脂韵叉佳切的音。不过，"推歉谦虚"的"推"［⊂t'oɪ］仍用《广韵》灰韵他回切的音，读 t'声母。这才是透母字。定母读 t 夺（镇骹~手，碍手碍脚）声母或 t'桃（囟~，小孩儿脑门上的垂发）声母。

泥（娘）母以读 n 泥（树~，橡胶），娘（猫~，女猫）声母为主，读 l、z、ŋ、h、t 声母的只有个别字。现在列举一下。"内~泥（内胎）"字读 l 声母，"尿放~（小便）、腻肥~（油腻）"两字读 z 声母，"扭单字音"字读 ŋ 声母，"脑、恼、闹"三个字分别有［l脑（樟~），恼（~斗，斗气），闹（斗~热，凑热闹）/n脑（鬼头鬼~），恼（~吵，恼火），闹（热~）］两读，"年"字［h~假（春节放的假）/n旧~（去年）］两读，"碾"字［l车（车轮）、t~米厂］两读。来母读 l 落（瘴骨~肉，形容病后消瘦）声母或 n 郎（同~，连襟）声母，个别字读 t 鹿（~含草，中药）、t'癞（癣~，顽癣）、h连（姓）声母，读 t、t'、h 声母的字往往又读 l 声母。

端组字和泥组字潮阳文白异读如表4–4。

表 4 – 4

	端	透	定	泥			来				
白读声母	t	t'	t t'	n	l	h	l n	n	t	t'	h
文读声母			t'		n	n		l	l	l	l
例字			图		脑	年		两	鹿	赖	连

---

① 参看贾昌朝《群经音辨》卷五辨字同音异条："推，引也。尺佳切。推，排也。土雷切。" 尺佳切相当于《广韵》叉佳切，土雷切相当于《广韵》他回切。

精母读 ts 节（歇~，节日放假）声母，个别字读 ts' 嘴（樽~，瓶口）声母，"雀"字［ts~盲（麻雀）/ts'孔~］两读。清母读 ts' 疽（雨水~，一种发痒的脚癣，多长在脚趾之间）声母。从母读 ts 坐（~心，汉字偏旁，如忍字的下半部）声母或 ts' 才（情，才能）声母，个别字读 z 字（~田，小字）声母，"在"字［t 无~（没在）/ts~行（内行）］两读，"瓷"字［h~货（瓷器）/ts读书音］两读。心母读 s 心（圆~灯，小油灯）声母或 ts' 碎（米~，碎米）声母，"岁"字［h~声（年龄）/s~首］两读。邪母读 s 嗣（双头~，兼给伯父或叔父做儿子）、ts 旋²（双~，两个头发旋儿）、ts' 饲（~粉鸟，养鸽子）声母，"彗~星，书面语"字例外，读 h 声母。精组字潮阳文白异读如表 4-5。

表 4-5

	精	清	从					心		邪
白读声母	ts	ts'	ts ts'	ts	h	t	ts'	h	ts	ts'
文读声母				ts'		t		s		
例　字				齐	瓷	在	腮	岁	谢	寻

知母读 t 竹（~篙~篙，又高又瘦）声母或 ts 知（唔~人，昏迷不省人事）声母。彻母读 t' 抽（~刀，刨子）声母或 ts' 痴（~哥想，幻想）声母，"侦~察，书面语"字例外，读 ts 声母。澄母读 t 箸（筷子）、t' 柱（柱子）、ts 择（选~）、ts'橙（橙子）声母，个别字读 z 杖（~枝，哀杖）声母。

照庄母读 ts 渣（茶~，茶锈）声母，个别字读 t 滓（水~，水锈）、z 爪（骹~，爪子）、绉（~纱）声母，"皱~痕（皱纹）"［niāu√²］字读 n 声母来历存疑。穿初母读 ts' 厕（~缸虫，苍蝇的幼虫）声母，个别字读 t'窗（猫目~，一种小天窗）声母，"栅~箔（捕鱼用具）"字例外，读 ts 声母。崇母读 ts 截（~碎，切碎）、ts' 柴（香~，檀香）、s 煠（煮）声母，个别字读 t 事（无踩~，没有效果）声母。生母读 s 生（鱼~，鲜鱼片）声母，个别字读 ts' 生（无~无熟，形容小孩儿不认生）、t' 筛（~斗，筛子）声母。"煠"是"放在水里煮（读 saʔ˺）和放在油里炸（读 tsaʔ˺）"的意思。"煠"字北京读阳平［ˌtʂaˊ］，一般写作"炸"。潮阳话"煠"字读阳入，并有两个读音，本章为避免混淆，还是写作"煠"，和"爆炸"的"炸"字读阴去（潮阳［tsa√²］，北京［tʂa√²］）区别使用。

知组字和照庄组字潮阳文白异读如表 4-6。

表 4-6

	知	彻	澄			照庄	穿初	床崇			审生
白读声母	t	t'	t	t'	t	ts	ts'	t	ts		ts'
文读声母	ts	ts'	ts	z	ts	ts	ts'	ts'	s	s	s
例字	张	耻	肠	住 丈 杖 柱	陈	淬		锄	事	煠	生

　　照章母读 ts 珠（种春~，指春天给小孩儿种牛痘）声母，个别字读 z 沼（池~）或 k 痣（胡蝇屎~，雀斑）声母。"挫折"的"折"例外，读 ts'声母。穿昌母读 ts'春（水鸡~，青蛙的卵，也指衣服上的霉点）声母，个别字读 t'哆①（~嘴，张嘴）声母。"齿"字［k'面前~（门牙）/ts'人所不~］两读。床船母读 ts 船（龙~花②）、s 实（明~，确实）声母，个别字读 t 唇（~疔，一种疔疮）声母。"船"字读书音读 ts'声母，可能是受普通话的影响。审书母读 s 闪（逃生~死，偷生怕死）、ts 书（~册，书本儿）、ts'拭（火~，火柴）声母，个别字读 n 摄（~影机，照相机）声母。"翅"字［t'单字音/ts'鱼~］两读。禅母读 s 豉（~油，酱油）、ts 石（拍~，把石料开凿成石板）、ts'树（~泥，橡胶）声母。照章组字潮阳文白异读如表 4-7。

表 4-7

	照章		穿昌		床船		审书		禅	
白读声母	ts	k	ts'	k'	ts s	ts	s ts ts'	ts'	ts	ts ts'
文读声母		ts		ts'	s	s	s	s	s	
例字		指		齿	实		舒		成	匚上 树

　　日母多数字读 z 日（倒头~，午后出的太阳）声母，少数字读 n 肉（信~，信瓤儿）声母，个别字读 l 蕊（花~）、h 耳（~屎）声母。有一些读 n、l、h 声母的字又读 z 声母。"染、人、让"三个字分别有［n 染（~布），人（涂~团，泥娃娃），让（相~）/z 染（~衣店），人（工~），让（谦~）］两读。"忍"字有［l 吞~（忍气吞声）/z ~耐］两读。"耳、燃"两个字分别有［h 耳（耳朵），燃（~火，烧火）/z 耳（木~），燃（~料）］两读。"儿"字也有［n 孥团~小孩儿/z（~童）］两读。

　　见母多数字读 k 感（流~，流行性感冒的简称）声母，少数字读 k'鸠（~形鹄相，

---

① 《广韵》上声纸韵："哆，张口。尺氏切。"
② 翁辉东：《潮汕方言》（《涵晖楼丛书》第十种）卷十六释草木第 10 页下："龙船花，五月间，有一种野花，名龙船花。案《岭南杂记》：'龙须花，赤如海棠，中心垂丝，袅袅如龙须，潮以端午花开，称龙船花。'"

鸠形鹄面）声母，个别字读 l 脸（抢~，争面子）、∅ 锅（凉水~，药锅）声母。溪母读 kʻ 开（罐头~，一种开罐头的用具）声母，个别字读 h 墟（斗~，赶集）声母。"块"字［t 方~字（汉字）／kʻ 大~假我以文章（李白《春夜宴从弟桃李园序》一文中的话，大块，天地的意思）］两读。"坎"字［k 胸~头（胸脯）／kʻ~肩］两读。"恢"字［kʻ~复／h 读书音］两读，读 h 声母是受了普通话的影响。"看宽宽~（慢慢儿看）"［ˉtʻõi˩］字训读 tʻ 声母，来历待考。群母读 k 橛（杉头角~，统称零碎的木料）、kʻ 倚（~灯敨，油灯的底座）声母。"裘"字［h 棉长~（棉泡儿）／kʻ 读书音］两读，读 h 声母是例外。疑母多数字读 ŋ 硬（~马~势，形容态度强硬）声母，少数字读 g 芽（手~~，形容手指细长）、h 鱼（生炊~，清蒸鱼）、∅ 眼（肉~，龙眼）声母，读 g、h、∅ 声母的字多数又读 ŋ 声母。"藕"字［n 莲~（藕）／ŋ~粉］两读。"瓦"字［h 瓬（筒瓦）／∅~解］两读。"咬"字《广韵》五巧切，《集韵》又见下巧切，潮阳话用下巧切音，读［ˉka˩］，北京话用五巧切的音，读［ˉiau˩］。

日母字和见组字潮阳文白异读如表 4-8。

表 4-8

	日			见	溪	群		疑					
白读声母	n	l	h	k	kʻ	k kʻ	k	g	h	∅	n	h
文读声母		z					kʻ		ŋ			∅	ŋ
例　字	人	忍	燃				穷	艺	艾	眼	藕	瓦	五

晓母多数字读 h 花（公~，雄蕊）声母，少数字读 kʻ 蘋（~草）声母。"呼、许、吸"三个字分别有［kʻ 呼（~鸡），许（姓），吸（~收）／h 呼（欢~），许（~可），吸（~铁，磁铁）］两读。"吸~薰（吸烟）"［kuʔ˩］字又读 k 声母，来历待考。"畜、蓄"两个字《广韵》许竹切，又丑六切。北京话"畜牲"的"畜"用丑六切的音读 tʂʻ 声母，"畜牧"的"畜"和"储蓄"的"蓄"用许竹切的音读 ɕ 声母，潮阳话都用丑六切的音读 tʻ 声母。匣母多数字读 h 痕（手底~，手纹）声母，少数字读 k 咸（~芳~芳，又咸又香）、kʻ 杏（~仁）、∅ 鞋（拖~，拖鞋）声母，个别字读 pʻ 航（~空）、t 禾（~字ǀ，禾字旁）、n 舰（飞机母~，航空母舰）、ts 洽（接~）和 ŋ 看（单字音）声母。"糊、侯、厚、含、峡、衔、寒、汗、悬、行户庚切"等字［k/h］两读。"号胡到切"［ho˩］记~／kʻau˩ ˉ 哭／ˉhau˩ 别~］字声母有 kʻ、h 两种读法。"胡、会、后、黄、学、红、行胡郎切"等字［∅/h］两读。"滑"字［∅/k］两读。"下胡雅切"［ˉke˩ 低／ˉe˩

灶 ~（厨房）／［⊂hia↘ ~贱］字 k、Ø、h 三读。而"下胡驾切"［e˩ ²歇］~（歇一会儿）／［⊂he↘ ~酵（放酵母）／［⊂hia↘ ~降］字声母有 Ø、h 两种读法。

影母多数字读 Ø 甕（屎~，肛门）声母，个别字读 k˙ 轧（~饺皮，擀饺子皮）、h 郁（~李仁，一种中药）、m 杳（单字音）声母。"袄"［⊂o↗ ~套（袄袄）／⊂ŋãu↘ 皮~］字 Ø、ŋ 两读。云喻母多数字读 Ø 圆（秫米~，糯米汤圆）声母，少数字读 h 云（水涌~，鱼鳞云）、z 维（~持）声母，个别字读 n 汇（词~）声母。"雨、远、王"［h 雨（长骹~，雨点较稀的雨），远（~路），王（姓）／Ø 雨（谷~），远（望~镜），王（兄~，长兄）］等字 h、Ø 两读。以喻母多数字读 Ø 容（~情，宽容）声母，少数字读 z 榆（地~，一种中药）声母，个别字读 m 疫（鼠~）、s 蝇（胡~，苍蝇）、k 捐（~税）、ŋ 阎（~罗王寨墙——鬼城，歇后语，"鬼城"和"几成"谐音）声母。"癢"［⊂tsiõ↘ 爬~（挠痒痒）／［⊂iaŋ↘ 读书音］字 ts、Ø 两读。"翼"［sik˥，鸡~（鸡翅膀）／ek˥，左~］字 s、Ø 两读。"簷"［⊂tsĩ 厝淋~（房簷儿）／siam˥ 鳖~（鳖裙）］字 ts、s 两读。"易"［koi˩ 野~（很容易）／⊂i↘ 容~］字 k、Ø 两读。"叶"［hioʔ˥⊃ 针~（松针）／iap˥⊃ 姓］字 h、Ø 两读。"沿"［⊂kĩ 海~（海边）／⊂iaŋ ~海／zuaŋ˥ ~一（沿袭）］字有 k、Ø、z 三种读法。

晓组字和影组字潮阳文白异读如表 4－9。

表 4－9

	晓		匣			影	云喻				以喻			
白读声母	k˙	k	k˙	Ø	k	Ø	Ø h z			h	Ø z	ts	s	h	k
文读声母	h						Ø			Ø		Ø			Ø z
例　字	许	含	号	学	⊂下		远					痒	簷	翼 叶 易	沿

3.2　韵母的文白异读

歌果开一韵读［a 阿（~公，祖父，外祖父）　ua 拖（~踏，拖拉）　ai 舵（~公，掌舵的船夫）　o 哥（猪~，配种用的公猪）　õ 莪（~术，中药）］等韵。戈果开三韵读 io 茄（番~）韵。戈果合一韵读［ua 和（~美，和睦美满）　ue 货（僻~，冷门货，也比喻不近人情的人）　o 坐（~土，汉字偏旁，如坐字的下半部）　õ 磨（~臂，磨杆子）］等韵，个别字读［e⊂爸（~伯，伯父的背称）　uã 惰（死~，懒惰）　ue 果（~子，水果）］等韵，"禾 ~口和（分析字形，指和字）"字读 a 韵，来历待考。戈果合三韵读 ue 瘸（~骹，脚残废）韵和 ia 靴（靴子）韵。果摄字潮阳文白异读如表 4－10。

表 4–10

	歌开一					戈开三	戈合一					戈合三
白读韵母	a	ua	ai	ua	a		ua	ue	uã	uẽ	ua	ue
文读韵母	o		õ		o					o		
例　字	阿	歌	我	舵	大		颇	菠	惰	果		和

　　假摄韵母的读法和文白异读的情况已见上节说明，这里只列举异读对照表，其他就不细说了。"者"字读〔ᶜtsaiˇ ～个（这个）〕，可能是连读受后面"个"〔ᶜkai˥〕字韵母的同化，姑且作为白读。假摄字潮阳文白异读如表 4–11。

表 4–11

	麻开二								麻开三		麻合二	
白读韵母	e		e		ẽ		e		e	ai	ue	
文读韵母	ā	a		ia		ua	a	o	ia		ua	ia
例　字	马	鸦	把	家	加	架	假ᵖ	沙	姐	者	花	瓦

　　模遇合一韵多数读 u 壶（热～，暖壶）韵和 ou 肚（塍洋～，田野）韵，少数读〔ō 模（规～） ū 梧（～桐） om 虎（老虎～，母老虎，也比喻泼妇）〕等韵，个别读〔o 错（舣～，错不了） iau 鹭（白～鸶） ãu 孥（～囝，小孩儿） õu 摸〕等韵。鱼遇合三韵多数读 o 初（～时，开始的时候儿）韵和 u 箸（花漆～，上了漆并用花点装饰的筷子）韵，少数读 ū 语（拍僻～，说行话）韵和 iu 梳（柴～，木梳）韵，个别读〔a 去（俺～，咱们走吧!） i 旅（～长） ou 许（姓） ŋ 女（红花～，处女）〕等韵。虞遇合三韵多数读 u 躯（大身母～，形容身材高大）韵和 ou 芋（～婆，较大的芋头）韵，少数读〔iu 须（花～，花丝） iau 数（死～，要不回来的账） ũ 遇（相～）〕等韵，个别读〔o 无（～在，没在） ua 绩（相～，连着） õu 舞（～剑花，舞剑）〕等韵。遇摄字潮阳文白异读如表 4–12。

表 4–12

	模合一							鱼合三							虞合三			
白读韵母	o	om	iau	ou	õ	õu	õ	ou	o	iu	i	a			o	ou	iu	iau
文读韵母	u									u				ũ			u	
例　字	菩	五	鹭	鼓	模		奴	许	锄	初	俆	旅	去	御	无	雨	树	数

哈蟹开一韵读［o 胎（坠～，打胎）　i 腮（鱼～）　ai 菜（～头抽，礤床儿）　oi 代（～奶粉，代乳粉）　ui 开（～书，开蒙）　ãi 爱（～人，新词）］等韵，读 ui 韵的只有个别字。泰蟹开一韵读［ua 带（缚～鞋，球鞋）　ue 贝（川～，一种中药）　ai 盖（云～中秋月，雨沃元宵灯）　iã 艾（～绒，一种中药）　ãi 盖（炊～，蒸笼盖）］等韵，读 ue 韵或 iã 韵的只有个别字。皆蟹开二韵读［ua 芥（天～菜，一种中草药）　ai 排（摆～场，摆阔）　oi 疥（生～，长疥疮）　ãi 埋（单音字）　a 尬（尴～）　e 斋（～婆，吃素的老年妇女）］等韵，读 a 韵或 e 韵的只有个别字。佳蟹开二韵读［a 柴（～配抽，铇花）　e 债（还～）　ai 牌（月份～，年历）　oi 蟹（红膏赤～，比喻脸色红润）　ia 佳（单字音）　ẽ 奶（食～，吃奶）　ãi 稗（稗子）］等韵，读 ia 韵或 ẽ 韵的只有个别字。夬蟹开二韵读［e 寨（～骹膝，村边儿的田地）　ai 败（～身，梦遗）　ãi 迈（单音字）］等韵，都分别有一个字。祭蟹开三韵多数字读 i 势（面～，脸型）韵，"艺"［goiˍ］² ～术╱「ŋĩ˩ 六～」字 oi 韵、ĩ 韵两读。废蟹开三韵只有"刈"字，读 ĩ 刈（单字音）韵。齐蟹开四韵多数字读［ĩ 米（～碎，碎米）　ai 婿（囝～，女婿）　oi 鸡（～丹，指鸡腹内未包蛋白和蛋壳儿的卵黄）　ĩ 泥（树～鞋，胶鞋）］等韵，个别字读 ui 梯（竹～，用竹子做的梯子）韵或 ãi 脐（肚～）韵。蟹摄开口字潮阳文白异读如表 4-13。

表 4-13

	哈开一				泰开一		皆开二				佳开二		夬开二	祭开三	废开三	齐开四		
白读韵母	oi	o	i	ui	ua	iã	ua		oi		ẽ			oi				oi	
文读韵母		ai			ãi		ai			ãi				ĩ		ai	i	ĩ	
例　字	载²	代	胎	戴	开	带	艾	盖	芥	疥	ᵓ解	奶		艺		西	齐	倪	

灰蟹合一韵多数字读 ue 焙（～火，烤火）韵或 ui 对（～讯，对质）韵，少数字读 o 退（～还）韵或 uẽ 妹（细～，称呼几个妹妹中年龄较小的一个）韵，个别字读 ai 内（～拐骨，胯骨）韵或 oi 配（～菜，指葱、蒜等作料）韵。泰蟹合一韵多数字读 ue 最（～雅，最漂亮）韵，个别字读 ua 外（～间，外屋）韵或 oi 会（～早～暗，赞扬人勤劳）韵。皆蟹合二韵多数字读 uai 怪（少见多～）韵，个别字读 o 块（方～字，汉字）韵或 ui 槐（～花，槐黄）韵。佳蟹合二韵读［ua 挂（牵～）　ue 画（图～钉，图钉）　uai 拐（～骹，瘸腿）］等韵。夬蟹合二韵读 ue 话（无～无说，说话不合情理）韵或 uai 快（猛溜～，形容干活儿快）韵。祭蟹合三韵读 ui 脆（单字音）韵或 ue 岁（～声，年龄）韵。废蟹合三韵读 ui 吠（饲鸡叫更，饲狗～冥）韵或 ue 秽（～人，传染）韵。齐蟹合四韵读 ui 桂（木～，桂花）韵或 i 携（单字音）韵。蟹摄合口字潮阳文白异读如表 4-14。

表 4-14

	灰合一				泰合一	皆合二	佳合二	夬合二		祭合三	废合三	齐合四
白读韵母	oi	o	i	ui		oi	o	ui				
文读韵母	ue				ai uẽ	uɐ		uɐi	ue	uai		
例字	配	退	背	灰	味	会	块	槐		快		

支止开三韵读〔ia 蚁（蚂蚁） ua 纸 ue 皮（鸡母~，鸡皮疙瘩） i 臂（三头六~，形容人擅长多种技能） u 斯（~文人，指举止文雅者） ai 知（~影，知道） oi 易（容易） ĩ 糜（死~，糊涂） uẽ 糜（~饭，泛指饭食） ãi 荔（~果，荔枝） ŋ 刺（~客）〕等韵，其中读 i 韵的字较多，〔ua、oi、ãi、ŋ〕等韵都只有个别字，"刺行~"字读 ŋ 韵也许可疑。脂止开三韵读〔i 伊（他） u 师（老~） ue 美（宅~，本县地名） ai 屎（放~，拉屎） ui 屁（放~） ĩ 鼻（听芳~臭，比喻爱听小道消息，或喜欢打听别人的事） ãi 指（铜~，铜做的顶针儿） o 地（扫~）〕等韵，读 ãi 韵、o 韵的只有个别字。"牝"〔ʰpʰiaŋ〕字读 iaŋ 韵，"虮篦篦子"的"篦"〔piŋ˩〕读 iŋ 韵，来历未详。之止开三韵读〔i 拭（~场，考场） u 思（~量，商） ai 驶（~塍，犁地） ui 医 ĩ 耳（厝~，耳房） ãi 滓（渣~） e 厕（~池，茅坑）〕等韵，读〔ui、ãi、e〕韵的只有个别字。微止开三韵读〔i 气（财~死，很有运气） ui 衣（胞~） ĩ 既（~然） a 岂（~有此理） ua 几（~个，表示数目不多，就几个）〕等韵，读 a 韵、ua 韵的只有个别字。支止合三韵读〔ue 炊（~食，做饭） ui 嘴（开~己，开嘴说明"己"字的形体区别于"已"） ũi 危（~险）〕等韵。脂止合三韵读〔ui 锤（铁~，锤子） ue 衰（倒霉） ũi 柜（连~，货柜） i 季（姓） u 龟（牛屎~，蜣螂）〕等韵，读 i 韵、u 韵的只有个别字。微止开三韵读〔ui 鬼（疑神掠~，疑神疑鬼） ue 尾（~班车，末班车） ũi 畏（~伸~勾，怕事） uẽ 汇（词~） i 味（走~，跑味儿）〕等韵，读 uẽ 韵的只有个别字。

止摄字潮阳文白异读如表 4-15 和表 4-16。

表 4-15

	支开三								脂开三							
文读韵母	uẽ	ue	ua	ai	ãi	oi	u	ŋ	ai	u	ãi	o	ue	ai	u	ui
文读韵母	ĩ	i							i							
例字	糜	皮	倚	知	荔	易		刺	利	私	四	指	地	美	师	瓷

表 4 – 16

	之开三					微开三		支合三	脂合三		微合三			
白读韵母	u	ai	ãi	ai	u	ui	ua	ue	ui	ue	ue	ui	ue	ũi
文读韵母	i					i		ĩ	i		i			
例 字	子	史	趾	滓	耳	衣	几	垂	季	衰	未	飞	费	尾

豪效开一韵读〔o 槽（屑~，瓦垄凹下的部分） a 靠（无~仰ˀ，无依无靠） au 套（~房，套间） ou 脑（樟~） ãu 好（~食，嘴馋）〕等韵，个别字读 iau 捞（~蛆）韵或 õ 毛（落~，出家）韵。肴效开二韵读〔a 巧（雕~雕~，小巧玲珑） au 交（~关，交易） iau 搅（~拢） ãu 貌（单字音）〕等韵，个别字读 ã 酵（~母）韵或 iãu 猫（~娘，女猫）韵。宵效开三韵读〔io 腰（黄蜂~，形容女子腰细） iau 消（~吊，脸上没有血色） iãu 猫①（~母，女猫）〕韵，个别字读 iõ 潮（~阳县）韵。萧效开四韵读 io 挑（灯~，拨打棍儿）韵或 iau 条（瘔~瘔~，又瘦又高）韵，个别字读 iõ 钓（~鱼）韵或 iãu 尧（单字音）韵。效摄字潮阳文白异读如表 4 – 17。

表 4 – 17

	豪开一		肴开二		宵开三		萧开四
白读韵母	o		a		oi		
文读韵母	ãu	au		iau		iãu	iau
例 字	袄	造	尻	孝	巧	小	苗	挑

侯流开一韵读〔au 头（屑~，屋脊两端高起的部分） ou 斗（~意，故意） ãu 藕（莲~粉，藕粉） õu 某（~人） om 藕（~节）〕等韵，个别字读 a 扣（~除）韵或 o 母（对~，对联的上联）韵，õu 韵限于古明母字，om 韵限于古疑母字。尤流开三韵读〔u 牛（土~蛮，称言谈举止粗鲁者） au 瘤（咸酸~，风疹块） ou 瘦（黄霜~瘔，脸黄肌瘦） iu 洲（溪~，小河沟里的沙洲） ĩu 纽（解~，解扣儿）〕等韵，个别字读〔iau 搜 ãu 矛（~盾） õu 谋（阴~）〕韵，"皱~痕（皱纹）"字读〔niãuˋ〕，来历未详。幽流开三韵读 iu 纠（单字音）韵和 ĩu 幼（~秀~秀，形容女子娇小秀丽）韵。流摄字潮阳文白异读如表 4 –18（"扣"〔kʻaˋ克~/kʻauˋ~留〕、"藕"〔ˊnãuˋ莲~（藕）/ˊŋomˇ~粉〕两个字的异读对应不列入表内）。

---

① "猫"字单就潮阳方言看，分不清是肴韵字还是宵韵字，姑且两见。

表 4 – 18

	侯开一	尤开三		幽开三
白读韵母	o	au	u	
文读韵母	ou		iu	ĩu
例　字	母	斗	流　有	牛

覃咸开一韵多数字读 am 潭（高~鼎，一种大铁锅）韵，个别字读 ai 蚕（~屎，蚕沙）韵，"南"［꜀nã˥ ~门（本县城地名）／꜀nam˥ ~姜（洋姜）］字 ã 韵、am 韵两读。谈咸开一韵多数字读 ã 胆（电~，电珠）韵或 am 鉴（~针，扎针）韵，个别字读 iam 暂（~时）韵或 aŋ 毯（~子）韵。咸咸开二韵多数字读 am 杉（~排，木筏）韵，少数字读 iam 咸（~酸橱，碗柜）韵或 aŋ 碱（芳~，香皂）韵。衔咸开二韵读 ã 衫（乌~，青衣）韵或 am 监（坐~，坐牢）韵。盐咸开三韵多数字读 ĩ 钳（铁~，火钳）韵或 iam 俭（~油灯，小油灯）韵，"贬襃~"［꜀p'iaŋ˥］、"脸 ~大大，很有面子"［꜀liaŋ˥］两个字读 iaŋ 韵。严咸开三韵除"欠"［k'im꜒ ~字（漏了字）／k'iam꜒ ~钱］字两读之外，都读 iam 剑（~壳，剑鞘）韵。添咸开四韵多数字读 iam 店（~铺，饭铺）韵，个别字读 ĩ 添（~饭）韵或 iaŋ 垫（单字音）韵。凡咸合三韵除"帆~布"［꜀p'aŋ˥］字读 aŋ 韵外，都读 uam 犯（走~，逃犯）韵。咸摄非入声字潮阳文白异读如表 4 – 19。

表 4 – 19

	覃开一	谈开一	衔开二	盐开三	添开四	凡合三
白读韵母	ã			ĩ		
文读韵母	am			iam		
例　字	南	三	衔	染	添	

合咸开一入韵读［aʔ 踏（行~，走动）　ap 杂（拍~，打杂）　ak］等韵，读 ak 韵的只有"喝书面语"［hak꜐꜒］字。盍咸开一入韵读［aʔ 塔（八宝~，一种中草药）　ap 塌（~目，眼部凹陷）　ak］等韵，读 ak 韵的只有"榻［t'ak꜐꜒］㧓~，一种用竹条当支架的活动蚊帐、盍［hak˥꜒］书面语"两个字。"卅"读［꜀sãp˥ < ꜀sã꜔ tsap˥꜒］是"三 + 十"的合音字，和盍韵字的"卅"来历不同。洽咸开二入韵读［aʔ 闸 oiʔ 袂 ap 恰 iap 洽］等韵。狎咸开二入韵读［aʔ 鸭 ap 盒 iap］等韵，读 iap 韵的只有"压~迫"［iap꜐꜒］字，"压"字训读［teʔ꜐꜒］当单音动词用，来历待考。叶咸开三入韵读［aʔ 猎 iʔ 折 iaʔ 姜（~骹，称旧时的

婢妾） io？叶（树~） iap 捷 iak 轭（动~，书面语）] 等韵，除 iap 韵字数较多外，其他各韵都只有个别字。业咸开三入韵除"怯书面语"［k'iak˩］字读 iak 韵外，都读 iap 劫（~贼，半路抢劫的强盗）韵。帖咸开四入韵读［a？贴 i？颊（颊交，脸颊的意思） oi？挟（在腋下夹东西） iap 挟（~涩，吝啬）] 等韵。乏咸合三入韵"法"［huap˩］字潮阳读 uap 韵，"乏"［hek˥疲乏/huak˥ 贫~］字潮阳 ek 韵、uak 韵两读。咸摄入声字潮阳文白异读如表 4-20。

表 4-20

	合开一	洽开二	狎开二	叶开三			帖开四		乏合三	
白读韵母		a？		ia？	io？	i？	a？	oi？		
文读韵母		ap			iap				ek	uak
例 字	合	插	押	妾	叶	接	叠	挟	乏	

侵深开三韵多数字读［im 阴（~阳水，热水冷水相掺和的水） am 针（~尾，针尖儿） iam 沉（单音动词，将东西浸入水里）] 等韵，个别字读［ã 林（松柏~，本县地名） iã 今（~日） iŋ 品（~格）] 等韵。侵韵读 iŋ 韵的，只有"禀单字音"［ˉpiŋˇ］、"品"［ˉpiŋˇ ~格，人~/ˉp'iŋˇ ~格］两个字。这两个字韵尾读舌根鼻音 ŋ，不读双唇鼻音 m，可能是受了语音结构的制约，因为潮阳方言在同一个音节里，声母和韵尾不能同时出现双唇音。

缉深开三入韵多数字读［ip 袭（~着风，伤风） ap 汁（目~，眼泪） iap 涩（~皮，难办）] 等韵，个别字读［i？给（~伊，给他） oi？签（竹~，斗签） ek 蛰（惊~）] 等韵。"吸"字读［ku？˩］，吸烟的意思，来历待考。深摄字潮阳文白异读如表 4-21。

表 4-21

	侵开三					缉开三			
白读韵母	ã		iã			i？			
文读韵母		im		am	im	iam	ip	ap	ip	iap
例 字	林		今	饮		临	给	拾	吸

寒山开一韵读 uã 炭（涂~，煤炭）韵或 aŋ 餐（忆苦~，忆苦饭）韵，个别字读 ãi 岸（单字音）韵。"看"字训读［ˉt'ðiˇ］，瞧的意思，来历待考。山山开二韵读［uã 山（~陷，山谷） ãi 苋（~菜） aŋ 扮（打~）] 等韵。删山开二韵读［uã

晏（晚） ̃ai 刂（半衣～，示部儿，汉字偏旁，如"社"字的左边部分） aŋ 蛮（土牛～，称言谈举止粗鲁的人）] 等韵，"颜" [₌hiã˦ 姓/ ₌ŋuaŋ˥ ～色] 字读法特别，有 iã 韵和 uaŋ 韵两读。仙山开三韵读 [iã 园（索～，小绳儿） uã 线（番～碾，木线轴） ĩ 扇（扇了） iŋ 面（～布，擦脸用的毛巾） iaŋ 免（不用）] 等韵，个别字读 aŋ 园（～领，婢女）韵。元山开三韵读 [iã 健（单音形容词，健壮的意思） iŋ 轩（单字音） iaŋ 献（～生鲜，向刚熟悉的人献殷勤）] 等韵，个别字读 aŋ 言（语言）韵。先山开四韵读 [ĩ 面（～圆，一团一团的挂面） ̃ai 笔（鸡毛～，鸡毛掸子） iŋ 先（～生，也称医生） aŋ 牵（～炉柜，拉风箱） iaŋ 电（～涂，电池）] 等韵，"燕" [i˥ ～鸟（燕子）/iaŋ˥ ～窝] 字 i 韵、iaŋ 韵两读。山摄非入声开口字潮阳文白异读如表4-22。

表4-22

	寒开一	山开二	删开二		仙开三			元开三		先开四		
白读韵母	uã	̃ai	uã	iã	uã	ĩ	iŋ	iã	ĩ	̃ai	iŋ	i
文读韵母	aŋ			uaŋ		iaŋ						
例 字	旦 产 ₌间	板 晏	颜	连 贱	变 展	健	见	千	先	遍	燕	

曷山开一入韵读 [aʔ 瘌（单字音） uaʔ 割 ak 达（阔～，阔气）] 等韵。读 aʔ 韵的只有"瘌单字音"字。黠山开二入韵读 [oiʔ 八 aʔ 轧（～面，擀面） uaʔ 杀（书面语） ak 察（失觉～，忽略） uak 拔（～河）] 等韵。鎋山开二入韵读 ak 辖（～家私，置家具）韵，未见异读字。薛山开三入韵读 [iʔ 舌（舌头） uaʔ 热（畏～，怕热） ak 别（～人） iak 设（～心事，想法子） ek 折（挫～） iap 泄（液体漏出来）] 等韵。"挫折"的"折"字读 [tsʻek ₌]，可能是受北京话的影响（北京读 [₌tʂɤ˦]）。这个读法和一般异读层次的读音不相符，可以认为是后起的文言音。"泄液体漏出来"字读 p 尾韵 [siap˥ ₌]，来历存疑。月山开三入韵读 [iaʔ 歇 ik 揭（～阳县） ak 谒（单字音） iak 竭（单字音） iap 蝎（～团，蝎子）] 等韵。"蝎～团（蝎子）"字读 p 尾韵 [hiap ₌]，来历也存疑。屑山开四入韵读 [iʔ 铁 aʔ 截（遮～，遮掩） uaʔ 撇（蜀～，一撇，汉字的笔画，如人字向左斜下的笔画） ioʔ 挈（～恨，记恨） oiʔ 节（春～） ik 蔑（～瓢，筏黄） ak 节（～俭） iak 节（～妇） iap 捏（～造）] 等韵。读 iap 韵的只有"捏～造" [niap ₌] 字和"涅～槃"字，来历待考。山摄入声开口字潮阳文白异读如表4-23。

表 4 – 23

	曷开一	黠开二	鎋开二	薛开三		月开三		屑开四		
白读韵母	ua?	oi?	a?	i?	ua?	ia?	ik?	a?	o?	ia?ua?oi?
文读韵母	ak	uak		iak		ak			ak	iak
例字	撒	拔	轧	折①	热	别	揭	截	节	屑 撇 掣

　　桓山合一韵读 [ĩ 丸　uã 官　ŋ 蒜　uŋ 潘② （~水，泔水）　aŋ 卵 （男阴）　oŋ 管 （葱~，葱叶儿）　uaŋ 馆　o 短] 等韵。读 ĩ 韵的只有"丸" [ᴄĩ 药~/ᴄiaŋ 读书音] 字。读 uŋ 韵的只有"潘" [ᴄp'uã 姓/ᴄp'uŋ ~缸 （泔水缸）] 字。读 oŋ 韵的只有"管" [ᴄkŋ 血~/ᴄkoŋ 喉咙~ （食道）/ᴄkuaŋ ~理] 字。读 o 韵的只有"短" [ᴄto 长~/ᴄtuaŋ ~少] 字。山山合二韵读 uaŋ 幻韵。删山合二韵读 [uã 闩　uē 关 （~门）　ãi 还 （债）　uãi 惯 （~势，习惯）　uaŋ 环 （门~）] 等韵。[uã、uē、ãi] 三韵分别只有"闩" [ts'uã]、关 [ᴄkuē ~窗/ᴄkuaŋ ~心]、还 [ᴄhãi ~钱/ᴄhuaŋ 读书音] 个别字。仙山合三韵读 [ĩ 院　uã 泉　uãi 圈 （树泥~，环形的橡皮筋儿）　ŋ 软　uŋ 拳　iaŋ 铅　uaŋ 选] 等韵。读 uã 韵的只有"泉" [ᴄtsuã] 字。读 uãi 韵的只有"圈" [ᴄk'uãi 树泥~/ᴄk'uaŋ 倚~ （轮流打乒乓球老打赢不下球台）] 字。元山合三韵读 [ãi 反 （~领，翻领儿）　ŋ 晚　aŋ 挽　iaŋ 援　uaŋ 芫 （~荽，香菜）] 等韵。读 ãi 韵的只有"反" [ᴄpãi ~目 （翻眼皮，翻脸）/ᴄhuaŋ ~对] 字。先山合四韵读 [uãi 县　iŋ 眩 （~车，晕车）　iaŋ 犬 （~字旁，犬字旁）　uaŋ 渊] 等韵。读 iŋ 韵的只有"眩" [ᴄhiŋ ~船 （晕船）/ᴄhiaŋ 读书音] 字。读 uaŋ 韵的只有"渊" [ᴄuaŋ] 字。桓韵"潘"字读音对比仙韵"船" [ᴄtsuŋ 火~ （轮船）/ᴄts'uaŋ 读书音] 字读音看，可以认为 uŋ 是白读韵母，因此"潘"字两读都是白话音。山摄非入声合口字潮阳文白异读如表 4 – 24。

表 4 – 24

	桓合一				删合二			仙合三					元合三			先合四	
白读韵母	ĩ	ŋ	uã	o	ãi	uē	uãi	ŋ	uŋ	ĩ			ãi		ŋ	uãi	iŋ
文读韵母	iaŋ	aŋ	uaŋ									iaŋ		uaŋ		iaŋ	
例字	丸	卵	酸	宽 短	还	关	弯	圈	穿	船	圆	沿	反	饭	远	悬	眩

---

① 本条"折"字《广韵》旨热切，潮阳读阴入。"折"字《广韵》另有常列切一读，潮阳读阳入。

② 《广韵》平声桓韵："潘，淅米汁……普官切。"玄应《一切经音义》卷十三："米潘，敷袁反。《苍颉篇》，甘汁也。《说文》，潘，淅米汁也，江北名泔，江南名潘。"

末山合一入韵读［oʔ 撮（~团，一点儿） uaʔ 抹 uk 脱（~产） ak 豁（单字音） uak 末（~年）］等韵。黠山合二入韵读［uaʔ 滑（~石） ueʔ 挖（~糊，挖取浆糊） uk 滑（油~，用铇子铇平木料） uak 挖（读书音）］等韵。锗山合二入韵读 ueʔ 刮（用刀~）韵和 uak 刮（读书音）韵。薛山合三入韵读［oʔ 雪 uaʔ 悦（相~，男女相爱） ueʔ 啜（~汤~汁，形容喝稀的） uak 悦（喜~）］等韵。月山合三入韵读［ueʔ 月（逃~，月经中断，非指妊娠期） iuʔ 发（~芽） ik 橛（牛~，拴牛用的小木桩） uk 掘（剜~，挖掘） iak 日（单字音） uak 罚］等韵。屑山合四入韵读［iʔ 簕①（~猴，一种海蟹，脚比河蟹长） ueʔ 血 uak 决（~定）］等韵。山摄入声合口字潮阳文白异读如表 4 - 25。

表 4 - 25

	末合一			黠合二		锗合二	薛合三		月合三		屑合四
白读韵母	oʔ	uaʔ	uk	ueʔ		uaʔ	iuʔ	ik	ueʔ		iʔ
文读韵母	uak					uak					
例　字	夺　泼			滑		挖　刮	悦	发	橛		缺

痕臻开一韵读［in 根（有~有苗，形容有生命力） un 痕（指~，指纹） ian 垦（开~）］等韵。真（臻）臻开三韵读［aŋ 陈（姓） in 讯（对~，对质） eŋ 尘（墱②~，灰尘） uŋ 伸（~匀拔胿，伸懒腰） ian 信（相~）］等韵。殷臻开三韵读 in 勤（~心，勤奋）韵。读 eŋ 韵的只有"尘墱~（灰尘）"［⸌teŋ⸍］字。魂臻合一韵读 ŋ 孙（姓）韵和 uŋ 孙（囝~，子孙）韵。谆臻合三韵读［in 均（平~） uŋ 春（虾~，虾子） ŋ 吮（吮吸）］等韵。读 in 韵和 ŋ 韵的只有个别字。文臻合三韵读［in 勋（~章） uŋ 云 ŋ 问 ian 晕（月~疽，金钱癣） uaŋ 吩（~咐）］等韵。读 ŋ 韵、ian 韵、uaŋ 韵的只有个别字。

质（栉）臻开三入韵读［ioʔ 质（骨~，品质） ak 密（~裤，漫裆裤） ek 膝（~下） ik 密（机~） iak 窒（~碍，妨碍）］等韵。读 ioʔ 韵的只有"质性~"［tsioʔ⸍］字。迄臻开三入韵读 ik 乞（~食，乞丐）韵和 iak 讫（单字音）韵。没臻合一入韵读［uk 窟（死水，水坑） ok 没（~收） ak 橺（生~，淋巴结发炎肿大） uak 勃（马~，中药）］等韵。读 ok 韵、ak 韵、uak 韵的只有个别字。"没"字

---

① 《广韵》入声屑韵："簕，簕似蟹，生海中"，昨结切。"簕"字也有写作"蟓"的。《闽中海错疏》下卷："蟓，似蟹而大，壳两旁尖出，而多黄，螯有棱，铦利，截物如剪，故曰蟓。"

② 《玉篇》卷二土部："墱，乌孔切，又乌公切，尘也。"潮阳"墱"字读阴平，与乌公切一音符合。

又读［muk↗, 沉~］。"没药"的"没"字读［muk↘］或［mok↘］两可。"没收"和"没药"的"没"字读［mok↘］（北京读［mo↘］），可能是受北京话的影响。术臻合三入韵读［ik 橘（~红）　uk 秫（~米，江米）　uak 绌（单字音）　uaʔ 绌（~远，差得远）］等韵。读 ik 韵的只有"橘~红"字。读 uak 韵和 uaʔ 韵的只有"绌"字。"绌"是常用词，在口语里读［tsuaʔ↗ ↘］，当动词用是欠缺和相差的意思，当形容词用是不好或不够的意思。物臻合三入韵读 uẽʔ 物（~件，东西）韵和 uk 佛（大肚~，也比喻大胖子）韵。读 uẽʔ 韵的只有"物"字。"物"字当动词用是弄的意思，如"物好"是弄好或弄完的意思；当名词用指东西，有时也指人。在口语里，贬称某人说"者物"［tsai↘ mẽʔ↗］，"物"字脱落 u 介音读 ẽʔ 韵。臻摄字潮阳文白异读如表 4 - 26。

表 4 - 26

	痕 开一	真（臻）开三		殷 开三	魂 合一	谆 合三	文合三		质（栉） 开三	迄 开三	没 合一	术合三		物 合三
白读韵母		aŋ	iaŋ		ŋ		iaŋ	uaŋ	ak		ak	uak	uaʔ	
文读韵母	uŋ		iŋ	eŋ	uŋ			uŋ	uk		uk			
例　字	伸	人	信	尘	昏		晕	盼	实		榭	绌		

唐宕开一韵读［ŋ 缸（厕~盖，孔鳐）　aŋ 帮（~嘴驳舌，形容帮人说话）　iaŋ 行（头~，第一行）　o 榔（槟~）］等韵。读 iaŋ 韵的只有"行第二~"［ɕiaŋ↗］字。读 o 韵的只有"榔槟~"［ɕlo↗］字。阳宕开三韵读［ŋ 长（~骹雨，雨点较稀的雨）　õ 两（~款，两种）　iõ 抢（救火~被，趁火打劫）　aŋ 壮（肥~大健，胖而健壮）　iaŋ 凉（坐~，坐着乘凉）　uaŋ 装（洋~裤，西服裤）　o 状（~元）　io 唱（~歌，唱民间小调）］等韵。读 o 韵或 io 韵的只有个别字。请注意，"唱歌唱民间小调"［tsʼio↘ kua↗］和"唱歌唱一般歌曲"［tsʼiaŋ↘ ko↗］词形相同，而读音和词义不一样。唐宕合一韵读［ŋ 光（遮~截暗，比喻偷偷摸摸）　uã 旷（~囥，心胸开阔）　uaŋ 旷（~地，荒地）］等韵。读 uã 韵的只有"旷~量，宽宏大量"字。阳宕合三韵读［ŋ 方（传~，民间相传的药方）　aŋ 房（后~，正房）　uaŋ 框（耳~，耳轮，也写作耳圈）　eŋ 筐（~头，较浅的筐）　õ 望（拍~，把风）］等韵。读 eŋ 韵或 õ 韵的只有个别字。宕摄非入声字潮阳文白异读如表 4 - 27。

表 4 - 27

	唐开一	阳开三										唐合一		阳合三				
白读韵母	ŋ	iõ	õ	io			ŋ	o				ŋ	uã	õ	eŋ		ŋ	
文读韵母	aŋ	iaŋ							aŋ			uaŋ		aŋ				uaŋ
例 字	缸	行	央	丈	阳	两	唱	将	霜	装	状	光	旷	望	王	狂	方	放

铎宕开一入韵读 [aʔ 各（头~插，脸各朝相反的方向） oʔ 恶（~物，难弄） uaʔ 烙（蠔~，用牡蛎加上淀粉、葱花等拌匀，过油煎成的一种食品，味美可口） auʔ 落（蔫~，精神不振） õʔ 愕（~~，发呆） ak 凿（~囝，凿子） ok 络（瓜~，用来做药材的丝瓜络） ap 诺（~言）] 等韵。读 p 尾韵的只有"诺许~"[nap˺˨]字。药宕开三入韵读 [iaʔ 掠（~神~影，捕风捉影） ioʔ 着（~烧瘩，烧煳了的锅巴） iauʔ 跃（~碾~斗，翻跟斗） iak 略（草理~，粗略） iok 脚（读书音）] 等韵。读 iok 韵的只有"脚读书音"字。"雀"字和"鹊"字单字音读法相同，不过有人读 [tsʼiak˺]，有人读 [tsʼiap˺]，p 尾韵的读法存疑。铎宕合一入韵读 [ueʔ 郭（姓） ak 霍（~斛，霍山石斛，中药） uak 郭（城~）] 等韵。药宕合三入韵读 ak 缚（~索，捆绳子）韵。宕摄入声字潮阳文白异读如表 4 - 28。

表 4 - 28

	铎开一						药开三					铎合一	药合三
白读韵母	õʔ	aʔ	oʔ		uaʔ		ioʔ			iauʔ	iaʔ	ueʔ	
文读韵母	ak			ok		ak	iok	iak				uak	
例 字	愕	各	作	索	烙	乐	脚	略	雀	跃	削	郭	

江江开二韵读 [iõ 腔（~盖人，讽刺人） ŋ 撞（相~，相遇） aŋ 巷（火~，在房子和围墙之间的小巷，用以防止火灾蔓延） oŋ 蚌（鹬~相争，渔人得利） eŋ 窗（~子，窗户上横竖交错的木条） uaŋ 撞（冲~，得罪，冒犯）] 等韵。读 iõ 韵或 ŋ 韵的只有个别字。觉江开入韵读 [oʔ 学（~古，讲故事） auʔ 角（卵~，蛋卷儿） ãuʔ 乐（听~，多指听潮州音乐） ok 戳（~囝，图章） ak 桷（椽子） uak 塑（~望）] 等韵。江摄字潮阳文白异读如表 4 - 29。

表 4－29

	江开二			觉开二		
白读韵母	ŋ			oʔ	auʔ	āuʔ
文读韵母	uaŋ	oŋ	aŋ	ak	ok	
例　字	撞	胖	绛	学	角	乐

登曾开一韵读［ẽ 棚（挨~前，观众在戏台前挤来挤去）　aŋ 崩（坐食山~，坐吃山空）　eŋ 凳（伸~，一种长方凳，凳面儿较宽）　iŋ 藤（银花~，忍冬藤，入药）　iaŋ 肯（~定）］等韵，读 ẽ 韵或 iaŋ 韵的只有个别字。蒸曾开三韵读［iã 冰（~橱，冰箱）　eŋ 兴（无~无头，毫无兴趣）　iŋ 蝇（胡~屎，蝇屎，也指雀斑）　uŋ 孕（有娠~，怀孕了）　ueŋ 孕（怀~）］等韵，读 iã 韵、uŋ 韵或 ueŋ 韵的只有个别字。登曾合一韵读 ueŋ 弘（单字音）韵。德曾开一入韵读［oʔ 饻（拍~，打嗝儿）　oiʔ 塞（珠娘~，指喜欢夹在妇女堆儿里聊天的男子，也写作诸娘塞）　ak 北（~芪，黄芪）　ek 黑（~丑，一种牵牛子，入药）　ok 贼（蟊~）　ik 得（~人惜，讨人喜欢）　iok 克（拍扑~，打扑克）］等韵，oʔ 韵、oiʔ 韵、ok 韵、ik 韵和 iok 韵都只有个别字。职曾开三入韵读［eʔ 职（~承，职任）　iaʔ 食（~桌，吃宴席）　iʔ 蚀（闪~，亏损）　ak 力（出气母~，费劲儿大）　ek 侧（~柏叶，一种中草药）　ik 直（白~，直率）　iak 即（~时，马上）］等韵，eʔ 韵、iaʔ 韵和 iak 韵只有个别字。德曾合一入韵读 ok 国（大~手，指高明的中医）韵和 uek 惑（单字音）韵。职曾合三入韵读 uek 域（领~）韵。曾摄字潮阳文白异读如表 4－30。

表 4－30

	登开一	蒸开三	登合一	德开一		职开三				德合一	职合三
白读韵母	aŋ	iŋ	uŋ	ak	oiʔ	ak	ik	iaʔ	iʔ		
文读韵母	eŋ		ueŋ	ek	ok	ek	iok	ek			
	等	承　孕		墨　贼	塞	克	力　翼	食			

庚梗开二韵读［ẽ 生（铁骨~，形容人老那么瘦）　iã 行（走）　eŋ⸢ 行（衣品表~，缺德，多指人做坏事）　ueŋ 衡（~阳，地名）］等韵，iã 韵和 ueŋ 韵只有个别字。耕梗开二韵读［ẽ 争（~头前，争先）　eŋ 茎（麦~，麦秆儿）　ueŋ 耿（忠心~~）］等韵，ueŋ 韵只有个别字。庚梗开三韵读［ẽ 病（闲~，慢性病）　ia 影（小~，相片）　eŋ 明（~实，确实）　iŋ 命（司~公，灶王爷）　aŋ 痝（瘦）　iaŋ 映（单字音）］等韵，iŋ 韵、aŋ 韵和 iaŋ 韵只有个别字。清梗开三韵读［ẽ 井（龙虎~，套院儿房子左右院的统称）　iã 精（金嘴鸟~，比喻女子或女孩话多）　iõ 赢（~钱）　aŋ 蛏（指甲~，一种蛏子）

eŋ 聘（送~，订婚时男家向女家送聘礼）　iŋ 轻（~声细语）　ueŋ 盈（罪恶贯~，恶贯满盈）］等韵，iõ 韵、aŋ 韵、iŋ 韵和 ueŋ 韵都只有个别字。青梗开四韵读［ẽ 星（孤~冷火，形容孤独寂寞）　iã 髀①（~篱骨，肋骨）　eŋ 顶（~厅，正厅）　aŋ 瓶（雪~，冰瓶）　oŋ 铃（兜~，马兜铃，中药）　iŋ 屏（进~门，屏门）］等韵，aŋ 韵、oŋ 韵和 iŋ 韵都只有个别字。庚梗合二韵读 uẽ 横（~雨，斜着落下来的雨）韵和 uaŋ 矿（煤~）韵。耕梗合二韵读 oŋ 轰（~~烈烈）韵和 ueŋ 宏（~伟）韵。庚梗合三韵读 iã 兄（大~头，老大）韵、ueŋ 荣（光~）韵和 ioŋ 荣（读书音）韵。清梗合三韵读 iã 营（兵~）韵和 ueŋ 倾（~向）韵。青梗合四韵读 ueŋ 萤（单字音）韵。梗摄非入声字潮阳文白异读如表 4-31。

表 4-31

	庚开二	耕开二	庚开三		清开三		青开四				庚合二	耕合二	庚合三		清合三	青合四
白读韵母	iã	ẽ	iã	ẽ	iã	iõ	ẽ	iã	oŋ	aŋ						iã
文读韵母		eŋ		iŋ	eŋ		iŋ	ueŋ		eŋ		iŋ			ioŋ	ueŋ
例　字	行	猛	争	平	明	惊	命	精	性	轻	赢	青	经	定	铃	零	瓶	荣	营

陌梗开二入韵读［eʔ 宅（厝②~，住宅）　aʔ 拍（~格，打格子）　oʔ 择（拣精~白，挑肥拣瘦）　iaʔ 拆（~药，抓药）　ek 择（选~）］等韵，oʔ 韵只有个别字。麦梗开二入韵读［eʔ 麦（~头，大的麦粒儿）　aʔ 栅（~箔，捕鱼用具）　iaʔ 摘（~花）　ẽʔ 脉（拍~，号脉）　ek 革（~命）］等韵，aʔ 韵、iaʔ 韵和 ẽʔ 韵只有个别字。陌梗开三入韵读 iaʔ 剧（~员，戏剧演员）韵和 ek 碧（金~山水，一种山水画）韵。昔梗开三入韵读［eʔ 积（~墨，国画画山水的一种画法）　iaʔ 僻（执~，固执）　ioʔ 石（~榴缸，一种有嘴儿的坛子，多用来盛酒或泡药酒）　ek 积（疳~，食积）　ik 脊（狗~，中药）］等韵，eʔ 韵和 ik 韵只有个别字。锡梗开四入韵读［eʔ 历（~日头，日历）　oʔ 劈（~镳，一种砍树刀）　iaʔ 籴（~米，买米）　iʔ 滴（~~团，一点儿）　ak 踢（碓~篙，舂米时在石臼里拨米用的木棍）　ek 激（~血，伤痕瘀血）　ok 寂（~寞）　iok 寂（~寞）］等韵，oʔ 韵、iʔ 韵、ok 韵和 iok 韵都只有个别字。陌梗合二入韵读 ueʔ 貌（单字音）韵。麦梗合二入韵读 ueʔ 划（计~）韵和 uek 获（单字音）韵。昔梗合三入韵读 iaʔ 役（兵~）韵、uek 役（兵~）韵和 uk 疫（鼠~）韵。梗摄合口入声字很少，各个

① 《集韵》平声青韵："髀，肋骨"，滂丁切。
② 《广韵》去声寘韵："厝，偏厝，舍也"，七赐切。这就是潮阳方言和某些闽语方言管"房子"叫"厝"的本字。本文仍从通行写法，写作"厝"。

韵母都只有个别字。梗摄入声字潮阳文白异读如表4-32。

表4-32

	陌开二		耕开二	陌开三	昔开三			锡开四			陌合二	麦合二	昔合三
白读韵母	oʔ	aʔ		eʔ	eʔ	iaʔ	ioʔ	oʔ	ak				iaʔ
文读韵母	ek				ek	ik		ek	ok	iok			uek
例字	择	魄	柏	隔	积	脊	席	劈	踢	寂			役

东通合一韵读［aŋ 筒（薰~头，烟袋锅） eŋ 翁（姓） oŋ 孔（~子正，指字音的正音） ŋ 桶 õu 蒙（~天塞屿，形容下雾）］等韵，ŋ 韵只有"捅"［ᶜt'ŋ］字。"痛"字读［t'oŋ˨ ~苦］或［t'iã˩ ~绝（疼死了）］，后一个读法像是训读，来历待考。冬通合一韵读 aŋ 冬（收~①，收割稻子）韵和 oŋ 松（肉~）韵。东通合三韵读［aŋ 虫（刺毛番~，一种毛毛虫） eŋ 中（~状元） oŋ 中（~鼓心，猜中谜语的答案） ŋ 枫（~叶） ioŋ 芎（川~，中药） uaŋ 风（九降~②） im 熊］等韵，ŋ 韵只有"枫~树"［ᶜpŋ˦］字，im 韵只有"熊"［ᶜhim˥］字。锺通合三韵读［aŋ 蜂（~公，雄蜂） eŋ 盅（炖~，一种瓷罐，多用来放在锅里隔水炖食物） oŋ重（喜人~客，好客） ioŋ 讼（做~，写起诉书，也叫做呈） uaŋ重（~阳） iõ 溶（路~~，形容路很湿）］等韵。通摄非入声字潮阳文白异读如表4-33。

表4-33

	东合一		冬合一	东合三						锺合三				
白读韵母	eŋ	aŋ		aŋ	eŋ		uaŋ	aŋ	ŋ	eŋ		uan	aŋ	iõ
文读韵母	oŋ			ioŋ	oŋ	ioŋ				oŋ	ioŋ		oŋ	ioŋ
例字	翁	红	松	ᶜ中	中ᶜ	穷	风	枫	龙	涌	ᶜ重	封	ᶜ重	溶

屋通合一入韵读［oʔ 秃（~发，秃顶） ak 曝（~粟，晒稻谷） ek 鹿（~含草，中药） ok 独（~悦，单相思）］等韵，oʔ 韵只有个别字。沃通合一入韵读 ak 沃（~菜，浇菜）韵和 ok 酷（~拍，严刑拷打）韵。屋通合三入韵读［uaʔ 宿（~舍） ak 目（红~呆，梭鱼） ek 竹（~篦，用竹子编写的篱笆） ok 服（成~，入殓） iok 郁（~李仁，

---

① "冬，俗呼谷熟曰冬，有早冬晚冬两熟，曰双冬，犹麦熟之言秋也。"（见《鄂不斋丛书·台阳见闻录·谷米编》）

② "九降风，九月北风初烈，或至匝月，名为九降，他月飓多挟雨，惟九降无雨而风。"（见《鄂不斋丛书·台阳见闻录·天文编》）

中药)］等韵，uaʔ 韵只有个别字。烛通合三入韵读［ioʔ 俗（臭~，俗气） ek 局（信~，邮电局） ok 速（~效药，疗效显著的药） iok 足（打~，也叫足字爿，足字旁） uak 蜀（四川省的别称）］等韵，uak 韵只有个别字。通摄入声字潮阳文白异读如表4-34。

表4-34

	屋合一		沃合一	屋合三			烛合三			
白读韵母	oʔ	ek	ak		ek	uaʔ	ek		ioʔ	ek	uak
文读韵母			ok		iok		ok	iok		ok
例 字	秃	鹿	木 沃	目	陆	畜 宿	逐	曲	足 俗	蜀

归纳以上所说，同一个韵母是白话音还是文言音，要看具体的字而定。比方古梗摄开口字，读 ɛ̃、iã 两韵是白话音，读 eŋ 韵是文言音。例如："猛"［ᶜmẽ丫 快/ ᶜmeŋ丫 读书音］，"冥"［ᵴmẽㄱ 日 ~：日夜/ ᵴmeŋ ~椅：灵床］，"行"［ᵴkiã 走/ ᵴheŋㄱ 山~水：山上的流水］，"惊"［ᵴkiã┤ 怕/ ᵴkeŋ┤ ~蛰］。古通摄字读［eŋ aŋ uaŋ］是白话音，读［oŋ ioŋ］是文言音。例如："松"［ᵴseŋㄱ ~柏：松树/ ᵴsioŋㄱ 甘~：一种中药］，"雄"［ᵴheŋㄱ 鸭~：公鸭/ ᵴhioŋㄱ 英~］，"翁"［ᵴeŋ┤ 姓/aŋ┤ 丈夫/oŋ┤ 不倒~］，"重"［ᵴteŋㄱ ~做/ ᵴtʰuaŋㄱ ~阳/ ᵴtʰioŋㄱ ~庆］。同是一个 eŋ 韵，见于通摄是白话音，见于梗摄是文言音。声母、声调也有类似现象，这里就不提了。

3.3 声调的文白异读

文白异读在声调上的差别与声母韵母不同。几乎每一个韵母都有文白异读。古声母大部分都有文白异读，帮、滂、端、透、精、清、见、溪、影九母只有个别字有文白异读。声调的文白异读集中在白读阳上对文读阴上和白读阳去对文读阳上两项上。现在分别列举例字。白读阳上文读阴上的字，白读阳去文读阳上的字，有时还读别的音，就把那个音放在括弧里。

（1）白读阳上/文读阴上

古次浊声母的上声字，潮阳方言有的只读阴上，例如"免不用"［ᶜmiaŋ丫］，"挽一把抓住"［ᶜmaŋ丫］，"纽~扣"［ᶜnĩuŋ丫］，"李姓"［ᶜli丫］，"嚷"［ᶜziaŋ丫］，"雅漂亮"［ᶜŋiã丫］，"友朋~"［ᶜiuㄚ］，"舀"［ᶜioㄚ］；有的只读阳上，例如"网"［ᵴmaŋㄚ］，"吕姓"［ᵴluㄚ］，"蚁蚂~"［ᵴhiaↄ］；下列十四个字白读阳上，文读阴上：

愈 ᵴzu↗/ᶜzu丫 伍 ᵴŋom↗/ᶜŋom丫 午 ᶜŋom↗/ᶜŋom丫 舞 ᵴmõu↗/ᶜbu丫 耳 ᵴhĩ↗/ᶜzu丫 雨 ᶜhou↗/ᶜu丫 奶 ᶜnẽ↗/ᶜnãi丫 老 ᵴlau↗/ᶜlau丫

卤 ⌐lou˩ / ⌐lou˥ 有 ⌐u˩ / ⌐iu˥ 藕 ⌐nãu˩ / ⌐ŋom˥ 领 ⌐niã˩ / ⌐niã˥

远 ⌐hŋ˩ / ⌐iaŋ˥ 五 ⌐ŋom˩ / ⌐u˥ (⌐ŋomˇ)

此外"想"字是清音心母字，白读⌐siõ˩文读⌐siaˇ是特例。

（2）白读阳去/文读阳上

古全浊和次浊声母的去声字，潮阳方言多数白读阳去，文读阳上，全部例子如下：

备 pi˩ᵌ / ⌐pi˥ 便 piaŋ˩ᵌ / ⌐piaŋ˥ 念 niam˩ᵌ / ⌐niam˥ 顺 suŋ˩ᵌ / ⌐suŋ˥

任 zim˩ᵌ / ⌐zim˥ 忌 ki˩ᵌ / ⌐ki˥ 愿 ŋuaŋ˩ᵌ / ⌐ŋuaŋ˥ 哺 pou˩ᵌ / ⌐pu˥

路 lou˩ᵌ / ⌐lu˥ 殿 tãi˩ᵌ / ⌐tiaŋ˥ 利 lai˩ᵌ / ⌐li˥ 定 tiã˩ᵌ / ⌐teŋ˥

贱 tsuã˩ᵌ / ⌐tsiaŋ˥ 尚 siõ˩ᵌ / ⌐siaŋ˥ 健 kiã˩ᵌ / ⌐kiaŋ˥ 样 iõ˩ᵌ / ⌐iaŋ˥

用 eŋ˩ᵌ / ⌐ioŋ˥ 望 mõ˩ᵌ / ⌐buaŋ˥ 昧 bai˩ᵌ / ⌐muẽ˥ 烂 nuã˩ᵌ / ⌐laŋ˥

浪 nŋ˩ᵌ / ⌐laŋ˥ 住 tiu˩ᵌ / ⌐tsu˥ 撞 tŋ˩ᵌ / ⌐tsuaŋ˥ 树 ts'iu˩ᵌ / ⌐su˥

上① tsiõ˩ᵌ / ⌐siaŋ˥ 让 niõ˩ᵌ / ⌐ziaŋ˥ 艺 goi˩ᵌ / ⌐nĩ˥ 艾 hiã˩ᵌ / ⌐ŋãi˥

饭 pŋ˩ᵌ / ⌐huaŋ˥ 易 koi˩ᵌ / ⌐i˥ 孕 huŋ˩ᵌ / ⌐ueŋ˥ 二 zi˩ᵌ / ⌐zi˥

命 miã˩ᵌ / ⌐meŋ˥ (miŋ˩ᵌ) 隶 li˩ᵌ / ⌐li˥ (⌐loi˥)

露 lou˩ᵌ / ⌐lou˥ (louˇ) 赖 lua˩ᵌ / ⌐lai˥ (⌐t'ai˥)

状 tsŋ˩ᵌ / ⌐tsuaŋ˥ (⌐tso˥) 下 e˩ᵌ / ⌐hia˥ (⌐he˥)

号 ho˩ᵌ / ⌐hau˥ (k'auˇ) 汗② kuã˩ᵌ / ⌐ha˥ (⌐haŋˇ)

饲 tsŋ˩ᵌ / ⌐su˥ ‖ "饲"字两音和"耳"字两音，声母声调和韵母所反映的文白差别不一致。这种情况需要认真再分析。

此外有的只读阳去或阳上，例如"箸筷子"[tu˩ᵌ]，"硬"[⌐ŋẽ˥]；个别字只读阴平、阳平或阴上、阴去，例如"埠~头：商埠"[⌐pou┤]，"预~备"[⌐u┐]，"议会~"[⌐gi˥]，"贸农~"[mõuˇ]；还有个别字白读阴去，文读阳去，或白读阳去，文读阴去，例如"地"[toˇ 扫~/ti˩ᵌ 布~：布的质量]，"代"[to˩ᵌ 年~/taiˇ 交~ (t'oiˇ ~表)]，从声调演变上看，没有一定的规律，这可能和方言的混合有关。

---

① 本条"上"字作方位词、时间词用，《广韵》去声时亮切。"上"字作动词用，《广韵》上声时掌切。参看贾昌朝《群经音辨》卷六辨字音疑混条："居高定体曰上，时亮切。自下而升曰上，时掌切。"

② 本条"汗"字《广韵》去声翰韵侯旰切。"可汗"的"汗"，《广韵》平声寒韵胡安切，潮阳读阳平。

四　一字三音的异读层次

字三音的异读字，主要是两白一文和一白两文。如何根据声韵调分辨文白，已见上文。现在列举一字三音的全部材料，两白一文在前，一白两文在后，个别三白或三文的字列在末尾。少数字标记星号＊，需要进一步探讨，暂时寄放在各类里。

A₁	A₂	B
布 pou√˥ 手～：手绢儿	p'ou√˥ 大～：本县地名	pu√˥ 读书音
费 pui√˥ ～嘴～舌	hui√˥ 经～	pi√˥ 姓
平 ₌pẽ┐ ～洋：平原	₌p'ẽ 单音动词，平整土地	₌p'eŋ┐ ～常
枫 ₌paŋ┤ ～溪：潮安县地名	₌pŋ┤ ～叶	₌hoŋ┤ 读书音
拔 poiʔ┐ 伸匀～胝：伸懒腰	puaʔ┐ ～水：从井里打水	puak┐ ～河
泡 p'a√ 电～：灯泡儿	p'ã√˥ （俗写冇）～粟：秕谷	p'au√˥ ～茶
微 ₌bui┤ 沙～：最细的沙子	₌bui┐ 雨～团：毛毛雨	₌bi┐ 人丁稀～：人烟稀少
明 ₌miã 松柏～：松树明子	₌mẽ┐ 火～：火花	₌meŋ┐ 光～
戴 to√˥ 姓	ti√˥ 单音动词	tai√˥ 爱～
代 to┘˥ 年～	t'oi˥ ～表	tai√˥ 交～
舵 ₌tua┘ 押～：掌舵	₌tai┘ ～公：掌舵的船夫	₌t'o┐ 读书音
涂 ₌tou┐ ～药：敷草药	₌t'ou 泥土	₌t'u┐ 糊～
动 ₌taŋ┘ 展～	₌t'aŋ┘ ～骹手：动手动脚	₌toŋ┘ ～骹手：动手动脚
重① ₌teŋ┐ ～倡：重新商议	₌t'uaŋ┐ ～阳	₌t'ioŋ┐ ～庆
丈 ₌tiõ┘ ～人公：岳父	₌tŋ┘ 蜀～布：一丈布	₌ziaŋ┘ ～夫
苔 ₌t'o┤ 舌生～	₌t'i 青～	₌t'ai┐ 读书音
两 ₌niõ┤ 斤～	₌nõ┘ ～骹钉：铞子	˥liaŋ┐ ～英：本县地名
脑 ˥lou┤ 樟～	˥lo┐ ～头～，头头儿	˥nãu┤ 鬼头鬼～
恼② ₌˥lou┤ 讨厌，恨	˥lo┤ 烦～	˥nãu ～吵：恼火
唠 ₌la┤ 好²～：喜欢聊天儿	₌la┤ 欢～喜笑：谈笑风生	₌lau┐ ～叨

① 本条"重"字《广韵》直容切，潮阳读阳平。"重"字《广韵》另有直陇切一读，潮阳读阳上。

② "恼"字《广韵》上声皓韵奴皓切，《集韵》注云："《说文》有所恨也，今汝南人有所恨曰㺹，或作恼。"

露* lou˩˥ 鱼~：一种调味品	lou˨˩ ~现：显露	˩lou˥ 揭~
朗* ˩laŋ˧ 稀疏	˩laŋ˥ 天唠~：天蒙蒙亮	˩laŋ˨ 读书音
陆 lak˥˩ 大写~	lek˥˩ 大~	lok˥˩ 大~
成 ˩tsiã˥ ~样：长相儿漂亮	˩siã˥ 七~	˩seŋ˥ 赞~
状 ˩tso˨ ~元竹：夹竹桃	tsŋ˩˥ 告~	˩tsuaŋ˨ 添~：添枝加叶
刺*① ts'u˨˥ ~史	ts'ŋ˨˥ 行~	ts'i˨˥ 生~：长刺儿
生 ˩ts'ẽ˧ 半~熟：夹生	˩sẽ˧ 翻~：翻身解放	˩seŋ˧ 学~
尝 ˩ts'iõ˥ ~新：收割后吃新米饭	˩siõ˥ 蒸~：指旧时宗族祭祀用的摊派的公用粮	˩siaŋ˥ ~试
上 ˩ts'io˨ ~填：扫墓	˩tsiõ˨ ~山	˩siaŋ˨ ~诉
私 ˩sai˧ 落~笼：贪污公款	˩su˧ ~人	˩si˧ ~家：家产，多指家具
先 ˩sãi˧ 头~：起先	˩siŋ˧ ~生：也称医生	˩siaŋ˧ 读书音
屑 sia?˩˥ 僻~：偏僻	soi?˩˥ 瓦~：碎瓦	siak˩˥ 读书音
架 ke˨˥ 笔~	kẽ˨ ~势	kia˨˥ ~子
瓜 ˩kue˨ 刺~：黄瓜	˩k'ue˧ ~子	˩kua˧ ~分
告 ko˨˥ ~状	k'o˨˥ ~示	kua˨˥ ~量：商量
几② ˩kui˥ 第~号	˩kua˥ 多多~~：多多少少	˩ki˥ 读书音
季 kui˨˥ 月~	k'ui˨˥ 四~	ki˨˥ 姓
经 ˩kiã˧ 书~	˩kẽ˧ ~丝：蜘蛛结网	˩keŋ˧ ~历
工 ˩kaŋ˧ 作~	˩k'aŋ˧ 作~课：干活儿	˩koŋ˧ 读书音
各 ko?˩˥ 拍做~：拿出部分东西另外放开	ka?˩˥ 头~插：脸各朝相反的方向	kak˩˥ 读书音
气* k'ui˨ 鼓~：呼吸	kui˨ 小肠~：疝气	k'i˨ 清~：干净
五 ˩ŋom˨ 百空~：一百零五	˩ŋom˥ ~形：五官	˩u˥ 读书音
下 ˩ke˨ ~~：形容很低	˩e˨ 灶~：厨房	˩hia˨ ~贱
下 e˩˥ 猛~：快一点	˩he˨ ~秧种	˩hia˨ ~降
厦 ˩e˨ ~门	he˩˥ 大~	hia˩˥ 大~
胡 ˩ou˥ 姓	˩hou˥ ~椒末	˩hu˥ 提~：二胡

---

① 本条"刺"字读阴去，《广韵》去声寘韵七赐切。"刺花"（刺绣）的"刺"读阴入，《广韵》入声昔韵七迹切。

② 本条"几"字《广韵》上声尾韵居狶切。"几乎"的"几"《广韵》平声微韵居依切，潮阳读阴平。

赢 ⊂iã˥ 输~ | ⊂iõ˥ ~钱 | ⊂ueŋ˦ ~余:也写作"盈余"
翁 ⊂aŋ˦ 丈夫 | ⊂eŋ˦ 姓 | ⊂oŋ˦ 仙~:寿星老儿

A	B₁	B₂
扁 ˈpĩ˥ 薄~薄:又薄又扁	⊂p'iaŋ˥ ~豆:蚕豆	⊂piaŋ˥ 读书音
婆 ⊂p'ua˥ 外~:外祖母	⊂po˥ 蛤~:癞蛤蟆	⊂p'o˥ ~婆
命 miã˩ ~运	miŋ˩ 司~公:灶王爷	⊂meŋ˩ 革~
转 ˈtŋ˥ ~风:气候变冷	ˈtuaŋ˥ 辗~	ˈtsuaŋ˥ ~车
中 ⊂taŋ˦ 其~	⊂tioŋ˦ ~镇:居中	⊂toŋ˦ 读书音
中 teŋ˩ ~状元	tioŋ˩ ~毒	toŋ˩ ~鼓心:猜中谜语的答案
阵 tiaŋ˩ 细~时:小时候	tiŋ˩ 排~:排队	tsuŋ˩ 蜀~风:一阵风
蓝 ⊂nã˦ 姓	⊂nam˦ 双~:深蓝	⊂lam˦ 青~青:形容灯光白得发青
赖 lua˩ 诬~	⊂t'ai˥ 拍~:小孩撒娇耍赖	⊂lai˩ 依~
隶 ⊂loi˩ ~书	li˩ ~奴	⊂li˩ ~直:直属
指 ˈtsã˥ 手~	ˈki˥ 单音动词	ˈtsi˥ 戒~
节 tsoi˩ 过~	tsak˩ ~礼	tsiak˩ ~妇
三 ⊂sã˦ 第~	⊂ts'am˦ ~岔路口	⊂sam˦ ~伏暑:三伏天
霜 ⊂sŋ˦ 落~:下霜	⊂saŋ˦ ~降	⊂suaŋ˦ 读书音
搅 ˈka˥ ~拌	ˈkau˥ ke˩ ~扰	ˈkiau˥ ~扰
家 ⊂ke˦ 国~	⊂ka˦ ~己:自己	⊂kia˦ 读书音
盖 kua˩ 鼎~:铁锅的盖子	kai˩ ~瓯:茶瓯	k'ãi˩ ~印:盖图章
解① koi˥ 押~	kia˥ ~元	kãi˥ 劝~
沿 ⊂kĩ˦ (俗写堘)海~:海边儿	⊂ia˦ ~海	⊂zuaŋ˦ [ik˩]~一:沿袭
合 ka˩ ~胆:壮胆儿	kap˩ ~口:口字旁	ap˩ muã˦ 把东西凑在一起
角 kau˩ 卵~:蛋饺儿	kak˩ 莲~:菱角	kok˩ 宫商~徵羽

---

① 本条"解"字《广韵》去声古隘切。"解放"的"解"《广韵》佳买切,潮阳读阴上(白话音,与"改"同音)。"姓解"的"解"《广韵》上声胡买切,北京读去声(与"谢"同音),潮阳读阴上(文言音,与"拣"同音),和佳买切不分。

研 ꜀ŋãi˩ ①~成粉　　　꜀ŋiaŋ˧ ~想　　　　꜀ŋiaŋ˦ ~究

号 ho˩˧ 信~铳：信号枪　　k'au˨ 哭　　　　꜂hau˨ 别~

行② ŋ˧ ~简：行款　　　꜀haŋ˧ 银~　　　꜀iaŋ 头~：第一行

马 ꜂be˨ 柴~：锯木头的专用　꜂mã˥ 姓司~　　　꜀mã˦ ~虎
椅子

折 tsi?˩ 七~　　　　　tsiak˩ 七~；拍~头：　ts'ek˩ 挫~
　　　　　　　　　　　打折扣

虎 ꜂hom˥ 老~　　　　꜂hu˥ 读书音　　　꜀hu˦ 马~

汗 kuã˩˧ 拭：擦汗　　　꜂haŋ˨ 读书音　　　꜂haŋ˥ 血~

管* ꜂kŋ˥ 日光~：日光灯　꜂hoŋ˥ 葱~：葱叶儿　꜂kuaŋ˥ 包~：保管

A₁　　　　　　　　A₂　　　　　　　A₃

大* tua˩˧ ~水雨：暴雨　꜂ta˨ ~官：丈夫的父亲　꜂tai˨ ~家伙

模 ꜀bou˧ 指头~：手印　꜀mõu˧ ~~：很模糊　꜀mõ˧ ~范

笼③ ꜀naŋ˧ 灯~　　　꜀laŋ˧ 鸡~　　　꜀leŋ˧ ꜀suŋ˧ 蒸笼

食* tsia?˩ 好²~：嘴馋　si?˩ 日~ [zik˧ si?˩˨] sik˧ 伙~

B₁　　　　　　　　B₂　　　　　　　B₃

沉 ꜀t'iam˧ ~放水底：浸入水里　꜀tim˧ 深~；~~重：形容　꜀t'im˧ ~~重：形容
　　　　　　　　　　　　很重　　　　　　很重

临 ꜀niam˧ ~落月：临产　꜀nim˧ ~落月：临产　꜀lim˧ ~光~

沙 ꜀sa˦ 豆~　　　　꜀sua˦ ~子　　　꜀so˦ ~发

峡* kiap˩ 巫~　　　hap˩ ~山：本县地名　hiap˩ ~海~

坎* k'am˨ 后~：本县地名　꜂k'am˥ ~肩　　꜂kam˥ 胸~头：胸脯

五　一字四音至六音的异读层次

一字四音以上的实例很少，一字四音只有"者、方、雀"三字，一字五音只有"落"字，一字六音只有"合侯阁切"字。（"合古沓切"一字三音已见上文）现在列举这些字的异读。

───────────

① 这个音也可能是"砑"（磨也，鱼开切）字，现在姑且列在这里。
② 本条"行"字《广韵》平声唐韵胡郎切。"行"（走）字《广韵》平声庚韵户庚切，潮阳另有读法。"品行"的"行"《广韵》去声映韵下更切，潮阳读阳上。
③ 本条"笼"字《广韵》平声东韵卢红切，潮阳读阳平。"箱笼"的"笼"《广韵》上声董韵力董切，潮阳读阴上。

者 tse˩˨：之乎 ~ 也文言语助词 / ᶜtse丫：~ 回这回 / ᶜtsai丫：~ 个［ᴄkai˥］
这个 / ᶜtsia丫：记 ~

方ᴄpŋ˦：姓 ~ / ᴄhŋ˦：药 ~ / ᴄpaŋ˦：正 ~ 形，~ 刀菜刀 / ᴄhuaŋ˦：
双 ~，~ 向，~ 言

雀 tsiau?˩˨：~ 盲麻雀，麻 ~ 麻将牌 / ts'io?˩˨：孔 ~ / ts'ia˩˨读书音/ ts'ia
k˩读书音

落 lo?˥˩：~ 雹下雹子，~ 龙旋风，~ 俗通俗，白 ~ 杜撰，比骸 ~ 手形容说话
比划

lau?˩˨：蔫 ~ 精神不振，蔫 ~ 蔫 ~ 精神不振

lak˥：~ 苏茄子

lak˩˨：~ 掉脱落，~ 色掉色，~ 肩溜肩膀，~ 阿孥小产，蔫 ~，蔫 ~
蔫 ~

lo˥：读书音

合 a?˥˩：~ 唔落合不来，两人唔 ~ 两个人合不来

ha?˥˩：~ 心合意，~ 目中意，看中，~ 得来，唔 ~ 耳不顺耳，配 ~

ha?˩˨：百 ~，花 ~ 花瓣儿，白菜 ~ 白菜帮儿

k'ap˥˩：~ ~ 瞩［m̃?˩］形容直眨眼或眼红

ap˥˩：~ 势迎合，~ 唔落合不来

ha˥˩：~ ~ 瞩，拍 ~ 合得来，~ 嘴闭嘴，~ 同

	A₁	A₂	A₃	B₁	B₂	B₃
者	tse˩˨	ᶜtse丫	ᶜtsai丫	ᶜtsia丫		
方	ᴄpŋ˦	ᴄhŋ˦		ᴄpaŋ˦	ᴄhuaŋ˦	
雀	tsiau?˩˨	ts'io?˩˨		ts'iap˩˨	ts'iak˩˨	
落	lau?˩˨	lo?˥˩		lak˥	lak˩˨	lok˥˩
合	a?˥˩	ha?˥˩	ha?˩˨	k'ap˥˩	ap˥˩	hap˥˩

"者"字三白一文，麻开三韵白话音 e 韵和文言音 ai 韵对立已见上文。
"者回、者个"的"者"读阴上，与今北方方言读去声（与"蔗"同音）
不同。蜀主王衍《醉妆词》"者边走，那边走"的"者"，可能当初本读上
声。"者回、者个"的"者"元音不同，"者个"的"者"韵母可能受
"个"字影响。"方"字先依韵母 ŋ/（ua）ŋ 对立分，再以声母 p/h 对立
分，二文二白。"落"字两音收 -? 是白话音，三音收 -k 是文言音。"合侯
阁切"字先依韵尾分，再依声母分，三白三文。"合"字有一个音读阴入，
有点特殊。

第五章　潮阳方言的重叠式 *

（1）变声重叠式的声母

潮阳话的重叠式按成分说有十类。为叙述方便起见，现在用大写字母 ABCDEF 表示重叠的字，必要时在字母右下角用小阿拉伯数字表示 ABCDEF 在重叠式里的次序。非象声字重叠式有八类，就是两字 AA 式，四字 AAAA 式、AABB 式、ABAB 式，六字 ABCABC 式，八字 ABCDABCD 式，十字 ABCDEABCDE 式和十二字 ABCDEFABCDEF 式。一部分 AA 式和全部 AAAA 式的第二字 A_2 和第四字 A_4 声母发生变化，可以叫作变声重叠式。另一部分 AA 式和其他重叠式声母不变，可以叫作不变声重叠式。象声字重叠式有两类，"AA 叫"式不变声，"IAA 叫"式变声。

变声重叠式里第二字 A_2 和第四字 A_4 的声母限于 n 和 l。原来是 n 或 l 的不变，原来不是 n 或 l 的都变成 n 或 l。简单地说，凡是声母或韵母拿鼻音开头的字都读 n 声母，凡是声母和韵母都拿口音开头的字都读 l 声母。前者是鼻音声母（m、n、ŋ）字或鼻音韵母［包括鼻音韵和鼻音带ʔ尾韵（象声字还有鼻音带 p 尾韵），不包括口音带 m，ŋ 尾韵］字。后者是口音声母（包括零声母），又是口音韵母（包括口音韵和口音带ʔ、p、k 尾韵，也

---

* 原载《中国语文》1979 年第 2 期。

包括口音带 m、ŋ 尾韵）字。

（2）两字变声重叠式

两字变声重叠式有 AAJ、AAQ、AAL 三项①。AJ 是带结果补语的述补式，重叠之后成为 AAJ 式。AQ 是带趋向补语的述补式，重叠之后成为 AAQ式。AL 是带量词或数量词宾语的述宾式，重叠之后成为 AAL 式。J、Q、L分别暗示"结"字、"趋"字、"量"字。结果补语 J 是一个字或两个字。趋向补语 Q 有简单的（一个字）也有复合的（两个字）。量词或数量词 L是一个字或两个字［下、下团、两 X（X 代表任何量词）］。

A_1A_2J、A_1A_2Q、A_1A_2L 的连调行为分别根据 AJ、AQ、AL 的连调行为而定。A_1 都读前变调；A_2 都变声母，调值同 A；J、Q、L 的调值不变。AJ是前变连调组，A_1A_2J 也是前变连调组。AQ、AL 都是后变连调组，A_1A_2Q、A_1A_2L 都是前后都变的连调组。现在排列对比如表 5 - 1。表后分别举例说明。

表 5 - 1

AJ 割断	前 + 本 前变连调组	A_1A_2J 割割断	前 + 前 + 本 前变连调组
AQ 行来	本 + 后 后变连调组	A_1A_2Q 行行来	前 + 本 + 后 前后都变的连调组
AL 拍下	本 + 后 后变连调组	A_1A_2L 拍拍下	前 + 本 + 后 前后都变的连调组

A_1A_2J（割割断）式连调组，例如：

刼刼直 tui˧˩ lui˧˩ tik˥ （拉直）　　□□干 tsuŋ˧˩ luŋ˧˩ ta˥ （拧干）

□□掉 ŋaŋ˨˩ naŋ˨˩ tiau˨ （用指甲抠掉）　　园园瞒 k'ŋ˨˩ nŋ˨˩ muã˥ （把东西藏起来）

割割断 kua?˥˩ lua?˥˩ tŋ˧˩ （割断）　　扫扫清气 sau˨˩ lau˨˩ tsʻeŋ˧ kʻi˨ （扫干净）

---

① "缺缺叶"［kʻi?˨ li?˨ hio?˥］（形容芹菜叶或萝卜缨的形状）不属于这三项，因仅此一例，不另列一项。

呾[①]呾清楚 tã˨˦ nã˨˦ ts'eŋ˧ ts'o˦（说清楚）　物物条直 muẽʔ˥˩ nuẽʔ˥˩ tiau˥˩ tik˥（弄完）　舒舒直 ts'u˧ lu˧ tik˥（铺平）　剘[②]剘掉 p'oi˧ loi˧ tiau˩（削掉）　剜剜掉 uãi˧ nuãi˧ tiau˩（用刀子等挖掉）

以上前八个例子，A 不是阴平，A_1A_2 都读前变调，J 都读本调。后三个例子，A 是阴平，阴平作为前字不变调，现在依据非阴平字的变调行为，也认为是前变连调组。以下凡是阴平作为前字不变调，不再一一说明。

A_1A_2Q（行行来）式连调组，例如：

行行来 kiã˥˩ niã˥ lai˥˩（走来）　抾抾来 k'ioʔ˥˩ lioʔ˥ lai˥˩（拿来）　褪褪起来 t'ŋ˨˦ nŋ˨ k'i˦˥ lai˥˩（把衣服脱下来）　劥劥出来 tui˦˥ lui˦ ts'uk˩ lai˥˩（拉出来）　泅泅去 siu˥˩ liu˥ k'u˨˩（游走了）　关关去 kuẽ˧ nuẽ˧ k'u˨˩（关上）　坐坐落去 tso˧˦ lo˧ lou˨˩（坐下去）　搠搠落去 ts'iau˧ liau˧ lou˨˩（把东西掺进去）

述补式里头，"落去"最常用，有合音的说法。"落去"单说时，"落"是本调，"去"是后变调，不能合成一个音节。"落去"和其他动词连用时，可以合成一个音节，声韵母是［lou］，在前变调的位置读［˦］调，在后变调的位置读［˩］调。因此可以推定合音的本调是［˨］，和"去"字一样。以上举的例子里，"落去"作趋向补语，可以不合成一个音节，读［loʔ˥˩ k'u˨˩］，也可以合成一个音节，读［lou˨˩］，本文一律记成合音，不再逐个注明。

A_1A_2L（拍拍下）式连调组，例如：

挼挼下 zue˥˩ lue˥ e˩（用手指搓揉一下）　□□下 nuã˦˥ nuã˦ e˩（用手掌使劲儿搓揉或搓洗一下）　拍拍下 p'aʔ˩˦ laʔ˩（打一下）　掀掀下 hiaŋ˧ liaŋ˧ e˩（把东西翻动一下）　略略下团 lioʔ˥˩ lioʔ˥ e˩ kiã˦˥（大约估计一下）　挲挲下团 so˧ lo˧ e˩ kiã˦˥（摩挲一会儿）　呾呾两句 tã˨˩ nã˨ nõ˧˩ ku˨˩（说几句）　籴籴两斗 tiaʔ˥˩ lia˥ nõ˧˩ tau˦˥（买几斗）

请注意，"两"字活用，是几的意思。要是"两"字用本义，"籴两斗"［ʔ˥˩ ˧˦ ˦］就是常规的动宾式，构成前变连调组。

（3）四字变声重叠式

四字 AAAA（笑笑笑笑）式都自成前变连调组。A_2、A_4 都变声母；A_1、

① 这是方言俗字。下文用到的方言俗字还有"抾"（拿）、"搠"（掺和，搅拌）、"伊"（他们）、"刣"（杀）等字。

② 《广韵》平声齐韵："剘，剘斫"，匹迷切。《集韵》注"削也"。

A₂、A₃ 都读前变调；A₄ 是本调字。A 是动词或形容词，形容词较少见。AAAA 除单独作谓语外，多用于下列两种句式：动词 + 着/了 + AAAA，动词 + 到 + AAAA。例如：

号①号号号 k'au˩ lau˩ k'au˩ lau˥ （哭着哭着）

呾呾呾呾 tã˩ nã˩ tã˩ ã˩ （说着说着）

食食食食 tsiaʔ˥ liaʔ˥ tsiaʔ˥ liaʔ˥ （吃着吃着）

物物物物 muẽʔ˥ nuẽʔ˥ muẽʔ˥ nuẽʔ˥ （弄着弄着）

伊　　行　　行　　行　　行，　行　对　学　堂　□　去　。

i˧②kiã˥ niã˥ kiã˥ niã˥，kiã˥ tui˩ oʔ˥ tŋ˥ to˩ k'u˩。

（他走着走着，往学校里走去。）

伊　想　　想　想　　想，　想　着　　唔　爱　去　了。

i˧ siõ˥˩ niõ˥˩ siõ˥˩ niõ˥，siõ˥˩ tioʔ˥ | m˧ ai˩ k'u˩ au˥。

（他想了想，不想去了。）

伊　　两　人　挨砻，挨挨挨挨，挨蜀③担粟了。

iŋ˧ | nõ˥˩ naŋ˥ | oi˧ laŋ˥，oi˧ loi˧ oi˧ loi˧，oi˧ tsek˥ tã˩ ts'ek˩ au˥。

（他们俩推砻，推着推着，砻了一担稻谷了。）

食　着　　涩　涩　涩　涩。

tsiaʔ˥ tioʔ˥ | siap˩ liap˩ siap˩ liap˩。

（吃着发涩。）

呾　了　笑　笑　笑　笑。

tã˩ liau˥ | ts'io˩ lio˩ ts'io˩ lio˩。

（说着笑了笑。）

只　枝　刀　做　呢　斫　到　缺　缺　缺　缺？

tsi˥ ki˧ to˧ | tso˧ nĩ˧ | tok˩ kau˩ k'iʔ˥ liʔ˥ k'iʔ˥ liʔ˩。

（这把刀怎么用得刀刃有缺口？）

---

① 潮阳 "哭" 字读阴入 [k'ok˩]，来自《广韵》入声屋韵空谷切，多用在书面语。"哭" 字又读阴去 [k'au˥]，这是训读，其实就是 "号" 字的白读。《集韵》去声号韵："号，后到切，《说文》痛声也。"（这个音相当于《广韵》胡倒切）北京 "号哭" 的 "号" 读阳平 [xau˧]，相当于《广韵》平声豪韵胡刀切。

② 连调组之间用竖线 "｜" 分开。句中有标点的地方，省去竖线。

③ 《方言》卷十二："一，蜀也，南楚谓之独。" 郭璞注曰："蜀犹独耳。"

（4）两字不变声重叠式

不变声重叠式有两字的、四字的、六字的和八字的。

两字不变声重叠式可以分成七项来说。甲乙丙三项 AA 两字自成前变连调组，丁戊两项 AA 两字和后头的成分构成前变连调组，己庚两项 AA 两字和前头的成分构成前变连调组。

甲乙丙三项 AA 两字都自成前变连调组。甲项是 AA 作谓语，乙项是 AA 作谓语中的主要成分，丙项是 AA 作谓语中的修饰成分。

（甲）AA 作谓语自成前变连调组，A_1 是前变调，A_2 是本调。例如：

雨微微 hou˩ | bui˥ bui˥ （细雨蒙蒙）　面慈慈 miŋ˩ | ts‘u˥ ts‘u˥ （形容慈祥和蔼）　胆定定 tã˩ | tiã˩ tiã˥ （不慌不忙，又说必定定）　嘴涩涩 ts‘ui˥ | siap˩ （胃口不好）　鼻塞塞 p‘ĩ˩ | sak˩ sak˩ （鼻子不通气儿）　目汁流流 mak˥ tsap˩ | lau˥ lau˥ （形容流眼泪）　嘴舌甜甜，面皮厚厚 ts‘ui˥ tsi ʔ˥ | tiam˥ tiam˥ , miŋ˩ p‘ue˩ | kau˩ kau˩ （嘴甜脸皮厚）　腰痀痀 io˩ | ku˦ ku˦ （形容驼背）

以下 AA 两字重叠式都可以作谓语：

水水　tsui˥ tsui˥ （形容粥、汤等东西很稀）　饭饭 pŋ˩ pŋ˩ （形容粥稠得像饭似的）　悬悬 kuāi˥ kuāi˥ （很高）　下下 ke˥ ke˥ （很低）　利利 lai˩ lai˩ （很锋利）　胶胶 ka˦ ka˦ （很黏）　光光 kŋ˦ kŋ˦ （很亮）　加加 ke˦ ke˦ （很多）

名词、动词、形容词重叠作谓语都是描写主语性质形状的，而不是叙述主语动作的。比如"嘴猪猪" [ts‘ui˥ | tu˦ tu˦]，是形容噘着嘴；"门开开" [mŋ˩ | k‘ui˦ k‘ui˦]，是说门敞开着。

（乙）整个谓语的格式是"动词＋着／了＋AA"，"动词＋着／了"在前，AA 在后，分别自成前变连调组。动词是前变调，"着"字和"了"字是本调。A_1 是前变调，A_2 是本调。如"食着涩涩" [tsiaʔ˥ tioʔ˥ | siap˩ siap˩]，意思与上文（3）说的"食着涩涩涩涩"相同。但是上文说的四字组变声，"涩涩涩涩"读 [siap˩ liap˩ siap˩ liap˩]，这里说的两字组不变声，"涩涩"读 [siap˩ siap˩]。现在再举些例子：

等着重重 teŋ˥ tioʔ˥ | taŋ˩ taŋ˩ （用戥子或秤等约起来很重）　食着畏畏 tsiaʔ˥ tioʔ˥ | ũi˩ ũi˩ （吃着倒胃口）　哺着酥酥 pou˩ tioʔ˥ | sou˦ sou˦ （嚼着很脆）

许粒星□细，看着云云。hu˥ liap˥ ts‘ẽ˩ | k‘aʔ˥ soi˩, t‘õi˥ tioʔ˥ | huŋ˥ huŋ˥

（那颗星太小，看着不清楚。）

只撮茶米鼻着芳芳。tsiˇ ts'oʔ˧┌ te˧└ biˇ │ p'iˍ┤ tioʔ˥ │ p'aŋ˧ p'aŋ˧

（这些茶叶闻着很香。）

只个人看了熟熟。tsiˇ kai˧┐ naŋ˥ │ t'õiˇ liauˇ │ sek˥└ ook˥┐（这个人看着面熟。）

在这类格式里，"着"字和"了"字往往可以互换，意思相同。

（丙）AA 作谓语里的修饰成分也自成前变连调组，A_1 是前变调，A_2 是本调。例如：

猛猛转来 mẽˇ mẽˇ │ tŋˇ lai˥└（赶快回来）

直直行去 tik˥┐ tik˥ │ kiã˥┐ k'uˇ└（一直走）

早早起，暗暗正□。tsaˇ tsaˇ │ k'iˇ，am˥└ amˇ │ tsiã˥└ iʔ˥┐

（很早起床，很晚才睡觉。"正"字是"才"的意思。本句也可以不用"正"字。）

差唔多爱落雨，先先熻 ① 热死。ts'am˧（< ts'a˧ m┤ˇ）to˧ ãi˥└ loʔ˥└ hou˥，sãi˧ sãi˧ │ hiap˧┌ zuaʔ˥└ siˇ

（快要下雨，闷热得很。）

丁戊两项 AA 都和后头的成分构成前变连调组。丁项是 AA 修饰后头的成分，其中一部分是熟语性质。例如：

翘翘板 k'iau˥└ k'iau˥└ pãiˇ（压板，一种儿童体育器械）　滴滴团 tiʔ˧┌ tiʔ˧┌ kiãˇ（一点儿）　幼幼尾 ĩu˥└ ĩu˥└ bueˇ（形容鱼个儿小）　平平蜀样 pẽ˥└ pẽ˥└ tsek˥┐ iõ˥（都一样）　平平野好 pẽ˥┐ pẽ˥┐ iaˇ hoˇ（都很好）　灌灌红 kuaŋ˥└ kuaŋ˥└ aŋ˥（形容通红）　插插碎 ts'ap˧┘┌ ts'ap˧┌ ts'uiˇ（又碎又乱）　环环旋 huãi˥└ huãi˥└ tsŋˇ（团团转）　齐齐来 tsoi˥┐ tsoi˥┐ lai˥（都来）　对对无 tui˥└ tui˥└ bo˥（恰好没有）　知知有 tsai┤ tsai┤ uˇ（准有）　对对有事 tui˥└ tui˥└ u┤ˇ su┤（恰好有事）　对对无来 tui˥└ tui˥└ bo˥┐ lai˥（恰好没来）　知知有去 tsai┤ tsai┤ u┤ˇ k'uˇ（准去）　知知无钱 tsai┤ tsai┤bo˥┐ tsĩ˥（准没钱）

这一项"对对有"等和上一项"早早起"等格式有点像，但是变调方式不同。

戊项 AA 的 A 限于量词，或是近乎量词的名词。例如：

件件有 kiã┤ˇ kiã┤ˇ uˇ（每件都有）　样样有 iõ┤ˇ iõ┤ˇ uˇ（每样都有）

---

① 《广韵》入声缉韵："熻，熻热"，许及切。

面面圆 miŋ˧˩ miŋ˧˩ ĩ˥ （对谁都讨好）　　百百插 peʔ˩˥ peʔ˩˥ tsʰap˥ （好管闲事）　　粒粒乎大 liap˥˩ liap˥˩ pẽ˥˩ tua˩ （每粒或每个都一样大）　　人人欢喜 naŋ˥˩ naŋ˥˩ huã˧ hi˥ （人人高兴）　　日日上班 zik˥˩ zik˥˩ tsiõ˧˩ paŋ˧ （天天上班）　　墟墟来 hu˧ hu˧ lai˧ （逢集都来）

本项 AA 语法地位有的是主语，有的介于主语和修饰语之间。如"人人欢喜"，"人人"是主语，"欢喜"是谓语。"件件有，样样有"，"件件"和"样样"像主语又像修饰语。

AA 是每 A 的意思，比如"句句着"［ku˨ ku˨ tioʔ˥］，是每句话都对的意思。"面面圆、百百插"是熟语，其中"面、百"是量词。

己庚两项 AA 都和前头的成分构成前变连调组。A₂ 读本调，前头的成分和 A₁ 读前变调。己项多数是形容词性质的三字组。例如：

关紧紧 kuẽ˧ kiŋ˥˩ kiŋ˥ （门窗等关得很严）　　坐稳稳 tso˧˩ uŋ˥ （坐得很稳）　　食便便 tsiaʔ˥˩ piaŋ˧˩ piaŋ˩ （吃现成儿的）　　坐脞①脞 tso˧˩ tue˧ tue˧ （坐貌）　　走空空 tsau˥˩ kʰaŋ˧ kʰaŋ˧ （走光了）　　长拖拖 tŋ˥˩ tʰua˧ tʰua˧ （形容文章冗长、衣服太长或阴雨绵绵）　　假了了 ke˥˩ liau˥˩ liau˥ （虚情假意）　　白通通 peʔ˥˩ tʰaŋ˧ tʰaŋ˧ （形容透明，干净）　　赤的的 tsʰiaʔ˩˥ tek˩˥ tek˩ （形容明显）

上述三字组，拿形容词开头的固然是多音形容词，如"白通通、赤的的"。拿动词开头的，表面上看是述补式，如"关紧紧、坐稳稳"，其实不是。"关紧、坐稳"是述补式，中间可以加"会"加"唔"，转化为可能补语，如"关会紧［kuẽ˧ oi˧˩ kiŋ˥］（关得紧）、坐唔稳［tso˧˩ m˧˩ uŋ˥］（坐不稳）"。"关紧紧、坐稳稳"和述补式"关紧、坐稳"不同，不能说"关会紧紧、坐唔稳稳"。就意思说，"关紧紧、坐稳稳"都是说明情况，而不是表示动作。

己项也有少数表示处所的名词性的例子，如"伊住在街尾尾（他住在街道的尽头）"［i˧ ┃ tiu˧˩ to˩ koi˧ bue˥˩ bue˥］，说话时要是所指的人住在深巷里，可以说"巷顶顶"［haŋ˧˩ teŋ˥˩ teŋ˥］或"巷底底"［haŋ˧˩ toi˥˩ toi˥］，"街尾尾、巷顶顶、巷底底"都是指街巷的一端。

庚项是拿"到"字联系的述补式。这是"述语＋到＋补语"的一种格式。凡是用"到"字联系的补语都保持原来的连调方式。上文甲项 AA 作谓语，是前变连调组。这里的 AA 也是前变连调组，"述语"和"到"字都读

---

① 《广韵》平声灰韵："脞，脞坐貌，出声谱"，都回切。

前变调。所以整个四字组也是前变连调组。例如：

捏①到悬悬 t'ē˧ kau˩ kuāi˧ ∟ kuāi˧ （举得很高）　　生到水水 sē˦ kau˩ sui˥ sui˩（形容人长得漂亮）　　沃到姹姹 ak˩˧ kau˩ t'e˦ t'e˧ （形容全身让雨淋得湿透了）　　瘠②到腩腩 ɒaŋ˥ kau˩ pou˥ pou˩ （瘦极了）　　细到细细 soi˩ kau˩ soi˩ soi˩ （小极了）　　红到血血 aŋ˧ kau˩ hue?˩˧ hue?˩ （形容鲜红色）

在这种格式里，"到"字可以读 [kau˩]，也可以读 [au˩]，本文一律记成 [kau˩]。潮阳"到"字除"老到老练" [lau˥ tau˩] 读 [t] 声母外，用于补语前头读 [k] 声母或零声母，其余一律读 [k] 声母，如"到未到了没有" [kau˩ bue˩]，"未到没到" [bue˦ kau˩]，"到头到脚有头有尾" [kau˩ t'au˧ kau˩ kak˩]，"到时唔知做呢物到时候不知道怎么办" [kau˩ si│ m˦ tsai˦│ tso˩ nĩ˧ muẽ?˩]。

上文根据两字不变声重叠式的位置和连调方式把不变声两字重叠式分为七项，现在从成分来看这七项的异同。（本段 X 代表各种不同的成分，一字或两字）其中乙项是"X 着│AA"或"X 了│AA"。庚项是"X 到 AA"。戊项"AAX"，A 是量词或近于量词的名词，可以和其他四项分开。甲项"X │ AA"，X 是名词。己项"XAA"，X 多数是动词或形容词，这两项也可以分开。丙项和丁项有相似之处，丙项"AA │ X"，AA 修饰 X，X 是动词或形容词。丁项"AAX"，AA 也修饰 X，X 有名词、量词、形容词、动词等。不过丙项 X 常用述补式，丁项 X 不用述补式；丁项 X 是动词时常用"有"字"无"字，并且可以带宾语，丙项 X 不用"有"字"无"字。

（5）四字不变声重叠式

AABB 和 ABAB 都是不变声四字重叠式，都是前变连调组，前三字读前变调，末一字读本调。例如：

上上落落 tsiõ˦ tsiõ˦ lo?˩ lo?˧ （上上下下，来来往往）　　<u>接接接接</u> tsi?˩ tsi?˩˧ tsiap˧ tsiap˩（陆陆续续）　　喜喜乐乐 hi˥ hi˥ lok˩ lok˧ （喜洋洋）　　清清气气 ts'eŋ˦ ts'eŋ˦ k'i˩ k'i˩ （干干净净）　　吞吞忍忍 t'uŋ˧ t'uŋ˦ luŋ˥ luŋ˩ （忍气吞声）　　剖解剖解 t'ai˧ koi˥ t'ai˧ koi˩ （分析分析）　　白饕③白饕 pe?˩ tsiã˥ pe?˩ tsiã˩ （淡而无味）　　悬瘠悬瘠

---

① 《广韵》平声庚韵："捏，举也"，直庚切。
② 《广韵》上声梗韵："瘠，瘦瘠"，所景切。
③ 《广韵》上声琰韵："饕，食薄味也"，子冉切。

kuāi˧˩ saŋ˧˥ kuāi˧˩ saŋ˥（又高又瘦）　　红红红红 aŋ˧˩ hoŋ˧˩ aŋ˧˩ hoŋ˧
（形容浅红）　　乌金乌金 ou˦ kum˦ ou˦ kim˦（又黑又亮）

以上"接、红"两个字，在四字重叠式里有文白异读的差别。白读下加单线，文读下加双线。"接"字读［tsiap˩］是文读，读［tsiʔ˩］是白读；"红"字读［hoŋ˧］是文读，读［aŋ˧］是白读。文白读来历虽然相同，今音不同，不能算是同音字。

个别 AABB 读为不变声重叠式，又读为变声重叠式，两者意思相同。我们只有下列两个例子：

砌砌合合 kiʔ˩ kiʔ˩ kap˩ kap˩ 或 kiʔ˩ liʔ˩ kap˩ lap˩（形容合在一起）

污污合合 o˦ o˦ kap˩ kap˩ 或 o˦ lo˦ kap˩ lap˩（形容乱掺和）

（6）六字不变声重叠式

不变声六字重叠式 ABCABC 读前变连调组。例如：

大步□大步□ tua˦˧ pou˦˧ huaʔ˩ tua˦ pou˦ huaʔ˧（形容迈大步或针脚大）

大头鲢大头鲢 tua˦˧ tʻau˧˩ liŋ˧˩ tua˦ tʻau˧˩ liŋ˧（形容人脑袋大）

鹭鸶骹鹭鸶骹 liau˧˥ si˦ kʻa˦ liau˧˥ si˦ kʻa˦（形容高个子腿长）

长篙趚①长篙趚 tŋ˧˩ ko˦ lo˧˩ tŋ˧˩ ko˦ lo˧（形容东西或脸盘儿呈椭圆形）

咸□□咸□□ kiam˧˩ tse˨˩ le˨˩ kiam˧˩ tse˨˩ le˨（形容咸得不可口）

在上述例子中，"长篙趚长篙趚"的第二、三字［ko˦ lo˧˩］和第五、六字［ko˦ lo˧］，从声母看符合变声的规律，但是声调有阴平阳平的区别，不能认为是重叠式变声。"咸□□咸□□"的第二、三字［tse˨˩ le˨˩］和第五、六字［tse˨˩ le˨］，符合重叠式变声的规律，但是来历未详，又仅此一例，所以附在这里，不另列一项。

这一类重叠式都具有形容词的性质。比如"大头鲢大头鲢"不是指鱼，是比喻人的头大。"□"［huaʔ˧］是跨的意思，"大步□大步□"说的不是走，而是走的方式。

（7）八字不变声重叠式

不变声八字重叠式 ABCDABCD 也读前变连调组。例如：

鸭卵青色鸭卵青色 aʔ˩ nŋ˦˧ tsʻ̃e˦ sek˩ aʔ˩ nŋ˦˧ tsʻ̃e˦ sek˩（比喻

---

① 《集韵》平声豪韵："趚，趚趚，长貌"，郎刀切。

很淡的青色）

食无乜落食无乜落 tsiaʔ˦˥ boˉ˩ mĩʔ˩˥ loʔˉ˩ tsiaʔ˦˥ boˉ˩ mĩ˩ loʔ˥（形容有点吃不下）

肥膥□渧①肥膥□渧 pui˦ la˦ ɯ˥ tiˉ pui˩ la˩ seˉ tiˉ（形容大油脂肪多）

涝屎下渧涝屎下渧 lau˥ sai˧˥ he˦˧ tiˉ lau˥ sai˧˥ he˦˧ tiˉ（形容拉稀）

最后一例，去声"渧"字也说成入声"滴"字，句中读前变调 [tiʔ˩˥]，句尾读本调 [tiʔ˩]。

（8）十字不变声重叠式

不变声十字重叠式 ABCDEABCDE 也读前变连调组。例如：

大干部样相大干部样相 tua˦˧ kaŋ˥ pou˦˧ iõ˦˧ siõ˥ tua˦˧ kaŋ˥ pou˦˧ iõ˦˧ siõ˥（形容样子像职位高的干部）

无乜合心事无乜合心事 boˉ˩ mĩʔ˩˥ haʔˉ˩ sim˧ su˦˧ boˉ˩ mĩʔ˩˥ haʔˉ˩ sim˧ su˥（形容不怎么满意）

无乜好相辅无乜好相辅 boˉ˩ mĩʔ˩˥ hãu˥ sio˧ hu˦˧ boˉ˩ mĩʔ˩˥ hãu˥ sio˧ hu˥（形容不怎么愿意帮忙）

（9）十二字不变声重叠式

不变声十二字重叠式 ABCDEFABCDEF 比较少见，我们只有个别例子，也读前变连调组。

无乜好听人咀无乜好听人咀 boˉ˩ mĩʔ˩˥ hãu˥ tʻiã˧ naŋˉ˩ tã˥ boˉ˩ mĩ˩ hãu˥ tʻiã˧ naŋˉ˩ tã˥（形容不怎么愿意听取人家的意见）

以上三种不变声八字、十字和十二字重叠式，常常用"无乜"两个字，是"不怎么"的意思。凡是用"无乜"两字的，口气要轻一点。

重叠式不论是两字的、四字的、六字的、八字的、十字的还是十二字的，而且无论变声不变声，中间都不停顿。

（10）象声字重叠式②

象声字重叠式有两类，"AA叫"式不变声，"IAA叫"式变声。"AA叫""IAA叫"的"叫"字可以读 [kio˥]，也可以读 [tio˥]，县城说 [k]

---

① 《集韵》去声霁韵："渧，泣貌，一曰滴水"，丁计切。

② 象声字变声重叠式 IIAA 只有个别例子，如 pʻiʔ˩ liʔ˩ pʻok˩ lok˩（形容鞭炮声），可以认为是"IIAA叫"的省略。

声母的多，本县西部一带说〔t〕声母的多，本文一律记成〔kio√〕。本节象声字专用的韵母有 uãi？和 õp 两韵。这两类重叠式的共同点是："叫"都读本调，都是前变连调组。

前变调有六种。"IAA 叫"式的 AA 只有 L┠ ┌？L四种前变调；"AA 叫"式的 AA 大部分也是这四种前变调，┠？┌较少。前变调中，除┠的调类有三种可能外（┤┘L），其他都可以从前变调推出调类。因为象声词本字不好推求，这里是怎么说就怎么记，用变调调号。为一致起见，"叫"字也只记音〔kio√〕。

"AA 叫"式的语音特点是 A_1A_2 两字同音，A_2 不变声。例如：

bi┠ bi┠ kio√（小鸡吃碎米的声音；形容得意）　　mẽ？┌ mẽ？┌ kio√（羊叫的声音）　tsi？L tsi？L kio√（形容因害怕，想说话又说不出话来的样子）zi┌ zi┌ kio√（呼小鸡的声音）　　ka L ka L kio√（下大雨的声音；倒水的声音；大声说话的声音）　　ue┠ ue┠ kio√（形容嘀嘀咕咕）　　ip L ip L kio√（形容伤口隐隐作痛）

"IAA 叫"式有下列六项语音特点。

（1）IAA 三字声调相同。因此三个字的韵母必须都是舒声韵，或者都是入声韵。

（2）IA_1 声母相同，韵母不同。

（3）A_1A_2 韵母相同，声母不同。A_1A_2 声母之间的关系和其他变声重叠式相同。

（4）I 声母不能是 n 或 I，这是从以上第二、第三两项可以推出来的。根据我们调查的材料，I 还没有拿 b、z、g 作声母的。

（5）I 的韵母限于 i、i？、ĩ、i？、iŋ、ik 等六韵。

（6）据第二、第五两项，A 的韵母不能是第五项所说的六韵。

现在举些例子。

piŋL paŋL laŋL kio√（放鞭炮的声音；形容举止不文雅）　　p'iŋL p'oŋL loŋL kio√（同上）　ti┠ ta┠ la┠ kio√（说笑的声音；小孩儿初学说话的声音）ts'i？L ts'o？L lo？L kio√（形容匆匆忙忙）　　sik L siak L liak L kio√（刮硬东西的响声；形容事情费脑筋）　　hĩ？L huãi？L nuãi？L kio√（老鼠啃东西的声音；形容好动）　hĩ？L hõp L nõp L kio√（人嚼发脆的食物的声音；老鼠啃东西的声音）ĩ┌ uãi┌ nuãi┌ kio√（开门儿、推门儿的声音；踏水车的声音）

象声字重叠式的用法都是摹拟某种声音，形容人的态度、动作或事物的性质等，可以作谓语、补语、修饰语。作补语时前头带"到"，"到"和前头的动词读前变调。作修饰语后头带"个","个"读后变调。象声字重叠式都不改变原来的连调方式。例如：

风　　　真　大，透　到　□　　□　叫。

huaŋ˦ | tsiŋ˦ tua˩, tʰau˩˩ kau˩˩ hom˩ hom˩ kio˩。

（风真大，刮得呼呼直响。）

野　载　人　　在　呾　话，□　□　　□　叫。

ia˥˥ tsoi˦˧ naŋ˥ | to˩˩ tã˩˩ ue˩, tsi˩ tsiau˩ liau˩ kio˩。

（很多人在说话，叽叽喳喳。）

人　　　坐　着 竹　椅，有 者 □ □ □ 叫 个　　声。

naŋ˥ | tso˦˧ tioʔ˩˩ tek˩ ĩ˥, u˦˧ tsai˥˥ ĩʔ˩ ãp˩ nãp˩ kio˩ kai˦˧ | siã˦。

（人坐竹椅子，有嘎吱嘎吱的声音。）

第六章　潮阳方言的范围副词[*]

　　提要　本章着重讨论潮阳方言的范围副词"定/定定"（相当于北京话的范围副词"只"），以及相关的一些范围副词的构成和语法功能。本章指出"定/定定"在潮阳方言里是两个口语性强、结合面宽、使用频率高的副词。"定/定定"作为副词既可以前置，放在句首或动词前，也可以后置，放在句尾，还可以前置后置相结合，构成"定……定/定定……定/定……定定/定定……定定"等一前一后相配合的副词。这些前后相配合的副词，对句子成分表述的范围或数量，都能分别起到规定和限制的作用。副词"定/定定"如果前置，所限制的成分就在"定/定定"的后面；如果后置，所限制的成分就在"定/定定"的前面；如果前置后置相结合，所限制的成分就置于中间。

　　本章研究的对象是潮阳方言的口语语料，这些语料都是笔者到当地调查并记录下来的，有的语料还录了音。文中所举的例句大多是日常对话，乡土风味较浓，可以说是地道的潮阳话。

　　潮阳方言范围副词"定/定定"，在口语里常用来表示限于某个范围或某个数量，大致相当于北京话的范围副词"只"。比如北京人说"只来了他一个人"，潮阳人可以说"定来伊个人/定定来伊个人/来伊个人定/来伊个人定/定来伊个人定/定定来伊个人定/定来伊个人定定"和"定定来伊个人定定"等等（这里注音都从略，详见下文例5）。说话的人口头上可以随

---

　　*　原载《中国语文》1988年第1期。本章是根据1987年9月为在浙江普陀山参加汉语方言学会第四届年会而作的论文提要详写而成的。本章的发音合作人是广东潮阳县棉城镇人姚永根先生和蔡声光先生。在调查过程中，潮阳县人民政府和教育局等单位及有关同志给予热情协助。谨在此表示深切的谢意。

便使用其中任何一种说法，意思都相同。这个例子说明，潮阳方言表示某种限制的范围副词可以变换位置，不仅可以充当前置状语，也可以充当后置状语，还可以在同一个句子里前后相继出现，分别充当前置状语和后置状语。这是潮阳方言句法结构的一个显著特点。

这里所要讨论的主要是一些表示限制的范围副词，着重对"定/定定"以及与其相关的范围副词作一个初步的分析。本章分三节：（1）范围副词的分类，（2）范围副词的构成，（3）范围副词的语法功能。

一　范围副词的分类

潮阳方言表示范围和数量的副词，大致可以根据词义和用法的不同分为包举和限制两大类（参看朱德熙《语法讲义》）。

1.1　包举类　表示全部范围和全部数量。这一类又可以分为总括和分举两小类。

1.11　总括类　"拢 loŋㄚˋ……/拢总 loŋㄚˋ tsoŋㄚˋ……/□拢总 ham├ loŋㄚˋ tsoŋㄚˋ……/□个 ham├ kaiㄱㄥ……/□人 ham├ naŋㄱㄥ……"等副词全是"都"的意思，其中"□人 ham├ naŋㄱㄥ……"只用于指人。（方框"□"表示有音而无适当的字形可写）下面举个例子来看。

（1）问：伊拢总来啊无？iŋ├ loŋㄚˋ tsoŋㄚˋ laiㄱ a┤ boㄱ？（他们都来了吗？）

答：拢总来了。loŋㄚˋ tsoŋㄚˋ laiㄱ auㄥ。（都来了。）

本例无论问话还是答话，副词"拢总"都可以换成上面所举的其他任何一个副词，意思都相同，全是总括前面"伊他们"所有的人。答话中的主语"伊"一般都省略。

总括类范围副词又如"凡 huamㄱㄥ……/全 tsŋㄱㄥ……/全个 tsŋㄱㄥ（tsʻuaŋㄱ）kaiㄱㄥ……（都）/合范 kaʔㄥㄏ paŋㄇ……（刚好）/合合 kaʔㄥㄏ kaʔㄥㄇ……（恰恰）"等。"全个"的"全"字〔tsŋㄱ / tsʻuaŋㄱ〕两读，老年人多读〔tsŋㄱ〕，年轻人以读〔tsʻuaŋㄱ〕居多。另外"合个 hapㄱㄥ kaiㄱㄥ……（都）"也是一个总括类副词，但城里较少用。

1.12　分举类　常见的分举类范围副词只有一个"也 aㄥ├……"。"也"单字音读〔iaㄥ〕，用于副词时口语里一般都读〔a〕韵中平调〔aㄥ├〕介音脱落。例如：

（2）日昼我肚饱死，想着爱食也好唔食也好。zikㄱㄥ tauㄥ ㄚaㄚ touㄚ paㄚ

siˇ, siõⱮ tioʔ˧ ãˇ tsiaʔ˥ a˧ hoᶆⱮ tsiaʔ˥ a˧ hoˇ。（中午我肚子很饱，我想吃也可以不吃也可以。）

本句和例（1）范围副词的区别在于，"拢总"是总括，"也"是分举。

1.2 **限制类**　表示部分范围和部分数量。比如"定 tiã˧……/单 tua˦……/……定定 tiã˧tiã˧（只）"等。限制类范围副词为数不少，而且在口语里是范围副词使用最广泛的一类，下文还要细说，这里只举一个简明的例句。

（3）定伊个人。tiã˧ i˦ kai˥ naŋ˧ 。（只是他一个人。）

本句副词"定"可以替换为"正 tsiãˇ……/单单 tua˦ tua˦……/定定 tiã˧ tiã˧……"等多种说法（参见表6-1），不论替换哪一个意思都一样，都把范围限制在"伊他"一个人身上。这一类副词直接在人称代词或名词前面出现的句子，在口语里较为常见。这种句子实际上是省略了谓词"是"或"有"的紧缩句式。如例（3）就是"定是（或有）伊个人"的省略形式，句中的谓词"是"或"有"往往省去而不影响整句的意思。

以下所举的限制类范围副词也是比较常用的：净 tseŋⱮ……/另 leŋⱮ……/险……hiamˇ……/险险 hiamˇ kiamˇ……（几乎，差点儿）/绌滴囝 tsuaʔ˥ tiʔ˩ kiãˇ……（差点儿，几乎）/差唔多（tsʼa˦ m˧＞）tsʼam˦ to˦……（差不多）/□□ laʔ˥ lip˩……（将近）/约个范 iak˩ kai˥ paŋ˩……（大约）/……煞 suaʔ˥（不过）/约个范 iak˩ kai˥ paŋ˩……煞 suaʔ˥（不过，多含有估量和往小处说的意思）/做各 tsoˇ koʔ˥……（唯独，唯有，单独）。其中"……煞"只能后置用于句尾，例如：

（4）问：你约睇咀伊若载岁。luˇ ioʔ˥ tʼõiˇ tãˇ i˦ zioʔ˥（tsoi˧＞）oi˧ hueˇ。（你猜一猜他有多大岁数。）

答：我睇是到六十岁煞。uaˇ tʼõiˇ si˧（kauˇ＞）au˩ lak˥ tsap˥ hueˇ suaʔ˥。（我看不过六十岁。）

本例答话也可以说成"约个范是到六十岁煞"（大约不到六十岁）。"范"字［paŋ˩／huamˇ］文白两读，副词"约个范"的"范"用白读［paŋ˩］。句尾副词"煞"指明范围或数量，通常都含有往小处说的意思。

二　范围副词的构成

现在说明与常用副词"定/定定"（只）相关的一些范围副词的构成方式。请先看例（5）。

（5）问：来若载人了？ lai┐L zio?┐L（tsoi┘├＞）oi┘├ naŋ┐ auˇ（来了多少人？）

答：（以下这些句子意思都一样，都是说"只来了他一个人"。）

1）定来伊个人。tiã┘├ lai┐ i┤ kai┐L naŋ┐。（以下各句只注副词的读音）

2）单来伊个人。tuã┤……

3）正来伊个人。tsiã√L……

4）净干来伊个人。tseŋ√├ ksaŋ┤……

5）单独来伊个人。tuiã┤ tok┐L……

6）单单来伊个人。tuã┤ tuã┤……

7）定定来伊个人。tiã┘├ tiã┘├……

8）来伊个人定。……tiã┘

9）来伊个人定定。……tiã┘├ tiã┘┌

10）定来伊个人定。tiã┘├……tiã┘

11）单来伊个人定。tuã┤……tiã┘

12）正来伊个人定。tsiã√L……tiã┘

13）净干来伊个人定。tseŋ√├ kaŋ┤……tiã┘

14）单独来伊个人定。tuã┤ tok┐L……tiã┘

15）单单来伊个人定。tuã┤ tuã┤……tiã┘

16）定定来伊个人定。tiã┘├ tiã┘├……tiã┘

17）定来伊个人定定。tiã┘├……tiã┘├ tiã┘┌

18）单来伊个人定定。tuã┤……tiã┘├ tiã┘┌

19）正来伊个人定定。tsiã√L……tiã┘├ tiã┘┌

20）净干来伊个人定定。tseŋ√├ kaŋ┤……tiã┘├ tiã┘┌

21）单独来伊个人定定。tuã┤ tok┐L……tiã┘├ tiã┘┌

22）单单来伊个人定定。tuã┤ tuã┤……tiã┘├ tiã┘┌

23）定定来伊个人定定。tiã┘├ tiã┘├……tiã┘├ tiã┘┌

如例（5）所举，这些限制类范围副词，可以按其构成方式和出现的位置分为两类四组来讨论。答话1）至7）里的范围副词是 A 组，8）至9）是 B 组，10）至16）是 C 组，17）至23）是 D 组。AB 两组属第一类基本式，CD 两组属第二类配合式。

2.1 基本式 这是指单纯前置（A组）和单纯后置（B组）的范围副词的形式。

（A）前置式 又可以再按是否重叠有一般式和重叠式之分。

为醒目起见，列举时用 H 代表副词，不同的副词在 H 的右下角依次用数码表示。

前置一般式五个：H_1 定……/H_2 单……/H_3 正……/H_4 净干……/H_5 单独……

前置重叠式两个：H_6 单单……/H_7 定定……

（B）后置式 单纯后置的范围副词为数甚少，只限于"……定/……定定"两个副词。H_8 "……定"是后置一般式，H_9 "……定定"是后置重叠式。另外还有一个后置式副词"……煞"（不过）与"……定"的词义不同，已在上文讨论过。

"定"字在潮阳方言里有文白两读，文读［teŋ˩］，白读［tiã˧］。地名"保定"［pau˥˧ teŋ˩］的"定"用文读。作副词用的"定"，无论重叠与否，无论前置后置，都用白读，不过连调方式不同。前置一般式 H_1 "定……"读前变调［tiã˧˦］。后置一般式 H_8 "……定"读本调［tiã˧］。前置重叠式 H_7 "定定……"也读前变调［tiã˧˦ tiã˧˦］。后置重叠式 H_9 "……定定"［tiã˧˦ tiã˧˥］读法比较特殊，后字读后变调高平，可能跟强调限制性有关。

请注意，"定定"如果用作主谓结构里的谓词则读［tiã˧˦ tiã˧］，后字仍读本调。比如"心定定"［sim˧ tiã˧˦ tiã˧˥］，意思是说心神安定，其中谓词"定定"是形容词重叠式，它的词义、语音模式和语法功能都不同于上述范围副词"定定"。

2.2 配合式 这是范围副词在基本式的基础上前后结合而成的扩展形式。

（C）前后置配合一般式和前叠式 这一组是基本式里的 A 组前置式和 B 组后置一般式结合而成的配合式，共有下列七个，其中一般式五个，前叠式两个。如下所示：

H_{10} "定……定"/H_{11} "单……定"/H_{12} "正……定"/H_{13} "净干……定"/H_{14} "单独……定"/H_{15} "单单……定"/H_{16} "定定……定"

（D）前后置配合后叠式和全叠式 这一组是基本式里的 A 组前置式和 B 组后置重叠式结合而成的配合式，也有七个，其中后叠式五个，全叠式两个。如下所示：

H₁₇"定……定定"/H₁₈"单……定定"/H₁₉"正……定定"/H₂₀"净干……定定"/H₂₁"单独……定定"/H₂₂"单单……定定"/H₂₃"定定……定定"

三 范围副词的语法功能

潮阳方言范围副词的语法功能大致可以从两方面来说：充当前状语、后状语和双状语；可以替换移位。

3.1 充当前状语、后状语和双状语

范围副词除个别副词（如"险险差点儿"）能单独成句外，一般都不能单用，即不单独成句，通常只依附于多成分的语句，充当状语。

潮阳方言的语句可以分别带各种位置（前置于句首或动词前，后置于句尾）的范围副词。位于句首或动词前的前置范围副词当前置状语用，在句法结构上可以简称"前状语"；位于句尾的后置范围副词当后置状语用，可以简称"后状语"；句首（或动词前）句尾相继出现的范围副词，在同一个句子里分别当前状语和后状语并配合使用，我们称之为"双状语"。

将范围副词"……定/……定定"后置于句尾充当后状语的句法结构，以及带有"定……定/定定……定定"等双状语的句法结构，在汉语方言里是比较少见的。潮阳方言后状语的出现，扩展了状语的位置，改变了语序，状谓的修饰关系跟随语序的变化，也由顺向改变为逆向。双状语的修饰关系则是顺向逆向相辅相成。用范围副词作后状语和双状语的普遍使用，是潮阳方言句法结构的一个重要组成部分和显著特征。

包举类的范围副词只能当前状语用。比如上文例（1）"拢总"就是一个前状语。

限制类的范围副词既能当前状语和后状语用，也能当双状语用，口语里有的范围副词以用作后状语和双状语为多。下面举些实例来看：

（6）问：两点未？nõ˨˩ tiam˧˧ bue˩? （到两点了吗？）

答：正点搭十。tsiã˦˩ tiam˧˥ ta?˥ tsap˥ 。（才一点五十。）

本例答话句首一定要加范围副词"正"，不能只回答说"点搭十"。副词"正"相当于北京话的副词"只"，意思是说还不到两点钟，只有一点五十分。这时"正"（只）是对比问话里数量比一点五十多一点的"两点"而言的。如果问句说"几点了？"［kui˧˥ tiam˥ au˨?］，可以回答说"点搭十"。在这句答话里，句首和句尾都不能加范围副词，因为对回答问话"几

点了?"而言，答话无须乎表示限于什么范围。

（7）问：只回两点啊未？（tsi丫ㄑ＞）tsui丫ㄑ hue」nõㄣㅏ tiam丫ㄣ aㄣ bue」?
（这时候有没有两点?）

答：未，（正）点搭十定。bue」，（tsiã√ㄷ）tiam丫ㄣ ta?」ㄷ tsapㄱ tiã」。
（还没有，才一点五十。）

例句里有的词语打了圆括号，表示该词语在该句式里可有可无，省略后并不影响句子所表达的基本意思。指示代词"只"是借用的同音字，相当于北京话指示代词"这"，与北京话的副词"只"毫不相干。本例答话副词"正"可加可省，可见"正"在这个句子里和上例答话一样，不是用来表示时间，而是用来表示某个范围和数量的。

（8）问：恁阿㜷今年□无十岁啊？（niŋ丫ㄣ aㄣ＞）niã丫ㄣ nāuㄱ kiŋㄣ nĩㄱ ka?」ㄷ boㄱ tsapㄱ hue√ aㄥ（你们孩子今年有十岁吧?）

答：正九岁定定。tsiã√ㄷ kau丫ㄣ hue√ tiãㄣㅏ tiã」ㄷ。（只有九岁。）

（9）今日斤鲫鱼正个银定。kiãㄣ zikㄱ kiŋㄣ tsik」ㄷ huㄱ tsiã√ㄷ kaiㄥ ŋiŋㄱ tiã」。（今天一斤鲫鱼才一块钱。）

（10）问：只撮鱼有五斤无？tsi丫ㄣ ts'o?」ㄷ huㄱ uㄣㅏ ŋom丫ㅏ kiŋㄣ ho?ㄥ?
（这些鱼有五斤吗?）

答：无，正三斤半定。boㄱ，tsiã√ㄷ sāㄣ kiŋㄣ puã√ tiã」。（没有，只有三斤半。）

在例（8）至例（10）的答话里，副词"正"显然也都是表示限制某种数量的。这里需要说明一下，副词"正"有时也可以用来表示时间。比如某甲问："伊来若久了?" [iㄣ laiㄣㄥ ? zioㄱㄥ ku丫 au?ㄥ]（他来多久了?）某乙答："伊正来。" [iㄣ tsiã√ㄷ laiㄱ]（他才来。）这时句中的"正"就是时间副词了。"正 tsiã√ㄷ……"作为时间副词，也可以换成"□正 tãㄣ tsiã√ㄷ……"

在限制类范围副词中，以"定/定定"最为活跃，结合面最宽，尤其是后置式"……定/……定定"，不仅常见于口语，而且在口语的实际使用中比同类其他范围副词出现的频率要高得多。可以举出好些例子：

（11）问：你买几块？lu丫 boi丫ㄣ kui丫ㄣ to√?

答：我买五块定。ua丫 boi丫ㄣ ŋom丫ㅏ to√ tiã」。（我只买了五块。）

（12）问：你刺花冥界有刺无？lu丫 ts'ia?」ㄷ hueㄣ mẽㄱ kuã√ㄷ u丫ㅏ ts'ia?」ㄷ boㄱ?（你夜里绣不绣花?）

答：无，日界定。boㄱ，zikㄱ kua√ㄷ tiã」。（没有，只是白天绣。）

（13）问：你去潮汕猎过若载县市？luˇ kʻuˇⵑ tiõⵑ sua˧ laʔⵑ kueˇⵝ zioʔⵑ（tsoi˧ >）oi˧ kuãi˧ tsʻi˨ʔ?（你去潮汕逛过多少县市？）

答：潮阳定。tiõⵑ iõⵑ tiãⵑ。（只是潮阳。）

（14）问：你蜀顿食三碗有无？lu˧ tsekⵑ tŋˇ tsiaʔⵑ sa˧ uãˇ u˧ boⵑ?（你每顿是否吃三碗？）

答：无，两碗定定。boⵑ，nõ˧ uãˇ tiã˧ tiãⵑⵑ。（没有，只吃两碗。）

（15）问：你买鱼定定，啊无买块菜来？lu˧ boi˧˧ hu⹁ tiã˧ tiãⵑⵑ，a˧ boⵑ boi˧˧ toˇ tsʻai˧ laiⵑ?（你只买鱼，怎么没有买点菜来？）

（16）走存我个人定定。tsau˧˧ tsʻuŋⵑ ua˧˧ kaiⵑ naŋⵑ tiã˧ tiãⵑⵑ。（只剩我一个人。）

（17）问：恁几人去？niŋˇ kui˧˧ naŋⵑ kʻuˇ?（你们几个人去？）

答：定我家已个人定。tiã˧ ua˧˧ ka˧ ki˧ kaiⵑ naŋⵑ tiã˧。（只有我自己一个人。）

乍一看，在这些例句里，副词"……定/……定定"位于句尾，似乎出现在一个不合逻辑的位置上。对比上文例（5）答话二十三个句子看，和"定……/定定……"一样，"……定/……定定"（只）表示限于某个范围或某个数量的意义，和作为状语用的语法功能都是确定无疑的。

现在进一步来分析例（5）答话中一些句式的结构关系。"定来伊个人"（只来了他一个人）是一个状动宾结构，中间没有停顿，句首副词"定"修饰动词"来"。"来伊个人定"是一个动宾状结构，中间也没有停顿，动词"来"同样受句尾范围副词"定"的修饰。"定……"和"……定"虽非同位状语，但语法功能是相同的。"定来伊个人定"是一个状动宾状结构，中间照样不能停顿，前置的范围副词"定"和后置的范围副词"定"，两者之间的句法关系是相辅相成的。句中"定……"是状语性的，"……定"也是状语性的，虽然次序和位置有别，一个先行，一个后续，但很难说哪一个占据的是主要位置，起中心状语的作用，哪一个占据的是从属位置，起辅助状语的作用，动词"来"既受句首范围副词"定……"的修饰，也受句尾范围副词"……定"的修饰。从句子结构和语义上看，前后置的副词"定……定"在句法层次上可以说，不仅前后是相互配合的，而且是相互平行的，即可以认为是结构关系相同的双状语。

表 6 - 1　限制类范围副词用法举例

		买鱼	爱食茶	伊来	伊个人	来伊三人	潮阳	日界 白天	个银 一块钱	五斤	十岁
H_1	定……	+	+	+	+	+	+	+	+	+	-
H_2	单……	+	+	+	+	-	+	+	-	-	-
H_3	正……	-	-	+	+	+	-	-	+	+	+
H_4	净干……	+	+	-	+	+	+	-	-	-	-
H_5	单独……	+	+	+	+	+	+	+	+	+	-
H_6	单单……	+	+	+	+	-	+	+	-	-	-
H_7	定定……	+	+	+	+	+	+	+	+	+	-
H_8	……定	+	+	+	+	+	+	+	+	+	+
H_9	……定定	+	+	+	+	+	+	+	+	+	+
H_{10}	定……定	+	+	+	+	+	+	+	+	+	+
H_{11}	单……定	+	+	+	+	-	+	+	-	-	-
H_{12}	正……定	+	-	+	+	+	+	+	+	+	+
H_{13}	净干……定	+	+	-	+	+	+	-	-	-	-
H_{14}	单独……定	+	+	+	+	-	+	+	-	-	-
H_{15}	单单……定	+	+	+	+	-	+	+	-	-	-
H_{16}	定定……定	+	+	+	+	+	+	+	+	+	+
H_{17}	定……定定	+	+	+	+	+	+	+	+	+	+
H_{18}	单……定定	+	+	+	+	-	+	+	-	-	-
H_{19}	正……定定	+	-	+	+	+	+	+	+	+	+
H_{20}	净干……定定	+	+	-	+	+	+	-	-	-	-
H_{21}	单独……定定	+	+	+	+	-	+	+	-	-	-
H_{22}	单单……定定	+	+	+	+	-	+	+	-	-	-
H_{23}	定定……定定	+	+	+	+	+	+	+	+	+	+

　　"定来伊个人定/定定来伊个人定/定来伊个人定定/定定来伊个人定定"等句，都是采用重复限制类范围副词的方式，以增强表达限制的作用，唤起听话者对事物某个范围或数量予以密切注意。前置范围副词和后置范围副词配的标记是句子中间没有停顿，句子的意思相同。句中的范围副词"定/定定"不论前置后置，或前置后置相配合，虽然在句法上修饰的是动词，意思却是对整个动宾结构"来伊个人"而言的。

　　通过表 6 - 1 可以比较二十三个限制类范围副词作为状语的一般用法。

表里加号"＋"表示见于口语，减号"－"表示不见于口语。

3.2　可以替换移位

范围副词可以替换移位的典型实例已见上文例（5），现在再举一组例了。

（18）问：许件事有几人会知？hu丫丫 kiã丩卜 su丬 u丩卜 kui丫丫 naŋ丬乚 oi丩卜 tsai十？（那件事有几个人知道？）

"许"字文读用作指示代词是借用的同音字，相当于北京话的指示代词"那"。为便于对比，本例答话的顺序按例（5）所用副词的顺序排列，编码空缺的表示该范围副词不能在此任意替换。

答：（以下这些句子意思都一样，都是说"只有咱们三个人"）

H₁ 定俺三人。tiã丩卜 naŋ丫丫 sã十 naŋ丬。（以下各句只注副词的读音）

H₃ 正俺三人。tsiã丬匚……

H₄ 净干俺三人。tseŋ丩卜 kaŋ十……

H₇ 定定俺三人。tiã丩卜 tiã丩卜……

H₈ 俺三人定。……tiã丬

H₉ 俺三人定定。……tiã丩卜 tiã丬匚

H₁₀ 定俺三人定。tiã丩卜……tiã丬

H₁₂ 正俺三人定。tsiã丬匚……tiã丬

H₁₃ 净干俺三人定。tseŋ丩卜 kaŋ十……tiã丬

H₁₆ 定定俺三人定。tiã丩卜 tiã丩卜……tiã丬

H₁₇ 定俺三人定定。tiã丩卜……tiã丩卜 tiã丬匚

H₁₉ 正俺三人定定。tsiã丬匚……tiã丩卜 tiã丬匚

H₂₀ 净干俺三人定定。tseŋ丩卜 kaŋ十……tiã丩卜 tiã丬匚

H₂₃ 定定俺三人定定。tiã丩卜 tiã丩卜……tiã丩卜 tiã丬匚

例（5）答话有二十三个表示限制的范围副词可以替换移位，其中"H₂单……/H₅单独……/H₆单单……"等九个范围副词，通常多用来表示限于某个单一的范围或单个儿的数量，所以本例答话只有十四个表示限制的范围副词可以替换移位。

比较例（5）例（18）答话的各种句子，除了使用重叠式范围副词在语气上有所加强，侧重强调限于某个范围和数量外，其他在语义上都没有什么区别。说话的人无论说哪一句，都不影响语句表达的完整性。在使用限制类范围副词时，凡是意义相同的大多可以任意替换移位，替换后语义同样明确，不会产生歧义。虽然使用非重叠式的限制类范围副词，在语气上

比使用重叠式略有减弱，但是语气强弱的差别，并不影响句子的基本意思。

例（5）和例（18）的各种答话，都是口语里常用的句式。在这些句式中，限制类范围副词替换的方式大致可以分为以下四种类型。

1. 同位替换　指在 H$_1$ "定……" 至 H$_7$ "定定……" 之间两相替换（位置不变），在 H$_{10}$ "定……定"/H$_{23}$ "定定……定定" 之间两相替换（位置不变），H$_8$ "……定" 跟 H$_9$ "……定定" 彼此替换（位置也不变）。替换后前状语、后状语、双状语的位置分别照旧。

这里附带说明一下，包举类范围副词不论总括或分举，位置总在谓词前面，不能随便移位于谓词后面。一些同义的总括类范围副词，只能在谓词前进行同位替换，请参看例（1）。

2. 移位替换　指 H$_1$ "定……" 至 H$_7$ "定定……" 分别换成 H$_8$ "……定" 或 H$_9$ "……定定"（前置换成后置），H$_8$ 或 H$_9$ 分别换成 H$_1$ 至 H$_7$（后置换成前置）。替换后前者由前状语换成后状语，后者由后状语换成前状语。

3. 增位替换　指 H$_1$ "定……" 至 H$_7$ "定定……" 分别换成 H$_{10}$ "定……定" 至 H$_{23}$ "定定……定定"（前置换成前后置），H$_8$ "……定" 或 H$_9$ "……定定" 分别换成 H$_{10}$ 至 H$_{23}$（后置换成前后置）。替换后前者增加了后状语，后者增加了前状语。

4. 减位替换　这是指 H$_{10}$ "定……定" 至 H$_{23}$ "定定……定定" 分别换成 H$_1$ "定……" 至 H$_7$ "定定……"（前后置换成前置），H$_{10}$ 至 H$_{23}$ 分别换成 H$_8$ "……定" 或 H$_9$ "……定定"（前后置换成后置）。替换后前者减少了后状语，后者减少了前状语。

上述情况表明，潮阳方言语句里的限制类范围副词和动词结合较松，前状语与动宾结构之间往往可以拆开，前状语 "定……/定定……" 等的游离性明显，后状语 "……定/……定定" 的结合面较宽，使用率也较高。

从句法结构和语义上来看，在带有限制类范围副词的句子里，动词后边的宾语可能是 "施事"，也可能是 "受事"。这类句子句首常见的就是人称代词（人称代词在答话时往往可以省略）或范围副词，而且大多直接用名词性同时又有谓词性的词语作谓语，谓词 "是" 或 "有" 常省略不用。谓语中的动词在答话时也往往可以不出现。动词后面当宾语用的名词语一般多带有数量词，构成表名量的数量语，表动量或时量的数量语。（数词是 "一训读" 的话，大多可以省略）这是因为限制类范围副词经常要和一定的范围或数量相联系，数量词（名量词、动量词和时量词）在这类句子里是表述的重点。

最后需要说明的是，"就……/就……定/就……定定"有时也用作范围副词，但出现的频率要比上述副词少多了，而且使用的范围也窄，如表6－1里所举的实际用例，在口语里都不与"就……/就……定/就……定定"互相搭配。这里只举一个例子：

（19）问：有别样事无? u˨ pak˥ iõ˨ su˩ bo˥ ?（有别的事吗?）

答：无，就只件事定。bo˥, tsiu˨ tsi˥ kiã˨ su˩ tiã˩（没有，就这一件事。）

本例答话范围副词"就……定"也可以换成"就……"或"就……定定"。

第七章　潮阳方言形容词的程度状语、补语与宾语[*]

　　潮阳方言的形容词短语里，表示性状程度的词语丰富生动，形式多样，常见的结构有四种：（1）状谓式（状语加形容词），（2）述补式（形容词加补语，形容词加"到"加补语），（3）述补宾式（形容词加"过"加宾语），（4）以不定量词作数量宾语的述宾式（形容词加数量宾语）。

　　在上述四种结构中，作为谓词性核心成分的形容词都不能重叠，并以单音节形容词为多，整个结构是一个连调组，中间不能停顿。以"悬"字为例，如：平悬 pẽ˩ kuāi˥ 一样高｜野悬 ia˥ kuāi˥ 很高｜顶悬 teŋ˥ kuāi˥，一悬 ik˩ kuāi˥，上悬 sinŋ˦ kuāi˥ 最高｜死绝悬 si˥ tsoʔ˩ kuāi˥，死人悬 si˥ naŋ˩ kuāi˥，悬死 kuāi˩ si˥，悬绝 kuāi˥ tsoʔ˩ 高极了｜会了悬 oi˦ liau˥ kuāi˥ 比较高｜□悬 kˑaʔ˩ kuāi˥ 太高｜悬到出托 kuāi˥ au˩ tsˑuk˩ tˑoʔ˩，悬到脍咀 kuāi˥ au˩ boi˦ tā˩，悬到咀唔把ʔ去 kuāi˥ au˩ tā˩ m˦ pa˩ kˑu˩，悬过死人 kuāi˥ e˩ si˥ naŋ˩，悬过死绝 kuāi˥ e˩ si˥ tsoʔ˩，悬过死绝亡户 kuāi˥ e˩ si˥ tsoʔ˩ buaŋ˥ hou˩ 高极了，语气都带有夸张色彩｜悬下囝 kuāi˥ e kuāi˥ 高一点儿。形容词也可以是双音节的。例如，野闹热 ia˥ lau˦ ziak˥ 很热闹｜熻热死 hiap˩ zuaʔ˩ si˥ 闷热极了｜喜兴到脍咀 hi˥ heŋ˩ au˩ boi˦ tā˩ 高兴极了。

　　形容词短语，无论是状谓式、述补式还是述补宾式，都可以划分为广用式和窄用式两类。划分的依据是形容词出现范围的宽窄，即形容词跟状

　　* 原载《方言》1989 年第 4 期。本章根据 1989 年 8 月在湖南大学提交汉语方言学会第五届学术讨论会的论文稿修改而成。与会学者提了宝贵的意见。在调查过程中，潮阳县人民政府、县志编纂委员会和教育局等单位及有关同志给予热情协助。在此谨致深切的谢意。

语、补语（补语前面加"到"或不加"到"）、宾语（除数量宾语以外，宾语前面都加"过"）的搭配有无限制，在同类格式里，状语、补语、宾语各种成分可否分别替换，以及使用频率的高低。上面所举的例子都是广用式的用语，例中形容词"悬"的位置大多可以用其他形容词替换，一般不受限制。在广用式里，和形容词相结合的各种状语、补语、宾语，都相应组成一些通用的格式，分别表示各种性状变化的不同程度，而且在同一类型里，各种成分一般也都可以分别替换。广用式使用的频率比较高，窄用式往往都是一些固定使用的短语，只表示某一两种性状的某一程度，使用频率比较低。在窄用式里，状语、补语、宾语出现范围有限，即跟形容词的搭配都受到一定限制。例如"咸到苦"〔kiam˧˩ au˥ kʻou˥〕咸极了，"苦"在述补式里作为表示性状程度的词语，通常只跟"咸"结合。又如"乌过火炭"〔ou˧ e˥˩ hue˥˩ tʻuãˇ〕黑极了，在述补宾格式里，"火炭"作为表示性状程度的词语，通常只跟"乌"结合。"苦、火炭"出现范围有限，所以"咸到苦"和"乌过火炭"都是窄用式。

本章讨论单音节形容词（下文简称形容词）短语"野悬、悬绝、悬到出托、悬过死人"之类的状谓、述补、述补宾结构，着重说明各类结构的广用式，以及各种格式所表示的程度级别。本章分五节：（1）"状语＋形容词"（状谓），（2）"形容词（＋到）＋补语"（述补），（3）"形容词＋过＋宾语"（述补宾），（4）"形容词＋数量宾语"（述宾），（5）形容词短语的程度级别。

一　"状语＋形容词"（状谓）

潮阳话形容词短语里的状语，主要是表示程度或者比较的词语。在口语里，作程度状语的成分，常见的有四十余种，真可以说是丰富多彩。就语义和语法作用说，程度状语既有修饰功能也有限制作用，即修饰性状形容词变化的程度，并在程度上予以限制。不过，程度状语对形容词能否有修饰功能和限制作用，是受该词语可否与形容词在语义上和用法上相结合所制约的。例如"情□〔tsʻeŋ˧˩ tsʻua˧˩〕X"常用来表示数量非常多，质量非常好，或气候冷热的程度很高，所以后面 X 的位置只能搭配"载昨代切〔tsoi˩〕多、好〔ho˥〕、热〔zua?˧〕、□〔ŋaŋ˧〕冷"等少量形容词。但程度副词"野"就不同了。"野"作状语时意思相当于北京话的"很"，除"减"〔kiam˥〕少个别形容词外，几乎可以跟所有的性状形容词搭配。如野易 iaʯ koiˌ 很容易 ｜ 野光 iaʯ kŋᐟ 很亮 ｜ 野旷 iaʯ kʻuãˋ 很宽阔 ｜ 野狭 iaʯkoiˀᒣ 很窄 ｜ 野乌 iaʯ ouᐟ 很黑 ｜ 野荙 iaʯ hiamᐟ 很辣，等等。

1.1 "状语+形容词"的广用式，常用的有四十多种格式，状语可以分别互换，形容词大多不受限制。现在列举各种格式，列举时用 X 表示形容词，下同。圆括弧里的注是相当于北京话的说法，"形"是形容词的简称。

1) 平 [pẽᒣ] X（一样+形）

2) 有瞇团 [uˌ nĭˀᒣ kiãʯ] X（有点+形）

3) 有滴团 [uˌ tiˀᒣ kiãʯ] X（有点+形）

4) □ [hoˀᒣ] X（相当+形）

5) 会了 [oiˌ liauʯ] X（比较+形）

6) 野 [iaʯ] X（很+形）

7) 够 [kauˇ] X（真+形）

8) 真够 [tsiŋᐟ kauˇ] X（真+形）

9) 真 [tsiŋᐟ] X（真+形）

10) 真正 [tsinŋᐟ tsiãᒣ] X（真+形）

11) 敢 [kãʯ] X（真+形）

12) 确实 [kʻakᒣ sikᒣ] X（真+形）

13) 大 [tua ᒣ] X（很+形）

14) 若 [zioˀᒣ] X（多么+形）

15) 照 [tsioˇ] X（这么+形）

16) 向 [hiõˇ] X（那么+形）

17) 愈 [zuʯ] X（更+形）

18) 愈更 [zuʯ keŋˇ] X（更+形）

19) 顶 [teŋʯ] X（最+形）

20) 一 [ikᒣ] X（最+形）

21) 一等 [ikᒣ teŋʯ] X（最+形）

22) 上 [siaŋᒣ] X（最+形）

23) 上等 [siaŋᒣ teŋʯ] X（最+形）

24) 头 [tʻauᒣ] X（最+形）

25) 头等 [tʻauᒣ teŋʯ] X（最+形）

26) 死绝 [siʯ tsoˀᒣ] X（形+极了）

27) 太世 [tʻauˇ siᒣ] X（形+极了）

28）绝世［tsoʔ˧˩ si˧˩］X（形＋极了）

29）刣人［tʰai˧˩ naŋ˧˩］X（形＋极了）

30）死人［si˥˧ naŋ˧˩］X（形＋极了）

31）亡户［buaŋ˧˩ bou˨˩˦］X（形＋极了）

32）亡良［buaŋ˧˩ liaŋ˧˩］X（形＋极了）

33）獪好［boi˨˩˦ bo˥˧］X（形＋极了）

34）死父［si˥˧ pe˨˩˦］X（形＋极了）

35）黄头［huaŋ˧˩ tʰau˧˩］X（形＋极了）

36）凄疑［tsʰɨ˧˩ gi˧˩］X（形＋极了）

37）琅裂［laŋ˧˩ liʔ˧˩］X（形＋极了）

38）鼓症［kou˥˧ tseŋ˧˩］X（形＋极了）

39）□［kʰaʔ˩˧］X（太＋形）

其中"敢 X、凄疑 X、琅裂 X"三式，本县西部和北部地区较通行，"头 X、亡良 X"两式北部地区较通行，"亡户 X、獪好 X"两式西部地区通行，这七种格式县城里都较少使用。

除上列 39 种格式外，还有第 40 式"半［puã˩˧］X"。例如，"半新"［puã˩˧ siŋ˧］。但类似的用法以"半 X₁ X₂"的说法为多，其中 X₁ 和 X₂ 只限于意义相反的单音形容词，X₁ 和 X₂ 是并列结构，例如，"半干溚"［puã˩˧ ta˧ tam˧］（半干不湿，"干"是训读字），"半寒热"［puã˩˧ kuã˧˩ zuaʔ˧］（形容气候不冷不热），"半生熟"［puã˩˧ tsʰẽ˧ sek˧］（半生不熟）。由于格式密切相关，在此一起说明。

此外，在本县西部地区还通用"堵唔缀［tu˥˧ m˨˩ tue˧˩］X、死唔去［si˥˧ m˨˩ kʰu˧˩］X、鼓唔症［kou˥˧ m˨˩ tseŋ˧˩］X"（意思都相当于"形＋极了"）等格式，在北部地区还通用"天下［tʰi˧ e˨˩］X、街市［koi˧ tsʰi˨˩］X、土死［tʰou˥˧ si˥˧］X"（也都相当于"形＋极了"）等格式。形容词"芳［pʰaŋ˧］香、臭［tsʰau˩］"等都可以替换这几种格式和上列绝大多数格式里 X 的位置，意思也都可以照例分别类推。但这几种格式在县城里都很少使用。

下面对上述格式做些解释和补充。

第 4 式里的"□"［hoʔ˩˧］在县城是［-ʔ］尾韵，在本县西部地区是［-k］尾韵［hok˩˧］或［-ŋ］尾韵［hoŋ˩˧］，本字未详，意义跟白话文的副词"相当"相同，表示达到一定的程度，比"很"的程度轻一些，但不单用。

　　第 14 式里的"若"相当于北京话的副词"多、多么",表示程度很高,含有夸张和感叹的语气。例如"若好"〔zioʔ˥˩ hoɤ〕(多好,那么好),"若鲜"〔zioʔ˥˩ tsˑĩ〕(多鲜,多么鲜)。第 15 和 16 两式里的"照、向"都是借用同音字。这两个指示代词修饰形容词的时候指示程度,含有强调的语气,相当于北京话"这么、那么"。例如"照好"〔tsioⅴ hoɤ〕(这么好),"向远"〔hiõⅴ hŋⅴ〕(那么远)。"照 X、向 X、若 X"的前面都可以加否定副词"无",构成 41)无照〔bo˥ tsioⅴ〕X(没 + 这么 + 形)、42)无向〔bo˩ hiõⅴ〕X(没 + 那么 + 形)和 43)无若〔bo˥ zioʔ˥˩〕X(不 + 怎么 + 形)等格式。"无若 X"的另一种说法是 44)"无乜〔bo˥ mĩʔ˩˥〕X"(不 + 怎么 + 形),"乜"是借用同音字。"若、乜"都表示某种程度,但不单用。这几种否定格式的意思都表示程度不足。比如"无照好"〔bo˥ tsioⅴ hoɤ〕是说没这么好,"无向好"〔bo˥ hiõⅴ hoɤ〕是说没那么好,"无若好"〔bo˥ zioʔ˥˩ hoɤ〕和"无乜好"〔bo˥ mĩʔ˩˥ hoɤ〕都是不怎么好的意思。

　　"刣人"的"刣"是方言俗字,是杀的意思。例如"刣鱼、刣猪"。"刣"的本字见《广韵》平声之韵:"治,直之切。"《说文》四下刀部"劙,楚人谓治鱼也"。《广韵》入声屑韵:"劙,割治鱼也",古屑切。"人"字读〔ꞏnaŋ˥〕是训读,本字应作"农"。"死父"的"父"是训读字,本字见《广韵》上声果韵:"爸,父也",捕可切。方言俗字"獪"(也写作图)是"唔"(不)和"会"〔ꞏm + ꞏoi > ꞏboi〕的合音字。"獪好"是好不了的意思。"亡户"大意是家破人亡,口语常用来表示情况严重。"亡良"是丧尽天良的意思。"黄头"是指长黄癣的头。妇女惊叹时,"黄头、黄头死绝"是习用语。"凄疑"和"琅裂"都是借用同音字。"凄疑"是脏得可怕不堪入目的意思。"琅裂"是赞美之词,是好极了的意思。"鼓症"是指由水、气、瘀血等引起的腹部鼓胀病。这些词语分别在第 29)式至 38)式里用作状语,都表示性状达到极深的程度,大多用的是转义。

　　状谓广用式里的程度状语跟形容词的结合能力是很强的,但并不是所有的形容词都可以出现在全部格式里。比如"热"就不与程度状语"绝世"相搭配。表 7-1 举例表示形容词的结合能力。表头是形容词,表左是状谓搭配等格式,表里"+"号表示可以相配,"-"号表示不能相配。为便于对比,第二节和第三节所说的述补式和述补宾式,也有部分格式一起列入表内。其中"雅过死人"常含贬义。

表7-1 形容词短语广用式举例

X	芳香	臭	大	细小	肥胖	瘠瘦	悬高	矮	下低	载多	少	加多	减少	重	轻	白	雅美
ho?˩┌X	+	+	+	+	+	+	+	+	+	+	+	−	−	+	+	+	+
野X	+	+	+	+	+	+	+	+	+	+	+	+	+	+	+	+	+
真X	+	+	+	+	+	+	+	+	+	+	+	−	−	+	+	+	+
真够X	+	+	+	+	+	+	+	+	+	+	+	−	−	+	+	+	+
顶X	−	−	−	−	−	+	+	+	+	+	+	+	+	−	−	−	−
一X	+	+	+	+	+	+	+	+	+	+	+	+	+	+	+	+	+
一等X	+	+	+	+	+	+	+	+	+	+	+	+	+	+	+	+	+
上X	+	+	+	+	+	+	+	+	+	+	+	+	+	+	+	+	+
上等X	+	+	+	+	+	+	+	+	+	+	+	−	+	+	+	+	+
死绝X	+	+	+	+	+	+	+	+	+	+	+	−	−	+	+	+	+
太世X	+	+	+	+	+	+	+	+	+	+	+	+	+	+	+	+	+
刣人X	−	−	+	−	+	+	+	+	+	+	+	+	+	+	−	−	−
死人X	−	−	+	+	+	+	+	−	+	+	+	+	+	+	−	−	−
X死	+	+	+	+	+	+	+	+	+	+	+	+	+	+	+	+	+
X绝	+	+	+	+	+	+	+	+	+	+	+	+	+	+	+	+	+
X在	+	+	+	+	+	+	+	+	+	+	+	+	+	+	+	+	+
X过死人	−	+	+	+	+	+	+	+	+	+	+	+	+	+	−	−	−
X到出托	+	+	+	+	+	+	+	+	+	+	+	+	+	+	+	+	+
X到刡呾	−	+	+	+	+	+	+	−	+	+	+	−	−	+	+	−	−
X到呾唔把˩去	+	+	+	+	+	+	+	+	+	−	−	−	+	+	+	+	+

1.2 在广用式5)"会了〔oi┤ liau˅〕X"这一格式里,"会了"相当于白话文的副词"比较",表示达到某种程度。但作状语用的"会了"不能单用,可以单用的"会了"读〔oi˅ au˅〕,是动词"会"加助词"了"。这里举三个例句对比一下。

①伊个工课作来猛。〔i┤ kai┐˩ k'aŋ┤ k'ue˅ tso?˩┌ lai┐ mẽ˅〕(他工作干得快。)

②伊个工课作来会猛。〔i┤ kai┐˩ k'aŋ┤ k'ue˅ tso?˩┌ lai┐ oi˅ mẽ˅〕(他工作能干得快。)

③伊个工课作来会了猛。〔i┤ kai┐˩ k'aŋ┤ k'ue˅ tso?˩┌ lai┐ oi˅ liau˅ mẽ˅〕(他工作干得比较快。)

　　从句子成分的语法结构看，这三个句子的谓语都是复杂谓语，分别用谓词"猛"、状谓结构"会猛"和"会了猛"作谓语的后一部分，其中核心成分都是"猛"，"动词＋来"近乎状语，是谓语的前一部分。从语义看，也有明显差别。第①句平铺直叙，只是说某人工作干得快，不管别人干得快不快，即不含有比较的意思。第②句话是说某人有能力做到工作速度快，也不含有比较的意思。第③句要看上下文，有时说某人工作干得比较快是相当快之意，不一定是真的比；有时则显然含有跟人相比的意思，言下之意是说某人工作干得比别人快。

　　在潮阳话里口语不用"比较"，如果要说明某一性状已经达到某种程度，就用"会了X"这一格式来表达。如"会了输"［oi˩˩ liau˥˥ su˥］（比较差），"会了光"［oi˩˩ liau˥˥ kŋ˦］（比较亮），"会了旷"［oi˩˩ liau˥˥ kʻuã˥］（比较宽敞），"会了狭"［oi˩˩ liau˥˥ oiʔ˥］（比较窄）等。说法比较特殊的是第四个句子。

　　④只个文光塔会悬。［tsi˥ kai˥˥ buŋ˥˥ kuaŋ˦ tʻaʔ˩ oi˩˩ kuãi˥］（这个文光塔比较高。）

　　文光塔位于潮阳县城的中心，塔高16丈，雄伟壮观，始建于南宋绍兴元年（1131），明朝崇祯八年（1635）重建，是潮阳县著名古迹之一。按常规，比较高的意思本该说"会了悬"，由于塔高为当地所罕见，无从对比，平常只说"文光塔会悬"。

　　这里需要说明一下，有时比较性状程度的差别要有相比的两方面，就得用比较句来表示。两方面对比时，句中虽然也可以用介词"比"或"匹"，但口语里较少使用，常用的句式是"主语＋形容词谓语＋宾语"。例如：

　　⑤只个比许个好。［tsi˥ kai˥˥ pi˥˥ hu˥˥ kai˥˥ ho˥］（这个比那个好。）

　　⑥只个人比许个人悬。［tsi˥˥ kai˥˥ naŋ˦　pi˥˥ hu˥˥ kai˥˥ naŋ˦　kuãi˥］（这个人比那个人高。）

　　⑦只个强（过）许个。［tsi˥ kai˥˥ kiõ˥˥（e˥˩）hu˥ kai˥˥］（这个比那个强。）

　　⑧伊老我。［i˦ lau˩ ua˥˥］（他比我老。）

　　⑨我雅伊。［ua˥ ŋiã˥ i˦˩］（我比他漂亮。）

　　⑩伊重我二十斤。［i˦ taŋ˩˩ ua˥˥ zi˩˩ tsap˥˥ kiŋ˦］（他比我重二十斤。）

　　⑪我细伊三岁。［ua˥ soi˥˩ i˦ sã˦ hue˩］（我比他小三岁。）

第⑤⑥两句"比"字用于比较性状和程度，也可以替换成"匹"[pʻik⌐]，"匹"也是比的意思。在第⑦句里，补语"过"字外加圆括号，表示说不说两可。第⑩⑪两句，谓语形容词后面的宾语，是由两个宾语组成的宾语。其中表示数量或程度的成分是准宾语，准宾语要放在句尾。

1.3 "状语+形容词"的窄用式，状语跟形容词有一定的搭配关系，出现范围有限。例如门红 tou√⌐ aŋ┐ 深红│揰①鼻芳 tsʻeŋ√⌐ pĩ⊥╀ pʻaŋ┤ 香极了│揰鼻臭 tsʻeŋ√ pʻĩ⊥· tsʻauﬗ 臭极了│雪雪白 soʔ⌐⌐ soʔ⌐⌐ peʔ┐ 白极了，形容像雪一样洁白│沉沉重 tʻim┐⌐ tʻim┐⌐ taŋﬗ，又读 tim┐⌐ tim┐⌐ taŋ√ 形容很重│叫父叫母好 kio√⌐ pe⊥╀ kio√⌐ boﬗﬗ hoﬗ 好极了，"父"是训读字。上述例子状语跟形容词的搭配范围都有一定的局限性。比如，状语"揰鼻"只跟"芳、臭"搭配。

二　"形容词（+到）+补语"（述补）

说明事物性状的程度，潮阳话还常用"形容词+程度补语"和"形容词+到+程度补语"的方式来表示。这一类述补式大致相当于北京话形容词后面带程度补语"死了、极了"，表示性状的程度达到极点。在这类格式里，"到"字可以读［kau√⌐］，也可以减音，脱落［k］声母，读［au√⌐］，本文一律记成［au√⌐］。"形容词（+到）+补语"也包括广用式和窄用式两类，广用式的形容词大多不受限制，补语可以替换，使用频率高，窄用式的补语跟形容词的搭配有限，使用频率低。先说广用式。

2.1 "形容词+补语"的广用式，常用的只有以下四种格式。

45）X 死［si√］（形+极了）　光［kŋ┤］死亮极了　狭［oiʔ┐⌐］死窄极了

46）X 绝［tsoʔ┐］（形+极了）滑［kuk┐⌐］绝滑极了　好［hoﬗ］绝好极了

47）X 在［tsai√］（形+极了）芳［pʻaŋ┤］在香极了　悬［kuãi┐⌐］在高极了

48）X 载［tsoi⊥］（形+多了）慢［maŋ⊥╀］载慢多了　远［hŋﬗ╀］载远多了

47）式"X 在"在本县北部地区较为流行，在县城通常只有老年妇女的口语里才使用。48）"X 载"这一格式里的"载昨代切"是多的意思，作补语表示相差的程度大。"X 载"之后带不带助词"了"［au人］两可。

---

① 《集韵》去声用韵："揰，昌用切，推击也。"

2.2 "形容词 + 到 + 补语"的广用式较多，常用的有以下九种格式。

49）X 到出托〔au˅ tsʻuk˩ tʻoʔ˩〕（形 + 极了）

　　雅〔ŋiãʮ〕到出托美极了，漂亮极了

50）X 到死绝〔au˅ siʮ tsoʔ˥〕（形 + 极了）

　　芳〔pʻaŋ˦〕到死绝香极了

51）X 到獪咀〔au˅ boi˨ tã˅〕（形 + 极了）

　　热〔zuaʔ˥˩〕到獪咀热极了

52）X 到耐唔去〔au˅ nãi˨ m˨ kʻu˅〕（形 + 极了）

　　好〔hoʮ〕到耐唔去好极了

53）X 到堵唔缀〔au˅ tuʮ m˨ tue˅〕（形 + 极了）

　　烧〔sio˦〕到堵唔缀烫极了

54）X 到咀唔把ʔ去〔au˅ tã˅ m˨ pa˅ kʻu˅〕（形 + 极了）

　　咸〔kiam˥˩〕到咀唔把ʔ去咸极了

55）X 到爱死〔au˅ ãi˅ si˅〕（形 + 极了）

　　热〔zuaʔ˥˩〕到爱死热极了

56）X 到无命〔au˅ bo˥˩ miã˩〕（形 + 极了）

　　惊〔kiã˦〕到无命害怕极了

57）X 到堵唔条〔au˅ tuʮ mʮ tiau˥〕（形 + 极了）

　　臭〔tsʻau˅〕到堵唔条臭极了

这一类用"到"字联系的述补广用式，补语所用词语鲜明生动，方言色彩较浓。"出托"是突出、出奇的意思。"耐唔去、堵唔缀、堵唔条"都是受不了的意思。"獪咀"是不会说，"咀唔把ʔ去"是没法说，分别形容性状程度之深难以用言语来表达。这些词语在"形容词 + 到 + 补语"这类格式里用作补语，都是表示程度高达极点。其中 55）至 57）三种格式多用来描写令人不快的性状，也表示达到无以复加的程度。此外，在本县西部还通行"X 到嘭〔au˅ hiau˥〕"这一广用式。"嘭"是方言俗字，奇怪或玩耍的意思，作补语同样表示程度极高。例如，芳到嘭 pʻaŋ˦ au˅ hiau˥ 香极了｜臭到嘭 tsʻau˅ au˅ hiau˥ 臭极了。这一类广用式有时也可以紧缩，省略补语说 58）"X 到"，省略后意思不变。

2.3 "形容词 + 补语"的窄用式比较少见。例如"白通通"〔peʔ˥˩ tʻaŋ˦ tʻaŋ˦〕是形容透明，干净。"长拖拖"〔tŋ˥˩ tʻua˦ tʻua˦〕是形容文章冗长、衣服太长或阴雨绵绵。

"形容词 + 到 + 补语"窄用式的例子不少，而且往往是一些固定的短语，其中补语只限于跟个别形容词相搭配，中间都用"到"字联结。例如，"芳到捅鼻"［pʻaŋ˦ au˯ tsʻeŋ˥ pʻĩ˩］是香极了的意思。"臭到捅破鼻"［tsʻau˥ au˯ tsʻeŋ˥ pʻuaŋ˥ pĩ˩］和"臭到捅倒人"［tsʻau˥ au˯ tsʻeŋ˥ to˥ naŋ˩］都是形容臭极了，也说"臭到捅鼻"。补语"捅鼻"只跟形容词"芳、臭"搭配，"捅破鼻、捅倒人"只跟"臭"搭配。又如"酸到冻齿［sŋ˦ au˯ taŋ˥ kʻi˥］、酸到叫唔敢［sŋ˦ au˯ kio˥ m˩ kã˥］、酸到孬学［sŋ˦ au˯ mõ˥ oʔ˥］、酸到孬人喙［sŋ˦ au˯ mõ˥ zip˥ tsʻui˯］"都是形容酸极了。其中几个补语也只限于跟"酸"结合。"孬不好"［ᶜmõ˥］是"唔不"［ᶜm˩］和"好"［ᶜho˥］的合音方言字。"喙昌芮切"是嘴的意思。下面再举几个例子，红到血血 aŋ˩ au˯ hueʔ˥ hueʔ˥ 形容鲜红色｜白到通通 peʔ˥ au˯ tʻaŋ˥ tʻaŋ˥ 形容洁白透亮｜乌到墨墨 ou˦ au˯ bak˥ bak˥ 形容黑极了｜鲜到活活 tsʻĩ˦ au˯ uaʔ˥ uaʔ˥ 形容鱼新鲜｜富到流掉 pu˯ au˯ lau˩ tiau˩ 形容富极了｜好到唧舌 ho˥ au˯ tsiak˥ tsiʔ˥ 形容好极了，"唧"是象声字。例中补语出现的范围也都有限制。

以上例子说明，这类窄用式补语和形容词的搭配协调，语言生动，是一种加强语义程度和增加表达效果的构词手段，充分显示了通俗形象的口语风格。

三 "形容词 + 过 + 宾语" （述补宾）

表述事物性状的程度，潮阳话还常用"形容词 + 过 + 宾语"的格式来表示。这类格式相当于北京话形容词后面加程度补语"极了"，表示事物性状的程度达到极点。在这类格式里，"过"字可以读［kue˯］，也可以减音，脱落［k］声母和［u］介音，读［e˯］，本文一律记成［e˯］。"形容词 + 过 + 宾语"同样可以分为广用式和窄用式两类。

3.1 "形容词 + 过 + 宾语"的广用式，主要有以下四种格式。

59）X 过乜个［e˯ mĩʔ˥ kai˦］（形 + 极了）

芳［pʻaŋ˦］过乜个香极了

60）X 过死人［e˯ si˥ naŋ˩］（形 + 极了）

好［ho˥］过死人好极了

61）X 过死绝［e˯ si˥ tsoʔ˥］（形 + 极了）

贵［kui˥］过死绝贵极了

62）X 过死绝亡户［e˯ si˥ tsoʔ˥ buaŋ˩ hou˩］（形 + 极了）

好［hoɤˋ］过死绝亡户 好极了

第59）式里的"乜个"是代词，相当于北京话代词"什么"，在这种格式里用作宾语表示任指。例如，"好过乜个"［hoɤˋ eˇ mī͡ʔˋ kaiˉ］是说"比什么都好"，就是好极了的意思。"X 过乜个"和"X 过死绝亡户"的说法在本县西部地区较为通行。此外，在本县北部地区还使用"X 过嬲"［eˇ hiāuˉ］（形＋极了）这一格式。"嬲"字北部读鼻音韵［hiāuˉ］，与西部读口音韵［hiauˉ］不同。

在"形容词＋过＋宾语"的广用式里，上述几个宾语可以任意互换，形容词大多不受限制。这一类广用式有时也可以紧缩，省略宾语说63）"X 过"，省略后意思不变，还是表示程度达到顶点。

3.2 "形容词＋过＋宾语"的窄用式绝大多数是固定短语，其宾语变化范围有限，即跟形容词的结合比较稳固，形容词也不能任意替换。例如，"臭过屎［ts'auˇ eˇ saiˋ］、臭过六月厕缸［ts'auˇ eˇ lakˉ gueʔˉ ts'eˇ kŋˉ］、臭过六月屎桶［ts'auˇ eˇ lakˉ gueʔˉ saiˋ t'aŋˋ］、臭过六月尿桶底［ts'auˇ eˇ lakˉ gueʔˉ zioˉ t'aŋˋ toiˋ］"是形容臭极了，"屎、六月屎桶"等宾语只跟形容词"臭"相配，中间都用"过"联结。以下所举例子，宾语与形容词的搭配关系也都各有限制。

甜过蜜［timˉ eˇ bikˉ］甜极了

长过索［tŋˉ eˇ soʔˉ］索是绳子，形容长极了

热过火［zuaʔˉ eˇ hueˋ］热极了

轻过屁［k'iŋˉ eˇ p'uiˇ］轻极了

闲过仙［ãiˉ eˇ siaŋˉ］闲极了

恶过鬼［akˉ eˇ kuiˋ］恶毒极了

懒过虫［tuãˇ eˇ t'aŋˉ］懒极了

苦过猪胆［k'ouˋ eˇ tuˉ tãˋ］苦极了

稳过铁塔［uŋˋ eˇ t'iʔˉ t'aʔˉ］稳极了

薄过丝纸［poʔˉ eˇ siˉ tsuaˋ］薄极了

厚过照壁［kauˇ eˇ tsioˇ piaʔˉ］厚极了，照壁是指影壁，多用于形容脸皮太厚

在这类窄用式里，性状的程度是从形象比喻着眼，分别使用特定的宾语来衬托的。而且，词语的运用富有生活气息，寓意鲜明有力。例如，"旷过海"［k'uãˇ eˇ haiˋ］是宽阔极了的意思。大海一望无际，用海来比喻极为宽阔，形象生动。又如"有过铁"［tãiˉ eˇ t'iʔˉ］，"有"是方言俗字，硬的意思。铁质素以坚硬著称，用铁来比喻硬极了的意思，真是恰到

好处。

上述例子说明，运用通俗贴切的比喻手法，确实能给人以生动的形象感，并能提高语言的感染力。

四 "形容词+数量宾语"（述宾）

形容词直接加宾语表示性状程度的只限于"形容词+数量宾语"（述宾）这一类格式。数量宾语是指在形容词述语后面由不定量词"瞤囝、下囝"（一点儿）等构成的准宾语，"形容词+数量宾语"表示性状的程度、数量稍微增加或略微减少，常用的有下列三种格式。

64）X 瞤囝〔nĩʔˍｌ kiãˇ〕（形＋一点儿）　　细〔soiˇ〕瞤囝小一点儿

　　悬〔kuāiˉ〕瞤囝高一点儿

65）X 下囝〔eˇ kiãˇ〕（形＋一点儿）　　猛〔mĕˇ〕下囝快一点儿

　　好〔hoˇ〕下囝好一点儿

66）X 些须〔seˉｌ suˉｌ〕（形＋一点儿）　　好〔hoˇ〕些须好一些

　　长〔tŋˉ〕些须长一些

请注意，"瞤囝"单用时读前变调〔nĩʔˍｌ kiãˇ〕，读法跟"X 瞤囝"这一格式里作宾语时通常读后变调不同。"下囝"和"些须"不能单用，只能读后变调。

五 形容词短语的程度级别

形容词除"真、假"等在意义上没有程度差别以外，一般都可以带程度状语、补语与宾语，构成词义基本相同但有程度差别的各种形容词短语。上述 60 多种以形容词为中心扩展出来的短语，都分别表示各种性状的不同程度。现在以"芳"〔pʻaŋˉ〕（香）为例，大致对比一下。例如，"平芳"是一样香。"有滴囝芳"是有点香。"会了芳"是比较香的意思。"野芳、真芳、够芳、真够芳"等都是很香的意思。"愈芳、愈更芳"意思是更香。"一芳、一等芳、上芳、上等芳"和"芳死、芳绝"等都是香极了的意思。"死绝芳、太世芳、芳到出托、芳到咀唔把去、芳到、芳到死绝、芳过"等都是形容香到极点，达到无以复加的程度。"□〔kʻaʔˍｌ〕芳"意思是太香了。例中"芳"字所处的 X 位置，大多可以用其他形容词，如"臭、悬（高）、瘦（瘦）"（参看表 7 - 1）等来替换，所表示的程度差别也都可以分别依此类推，内部相当一致。

综上所述，潮阳方言形容词短词语的程度级别，不包括形容词本身的原级在内，大致可以分为以下八级。在说明八种程度级别之前，先说原级。

（零）原级（基本程度）芳 pʻaŋ˧ 香｜臭 tsʻauˋ｜大 tua˩｜细 soiˋ 小｜肥 pui˧ 也指胖｜瘠所景切 saŋˊ 瘦｜悬 kuai˧ 高｜矮 oiˊ｜下 胡雅切 keˊ 低｜载 昨代切 tsoi˩ 多｜少 tsioˋ｜加 ke˧ 多｜减 kiamˇ 少｜重 taŋ˩｜轻 kʻiŋˊ｜雅 ŋiãˊ 美｜白 peʔ˧｜红 aŋ˧｜乌 ou˧ 黑｜好 hoˊ｜酸 sŋ˧｜甜 tiam˧｜苦 kʻouˊ｜荃 火占切 hiam˧ 辣｜咸 kiam˧｜饕 子冉切 tsiãˊ 淡｜涩 siap˩｜深 tsʻim˧｜浅 tsʻiaŋˊ｜远 hŋ˩｜近 kiŋ˩｜长 tŋ˧｜短 toˊ｜新 siŋ˧｜旧 ku˩｜猛 mẽˊ 快｜慢 maŋ˩｜厚 kauˋ 也指浓、醲｜薄 poʔ˧ 也指稀｜滑 kuk˧｜粗 tsʻou˧｜光 kŋ˧ 亮｜暗 amˋ｜有 方言字 tãi˩ 硬；结实｜硬 ŋẽˋ｜软 nŋˊ｜旷 kʻuãˊ 宽阔｜阔 kʻuaʔ˩｜宽 狭 oiˊ 窄｜热 zuaʔ˧｜□ŋaŋ˧ 冷｜烧 sio˧ 暖、烫，指温度高｜饱 paˊ｜实 tsak˧ 稠密｜朗 laŋ˧ 稀疏｜干 训读字 ta˧｜仂 林直切 lak˧ 勤劳｜懒 tuã˩｜鲜 tsʻiˊ｜静 tsẽˋ｜利 lai˩ 锋利｜老 lau˩｜密 bik˧ 满｜酥 sou˧｜韧 zuŋ˩ 坚韧｜痒 tsioˋ｜晏 uãˊ 晚｜富 puˋ｜硗 丘交切 kʻiau˧ 穷｜贵 kuiˋ｜置 方言字 pʻˊ 便宜｜紧 kiŋˊ｜松 soŋ˧｜易 koi˧ 容易｜衰 sue˧ 倒霉｜野[1] iaˊ 凶，蛮横｜勢 务刀切 gau˧ 贤明，能干，等等。

以上举的例子都是单音节形容词，注音都用本调。形容词的连调根据上述各类格式确定。状谓式和述宾式里的形容词读本调，述补宾和述补式里的形容词读前变调。除述宾式里的数量宾语读后变调外，其他格式里的状语、补语、宾语也都读前变调。本调与变调的关系如表 7-2 所示。

表 7-2 潮阳方言声调表

	阴平	阳平	阴上	阳上	阴去	阳去	阴入	阳入
前变调	˧	˩	ˊ	˦	˥	˩	ʔ˥	ʔ˩
本调（独用调）	˧	˧	ˋ	˩	ˋ	˩	ʔ˩	ʔ˧
后变调	˩	˩	ˋ	˩	˩	˩	ʔ˩	ʔ˩

原级只是表示人或事物所具有的某种性质、特点或状态，不具体描写该属性或状态所具程度高低的状况怎么样。

下述八种程度级别，都是在原级基础上通过状谓、述补、述补宾等一定的结构关系，分别组成形容词短语所表示的各种语义。

---

① 如上所述，"野"字也用作副词。"野"字如果作为形容词，就不受副词"野"修饰。

（1）较低级（程度不足）40）半 X（广用式的编码一律依据上文，注音请按编码分别参看上述各节）表示某种性状只有一半程度，处于中间状态。41）无照 X　42）无向 X 和　43）无若 X　44）无乜 X 四种格式都表示程度不足，后两种格式的说法语气比较婉转。

（2）同级（同等程度）1）平 X　表示以某种性状对比，程度相同，不相上下。

（3）较高级弱化式（一般程度）2）有曩囝 X　3）有滴囝 X　64）曩囝　65）X 下囝　66）X 些须　都表示程度不高。

（4）较高级一般式（较高程度）4）□［hoʔ˧˩］X　表示程度相当高，但不到"野"（很）的程度，"□"［hoʔ˧˩］类似白话文的副词"相当"，但不能单用。　5）会了 X 表示达到某种程度，"会了"［oi˧˩ liau˥˩］相当于白话文的副词"比较"，不能单用。（参看上文 1.2 节）15）照 X　16）"向 X 向 X""照［tsio˧˩］、向［hiõ˧˩］"分别相当于北京话的指示代词"这么、那么"，修饰形容词时都是指示和强调某种性状的程度高。第 15）式语气上有点夸张，第 16）式常用于比拟的说法。17）愈 X　18）愈更 X "愈［zu˥˩］、愈更［zu˥˩ keŋ˧˩］"相当于北京话的副词"更、更加"，表示程度增高。

（5）较高级强化式（很高程度）6）野 X　7）够 X　8）真够 X　9）真 X　10）真正 X　11）敢 X　12）确实 X　13）大 X　48）X 载　这九种格式都表示程度很高，但不到极点。14）若 X　副词"若"［zioʔ˧˩］相当于北京话的副词"多、多么"，用在带赞叹、惊叹语气的感叹句里，表示程度很高，有一定的感情色彩和夸张的语气。（副词"若"如果用在陈述句里，是指某种程度，属于较高级一般式；用在疑问句里则是询问程度或数量）

（6）最高级（最高程度）19）顶 X　20）一 X　21）一等 X　22）上 X　23）上等 X　24）头 X　25）头等 X　45）X 死　46）X 绝　47）X 在　这十种格式都是表示最高程度，相当于北京话的副词"极"加形容词，或形容词带程度补语"极了、死了"。

（7）超级（特等程度）26）死绝 X　27）太世 X　28）绝世 X　29）刣人 X　30）死人 X　31）亡户 X　32）亡良 X　33）脍好 X　34）死父 X 35）黄头 X　36）凄疑 X　37）琅裂 X　38）鼓症 X　49）X 到出托 50）X 到死绝　51）X 到脍咀　52）X 到耐唔去　53）X 到堵唔缀　54）X 到咀唔把ʔ去　55）X 到爱死　56）X 到无命　57）X 到堵唔条　58）X 到

59）X 过乜个　60）X 过死人　61）X 过死绝　62）X 过死绝亡户　63）X 过　这二十八种格式都表示程度达到顶点，超过其余，相当于北京话的副词"极"加形容词，或形容词带程度补语"极了、死了"，但都含有强烈的感情色彩，分别强调性状达到无以复加的程度，语气都比最高级明显加重。从修辞上看，这些格式都运用生动活泼的夸张手法，以增强表达效果，可以说几乎都是形容词短语表达特高程度级别的生动形式。

（8）过度级（程度过分）39）□〔k·aʔ⌟⌐〕X　　"□"〔k·aʔ⌟⌐〕相当于北京话的副词"太"，表示程度过分，多用于不理想、不如意的事情。有时也用作最高级，表示程度极高，多用于赞叹。

人或事物性状的差别与程度界限的分辨往往都是相对的。虽然在悬（高）和矮、肥（胖）和瘠（瘦）、大和细（小）、重和轻……之间，可以通过"死绝、顶（极）、野（很）、会了（比较）、有滴团（有点儿）……"等丰富多彩的程度状语补语与宾语，来描述人或事物性状的不同程度，但人们与客观事物的性状是复杂多样的，有时差别是很细微的，而且对比的标准也常常随具体语言环境而定，绝非上述程度级别的层次所能概括与描述。所以，对于形容词短语的程度级别很难分得精确，充其量只能说是一个大致的划分，实际语言的表达方式与所含意义要丰富得多。

第八章　潮阳方言的象声词[*]

提要　本章对潮阳方言象声词的语音结构做了全面的考察和分析，主要讨论象声词"AA 叫、IA 叫、IA$_1$A$_2$ 叫"三种格式的语音特点，着重说明 I 类韵母只限于 [i iʔ ĩ ĩʔ iŋ ik] 等六韵，A$_2$ 的 L 类声母有 [l n] 之别，A$_1$ 的元音是口音，A$_2$ 的声母为 [l]，A$_1$ 的元音是鼻音，A$_2$ 的声母为 [n]，还分析了变声重叠"IA$_1$A$_2$ 叫"构词成分语音结构的相互制约。

关于潮阳方言的象声词，朱德熙先生（1982）曾有专文进行分析和比较。笔者（1979、1982）也曾讨论过。本章进一步探讨潮阳话象声词的各种类型及其语音特点。

潮阳话的象声词鲜明生动，呈现出独特的地方风采，既蕴含了许多在各种语境中具有一定真实感的声音，有的也描摹和虚拟人的心理状态，形容人的态度、动作或事物的情状等，表现力非常强，语音形式十分丰富。"AA 叫、IA 叫、IA$_1$A$_2$ 叫"是最具代表性的格式。

一　潮阳话象声词的声韵调

1.1　声母。潮阳话有 18 个声母，但象声词不出现 [g]，故有 17 个声母，包括零声母在内。如下所示：

p pʻ b m　t tʻ l n　ts tsʻ s z　k kʻ ŋ h　Ø

1.2　韵母。如不考虑象声词，潮阳话有 90 个韵母，其中见于象声词的

---

　*　本章主要内容曾在"纪念吕叔湘先生百年诞辰国际学术研讨会"（中国社会科学院，2004 年 6 月）分组会上宣读。原载《中国方言学报》2006 年第 1 期。

韵母有 51 个。但象声词的韵母中有 4 个是不见于一般字音的。也就是说，潮阳话象声词有 55 个韵母。如下：

a		ã	ãi	ãu		aŋ	aʔ	auʔ		ãiʔ	ãuʔ	ap	ãp	ak
e		ẽ					eʔ		ẽʔ					
o		õ		õu	om	oŋ	oʔ		õʔ	õiʔ		op	õp	ok
i		ĩ		ĩu		iŋ	iʔ	iuʔ	ĩʔ			ip		ik
	iau		iãu				iauʔ					iap	iãp	iak
u	ui						uʔ							
ua	uai		uãi			uaŋ	uaʔ			uãiʔ				uak
ue														
							mʔ							
							ŋʔ							

其中〔ãp〕韵限于象声词和合音字（"三十"合音后变成"卅"〔sã˧ tsap˥ > sãp˥〕）。〔uãiʔ iãp õp〕三韵则是象声词专用的韵母。

1.3 声调。潮阳话象声词有 8 个声调：〔˧〕33 中平调，〔˥〕55 高平调，〔˥˧〕53 高降调，〔˧˩˧〕313 低降升调，〔˧˩〕31 低降调，〔˩〕11 低平调，〔˩〕1 低短调，〔˥〕5 高短调。前六个是舒声调，后两个是促声调。这八个声调依次分别相当于非象声的阴平〔˧〕33，阳平〔˥〕55，阴〔˥˧〕53，阳上〔˧˩˧〕313，阴去〔˧˩〕31，阳去〔˩〕11，阴入〔˩〕1，阳入〔˥〕5 等八个单字调。常见的是高平调、低降调、低平调、低短调和高短调等五个声调，其他三个声调很少见。

二 潮阳话象声词的类型

潮阳话象声词按其结构形式可以分为散见型和固定型两大类。

2.1 散见型。可以分两种情况，一是把个别单音双音或三音象声字单独转变为名词，二是把单音象声字用作名词性语素、动词性语素或其他语素，再加上某种构词成分构成一般的双音或三音词，但通过内部比较，可以确定这些语素原本就是象声字。

散见型第一种情况例子很少。单音象声词用作名词只有两个例子。

①pu ˧ 螺号

②ts'ẽ˩ 钹，打击乐器

双音和三音象声词用作名词各仅有一例。

③ti˧ ta˥ 唢呐

④hu˩ tu˧ tu˥ （铜质拉管乐器"号头"的俗称①）

例①～④这四种俗称都是一种习惯的传统叫法，行业人和民间都这么叫，属于象声叫法。

第二种情况例子也不多，现在先列举，然后再说明。（方框"□"都表示象声字）

⑤鞋□oi˥˩ lau?˩ 拖鞋。比较：lau?˩ lau?˩ kio˩ 穿皮拖鞋走路声（［kio˩］是"叫"字，下同）

⑥鞋□oi˥˩ liau?˩ 拖鞋。比较：liau?˥ liau?˥ kio˩ 穿木屐走路声（［liau?˥］又读低短调）

⑦鞋□oi˥˩ tsiau?˩ 拖鞋。比较：tsi?˩ tsiau?˩ liau?˩ kio˩ 深夜人走动的脚步声

⑧催□ts'ui˧ pu˧ 鸣汽笛（［pu˧］汽笛声）

⑨吹□puŋ˥˩ pu˧ 吹螺号（"吹"是训读字，［pu˧］是螺号声）

⑩放□paŋ˩˥ ẽ?˥ 小孩拉屎（［ẽ?˥］形容小孩拉屎时自己嘴里发出哼哼声）

⑪拍□p'a?˩˥ ts'ẽ˩ 拍打钹。比较：ts'ẽ˥ ts'ẽ˧ kio˩ 拍打钹的声音

⑫拍□p'a?˩˥ pok˩ 鼓掌。比较：pok˩ pok˩ kio˩ 鼓掌声（［pok˩］模拟掌声）

⑬□痰 p'ui˩˥ nuã˩ 吐痰（"痰"是训读字）。比较：p'ui˩ p'ui˩ kio˩ 吐痰声

⑭□尿 si˧ zio˩ 把尿｜□屎 si˧ sai˩ 把屎（［si˧］形容给婴孩把屎把尿时，抱婴者嘴里发出的催促婴孩拉屎尿的声音）

⑮□蠓 ts'i?˩˥ maŋ˥ 用带玻璃灯罩的煤油灯火炙死蚊子

⑯□蠓 ts'u?˩˥ maŋ˥ 义同上（［ts'i?˩］和［ts'u?˩］都是模拟用灯火炙死蚊子时的响声）

---

① "号头"是潮剧的一种特色乐器。汕头大学出版社 1995 年出版的《潮剧志》第五章"音乐·特色乐器"段落注曰："号头……吹管分三节可伸缩，长约 94 厘米，吹口为小圆盘，出音管口向上弯。音域 2 - 2，音高用气控制。具有声音凄厉、苍劲的特点，用于战场、校场、刑场等壮大场面。"

⑰□掉 poŋ˩ tiau˩ 枪毙（［poŋ˩］是放枪的声音）

⑱□声音 mõʔ˩˥ siã˦ ue˩ 指外地口音。比较：m ĩ˩ mõʔ˩ kio˨形容外地人讲处地话的口音

⑲拗手□a˥ tsʻiu˥ piauʔ˩　使劲儿压手关节使发出声响

⑳无□嘴 bo˥ ĩʔ˩˥ tsʻui˨　不做声（［tsʻui˨］，声母送气，本字"喥昌芮切"，"嘴"是训读）

㉑无□声 bo˥ ĩʔ˩˥ siã˦ 不做声（［ĩʔ˩］形容嘴里发出的语音）

㉒□下□hõiʔ˩˥ e˦ hõiʔ˩˥　形容气息奄奄（［hõiʔ˩］喘气声）

例①～④模拟各种乐器的声音，单用的时候是名词。例⑤～⑦［lauʔ˩，liauʔ˩，tsiauʔ˩，liauʔ˥］都是模拟趿拉着鞋走路的声音，不单用，是构词成分。例⑧～⑫里的象声字都作宾语性成分，构成动宾式双音词。例⑬～⑯里的象声字都作动词性成分，也构成动宾式双音词。例⑰是动补式双音词。例⑱里的象声字［mõʔ˩］作形容性语素，形容声音的性状，是修饰成分，起限定作用。例⑲是动宾式三音词，［piauʔ˩］用作名词性成分。例⑳㉑两例，［ĩʔ˩］用作动词性成分，与"嘴"或"声"连结成动宾关系，"无"否定所指动作状态的发生。例㉒是动词＋动量补语"下"＋重复动词，动词由象声字充任，动量补语由动量词"下"充当，"下"后面重复动词表示一声一声喘气。

散见型象声词模拟事物声音的特点有的已不十分明显，如例⑬［pʻui˨］已转变为动词成分，并按两字组连调规律变读高平调。通过和重叠式象声词［pʻui˨ pʻui˨ kio˨］的比较，［pʻui˨］来自象声词和本调读法才显露出来。例⑱［mõʔ˩］变读高平短调，和例⑬［pʻui˥˦］变读高平调情况类似，因此，［mĩ˩ mõʔ˩ kio˨］的［mõʔ˩］读低平短调，也应认为是本调。但例⑪的情况就不同了，对比例②看，［tsʻẽ˨］读低降调应该是本调，［tsʻẽ˥ tsʻẽ˥ kio˨］中，［tsʻẽ˥］读高平调，似乎是变调。例⑪象声词形容拍打钹的声音同高平调，可能跟显示打击乐器发的高亢音响震耳喧闹有关。但例中声调读法的规则和例⑬⑱不相符合。象声词的本调不易推求。

2.2　固定型。多音象声词无论三音词还是四音词，凡是具有一定的结构格式都属于固定型。固定型有以下六种格式：AAD，IAD，A 下叫，AA叫，IA 叫，IA₁A₂。为叙述方便起见，用大写字母 A 表示象声词的基本形式和重叠的字，必要时在字母右下角用小数字表示 A 在重叠式里的次序，D 表示单音动词，I 表示其韵母限于 I 类韵母。区分 A₁A₂，是因为 A₂ 限于 L 类声母。"叫"字可以读［kio˨］，也可以变读［tio˨］，以下一律记作

［kioↄ］。因为象声词本调不易推求，以下是怎么说就怎么记。这六种固定型格式，前三种例子较少，后三种例子很多，下面依次分类列举。列举时例子的排列次序是：先按调式排列，调式的名称以"叫"字之前的声调为准，同一调式的按声母排列，调式和声母相同的，按韵母次序排列。

㈠AAD 下列㉓～㉕三例，AA 重叠同音，都读低降调［ↄ］31，D 都是单音动词。

㉓□□苍 hāi hāi tsʻaŋ˧ 病痛呻吟声

㉔□□涌 tom tom eŋ˥ 形容容器里的水晃荡

㉕□□下 tom tom e˧ 用爱蹚水比喻好管闲事

㈡LAD IA 声调声母相同，韵母不同，D 也是单音动词。以下两例的调式是［11 11 53］。

㉖□□嚷 ki ka ziaŋ 大声嚷

㉗□□嚷 ŋĭ ŋā ziaŋ 义同上（［ki˩ ka˩，ŋĭ˩ ŋā˩］都是模拟乱嚷嚷的声音）

在 IA 和"嚷"之间，可以插入"母"字构成"IA 母嚷"式，调式都是［11 11 53 – 31 53］。

㉘□□母嚷 mĭ mā bo ziaŋ 大声乱嚷嚷

㉙□□母嚷 ki ka bo ziaŋ 义同上

㉚□□母嚷 hi ha bo ziaŋ 义同上（［mĭ˩ mā˩］，［hi˩ ha˩］也都是模拟乱嚷嚷的声音）

"IA 母嚷"表示嚷嚷的声音比"IA 嚷"更大更乱更闹，多含贬义，不妨认为是 IAD 的一种扩充式，表现在 IA 后面增加了词素"母"，以示发声能量大，在词义上增强了音响强度。

㈢A 下叫　本格式表示事物的声音或情状，或人的心态等只出现一次或时间短。"下"字在这种格式里是动量词，表示一次短促的动作行为，或出现一次短暂的事情。以下两例的调式是［11 11 – 33 31］。

㉛□下叫 poŋ e kio 砰一声，形容撞击声或重物落地声

㉜□下叫 tee e kio 形容心一凉，表示失望

以下两例后两字声调的读法同上两例。

㉝□下叫 hẽʔ e kio 形容吓一跳。比较：hĭʔ˩ hẽʔ˩ nẽʔ˩ kioↄ 吓得心怦怦跳

㉞□下叫 ŋẽʔ˥ e kio 形容一愣神

㈣AA 叫　共 92 例。见于本式的声母有［p pʻ b m t tʻ l n ts tsʻ s z k kʻ ŋ h ø］等 17 个，韵母有［a e o i u ue ui uai iau ã ẽ õ ãi ãu õu ĩu iãu om oŋ uaŋ aʔ

eʔ oʔ iʔ uʔ auʔ iuʔ iauʔ ẽʔ õʔ mʔ ŋʔ ãiʔ ãuʔ ap op ip ok iak uak] 等 40 个，
[mʔ ŋʔ] 是 A 的专用韵母。

（1）AA 叫中平调式 [33 33 31]

㉟hom hom kio 蚊子飞的声音

㊱ue ue kio 嘀嘀咕咕

（2）AA 叫高平调式 [55 55 31]

㊲pu pu kio 汽笛声；形容行动敏捷

㊳toŋ toŋ kio 形容行动敏捷

㊴tsiau tsiau kio 小孩吵嘴声

㊵tsˑe tsˑe kio 大声说话声

㊶tsˑẽ tsˑẽ kio 拍打钹的声音

㊷zi zi kio 呼小鸡声

㊸ke ke kio 大声说话声

㊹ki ki kio 汽车鸣喇叭声；杀猪时猪叫声；形容疼得哇哇直叫

㊺kiau kiau kio 小孩吵嘴声

㊻ŋiãu ŋiãu kio 猫叫声；婴儿哭声

㊼he he kio 形容吓得直叫

㊽hĩu hĩu kio 刮铁锅声

（3）AA 叫低降调式 [31 31 31]

㊾pˑe pˑe kio 形容说话嘀里嘟噜很快

㊿pˑu pˑu kio 骂人声

51 pˑui pˑui kio 吐痰声

52 bi bi kio 小鸡啄碎米声；形容得意

53 tsiau tsiau kio 形容多嘴，叽叽喳喳

54 kˑa kˑa kio 笑声，多指女子或小孩的笑声

55 huai huai kio 指北方人学潮州话语音不正

56 hãi hãi kio 叹气声

57 hãu hãu kio 狗叫声

58 hõu hõu kio 义同上

（4）AA 叫低平调式 [11 11 31]

59 tom tom kio 打鼓声

60 tˑã tˑã kio 形容得意扬扬

61 tˑẽ tˑẽ kio 义同上

㉒tʻom tʻom kio 游艇发动机的响声

㉓le le kio 纺车纺纱声

㉔loŋ loŋ kio 形容耳鸣

㉕tsi tsi kio 煎猪油发出的响声；燃烧的火炭放进水里灭火的响声

㉖tsʻom tsʻom kio 敲锣打鼓声

㉗sa sa kio 下雨声

㉘su su kio 小孩撒尿声

㉙ka ka kio 大雨声；倒水声；形容大声说话

⑦ko ko kio 流水声；撒尿声

⑦kom kom kio 大炮声

⑦kuaŋ kuaŋ kio 义同上

⑦kʻom kʻom kio 咳嗽声

⑦ha ha kio 笑声；说话声；大雨声

⑦ho ho kio 大声哭的声音

⑦ hu hu kio 刮风声

⑦hãi hãi kio 叹气声

⑦hom hom kio 刮大风声；形容喧哗

⑦ua ua kio 形容不服气

⑧õ õ kio 大声哭的声音

⑧om om kio 话音的回声

（5）AA 叫低短调式［1 1 31］

⑧pok pok kio 鼓掌声；远处的枪声；形容头疼

⑧tuʔ tuʔ kio 不顺心时的嘟嚷声

⑧top top kio 形容悄悄儿地来

⑧liʔ liʔ kio 形容疼得哇哇直叫

⑧lauʔ lauʔ kio 穿皮拖鞋走路声

⑧liauʔ liauʔ kio 穿木屐走路声

⑧lop lop kio 煮食物锅开了的声音；老鼠拱米桶盖的声音

⑧nõʔ nõʔ kio 醉汉说话声；形容说话无条理，别人听不清楚

⑨tsiʔ tsiʔ kio 形容想说话又说不出来的样子

⑨ tsuʔ tsuʔ kio 小声说话声

⑨tsop tsop kio 穿着雨鞋，鞋里进水时的走路声

⑨tsʻõ tsʻõ kio 形容慌忙，不沉着

○94 suʔ suʔ kio 叽叽咕咕小声说话声；形容辣得或冻得嘴出声

○95 sop sop kio 切嫩萝卜声；嚼酥糖声

○96 siak siak kio 形容头疼或事情伤脑筋

○97 kauʔ kauʔ kio 消化不良肚子咕噜声

○98 kop kop kio 煮食物锅开了的声音；形容悄悄儿地来

○99 kok kok kio 母鸡的叫声

○100 kʻŋʔ kʻŋʔ kio 流鼻涕时鼻子急促一吸一顿的声音；形容骄傲

○101 kʻiak kʻiak kio 用手指弹实心儿萝卜发出的声音；打小鼓声

○102 ŋãuʔ ŋãuʔ kio 不服气或不乐意时的嘟囔声

○103 haʔ haʔ kio 笑声

○104 hoʔ hoʔ kio 形容高兴

○105 hẽʔ hẽʔ kio 形容夸耀

○106 hãuʔ hãuʔ kio 嚼食物声

○107 hmʔ hmʔ kio 干活儿使劲儿时鼻腔和口腔发出的喘息声

○108 hŋʔ hŋʔ kio 小孩有病呻吟

○109 hop hop kio 穿皮鞋走路声

○110 uʔ uʔ kio 猪叫声；形容语音含混不清，多指不在意

○111 õʔ õʔ kio 公鸡的叫声，又读高短调式

○112 mʔ mʔ kio 形容听见有人叫，爱答不理

○113 ap ap kio 鸭子的叫声

○114 op op kio 青蛙的叫声；形容脉搏跳动

○115 ip ip kio 形容伤口隐隐作痛

○116 uak uak kio 形容伤口疼得厉害

（6）AA 叫高短调式 ［5 5 31］

○117 mẽʔ mẽʔ kio 羊叫声

○118 liauʔ liauʔ kio 穿木屐走路声

○119 tsuʔ tsuʔ kio 老鼠的叫声

○120 tsiauʔ tsiauʔ kio 小鸡的叫声

○121 tsʻiuʔ tsʻiuʔ kio 因感冒而引起的鼻子吸溜声

○122 keʔ keʔ kio 母鸡下蛋后叫声

○123 kiuʔ kiuʔ kio 用手摩擦桌子的摩擦声

○124 ŋẽʔ ŋẽʔ kio 形容不满意大声嚷

○125 õʔ õʔ kio 公鸡的叫声

⑫ãiʔ ãiʔ kio 开门推门声

㊼IA 叫　共 25 例。见于本式的声母有 [p pʻ m t tʻ n l ts tsʻ s k kʻ ŋ h Ø] 等 15 个，韵母见于 I 的是 I 类韵母 [i iʔ ĩ ĩʔ iŋ ik] 等 6 个，见于 A 的有 [a e o u iau ã om oʔ uʔ uaʔ ãʔ õʔ auʔ op ãp iãp ok iak] 等 18 个。

（1）IA 叫高平调式 [55 55 31]

⑫tsi tsiau kio 杂乱的说话声

⑫kʻi kʻe kio 盆儿碗儿磕碰声

⑫hi he kio 形容吓得直叫

（2）IA 叫低降调式 [31 31 31]

⑬pʻi pʻu kio 骂人声

⑬li lo kio 形容口齿不清

⑬li lom kio 水晃荡声

（3）IA 叫低平调式 [11 11 31]

⑬liŋ lom kio 重物落地声；物体碰撞声

⑬tsi tsa kio 炒菜声

⑬kʻi kʻa kio 笑声，多指女子或小孩的笑声

⑬kʻiŋ kʻom kio 大声咳嗽声

⑬ŋĩ ŋã kio 大声说话声

（4）IA 叫低短调式 [1 1 31]

⑬piʔ puʔ kio 放屁声

⑬mĩʔ mõʔ kio 指外地人讲外地话的语音

⑭tiʔ tiak kio 打算盘声

⑭tik tok kio 钟摆的摆动声

⑭tʻiʔ tʻuʔ kio 喉咙多痰时的喘气声

⑭nĩʔ nõʔ kio 醉汉说话声；形容说话无条理，别人听不清楚

⑭nĩʔ niãp kio 不服气或不乐意时的嘟囔声

⑭tsʻiʔ tsʻoʔ kio 形容匆匆忙忙

⑭siʔ suaʔ kio 失眠时翻来覆去的声音；深夜屋里有动静的声音

⑭kiʔ kuʔ kio 心里不乐意时嘀嘀咕咕声

⑭ŋĩʔ nãʔ kio 不服气或不乐意时的嘟囔声

⑭hĩʔ hãuʔ kio 嚼食物声

⑮hik hop kio 形容急急忙忙

⑮ĩʔ ãp kio 物体受挤声

㈥IA₁A₂ 叫　共 57 例。本式的声母见于 IA₁ 的有 ［p pʻ m t tʻ ts tsʻ s k kʻ ŋ h Ø］等 13 个，见于 A₂ 的只有 ［l n］两个声母，即"L 类声母"，韵母见于 I 的是 I 类韵母 ［i iʔ ĩ ĩʔ iŋ ik］等 6 个，见于 A₁A₂ 的有 ［a e u iau ã uai om aŋ oŋ eʔ oʔ uʔ uaʔ auʔ iauʔ ẽʔ õʔ ãuʔ uaiʔ op iap õp iãp ak ok iak］等 26 个，特例⑰是 ［ãi］韵。

（1）IA₁A₂ 叫高平调式 ［55 55 55 31］

⑯tsi tse le kio 炒菜声

⑯tsi tsu lu kio 老鼠的叫声

⑯tsi tsiau liau kio 杂乱的说话声

⑯ki ke le kio 形容说话鲁莽

⑯ki kiau liau kio 杂乱的说话声

⑯hi he le kio 打碎瓷器声；形容说话鲁莽；形容吓得直叫

⑱ ĩ uãĩ nuãi kio 开门推门声；踏水车声

（2）IA₁A₂ 叫低降调式 ［31 31 31 31］

⑲ti ta la kio 说笑声；幼儿学语声

⑯kʻi kʻa la kio 指女子或小孩的笑声

（3）IA₁A₂ 叫低平调式 ［11 11 11 31］

⑯pi paŋ laŋ kio 鞭炮声，或指举止不文雅

⑯piŋ paŋ laŋ kio 义同上

⑯pʻiŋ pʻoŋ loŋ kio 义同上

⑯mĩ mã nã kio 大声说话声或乱嚷声

⑯mĩ mã la kio 义同上

⑯tʻi tʻom lom kio 游艇发动机的响声

⑯si sa la kio 小雨声

⑱si su lu kio 撒尿撒在尿桶上的声音

⑲ki ku lu kio 鸽子的叫声；消化不良肚子咕噜声

⑰kʻi kʻu lu kio 喉咙多痰时的喘气声

⑰kʻi kʻãi nãi kio 敲锣声

⑰kʻi kʻom lom kio 义同上

⑰hi ha la kio 大雨声

⑭hi hom lom kio 刮大风的声音；喧哗声

（4）IA₁A₂ 叫低短调式 ［1 1 1 31］

⑮piʔ puʔ luʔ kio 放屁声

⑰piʔ piak liak kio 枪声；东西爆裂声

⑰pik pak lak kio 义同上

⑱pʻik pʻak lak kio 用巴掌打蚊子的声音

⑰pʻik pʻok lok kio 风吹动窗户纸的声音

⑱tiʔ tuʔ luʔ kio 不满意时的嘟囔声

⑱tiʔ tiauʔ liauʔ kio 铁锅烧干时发出的声音；打算盘声；形容口齿伶俐

⑱tiʔ topˈ lop kio 滴水声

⑱tik tok lok kio 钟摆的摆动声

⑱tik tiak liak kio 打算盘声

⑱tʻiʔ tʻuʔ luʔ kio 喉咙痰多时的喘气声

⑱tʻiʔ tʻuaʔ lauʔ kio 修理枪支扳动枪机声

⑱tsiʔ tsuʔ luʔ kio 小声说话声

⑱tsiʔ tsiauʔ liauʔ kio 小鸡的叫声；深夜时走动的脚步声

⑱tsiʔ tsiap liap kio 嚼食物的声音，多指食物含有胶质

⑲tsʻiʔ tsʻoʔ loʔ kio 形容匆匆忙忙

⑲tsʻĩʔ tsʻõʔ nõʔ kio 形容做事忙无头绪；又指说话没有条理

⑲siʔ suaʔ luaʔ kio 失眠时翻来覆去的声音；深夜屋里有动静的声音

⑲sik siak liak kio 刮扔东西的声音；形容事情伤脑筋

⑲kiʔ kuʔ luʔ kio 形容打嗝儿；形容心里不乐意嘀嘀咕咕

⑲kiʔ kauʔ lauʔ kio 嘀嘀咕咕；消化不良肚子咕噜声；形容泔水等变质

⑲kʻiʔ keʻʔ leʔ kio 笑声

⑲kʻiʔ kʻuʔ luʔ kio 喉咙痰多时的喘气声

⑲kʻiʔ kʻiak liak kio 铁锤击物声；穿木屐走路声

⑲kʻik kʻiak liak kio 义同上

⑳kʻik kʻak lak kio 咳嗽吐痰声

㉑ŋĩʔ ŋãuʔ nãuʔ kio 不服气或不乐意时嘟囔声

㉒hiʔ huʔ luʔ kio 形容匆匆忙忙

㉓hiʔ hop lop kio 砸东西的声音；形容匆匆忙忙

㉔hĩʔ hẽʔ nẽʔ kio 吓得心怦怦跳；形容骄傲自满

㉕hĩʔ huãiʔ nuãiʔ kio 老鼠啃东西的声音；形容小孩好动贪玩

㉖hĩʔ hõp nõp kio 嚼脆的食物声；老鼠啃东西的声音

㉗ĩʔ ãuʔ nãuʔ kio 不服气或不乐意时嘟囔声

㉘ĩʔ ãp nãp kio 物体受挤声

象声词变声重叠式"IIAA"只有个别例子：〔pʻiʔ˩〕（pʻiʔ＞）liʔ˩ pʻok˩（pʻok＞）lok˩〕（形容鞭炮声），不妨认为这是"IIAA 叫"式的省略。因仅此一例，就不另立一种格式了。

2.3　上述各种格式的象声词在词义上都有差别。比如："A 下叫"表示声音只响了一次，而且响声单一不杂。"IA₁A₂ 叫"表示声音响了多次，是持续性的声响而且响声比较杂。"IA 叫"和"AA 叫"都表示声音只响了两三次，但两者在词义上稍有不同，"IA 叫"表示前后响声不相同，至少有点异样。"AA 叫"表示前后响声一样，或者非常接近。

变声重叠式"IA₁A₂ 叫"和不变声重叠式"A₁A₂ 叫"里的 A₁ 有少数是相同的。所谓"相同"是说语音形式和意义都一样，或者语音形式一样，意义基本一样。如例⑥和例⑯，A₁ 都是〔tʻom˩〕，意义都是形容游艇发动机的响声。如例㊾和例⑭，两者 A₁ 都是〔tsiau˥〕，意义基本一样，而且例⑭和例⑫意义基本上也一样，只是例⑭比例⑫杂乱的说话声更杂乱一点。在可供比较的少数例子中，有的 A₁ 语音形式相同，但意义只是部分相同。如例㊼〔he˥ he˥ kio˩〕和例⑮〔hi˥ he˥ le˥ kio˩〕，A₁ 也相同，但例⑮有三个义项，只有一个义项"形容吓得直叫"和例㊼及例⑫〔hi˥ he˥ kio˩〕的意义相同。

变声重叠式"lA₁A₂ 叫"里的 A₁A₂ 没有能独立的，即没有前头不带 I，后头不带"叫"的 A₁A₂ 的例子。"IA 叫、A₁A₂ 叫"里的 A 和 A₁ 也都不能单独作为象声词使用。但"IA₁A₂ 叫、IA 叫、A₁A₂ 叫"里的 A₁ 和 A 个别例子可以作构词成分和句子成分。如例㊷里的〔pok˩〕也可作为例⑫双音词里的宾语性构词成分。例⑫"拍口"〔pʻaʔ˩ pok˩〕是鼓掌的意思，〔pok˩〕是模拟掌声，和例㊷里的〔pok˩〕显然是同一个象声字。又如"嫒散口"〔mãi˩ suã˩ pʻui˩〕是提示对方不要随地吐痰，其中〔pʻui˩〕和例⑬〔pʻui˩ nuã˩〕（吐痰）及例㊿〔pʻui˩ pʻui˩ kio˩〕（吐痰声）里的〔pʻui˩〕都同出一源。

2.4　潮阳话鼻音韵丰富，象声词亦然。在潮阳话象声词 55 个韵母里，鼻音韵有 22 个，占 2/5。基本形式 A 是鼻音韵的象声词例子很多，按固定型后三种格式作统计。

　　a. 在"AA 叫"里有例㊶㊻㊽㊾㊿⑤⑧⑩⑥⑪⑪⑧⑧⑨⑨⑩⑩⑩⑩⑧⑪⑪⑫⑪⑪⑪⑪⑪等 24 例。

　　b. 在"IA 叫"里有例⑭⑭⑭⑭⑭⑭和⑮等 7 例。

　　c. 在"IA₁A₂ 叫"里有例⑱⑯⑲⑳和㉔～㉘等 9 例。

三项共计40例，占象声词这三种格式总数174例的1/4弱，可见象声词是鼻音韵的，为数真不少。例⑯〔mĭ˩mã˩la˩kioʋ〕是例⑯〔mĭ˩mã˩nã˩kioʋ〕的又一说法，即A₂的声母〔l n〕两可。A₁是鼻音韵，A₂是口音韵，而且声母读〔l〕的仅此一例，可作为例外。例⑰是特例，也不统计在内。

如上所举，潮阳话这六种固定型象声词，无论三音词还是四音词，一个音节连着一个音节，一口气顺着说出来，完全融合在自成一体的拟音声里，巧妙结合，内容充实，声情并茂，恰到好处。这些实例无论模拟也好，虚拟也好，不仅字音清晰，节奏明朗，腔调动听，妙趣横生，而且都具有宏大的音量和一定的韵味，很多例子都呈现出独特的地方风采，乡土味较浓。各种象声词所模拟的声响，具体地展现了形形色色的声音，绝大多数十分逼真。总而言之，这些象声词不论哪种格式，都具有较强的听觉感染力，大多能达到拟声神似，寓意贴切的效果。

三　潮阳话象声词的语音特点

下面从六个方面讨论"AA叫、IA叫、IA₁A₂叫"这三种格式声韵调的特点及其相互关系。

3.1 象声词"AA叫、IA叫、IA₁A₂叫"三种格式的综合比较。

潮阳话象声词格式繁多，但以"AA叫"（92例）、"IA叫"（25例）、"IA₁A₂叫"（57例）三种格式为主，约占象声词总数208个例子的84%，是象声词的主流。

"AA叫"式和"IA叫"式不变声，"IA₁A₂叫"式变声。"AA叫"式不变韵，"IA叫"式和"IA₁A₂叫"式变韵。I表示韵母的元音，不论口元音还是鼻元音，都只限于前高不圆唇元音。

"AA叫"式的语音特点是A₁A₂两字同音，A₂不变声。见例㉟～⑫⑥。

"IA叫"式的语音特点是IA声调相同，声母相同，韵母不同。根据我们调查的材料，I还没有拿〔b z g〕作声母的。I类韵母只限于〔i iʔ ĩ ĩʔ iŋ ik〕等六韵，A的韵母则是除此六韵之外的其他韵母。见例⑫⑦～⑮①。

"IA₁A₂叫"式的语音特点是IAA三字声调相同，因此三个字的韵母要么都是舒声韵，要么都是入声韵。IA₁声母相同，韵母不同。I的声母不能是〔l〕或〔n〕，也没有拿〔b z g〕作声母的。I类韵母只限于〔i iʔ ĩ ĩʔ iŋ ik〕等六韵，A的韵母无论是A₁还是A₂，则是除此六韵之外的其他韵母。

A₁A₂ 韵母相同，声母不同，A₂ 变为 L 类声母，A₁ 的元音是口音，A₂ 的声母变为 [l]，A₁ 的元音是鼻音，A₂ 的声母变为 [n]。见例⑫~⑳。

"IA 叫、IA₁A₂ 叫"两式也可以改名为"A¹A 叫、A¹AA^L 叫"。A 为基本形式。I 或 A¹ 暗示韵母限于前高元音，即 I 类韵母 [i iʔ ĩ ĩʔ iŋ ik] 等六韵。A₂ 或 A^L 限于 L 类声母，即 [l n] 两个声母。现在举例比较一下：

AA 叫	基本形式重叠式	例㉝tuʔ˩ tuʔ˩ kio↘
IA 叫 = A¹A 叫	前变韵重叠式	例⑭t·iʔ˩ t·uʔ˩ kio↘
IA₁A₂ 叫 = A¹AA^L 叫	前变韵后变声重叠式	例⑱t·iʔ˩ t·uʔ˩ luʔ kio↘

不过为方便起见，还是采用原来的写法。下面把"IA₁A₂ 叫"简称为变声重叠式，这是因为在几种象声词重叠式里，只有 A₂ 能变声。

在"IA 叫、IA₁A₂ 叫"例词的标音上，可以有隐性标音和显性标音两种不同的标音法。所谓隐性标音，是指只表示表层语音结构，音变不用音标符号来标明而是暗含着的。所谓显性标音，是指表示深层语音结构，音变是用音标符号直接标明的。现在以"IA₁A₂ 叫"I 类 [i iʔ ĩ ĩʔ iŋ ik] 等六韵为序，依次举例将隐性标音和显性标音对比如下。

	隐性标音	显性标音
i	例⑫tsi˥ tse˥ le˥ kio↘	tsi˥（<tse˥）tse˥（tse˥>）le˥ kio↘
iʔ	例⑲k·iʔ˩ k·eʔ˩ leʔ˩kio↘	k·iʔ˩（<k·eʔ˩）k·eʔ˩（k·eʔ˩>）leʔ˩kio↘
ĩ	例⑮ ĩ˥ uãi˥ nuãi˥ kio↘	ĩ˥（<uãi˥）uãi˥（uãi˥>）nuãi˥ kio↘
ĩʔ	例⑳ ĩʔ˩ ãp˩ nãp˩kio↘	ĩʔ˩（<ãp˩）ãp˩（ãp˩>）nãp˩kio↘
iŋ	例⑯piŋ˩ paŋ˩ laŋ˩kio↘	piŋ˩（<paŋ˩）paŋ˩（paŋ˩>）laŋ˩kio↘
ik	例⑰pik˩pak˩lak˩kio↘	pik˩（<pak˩）pak˩（pak˩>）lak˩kio↘

上节采用的都是隐性标音法。

3.2 象声词变声重叠式"IA₁A₂ 叫"里的 A₂ 变为 L 类声母 [l/n]，也见于非象声词两字变声重叠式"A₁A₂J、A₁A₂Q、A₁A₂L"（J：结果补语；Q：趋向补语；L：量词或数量词）里的 A₂，和四字变声重叠式"A₁A₂A₃A₄"（A：动词或形容词，形容词较少见）里的 A₂、A₄。例如：

A₁A₂J：舒舒直 ts'u┤ （ts'u┤ ＞）lu┤ tik˥ 铺平

　　　　 剟剟掉 uãi┤ （uãi┤ ＞）nuãi┤ tiau˩ 用刀子等挖掉

A₁A₂Q：泅泅去 siu˥˥ （siu˥ ＞）liu┤ k'u˥˩ 游走了

　　　　 关关去 kuẽ┤ （kuẽ ＞）nuẽ┤ k'u˥˩ 关上

A₁A₂L：拍拍下 p'a?˥˩ （p'a?˩＞）la?┘e˩ 打一下

　　　　 咀咀两句 tã˥ （tã ＞）nã˩ nõ˥˩ ku˥˩ 说几句

A₁A₂A₃A₄：笑笑笑笑 ts'io˥（ts'io˩）lio˥（ts'io˩＞）lio˩形容正在笑

　　　　　 行行行行 kiã˥˥（kiã˥ ＞）niã˥˥ kiã˥˥（kiã˥ ＞）niã˥ 形容正走着

在潮阳话里，无论是象声词变声重叠式还是非象声词变声重叠式，都贯穿着 A₂（重叠的后字，在四字变声重叠式里还有 A₄）声母变为 L 类声母的这一变声规律。

3.3　"AA 叫、IA 叫、IA₁A₂ 叫"三种象声词声母所受限制的比较。

在"IA₁A₂ 叫"这一格式里，A₂ 要变为 L 类声母，下文再讨论，不列入表 8-1 内。在"AA 叫、IA 叫、IA₁A₂ 叫"三种格式里，AA、IA 或 IA₁ 都是声母相同（双声），但三种格式各声母的出现频率不同。参看表 8-1。

表 8-1　潮阳象声词 AA、IA、IA₁ 声母出现频率比较

	p	p'	b	m	t	t'	l	n	ts	ts'	s	z	k	k'	ŋ	h	Ø
AA 叫 92 例	2	3	1	1	4	3	7	1	8	5	5	1	12	4	3	19	13
IA 叫 25 例	1	1			1	2	1	3	2	1	1		1	3		3	1
IA₁A₂ 叫 57 例	5	3		2	6	3			6	2	4		5	9	1	8	3
共 174 例	8	7	1	4	12	7	10	3	16	8	10	1	18	16	6	30	17

如表 8-1 所示，"AA 叫"式声母最全 17 个声母都出现了，其中以 ［k h］声母和零母［Ø］最为活跃，三者出现次数相加，占该式所有声母出现总数的 1/2 弱。［m n］和［b z］声母最少，各出现一次。［b z］两个声母也只在"AA 叫"式里才有。

"IA 叫"式声母有所限制，没有［b z］声母，但有［l n］声母。

"IA₁A₂ 叫"式的声母也有限制，与"IA 叫"式一样，未出现［b z］声母。而且，因 A₂ 声母变为 L 类声母，I 和 A₁ 均无［l n］声母。

拿"IA 叫"式和"IA₁A₂ 叫"式相比，"IA 叫"式有［l n］声母，IA₁ 没有［l n］声母，"IA₁A₂ 叫"式里的 A₂ 的声母要变为 L 类声母。可见，两者语音结构虽有一定联系，但［l n］声母出现的位置和配合关系有明显差别。据此，不能笼统认为"IA 叫"式是"IA₁A₂ 叫"式的省略式。

3.4　"IA 叫、IA₁A₂ 叫"里 I 类六韵和 A 九类韵的对应关系及韵母的分布。

潮阳话的韵母如按是口音还是鼻音，有无辅音韵尾，可以分成以下九类：（子）口音 + Ø（Ø 表示辅音韵尾为零，即没有辅音辅尾），（丑）鼻音 + Ø，（寅）口音 + m，（卯）口音 + ŋ，（辰）口音 + ʔ，（巳）口音 + p，（午）鼻音 + ʔ，（未）鼻音 + p，（申）口音 + k。如按主要元音是不是单元音［i］或［ĩ］，以上九类可以各分成两小类，就是"I 类"跟"非 I 类"。可能出现的九个 I 类韵见表 8 - 2。在"IA 叫、IA₁A₂ 叫"这两种象声词里，A、A₁ 是象声词基本字，I 表示 A 的韵母变为 I 类韵，A₂ 表示 A₁ 的声母变为 L 类声母。L 类声母下文 3.5 节再讨论，现在先说 I 类韵母。

表 8 - 2　可能出现的 I 类韵母表（星号"＊"表示韵母未出现）

口音 + Ø	鼻音 + Ø	口音 + ʔ	鼻音 + ʔ	口音 + ŋ	口音 + k	口音 + m	口音 + p	鼻音 + p
i	ĩ	iʔ	ĩʔ	iŋ	ik	＊im	＊ip	＊ĩp

从理论上说，可能出现的 I 类韵是九个，但［im ip ĩp］不见于"变 I 韵"，所以 I 类韵实际上只有［i ĩ iʔ ĩʔ iŋ ik］六韵，在"IA 叫、IA₁A₂ 叫"里，基本字 A、A₁ 也都有［im ip ĩp］三韵。［ip］韵只见于"AA 叫"式，而且只有⑮一例。

I 类韵和基本形式 A 类韵母互相配合，相辅而成，关系密不可分。请看表 8 - 3 和表 8 - 4。

"IA₁A₂"式 A₁A₂ 韵母相同，为简明起见，表 8 - 3 和表 8 - 4 都不分 A₁A₂，统一写作 AA。A 是鼻音 + Ø，I 是［i］韵的，只有⑰k·i˩ k·ãi˩ nãi˩ kioˇ（敲锣声）一例，这可能跟 I 和 A₁ 的声母是［k·］有关，可作为特例，不收入这两个表中。

表8-3　潮阳象声词"IA叫、IAA叫"两式I类韵和A类韵韵母配合表

I类六韵			A为舒声韵			A为入声韵		
			i	ĩ	iŋ	iʔ	ĩʔ	ik
A类九韵	（子）	口音+Ø	+	-	-	-	-	-
	（丑）	鼻音+Ø	-	+	-	-	-	-
	（寅）	口音+m	+	-	+	-	-	-
	（卯）	口音+ŋ	+	-	+	-	-	-
	（辰）	口音+ʔ	-	-	-	+	-	-
	（巳）	口音+p	-	-	-	+	-	+
	（午未）	鼻音+ʔ或p	-	-	-	-	+	-
	（申）	口音+k	-	-	-	+	-	+

注："+"表示I类韵和A类韵能互相配合，"-"表示不能互相配合。

表8-4　潮阳象声词"IA叫、IAA叫"两式I类韵和A类韵的韵母对应及分布表

I类韵母	（甲）"IA叫"式A的韵母	（乙）"IAA叫"式AA的韵母	A类韵母
i	$a_2\,e_2\,o_1\,u_1\,iau_1$	$a_4\,e_3\,u_4\,iau_2$	口音+Ø
i	om_1	om_3	口音+m
i		$aŋ_1$	口音+ŋ
iʔ	$oʔ_1\,uʔ_3\,uaʔ_1$	$eʔ_1\,oʔ_1\,uʔ_7\,uaʔ_1\,auʔ_1\,iauʔ_2$	口音+ʔ
iʔ		$op_2\,iap_1$	口音+p
iʔ	iak_1	iak_2	口音+k
ĩ	$\tilde{a}_1$	$\tilde{a}_2\,u\tilde{a}i_1$	鼻音+Ø
ĩʔ	$\tilde{o}ʔ_2\,\tilde{a}ʔ_1\,\tilde{a}uʔ_1$	$\tilde{e}ʔ_1\,\tilde{o}ʔ_1\,\tilde{a}uʔ_1\,u\tilde{a}iʔ_1$	鼻音+ʔ
ĩʔ	$\tilde{a}p_1\,i\tilde{a}p_1$	$\tilde{o}p_1\,\tilde{a}p_1$	鼻音+p
iŋ	om_2		口音+m
iŋ		$aŋ_1\,oŋ_1$	口音+ŋ
ik	op_1		口音+p
ik	ok_1	$ak_3\,ok_2\,iak_3$	口音+k

表8-4（甲）和（乙）下韵母后的数字是例子数。其中（甲）25例，舒声7韵，入声11韵；（乙）56例，舒声9韵，入声17韵。下面略加说明。

（1）A是"口音+Ø"，I是[i]的见"IA叫"⑬⑬⑫⑫⑬⑬⑫7例，

"IAA 叫" ⑮⑯⑯⑰⑱⑫⑮⑰⑬⑱⑯⑰⑭⑯13 例，两式共计 20 例都是舒声韵。

（2）A 是"口音 + m"，I 是［i］4 例，其中"IA 叫"⑬2 1 例，"IAA 叫"⑯⑰⑰ 3 例；I 是［i］有⑬⑬两例，都是"I、A 叫"式。

（3）A 是"口音 + ŋ"，I 是［i］的仅有"IAA 叫"⑯1 例；I 是［iŋ］的也只有"IAA 叫"⑯和⑯两例。这三个例子词义相同，都是形容鞭炮声或指举止不文雅，语音结构上的差别在于 A 是［aŋ］，I 作［i iŋ］两可（⑯⑯，I 可［i iŋ］两韵互换的别无他例），A 是［oŋ］韵，I 仅限于［iŋ］韵（例⑯，仅此一例）。

（4）A 是"口音 + ʔ"，I 是［iʔ］的见"IA 叫"⑭⑬⑭⑰⑭5 例，"IAA 叫"⑯⑲⑰⑱⑱⑰⑰⑭⑫⑱⑫⑮⑱⑱14 例，两式共计 19 例都是入声韵。

（5）A 是"口音 + p"，I 是［iʔ］有"IAA 叫"⑱⑳⑲3 例；I 是［ik］韵仅"IA 叫"式⑮1 例。

（6）A 是"口音 + k"，I 是［iʔ］有"IA 叫"⑭1 例，"IAA 叫"⑰⑱两例；I 是［ik］"IAA 叫"式有⑰⑱⑳⑰⑱⑱⑱⑲8 例，"IA 叫"只有⑭1 例。

（7）A 是"鼻音 + ∅"，I 是［ĩ］，"IAA 叫"有⑯⑯⑱3 例，"IA 叫"只有⑬1 例。

（8）A 是"鼻音 + ʔ"，I 是［ĩʔ］有"IA 叫"⑬⑭⑭⑭ 4 例，"IAA 叫"⑳⑲⑳⑳⑳5 例。

（9）A 是"鼻音 + p"，I 是［ĩʔ］，"IA 叫"有⑮⑭两例，"IAA 叫"有⑳⑳两例。

在 I 类韵里［i iʔ］两韵最发达，使用频率最高，其次是［ĩʔ ik］，使用频率最低的是［ĩ iŋ］两韵，对比如表 8 - 5 所示。

表 8 - 5　"IA 叫、IA₁A₂ 叫"里 I 类六韵使用频率比较表

	i	iʔ	ĩ	ĩʔ	iŋ	ik
IA 叫	8	6	1	6	2	2
IA₁A₂ 叫	17	19	3	7	2	8

"IA₁A₂ 叫"里 I 类韵母的统计数字不包括特例⑰。

象声词重叠式 A 类韵的基本形式，在不同格式里与 I 类韵的配合关系不见得都相同。比如在"IA 叫"里，A 的韵母收［m］尾时，I 的韵母既可以

是［i］，也可以是［iŋ］，如例⑬ $[li\lrcorner lom\lrcorner kio\lrcorner]$，⑬ $[k\cdot iŋ\lrcorner k\cdot om\lrcorner kio\lrcorner]$。但在"$IA_1A_2$ 叫"里，A_1 的韵母收［m］尾时，I 的韵母只见［i］，未见［iŋ］，如例⑯ $[t\cdot i\lrcorner t\cdot om\lrcorner lom\lrcorner kio\lrcorner]$，⑰ $[k\cdot i\lrcorner k\cdot om\lrcorner lom kio\lrcorner]$，⑰ $[hi\lrcorner hom\lrcorner lom\lrcorner kio\lrcorner]$。

3.5 "AA 叫、IA 叫、IA_1A_2 叫"三种象声词调式出现频率的比较。

在"AA 叫、IA 叫、IA_1A_2 叫"三种格式里，AA 声调相同，IA 声调相同，IA_1A_2 声调也相同，其声调有一致性（声调涵指舒声韵或者入声韵之别）。潮阳话象声词常用的是高平调［˥˥］55、低降调［˩˩］31、低平调［˩˩］11 三个舒声调，和低短调［ʔ˩］1，高短调［ʔ˥］5 两个促声调（末尾"叫"字一律读低降调［˩˩］31）。

表 8-6 "AA 叫、IA 叫、IA_1A_2 叫"三种格式调式出现频率比较表

	AA 叫	IA 叫	IA_1A_2 叫	小计
中平调式［33　33　(33)　31］	2			2
高平调式［55　55　(55)　31］	12	3	7	22
低降调式［31　31　(31)　31］	10	3	2	15
低平调式［11　11　(11)　31］	23	5	14	42
低短调式［1　1　(1)　31］	35	14	34	83
高短调式［5　5　(5)　31］	10			10
合计	92	25	57	174

我们可以按"叫"字之前连调的高低舒促来区分调式。共有中平［˧］33、高平［˥˥］55、低降［˩˩］31、低平［˩˩］11、低短［˩］1、高短［˥］5 等六种调式。中平调式和高短调式是"AA 叫"的专用调式，但中平调式仅有㉟㊱两例。"IA 叫、IA_1A_2 叫"两种象声词在六种调式中只出现高平、低降、低平和低短四种调式。其中低降调式所有音节都读［˩˩］31 调，"IA_1A_2 叫"只有⑮⑯两例，而"IA 叫"也不过⑬~⑬三例。

在这三种象声词里，无论哪种格式，都以低短调式出现的频率最高，约占总数的一半。由此可知，在象声词里，入声韵显然要比舒声韵出现的几率高。

3.6 "IA_1A_2 叫"式构词成分语音结构的相互制约。

下面进一步讨论"IA_1A_2 叫"里有关声母韵母的相互关系。先看两组例子：

例⑲ts‘i?˩ ts‘o?˩ lo?˩ kio↘　≠　例⑲ts‘ĩ?˩ ts‘õ?˩ nõ?˩ kio↘

例⑳hi?˩ hop˩ lop?˩ kio↘　≠　例⑳hĩ?˩ hõp˩ hõp˩ kio↘

例⑲和⑳都是口音声母拼口音韵，A_1 是口音韵，A_2 的声母就变为 L 类声母的 [l]，I 类韵母就是 [i?]。例⑲和⑳都是鼻音韵，A_1 是鼻音韵，A_2 的声母则变为 L 类声母的 [n]，I 类韵母则是 [ĩ?]。$A_1 A_2$ 韵母与 A_2 L 类声母及 I 类韵母的对应关系，请参看表 8 - 7。

表 8 - 7　"$IA_1 A_2$ 叫"里 A 韵母与 A_2 L 类声母及 I 类韵母对应关系表

I 类韵母	[i] 17 例　[i?] 19 例　[iŋ] 2 例　[ik] 8 例	[ĩ] 2 例　[ĩ?] 7 例
$A_1 A_2$ 韵母相同	口音韵	鼻音韵
A_2 L 类声母	[l]	[n]

在"AA 叫、IA 叫、$IA_1 A_2$ 叫"三种格式里，A 的鼻音韵与声母的拼合有一定限制。A 的鼻音韵只和 [m n ŋ t‘ ts‘ k‘ h Ø] 等八个声母相拼，其拼合关系见表 8 - 8。

表 8 - 8　潮阳话象声词 A、A_1 的鼻音韵与声母的拼合关系表

	m	n	ŋ	t‘	ts‘	k‘	h	Ø	小计
AA 叫	1	1	3	2	2	1	9	5	24
IA 叫	1	2	2				1	1	7
$IA_1 A_2$ 叫	1		1		1		3	3	9
合计	3	3	6	2	3	1	13	9	40

凡鼻音韵"AA 叫"的 A 和八个声母都可以相拼，"IA 叫"的 A 只拼 [m n ŋ h Ø] 五个声母，"$IA_1 A_2$ 叫"的 A_1 也只拼 [m ŋ ts‘ h Ø] 五个声母。"$IA_1 A_2$ 叫"和"IA 叫"的显著差别是前者的 A_1 不拼 [n]，后者的 A 可以拼 [n]。这是"IA 叫"不是"$IA_1 A_2$ 叫"省略式的主要依据。

潮阳话象声词与非象声词声母韵母的拼合关系有所不同。以 [m? ŋ?] 两个韵为例。[m?] 韵非象声词只拼 [h] 声母，象声词既可拼 [h] 声母（例⑩），也可拼零声母 [Ø]（例⑪），而且只在"AA 叫"式里才有 [m?] 韵。而 [ŋ?] 韵非象声词可拼零声母 [Ø] 和 [t h] 声母，象声词只拼 [k‘h] 声母（例⑩和例⑩），而且只见于"AA 叫"里的重叠成分。

各类象声词由于格式不同，声母韵母的拼合关系也有所不同。"IA 叫"

里的 I 和 A 声母可以是 [l] 和 [n]，如例⑬ [liˇ loˇ kioˇ]，⑫ [liˇ lomˇ kioˇ]，⑭ [nĩʔ˩ nõʔ˩ kioˇ]，⑭ [nĩʔ˩ niap˩ kioˇ]。但在 "IA₁A₂ 叫" 里绝没有 [liˇ loˇ loˇ kioˇ]，[liˇ lomˇ lomˇ kioˇ]，[nĩʔ˩ nõʔ˩ nõʔ˩ kioˇ]，[nĩʔ˩ niap˩ niap˩ kio] 之类。

这是因为 "IA 叫" 格式的语音特点之一是声母相同。而 "IA₁A₂ 叫" 这一格式的语音特点之一虽然是 IA₁ 声母相同，但 "IA₁A₂ 叫" 语音的内部结构是 A₁ 与 A₂ 声母不同，A₂ 的声母变为 L 类声母 [l/n]。既然 A₂ 的声母变为 [l/n]，A₁ 就不可能再出现与 A₂ 相同的声母了。照此类推，在 "IA₁A₂ 叫" 里，I 的声母自然也不可能出现 L 类声母。

我们可以进一步分析其中各种构词成分语音结构的关系。首先，A₁ 是基本形式，老读本音，声韵调保持不变，是 "IA₁A₂ 叫" 整个格式的核心。I 的韵母受 A₁ 韵母的制约，只限于 [i iʔ ĩ ĩʔ iŋ ik] 等六韵。A₂ 声母受 A₁ 韵母是元音还是鼻音的制约，只能变为 L 类声母。A₁ 的元音是口音，A₂ 的声母为 [l]，A₁ 的元音是鼻音，A₂ 声母则为 [n]。同时 A₂ 的声母又反过来制约 A₁ 的声母，使 A₁ 无 [l n] 声母。其次，I 的声母与 A₁ 的声母相互呼应，则间接受 A₂L 类声母的牵制，也不可能有 [l n] 声母。I 也辅助 A₁ 用 [i iʔ iŋ ik] 对应 A₂ [l]，用 [ĩ ĩʔ] 对应 A₂ [n]，分别加强对 A₂L 类声母的牵制作用。无论声韵母变不变，受不受限制，声调一律不变。总而言之，IA₁A₂ 三者都已发挥出各自所处位置的作用，从而使 "IA₁A₂ 叫" 一起组成 "双声"（I 与 A₁ 声母相同，韵母不同）"叠韵"（A₂ 与 A₁ 韵母相同，声母不同）式的格式，韵律鲜明，形成一个紧密的有机整体。这就是象声词变声重叠式 "IA₁A₂ 叫" 语音结构的妙处。

四　余论

关于象声词的历史渊源，黄侃先生在《声韵略说》中曾说过一段精辟的话，特摘录于下："字音之起原，约分二类：一曰，表情感之音；二曰，拟物形、肖物声之音……。音之肖物声者，节节足足，肖鸟声也；譆譆，肖火声也；鼟鼟，肖鼓声也；喌喌，肖鸡声也；凄凄潇潇，风雨声也；玎玎铮铮，金玉声也。乃至丰隆以肖雷，咆哮以肖虎，鎗鞳以肖钟；丁宁以肖钲；砰磷訇磕以肖水之流，毗刘暴乐以肖叶之落。此皆借火音以写物，而物名物义，往往傅焉。今试翻字书，肖声之字，触目皆是；间尝辑录以为一编，其字之多，殆不下一千也。"

如上文所述，潮阳话象声词变声重叠式的 I 类韵变和 L 类声变等音变规律，在语音系统里与其他音变规律一样，同等重要，而且关系非常密切，实在是潮阳话整个语音系统不可分割的有机部分。象声词的语音结构，显然蕴涵着并反映出语音系统内部某类音变的契机。这类音变融合在语词里，其构词成分往往带有彼此联系相互制约的性质，而且具有一定的共性。通过对象声词的透析，可以触类旁通，了解到与其他重叠式相关的音变规律，是一脉相通、相辅相成的。由此可见，要深入研究某个方言的语音系统，最好也调查调查象声词，看作是方言调查工作的一小部分和值得研究的一个方面，自然会有若干收获。

朱德熙先生（1982）管"基本形式在前重叠部分在后"的重叠方式叫"顺向重叠"，把"重叠部分在前基本形式在后"的重叠方式叫"逆向重叠"，并且根据"潮阳话和北京话几种重叠式象声词里变声重叠都是顺向的，变韵重叠式都是逆向的"音变规律，提出了"变声重叠顺向，变韵重叠逆向，是不是所有汉语方言的共性，这还有待于事实的验证"这一推想。对此，陈亚川、郑懿德（1990）已用福州话的材料作出了肯定的回答。马庆株先生（1987）也证实朱先生的推论确实有道理。他说："从我们收集到的例词来看，变韵重叠也是基本形式在后、重叠形式在前的逆向重叠。"更多的印证和充足的论据，还有待于其他方言的调查和研究。

从历年来一些学者的研究成果来看，象声词在汉语词类和语音结构研究方面确实不能忽略。总之，对汉语方言的象声词，尤其是对富有特点的，或者对蕴藏丰富语词尚未很好开发的，无论哪个方言，都值得做一番深入调查和仔细研究。

第九章 潮阳方言动词"去"的
形态变化及其语法功能[*]

提要 潮阳方言动词"去"的形态变化，是用韵母元音的变化作为表现形式的。"去1"［kʻa↓］用前低不圆唇元音［a］作韵母，"去2"［kʻu↓］用后高圆唇元音［u］作韵母。本章用实例说明其形态变化和语法功能有一定关系。

形态是指词的内部变化形式，是词在语法结构中不同用法的标志，也是词的功能特征。本章所说的形态变化，是指动词"去"表示语法意义的形式变化，即其构形形态有所不同，不同在于韵母的元音有变化，语法功能也有差别。为讨论方便起见，本章中管"去"读［kʻa↓］叫"去1"，管"去"读［kʻu↓］叫"去2"。

一 "去₁""去₂" 的语音形式和用法

动词"去1""去2"在语句中连说，都分别有本调、前变调和后变调三种读法。

	本词	前变调	后变调
去 1	kʻa↓ 31	kʻa↓⌐ 31—55	kʻa↓∟ 31—11
去 2	kʻu↓ 31	kʻu↓⌐ 31—55	kʻu↓∟ 31—11

* 原载《田野春秋》，暨南大学出版社，2011，第306～314页。

例①问：俺去1 若久？ naŋˇ kˈaˇ zioʔˈ kuˇ？（咱们去多久？）

答：去1 + 头八日。kˈaˇ tsapˈ tˈauˈ poiʔˈ zikˈ。（去十来天。）

②我后日去1 好孬？ uaˇ auˇ zikˈ kˈaˇ hoˇ mõˇ？（我后天去好吗？）

③问：我去1 买张戏票乞汝去2 睇爱嫒？ uaˇ kˈaˇ boiˇ tiõˉ hiˈ pˈioˇ kiʔˈ luˇ kˈuˇ tˈoiˇ āiˇ māiˇ？（我去买张戏票给你去看要不要？）

答：嫒啊，我唔去2，汝家已去2 睇。māiˇ aˈ，uaˇ mˈ kˈuˇ，luˇ kaˉ kiˈ kˈuˇ tˈoiˇ。（不了，我不去，你自己去看。）

④伊去2 上海去2 有年外。iˉ kˈuˇ siaŋˉ haiˇ kˈuˇ uˉ nĩˈ guaˇ。（他去上海了一年多。）

⑤阮行去1，恁坐车去2。uaŋˇ kiãˉ kˈaˇ，niŋˇ tsoˉ tsˈiaˉ kˈuˇ。（我们走着去，你们坐车去。）

动词"去1""去2"可以单用，也可以用作趋向补语，构成动趋式词组。常见的动趋式词组如下：

	入去	出去	起去	落去	转去	过去
	（进去）		（上去）	（下去）	（回去）	
去1	zipˈ kˈaˇ	tsˈukˈ kˈaˇ	kˈiˇ kˈaˇ	loʔˈ kˈaˇ	tŋˇ kˈaˇ	kueˇ kˈaˇ
去2	kˈuˇ	kˈuˇ	kˈuˇ	kˈuˇ	kˈuˇ	kˈuˇ

以上动趋式词组，又可以用在别的动词后头，充当复合趋向补语，构成复合动趋式词组。例如：

	行入进	走出去	飞起去	跳落去	和转去
	（走进去）	（跑出去）	（飞上去）	（跳下去）	（走回去）
去1	kiãˉ zipˈ kˈaˇ	tsauˇ tsˈukˈ kˈaˇ	pueˉ kˈiˇ kˈaˇ	tˈiauˇ loʔˈ kˈaˇ	kiãˉ tŋˇ kˈaˇ
去2	kˈuˇ	kˈuˇ	kˈuˇ	kˈuˇ	kˈuˇ

动趋式里，"落去2"最常用。"落2"和其他动词连用时，有合音的说法。在前变调的位置读［louˇ（＜loʔˈ kˈuˇ）］，在后变调的位置读［louˇ（＜loʔˈ kˈuˇ）］。

常用的复合动趋式词组还有一例："行过去1 /去2"kiãˉ kueˇ kˈaˇ／kˈuˇ（走过去）。如上所举，复合动趋式词组里头，只有"行转去"读前后都变的连调组，其他都读后变连调组。上述动趋式词组都能扩展，并可用在语句里。例如"汝猛猛叫伊行出去2 睇下"，lu˧ mẽ˦ mẽ˦ kio˨ i˦˧ kiã˥ ts'uk˩ k'u˨ t'õi˨ e˩（你快叫他走出去看一下）。

吕叔湘先生指出："把趋向动词提出来作为一个小类是有理由的，因为它附在别的动词之后构成复合动词（短语词）比单独用的时候还要多。"①

动词"去1"k'a˧的用法有一定限制，下文第二部分还要再讨论。动词"去2"k'u˧则不同，构词能力强得多，应用得最为普遍。现在说一说"去2"用法的大概情况。

（1）如上所述，"去2"用在某些动词后面，表示人或事物随动作离开原处，构成"动+去2"式动趋结构甲类。下面再举些例子：偷去2 t'au˦ k'u˧˩（偷走了）｜衔去2 kã˥ k'u˧˩（叼走了）｜徙去2 sua˧ k'u˧˩（迁走了）｜骗去2 p'iaŋ˧ k'u˧˩（骗走了）｜摘去2 tiaʔ˩ k'u˧˩（摘走了）｜拆去2 t'iaʔ˩ k'u˧˩（拆走了）｜掠去2 liaʔ˥ k'u˧˩（抓走了）。这类"去2"保留着表示动作趋向的意义，大致都有某种去向的含义。

（2）"去2"用在某些动作性较弱，或动作虚化，或由形容词转变来的动词后面，构成"动+去2"式动趋结构乙类。"去2"在这类格式里没有什么实在的意义，可以认为是一种已经虚化了的趋向动词，但不免带有引申的意义，即隐含事物渐渐地向坏的方面变化。例如：糜去2 mĩ˧ k'u˧˩（糜烂了）｜衰去2 sue˧ k'u˧˩（衰落了）｜败去2 pai˩ k'u˧˩（败落了）｜破去2 p'ua˧ k'u˧˩（破损了，破败了）｜塞去2 sak˩ k'u˧˩（堵住了）｜无去2 bo˥ k'u˧˩（没了。"无"是动词，多指变没，由有变无的意思，读后变连调组。如果"无去2"读成前变连调组 bo˥ k'u˧，意思是说"没有去"，"无"变为副词，表示否定"去"）｜蔫去2 iaŋ˦ k'u˧˩（不新鲜了。"蔫"字见于《广韵》平声仙韵："蔫，物不鲜也"，於乾切）｜瘠去2 saŋ˧ k'u˧˩（变瘦了。"瘠"字见于《广韵》上声梗韵。"瘠，瘦瘠也"，所景切）｜软去2 nŋ˧ k'u˧˩（软化了）｜硬去2 ŋẽ˩ k'u˧˩（硬化了）｜孬去2 mõ˧ k'u˧˩（坏了，多指变坏，读后变连调组。如果"孬去2"读成前变连调组 mõ˧ k'u˧˩，"孬"变为副词，表示否定，意思是说"不能去"）。上述"蔫、瘠、软、硬、孬"等本来都是形容词，在这类格式里，词性起了变化，都转变为动词了。本类所举实例，其词义都向坏的方面转变，有变质、变味儿、变形、变样儿、变坏等意思。如"破去2"多指物件因磨损等原因，由完好

---

① 吕叔湘：《汉语语法分析问题》，商务印书馆，1979，第41页。

变破损，也指败家、破产。"蔫去2"是指鲜鱼、鲜肉等物，因存放不当而变质，由新鲜变不新鲜了。本项乙类，和"动＋去2"式动趋结构甲类的区别在于：乙类里的"去2"，其本义已经虚化，进而转变为引申义，隐含由好变坏这一趋势。

（3）动趋结构就是带趋向补语的动补结构。趋向补语"去2"前面加"会、唔"转化为可能补语。带可能补语的动补结构，是一种组合式动补结构。其肯定式是"动＋会＋去2"，否定式是"动＋唔＋去2"。例如：

肯定式	否定式
咬会去2 ka˩ oi˥ k·u˨（咬得动）	咬唔去2 ka˩ m˥ k·u˨（咬不动）
哺会去2 pou˩ oi˥ k·u˨（嚼得动）	哺唔去2 pou˩ m˥ k·u˨（嚼不动）
卖会去2 boi˩ oi˥ k·u˨（卖得出去）	卖唔去2 boi˩ m˥ k·u˨（卖不出去）
洗会去2 soi˥ oi˥ k·u˨（洗得掉）	洗唔去2 soi˥ m˥ k·u˨（洗不掉）
截会去2 tsoiʔ˥ oi˥ k·u˨（切得断）	截唔去2 tsoiʔ˥ m˥ k·u˨（切不断）
作会去2 tsoʔ˩ oi˥ k·u˨（干得了）	作唔去2 tsoʔ˩ m˥ k·u˨（干不了）
□会去2 ts·o˩ oi˥ k·u˨（装得下）	□唔去2 ts·o˩ m˥ k·u˨（装不下）
□会去2 ĩʔ˥ oi˥ k·u˨（睡得着）	□唔去2 ĩʔ˥ m˥ k·u˨（睡不着）

"睡"的意思，潮阳话有两种说法：ĩʔ˥、guk˥。在这类格式里，两种说法可以随便换着说。

本项所说补语成分"去2"，个别例子也可以换说"来"。如"作会去2、作唔去2"可以换说"作会来、作唔来"，意思一样。所举其他例子，就只限于用"去2"。本类后置补语成分，只限于用"来"的，如"咀会来（说得了，多指口才好），咀唔来（说不了，多指口才不好）"，但实例少见。可见，在本类格式里，后置补语成分"来"，远不如"去2"用得普遍。

（4）在动补结构里，还可以在可能补语"会"和"去2"、"唔"和"去2"中间插入"把"pa˨，构成组合式动补结构的另一类格式。其肯定式是"动词＋会＋把＋去2"，否定式是"动词＋唔＋把＋去2"。在肯定可能式里，又可以省略"会"，直接说成"动词＋把＋去2"。这类动补结构是表示可能性的，可能性多指是否具备某种能力。例如：

肯定式	否定式
买会把去2 boi˥ oi˥ pa˩ k·u˨	买唔把去2 boi˥ m˥ pa˨ k·u˨
（懂得购物）	（不懂购物）
咀会把去2 tã˩ oi˥ pa˩ k·u˨	咀唔把去2 tã˩ m˥ pa˨ k·u˨
（能说会道）	（不善言谈）

作会把去₂ tso?˩˥ oi˧˩ pa˥ k'u˩　　作唔把去₂ tso?˩˥ m˧˩ pa˥ k'u˩
（干得了）　　　　　　　　　　　（干不了）

读会把去₂ tãk˥˩ oi˧˩ pa˥ k'u˩　　读唔把去₂ t'ak˥˩ m˧˩ pa˥ k'u˩
（看得了）　　　　　　　　　　　（看不了）

物会把去₂ muẽ˥˩ oi˧˩ pa˥ k'u˩　　物唔把去₂ muẽ?˥˩ m˧˩ pa˥ k'u˩
（弄得了）　　　　　　　　　　　（弄不了）

食会把去₂ tsia?˥˩ oi˧˩ pa˥ k'u˩　　食唔把去₂ tsia?˥˩ m˧˩ pa˥ k'u˩
（懂得吃）　　　　　　　　　　　（不懂怎么吃）

本项所举肯定式，又可以依次说"买把去₂、咀去₂、作把去₂、读把去₂、物把去₂"和"食把去₂"，意思和在可能补语中间加"会"的说法没有什么差别。

（5）带结果补语的动补结构未见否定式，常见的肯定式是在"去₂"和形容词性的后置结果补语（作谓词）中间，插入"会"oi˧˩，构成的格式是"动＋去₂＋会＋形"。这类格式都表示人或事物表现出来的状态。例如：

生去₂会雅 sẽ˧ k'u˩ oi˧˩ ŋiãˊ（长得漂亮）

生去₂会好 sẽ˧ k'u˩ oi˧˩ hoˊ（长得好看）

洗去₂会白 soi˥ k'u˩ oi˧˩ pe?˧（洗得干净）

刷去₂会白 sue?˩˥ k'u˩ oi˧˩ pe?˧（刷得干净）

写去₂会通 sia˥ k'u˩ oi˧˩ t'oŋ˧（写得通顺）

画去₂会似 hue˧˩ k'u˩ oi˧˩ siau˩（画得像）

画去₂会然 hue˧˩ k'u˩ oi˧˩ ziaŋ˧（画得像）

本项所举例子，"去₂"都可以换说"来"lai˧，构成类似格式"动＋来＋会＋形"，意义一样。但该格式有的说法"来"却不能换说"去₂"。比如可说"（风）透来会凉"（huaŋ˧）t'au˩ lai˧ oi˧˩ liaŋ˧（指风吹来凉快），不能换说"（风）透去₂会凉"。又如"咀来会对"tã˩ lai˧ oi˧˩ tui˩（说得对），不说"咀去₂会对"。

这类结构也可以不插入"会"oi˧˩，直接构成"动＋去₂＋形"，或"动＋来＋形"的格式，但实例不多见。例子如下：

生去₂□sẽ˧ k'˩ baiˊ（长得丑）｜物去₂孬 muẽ?˥˩ k'u˩ mõˊ（弄得不好）｜生来水 sẽ˧ lai˧ sui˥（长得漂亮）｜教来孬 ka˥ lai˧ mõˊ（教得不好）。

（6）趋向动词"去₂"作补语，还用在"D来D去₂"（D表示同一个动词）的格式里，"去₂"读本调 k'u˩。例如：掀来掀去₂ hiaŋ˧ lai˧ hiaŋ˧

kʻuↃ（翻来翻去）｜行来行去2 kiã˧˥ laiↄↄ kiã˧˥ kʻuↃ（走来走去）｜盘来盘去2 puã˧˥ laiↄↄ puã˧˥ kʻuↃ（搬来搬去，多指搬弄是非）｜捅来捅去2 tʻŋʔ˦ laiↄↄ tʻŋʔ˦ kʻuↃ（互揭老底）｜望东望去2 mõ˧˩ laiↄↄ mõ˧˩ kʻuↃ（东张西望）｜诐来诐去2 pʻueʔ˧˥ laiↄↄ pʻueʔ˧˥ kʻuↃ（东聊西聊）｜物来物去2 mueʔ˧˥ laiↄↄ mueʔ˧˥（东弄西弄）。

（7）动词"去2"表示去除、除掉的意思，后面带宾语，就对宾语产生处置作用，构成动宾式结构，"去2"都读前变调 kʻu Ↄↆ。例如：去2 痰 kʻu Ↄↆ tʻam˥｜去2 火 kʻu Ↄↆ hueↄ｜去2 暑 kʻu Ↄↆ suↄ｜去2 湿 kʻu Ↄↆ sip˩｜去2 毒 kʻu Ↄↆ tak˥ 。

"去2火"的"火"是指"火气"，中医指引起发炎、红肿等症状的病因。"去2湿"的"湿"指中医所说湿邪阻滞的病理现象，如湿热、脾湿。

（8）"去2"也可用于婉辞，指人死了。以下多种说法与"死去2"siↄ kʻuↃↆ 同义，都是人死了的意思：老去2 了 lauↄ kʻuↃↆ auↆ｜过身去2 了 kueↄↆ siŋ˧ kʻuↃ auↆ｜百岁去2 了 peʔ˧˥ hueↄ kʻuↃↆ auↆ｜成仙去2 了 seŋↄↄ siaŋ˧ kʻuↃↆ auↆ。

此外，在"动+得+去2"的格式里，如"做得去2"tsoↄ tik˩˧ kʻuↃ（会做，能做），在用"到"字联系的述补式（补语不是主谓式）里，如"好到耐唔去2"hoↄ˦ kauↄↆ nãi˧˩ m˧˩ kʻuↃ（好极了），都用"去2"。诸如此类，不胜枚举。显而易见，"去2"的用法要比"去1"广泛得多。

二　"去₁""去₂" 的语法功能

这里先举两个例句比较一下：

我去1 了 uaↄ kʻaↄ auↆ≠我去2 了 uaↄ kʻuↃ auↆ

在这两个句子里，如果动词"去"字右下角不加注数码，书面上文字是一样的，汉字掩盖了方言语音的差别，看上去似乎是同一句话。俗话说："听话听音儿。"前一句"去1"说［kʻaↄ］，后一句"去2"却说成［kʻuↃ］。前一句和后一句先后一起说，听起来一对比就不一样了，意思也明显不同。实际上这是意义有区别的两句话。前一句的意思是"我要去了"，后一句的意思是"我已经去了"。前者句末助词"了"，在"去1"后面，用于预期的动作，表示将要出现某种情况，"去"的动作即将发生。后者助词"了"，用在"去2"后面，表示"去"的动作已经完成。

从说"我去1"这句话出现的语境看，大体不外乎有以下两种情况。第一种情况：当某人起身准备离去时，因身旁有亲人或熟人，为了表示不失礼，这是一句对别人提示自发说出来的话，相当于北京话对人说"我去了"或"我走了"。第二种情况：可能这也是一句回答别人提问的话。有问有答，一问一答，下面举几个相关问答的例子。

如问"汝欲去1未？"luɤ āiɤ↓ kāɤ bue」？（你要去吗？），请注意，当有人这样提问时，暗含问话人也是动词"去1"的施动者。问句中的俗写体"欲"[āi↓]字是训读字，本字"爱"，相当于北京话的"要"。"欲"字有想要、将要的意思，这里借用其字是为了采用其义。

听话者一听到问话，就意识到问话人和自己一样也是施动者，而且问话的口气多少带有点儿催促的意思，同时听话者本身也想快点儿去，随即起身回答说"我去1了"。如果听话者想待一会儿再走，就答以"我欲去1了"（我要去了），但绝不能回答说"我去2了"。

如问"汝去2未？"luɤ k'uɤ↓ bue」？（你去了吗？），假如听话者已经去过了，则可回答"我去2了"，但绝不能回答说"我去1了"。假如听话者尚未去，就说"未"，或答以"未去2"[bue」⊦ k'u↓]（还没去），也可答曰"未□！"[bue」+oɤ」！]（还没呢！）

从以上对话可以看出，"去1"和"去2"因形态变化产生了一定的语法功能。"去1"和"去2"的语音差别，正是传递不同语法功能信息的核心成分。"我去1了"≠"我去2了"，作为实例，这是一个把语音层和语法层这两个层面密切联结起来的典型例子。

现在举两组情景对话，再比较一下"去1"和"去2"在用法上的区别。

第一例情景：某甲和某乙是老邻居。有一天某甲要上街买菜，走到半路凑巧碰见某乙迎面走来，某乙向某甲打了个招呼，并问："汝欲去2地仔？"luɤ āiɤ↓ k'uɤ↓ ti⊦ kiāɤ？（你要去哪儿？）某甲面露笑容放慢脚步回答说"我欲去1街块"uaɤ āiɤ↓ kāɤ↓ koi⊦ toɤ↓（我要上街去），或省略"欲"字直接回答说"我去1街块"（我上街去）。在问话里，"去2"不能用"去1"替换，因为问话者不是施动者，不跟对方一起上街去。在答话里，"去1"不能用"去2"替换，因为答话者是施动者，而且所做的事正在进行之中。

上例问话里的"地"字是借用的近音字，"地仔"是"哪儿"的意思。俗写体"仔"字是方言字，本字为"囝"。

第二例情景：又有一天，某甲刚上集市买东西回去，在回家的路上，偶遇街坊某丙，某丙撞见了自然而然会问"汝去2地仔来？"luɤ k'uɤ↓ tiɤ kiāɤ↓ lai？（你去哪儿了？）某甲会回答"我去2墟块来"uaɤ k'uɤ↓ hu⊦ toɤ↓

lai¬∟（我上集市去了）。话语中的"去2"，不能用"去1"替换，因为某丙某甲所问所答，说的都是刚才已经做完的事。

这两组对话说明，句子里哪儿该用"去1"，哪儿该说"去2"，都是跟语言环境密切相关，并受一定语法规则所制约。

潮阳方言动词"去"，在构形形态上有"去1"k·a√和"去2"k·u√之别，其用法和表示的语法意义也不同，而且和"体""时"的关系密切。"体"和"时"都是一种语法范畴。"体"是通过一定的语法形式表示动作进行的状态，一般分进行体和完成体的两种。"时"是通过一定的语法形式表示行为动作发生的时间，一般分为现在时、过去时和将来时三种。动词"去"的形态变化和"体""时"的关系见表9-1。

表9-1　动词"去"的形态变化和"体""时"的关系表

去1 k·a√	进行体（未然）	现在时	动作正在进行	例①
		将来时	动作就要或将要进行，动词前带表示未来的时间词和助动词"欲"	例②③
				例④
去2 k·u√	完成体（已然）	过去时	动作已经完成，动词前带表示过去的时间词，后带时态助词"过、了、过了"	例⑤⑥
	进行体（未然）	现在时	动作正在进行	例⑦

表9-1里举的七个例子列举如下：

①我去1车站买票 ua〢 k·a√┌ tsʼia┤ tsam⌐ boi〢 pʼio〢。

②等下我欲去1上班 taŋ┤ e∟ ua〢 ãi√┌ k·a√┌ tsiõ⩞ paŋ┤。

③明年我欲去1北京 mẽ┌ nĩ∟ ua〢 ãi√┌ k·a√┌ pak∟┌ kia┤。

④过后年伊欲去2广州 kue√┌ au⌐nĩ∟ iŋ┤ ãi√┌ k·u√┌ kŋ〢 tsiu┤。

⑤伊先去2了 i┤ sãi┤ k·u√ au⩞。

⑥旧年我去2过上海 ku⩞ nĩ┤ ua〢 k·u√┌ kue√┌ siaŋ⩞ hai〢。

⑦伊去2洗衫间洗衫 i〢 k·u√┌ soi〢 sã┤ kãi┤ soi〢 sã┤。

例④"过后年"是"大后年"的意思。"伊" iŋ┤是方言字，"他们"的意思。

动词"去"的形态变化和问话者是否施动者的关系见表9-2。

表9-2 动词"去"的形态变化和问话者是否施动者的关系表

问话例句	问话"去"的读音	问话者是否施动者	答话者的一般回答
汝欲去嘀？ （你要去吗?）	去1 kʰaˇ	是	肯定：我欲去1（我要去） 否定：我唔去2（我不去）
	去2 kʰuˇ	老派：不是 新派：两可	肯定：我欲去2（我要去） 否定：我唔去2（我不去）

如表9-2所示，答话者肯定的回答，是用"去1"还是"去2"，一般而言，必须与问话者在问句中是用"去1"还是"去2"相呼应。否定的回答，则都得用"去2"，不能用"去1"。当有人问起类似话题时，只要中心话题涉及"去"这一行为动作，所问有所答，答话是用"去1"或"去2"随问话而定的情况，基本上也是这样。

表9-2里的问话如用"去1"，隐含问话者也是施动者，如用"去2"，老派隐含问话者不是施动者，新派则不一定。原先老派的用法占绝对优势。后来，随着教育事业的发展，文化的普及，书面语的影响，以及普通话的推广，使用新派说"去2"的意向去问话的人，逐渐多了起来。现在，在日常生活中，为做某事问人去不去时，尤其是中青年人，在对话时，使用新派问话意向的现象，又比以前明显增多。从发展趋势看，将来新派的用法势必会逐渐占优。

综上所述，"去1""去2"语法功能的共同特点是：

A. 除"来来去2去2"个别例子外，不能重叠。

B. 可以单独作谓语。

C. 可以在动词后面作趋向补语，构成动趋式，如"过去1" kueˇ kʰaˇ，"过去2" kueˇ kʰuˇ；可以作动趋式的后补成分，前面再加动词，构成复合动趋式词组，如"行过去1" kiãˇ kueˇ kʰaˇ，"行过去2" kiãˇ kueˇ kʰuˇ；还可将其扩展为短语词，用在语句里作连谓结构的一个组成部分。例如："汝着过去2睇咁伊来未" luˇ tioʔˇ kueˇ kʰuˇ tʰõiˇ tãˇ iˇ laiˇ bueˇ（你得过去看看他来了没有）。

"去1"和"去2"的语法功能有一些区别。"去1"是窄用式，其用法受一定限制。"去1"特有的语法功能是：

（a）可用于进行体（未然）现在时和将来时，不能用于完成体（已然）过去时。

（b）不能用于"唔（不）、未、未曾"等否定副词后面。

（c）不能带句末助词"过、过了"。

（d）"去1"带句末助词"了"，不是表示动作完成，而是表示催促或劝止，例如"去1了，去1了，孬再等了"k·aˇ auˊ，k·aˇ auˊ，mõˉ tsaiˇ taŋˉ auˊ（走了，走了，不能再等了）。有时也用来表明自己的意向，表示自己要离开所在地到别的地方去，如说"我去1了"。

（e）"去1"只用于动态，表明动作的方向，表示从所在地往某个地方去。

（f）在语句里，凡是涉及中心话题是用"去1唔"问话的，问话者准是施动者。

"去2"是广用式，其用法多面多能。"去2"特有的语法功能是：

（a）表示完成体（已然）过去时只能用"去2"。

（b）后面可带句末助词"过、了、过了"。

（c）构成短语词的能力强，可用于"动+去2"甲、乙类，"动+会+去2"，"动+唔+去2"，"动+会+把+去2"，"动+唔+把+去2"，"动+去2+会+形"，"D来D去2"等格式中（详见上文第一部分"去2"用法的概述）。而且，还可以用作某些词组（动宾式等）的构词成分。

（d）"去2"既可用于动态，表明动作的方向，也可用于表态，表明人体或事物的内部变化，及处于某种状态。

（e）在语句里，凡涉及中心话题是用"去2唔"问话的，问话者若是老派就隐含不是施动者，若是新派则是否施动者不一定。

总而言之，在潮阳话里，动词"去"是以特有的形态变化（分"去1"k·aˇ和"去2"k·uˇ）来表达"体""时"，已然未然，以及问话者是否就是相关的施动者等语法意义的。这是潮阳方言语法结构里的一个鲜明特征，值得一步研究。

第十章　潮阳方言的训读字[*]

提要　所谓训读字就是借用的同义字或近义字。潮阳方言的一个重要特点是训读字比较多。本章对训读字在当地及潮汕地区普遍使用的情况举例加以说明，并且通过训读字的对比，指出训读字也可以作为闽语（包括潮汕方言）区别于非闽语的一个显著特征。本章分四节：（1）引言，（2）训读字的广泛使用，（3）训读字的对比，（4）训读字举例。

一　引言

现在先举个实例，来说明几个名目。

潮阳"欲"字读［iok˥］阳入，多用在书面语或文言色彩较浓的语词里，例如"从心所欲"［tsʻioŋ˩˥ sim˧ so˥˥ iok˥］。

"欲"字又读［ãi˥˩］阴去，是"想要、需要或将要"的意思，例如："伊欲呾话"［i˥ ãi˥˩ tãi˥˩ ue˩］他要说话，"呾"是方言字，是说的意思，"胆欲大，心欲细"［tã˥˩ ãi˥˩ tua˩，sim˧ ãi˥˩ soi˥˩］胆子要大，心要细，"个天模模，欲落雨了"［kai˥˩˩ tĩ˥ mõu˩˥ mõu˥，ãi˥˩ loʔ˥˩ hou˩ au˥˥］天阴，要下雨了。

就来历说，"欲"［iok˥］来自《广韵》入声烛韵余蜀切，是通摄合口三等入声烛韵喻以母字。"欲"［iok˥］字的读音，可以和音韵地位相关的字对比一下。

平	钟韵	容余封切		容情［ioŋ˥˩ tsʻeŋ˥˩］宽容
上	肿韵	涌余陇切	水涌［tsui˥˥ eŋ˥˥］水浪	涌［ioŋ˥˩］单字读书音
去	用韵	用余颂切	用［eŋ˩］单音动词	用［ioŋ˥˩］单字读书音

＊ 原载《方言》1984 年第 2 期。

入　烛韵　浴余蜀切　洗浴［soiˇ ek˥］洗澡　沐浴［mok˥ iok˥］书面语

从上列"容涌用浴"等相承的四声例字和"欲"［iok˥］字的读音相比较可以看出，"欲"字读［iok˥］的文读。

"欲"［āiˇ］来自《广韵》去声代韵乌代切，是蟹摄开口一等代韵影母字。有的不带辅音韵尾的影母字也读鼻音韵，这里举"鸦、袄、畏"等影母字对比如下：

平　麻韵　鸦於加切　鸦片［āˉ p'iaŋˇ］　老鸦草［lauˇ aˉ ts'auˇ］入药

上　皓韵　袄乌晧切　皮袄［p'ue˥ ŋãuˇ］　袄套［oˇ t'auˇ］夹袄

去　未韵　畏於胃切　畏［ūiˇ］怕

潮阳"从心所欲"［ts'ioŋ˥ simˉ soˇ iok˥］的［iok˥］是"欲"字的本音，"伊欲呾话"［iˉ āiˇ tãˉ ue˥］的［āiˇ］是"爱"字的本音。在这里，［iok˥］的本字是"欲，余蜀切"，［āiˇ］的本字是"爱，乌代切"。本地人通常把"胆欲大，心欲细"［tãˇ āiˇ tua，simˉ āiˇ soiˇ］的［āiˇ］写作"欲"，［āiˇ］是"欲"字的训读音，"欲"是［āiˇ］的训读字。潮阳人嘴上说［āiˇ］这个音表示想要、需要或将要等意义，通常写作"欲"字，是使用训读字。"爱"和"欲"意义相近，训读字就是借用的同义字或近义字。

潮阳话文白异读的字很多，例如"糠"字文读［k'aŋˉ］，用于读书音；白读［k'ŋˉ］，用于口语，如"粗糠"［ts'ouˉ k'ŋˉ］糠，"糠团"［k'ŋˉ kiãˉ］细糠，"猪糠油"［tuˉ k'ŋˉ iuˉ］糠油，等等。"糠"字两个读音就来历说都是从"糠，苦冈切"来的。"糠"字两个音的文白读，是根据下列宕摄开口一等唐韵字文白读的音韵差别而定的。

文读［aŋ］韵		白读［ŋ］韵	
唐徒郎切	唐山［t'aŋ˥ suãˉ］河北省地名	唐山［tŋˉ suãˉ］华侨称祖国叫唐山	
郎鲁当切	郎［laŋˉ］读书音	阿郎［aˉ nŋˉ］岳家称呼女婿	
仓七冈切	仓促［ts'aŋˉ ts'ok］	粟仓［ts'ek˥ ts'ŋˉ］谷仓	
丧息郎切	婚丧［huŋˉ saŋˉ］	送丧［saŋˇ sŋˉ］送葬	
缸古郎切	斋缸［tseˉ kaŋˉ］一种花瓶	潘①缸［p'uŋˉ kŋˉ］泔水缸	

［k'aŋˉ］／［k'ŋˉ］两个音都是"糠"的本音，两个音的本字都是"糠"。这里没有训读字、训读音的问题。又读今音不同，来历相同，从古音到今音都是正常的演变。训读音大多是口语音，但性质跟一般白读不同。

---

① 《广韵》平声桓韵："潘，淅米汁，又姓"，普官切。

训读音不是训读字演变而来的白读音，而是另有本字。"欲"〔ăiↄ〕不是"欲余蜀切"字的白读音，而是"欲余蜀切"的训读音，"欲"〔ăiↄ〕的本字是"爱乌代切"。只是因为本地人把〔ăiↄ〕写成"欲"，把"欲"读成〔ăiↄ〕，"欲"〔ăiↄ〕才成为训读字。下文举例一律是潮阳话，反切一律根据《广韵》，除非另有说明。

有的民间创造的方言字，无所谓训读。比如闽语地区包括潮汕地区所用的"刣"字，是"杀"的意思，就是按形声字的原则仿造出来的方言字，从刀台声，"台"是声旁，立刀"刂"是形旁，合成"刣"字。"刣"字的本字即古平声之韵直之切的"治"字。《说文》四下刀部："劑，楚人谓治鱼也。"《广韵》入声屑韵："劑，割治鱼也"，古屑切。潮阳话管"剖鱼"叫"刣鱼"〔t'aiˉ huˉ〕，"刣"就是"治"。

有的字是合音字。比如"孬"字潮阳读〔mõↄ〕，不好的意思，是"唔不"和"好"字的合音〔mↄ + hoↄ > mõↄ〕。又如"嫚"潮阳读〔mūiↄ〕，不怕的意思，是"唔不"字和"畏"字合音而成〔mↄ + ũiↄ > mūiↄ〕，俗写也作"覅"。合音字也是一种方言字，只不过跟一般的方言字相比，有合音非合音的区别罢了。

有的字音受字形的影响。比如潮阳话端母"疸多旱切"〔t'aŋˇ〕黄~字，读如同偏旁的透母"坦他但切"字。帮母"编卑连切"字文读〔p'iaŋˉ〕~辑，和同偏旁的滂母"篇偏芳连切"二字同音。（"编"字白读〔pĩˉ〕~辫，编辫子，不受字形影响）

方言字和合音字，以及读半边字之类，都不是训读字，不在本文讨论的范围之内。

有的本地字只是字形借用，与字义不相干，并非训读字。比如"厝"字，潮阳读〔ts'uↄ〕，多用来表示"房子"的意思。"厝"字在闽语地区包括潮汕地区用得很普遍，《广韵》去声暮韵注曰："置也，仓故切"，与其意义不合，与某些闽语音合，与某些方言如厦门音不合，暮韵精组字厦门不读〔u〕韵。《广韵》去声寘韵："庴，偏庴，舍也"，七赐切。"庴"字就是闽语方言包括潮汕方言管"房子"叫"厝"的本字。"庴"写作"厝"，"厝"的本字是"庴"，本文也不讨论这一类字。

二　训读字的广泛使用

训读音是口头常说的音，训读字是笔下常写的字。所以当地人民无论拿笔写点什么，只要一用当地方言写白话文就用上训读字。潮阳方言的训读字，在潮汕地区其他潮州话里大体上也同样使用。下面举些例子来说。

潮剧原名潮音戏，又名潮州戏，是潮汕地区人民大众所喜闻乐见的地方戏。潮剧用潮语唱真嗓，无论是传统剧目还是新编剧本，戏文里的训读字都用得不少。（例 A～E）

潮州歌册是在潮汕地区广为流传的一种民间唱本，在潮州歌册里用到的训读字屡见不鲜。（例 F～I）

潮阳县文化馆编印的《潮阳文艺》里，训读字也常常使用。（例 J～L）

在一些叙述潮汕地区真人真事的革命回忆录和报告文学作品中，由于有的情节需用潮汕方言口语来表达，显然用了训读字。（例 M～O）

记录民间流传的谚语、俗语、歇后语、谜语和童谣等，也离不开训读字。（例 P～T）

A《扫窗会》（音乐出版社，1959，第 100 页）："（王唱）妾亦唔敢做夫人，我亦唔敢戴凤冠，愿你催人马送我回家中。"——"亦"是训读字。

B《扫窗会》（同上，第 105 页）："（王白）嗳夫呀夫，欲去告，并无状词，如何告得。（高白）状词么？待你夫来写。"——"欲"是训读字。

C《陈三五娘》（《潮剧选》，华南人民出版社，1954，第 21 页）："五娘：（唱）嗳君呅，嗳君呅，你今勿高声，恐畏许外有人听……"——"勿，高"是训读字。"许"字在句中当指示代词用，是个借用的同音字，意思和用法相当于北京话的"那"字。"许"字如用于姓氏，另有读法。

D《搜楼》（同上，第 39 页）："云：老爷呅，无怎呢，小婢问阮小姐，呾老爷你，欲来乜事。"——"欲"是训读字。"阮"是借用字，"我们"的意思。

E《双认错》[《潮剧选集（一）》，广东人民出版社，1959，第 1 页]："潮叔：……（白）嗨，今夜大洋肚割稻，我去参加……"——"夜，稻"是训读字。

F《杨文广平南蛮十八洞全歌》（潮州李万利出版）卷六："当时看了向前行，欲问此山是何名，怎奈无人可询问，匆匆走来到山坪。"——"看，欲"是训读字。

G《狄青山棚包公出世全歌》（潮州李春记书坊）卷六："因此文拯回家中，常扶伊兄作园田，夜来灯下勤书史，住在西庄个静房。"——"田，夜"是训读字。

H《秦世美全歌》（潮州李万利出版）卷五："功名立志欲用心，愿子高中早回音，安排酒席来饮别，夜宿晓行欲早眠。"——"欲、夜"是训读字。

I《五虎平南全歌》（潮州李万利出版）卷五："饶伊性命无相干，今亦勿打伊一人，将伊赶回家中去，勿伊来随㧡①身中。"——"亦，勿，打，一"是训读字。

J《练江水》（《潮阳文艺》1972 年第 6 期）："社员干劲大，小麦已割完。现在还缺水，不能即办田。"——"田"是训读字。

K《智擒老狐狸》（《潮阳文艺》1974 年第 1 期）："我今脚手很酸累，回村还着你相帮。"——"脚"是训读字。

L《喜事新办》（《潮阳文艺》1972 年第 4 期）："你还是把这些糖带返去……"——"返"是训读字。

M《松柏长青》（人民文学出版社，1979，第 10 页）："五月闹龙舟，江中锣鼓闹纷纷，船头打鼓别人婿，船尾掌舵是我君。"——"打"是训读字。

N《松柏长青》（同上，第 12 页）："水仙花，木棉丛，细妹送饭到田中，龙凤金钗成双对，祝贺哥哥好年冬。"——"田"是训读字。原书脚注："年冬"就是"年成"。

O《来自龟海的报告》（广东人民出版社，1972，第 1～2 页）："千年害，万年灾，提起咸潮百事哀；哪年水淡到龟海，好教穷人笑颜开……"——"淡"是训读字。

P"早雨早晴，晏雨续夜。"［tsaᴺ houˊ tsa ㄚˊ tsẽ˩ ，uãˊ˩ houˊ suaᴺ˥ mẽ˩ 。］——"夜"是训读字。这句谚语的大意是，早下雨晴得快，晚下雨连夜下。

Q"严父出孝子，慈母多败儿。"［ŋiam˩˥ peˊ ts'uk˩˥ hauˊ tsuˊ ts'u˥˩ boㄚ toˊ pai˥˩ zi˥ 。］——"父"是训读字。"父扶雨切"字读书识字时才读［huˊ］，是受普通话的影响，大概是从北京话"父"字读［fuˊ］折合来的。

R"缺嘴留须——无地场。"［k'i?˥˩ ts'uiˊ lau˥ ts'iu˥ ——bo˥ ti˩ tiõ˥ 。］——"嘴"是训读字。这个歇后语的意思是，豁嘴留胡子——没地儿。

---

① "㧡"字是借用的同音字，表示"咱们"的意思，今多俗写作"俺"。

S "兄弟两人平高平高，相斗走头前。（脚头趼①）" ［hiã˦ ti˩ nõ˨˩ naŋ˧ pẽ˦˩ kuãi˦˩ pẽ˦˩ kuãi，sio˩ tau˥ tsau˥˧ tʻau˧ tsãi˧。（kʻa˦ tʻau˧ u˥）］——"高，脚"是训读字。这个谜语谜面的意思是，哥儿俩一样高，争着望前走。（打人体的一个部位）谜底是"膝盖"。

T "雅珠娘，嫁潮阳，三脚笼，四脚箱，红眠床，乌蚊帐，乞蚊咬到叽叽叫。"［ŋiã˥˨ tsu˧ niõ˧，ke˥ tiõ˧˩ iõ˧，sã˧ kʻa˦ laŋ˨，si˥ kʻa˦ siõ˧，aŋ˧˩ mŋ˨˩ tsʼŋ˧，ou˧ maŋ˥˨ tiõ˥，kʻi?˧˩ maŋ˨ ka˥˨ kau˨ ki˥ ki˥ kio˥。］——"脚，蚊"是训读字。"雅"是漂亮的意思。"珠娘"是女子的意思，也写作"诸娘"或"姿娘"。"脚"字训读［kʻa˦］，这里用作量词，相当于量词"个"［kai˧］，"三脚笼，四脚箱"是说嫁妆有"三个箱笼，四个箱子"，形容嫁妆多。蚊子潮阳叫"蠓"［maŋ˥˨］，通常写训读字"蚊"。《广韵》上声董韵："蠓，《列子》曰：蠛蠓生朽壤之上，因雨而生，睹阳而死……。莫孔切。""乞"字一般表示"给"的意思，这里当"被"字用。"叽叽叫"是形容被蚊子咬后的嘟囔声。

训读字中，"欲、勿"这两个字使用的频率很高。比如潮阳话说"伊欲勿？"［i˦ ãi˥ mãi˥?］，意思是"他要不要？"；"勿散行"［mãi˥ suã˧ kiã˧］是"不要乱走"；"欲去着猛，勿去就歇"［ãi˥ kʻu˥ tio?˧˩ mẽ˨，mãi˧ kʻu˥ tsiu˨˩ hia?˧］，是"要去就快，不去就算"的意思。不乏其例。"欲"字的训读和用法已见上文第一节。"勿"字潮阳训读［mãi˥］，其实［mãi˥］这个音是"唔爱"两个字的合音［m˨ + ãi˥ > mãi˥］，可以写作"嬡"字，是不要的意思，多用来表示禁止或劝阻，通常就写"勿"字。"勿文弗切"字如果不作为训读字，就读本音［muk˧］，多用在书面语。

三　训读字的对比

旧时潮州的府志、县志和字典也都提到潮语的训读音和训读字。

《潮州府志》（《中国方志丛书·第四十六号》，台北成文出版社据清周硕勋纂修清光绪十九年重刊本影印，1967）卷十二风俗第十一面方言："潮人言语侏僻，多与闽同，故有其音而无其字，与诸郡之语每不相通。如……

---

① 翁辉东：《潮汕方言》（《涵晖楼丛书》第十种）卷六释身第 2 页上："俗呼股之曲处为脚头趼。……生理学称为膝骨盖。""趼"字姑且这么写，本字待考。按"骹头趼"也可写作"头趼"。《广韵》平声歌韵："膝骨"，苦何切。

潮阳、普宁人谓……田曰残……脚曰卡……皆字与音全相反者。"

按"田曰残",是指"田"字读作 [ₒtsʻaŋ],这是"田"字的训读音,本字当作"塍"。《广韵》平声蒸韵:"塍,稻田畦也",食陵切。"塍"当地写作"田"(训读字)。"田"字作为本字,潮阳白读 [ₒtɑi],如潮阳县城郊地名"棉田"说 [mŋ˥˩ tɑi˧],"田"字另有 [ₒtʻiaŋ] 一读,是读书音。"脚曰卡",是指"脚"字读作 [ₔkʻa],这是"脚"字的训读音,本字当作"骹"。《广韵》平声肴韵:"跤,胫骨近足细处;骹,上同",口交切。潮阳方言的"骹"(脚)有时也包括"腿"。

陈凌千编纂《潮汕字典》(汕头育新书社,1963)第三七〇面"腳"字条下注曰:"岂字(平),足之别称曰腳。腳之部位在下,故凡在下者亦皆曰腳。如山腳、墙腳。读音叫(入),演剧之艺员统称腳色,亦称角色。运送货物之费用曰腳水、腳力。佣力供运送之人,谓之腳夫。俗作脚。"

按"岂字(平)",是指"脚"字训读 [ₔkʻa],[ₔkʻa] 的本字就是上述"骹"字。"读音叫(入)",对比潮阳话看,是指读作 [kioʔ˨],这是"脚"字的白话音。"脚"字另有一个读书音,相当于潮阳读 [kiok˨],《潮汕字典》未加注明。

现在就潮汕方言四种地方韵书所收的训读字举一些例字对比一下。第一行先列本字,用小字加注,相应的训读字列在本字的下头。凡是同一个条目举上两个训读字或一个训读字一个本字的,表示两个字都可以使用。

	拍打	藻浮萍	冥夜	籼稻	塍田	瘠瘦	骹脚	徛立	下低
陈复衡《潮汕注音字集》	打	萍	夜	稻	田	瘦	脚	企、站	下、低
蒋儒林《潮语十五音》	打	萍	夜	稻	田	瘦	脚	企、站	下、低
刘绎如《潮声十八音》	拍、打	萍	夜	稻	田		脚	企	
鸣平《潮汕十五音》	拍、打	萍、藻	夜	稻	田	瘦	脚	企	低

上述《潮汕十五音》一书,把训读字称为"借义填音之字"。《潮语十五音》家部求母"下"字注曰:"……低曰下,土音也。"《潮声十八音》书上有两个例字的位置空缺,从作者序言中所说,"本平日研究所得"对十五音一书收字"加以增删"来看,这可能与该书作者收字的宽窄有关,并不是那两个空缺的训读字在潮汕地区不使用。

福建南部地方韵书所收训读字和潮汕方言大致相同。《击木知音十五音》是闽南地方韵书,闽南何地未详。《雅俗通十五音》是漳州方言韵书。《汇音妙悟》是泉州方言韵书。现在将这三部地方韵书所收的训读字也举一些例字对比如下:

	拍打	藻浮萍	冥夜	釉稻	塍田	瘖瘦	骹脚	椅立	下低
《击木知音十五音》	打	萍	夜	稻	田	瘦	脚	企、站	下、低
《雅俗通十五音》	打	萍	夜、冥		田	瘦	脚		下、低
《汇音妙悟》	打				田	瘦	脚、足立		低

以上举列，有的例字语音位置空着，可能是作者把训读字遗漏了。《集韵》去声宥韵："釉，稻实"，直佑切。"釉"字《雅俗通十五音》写作"䅭"，和"釉"字同音。

《汇音妙悟》一书里的例字，凡脚注曰"土、土话、土音、解、土解、俗解"的，不是表示白话音，就是表示训读音。比如"打"字脚注"土解"是指训读。本文举例时，一般不举脚注。"冥"字当"夜"讲《汇音妙悟》不用训读字"夜"，而是写作"暝"字。"暝"字和"冥"字写法两可。

潮汕地区和福建南部使用的训读字有很多是相同的，下举潮州等八处12个常用的训读字为例①。训读字一致是这些方言区别于其他方言的特点之一。

12个本字中，"饯"字要说明一下。闽语管味道不咸或不浓叫［ᶜtsiã］，通常写"淡"字训读。《汇音妙悟》京韵争母就写"淡"字，注曰"咸淡"。"京"韵注曰"此一字音俱从俗解"，意思是白读，即今泉州的［iã］韵。从方言比较看，应该是三等字，本字当据《广韵》与《雅俗通十五音》作"饯"。《广韵》上声琰韵："饯，食薄味也"，子冉切。《雅俗通十五音》卷七惊韵上上声"饯"字注曰："食味薄也。"该书惊韵相当于漳州、厦门的［iã］韵，上上声就是指阴上。两书音义均与现代方言切合。

训读	潮州	揭阳	惠来	普宁	潮阳	漳州	泉州	晋江	本字
脚	［k·a˥］	［k·a˥］	［k·a˥］	［k·a˥］	［k·a˥］	［k·a˩］	［k·a˩］	［k·a˥］	骹_脚
稻	［tiu˥˩］	［tiu˥˩］	［tiu˩］	［tiu˩］	［tiu˩］	［tiu˩］	［tiu˩］	［tiu˥］	釉"稻实"
嘴	［tsʼui˥˩］	［tsʼui˥˩］	［tsʼui˩˥］	［tsʼui˩］	［tsʼui˩˥］	［tsʼui˩˥］	［tsʼui˩˥］	［tsʼui˥］	喙"口也"
田	［tsʼaŋ˥］	［tsʼaŋ˥］	［tsʼaŋ˥］	［tsʼaŋ˥］	［tsʼaŋ˥］	［tsʼaŋ˩˥］	［tsʼaŋ˥˩］	［tsʼaŋ˥˩］	塍"稻田畦也"

---

① 这里所举的材料都根据作者本人的调查。各地的发音合作人如下：郭培浩，28岁（当时年龄，下同），潮州市庵埠镇人，庵埠镇和市区相距约30公里。张宏正，44岁，揭阳县磐东区北河乡棉浦村人，棉浦村和县城榕城相距约5公里。刘荣辉，27岁，惠来县周田区施家乡人，施家乡和县城惠城镇相距约14公里。许光民，61岁，普宁县城流沙镇人。林秀恋，46岁，漳州市人。林培霞，48岁，泉州市人。蔡建德，38岁，晋江县石狮镇人，石狮镇和县城青阳相距约14公里。潮阳方言的发音合作人先后有潮阳县棉城镇人林敬之、姚翔宇、林厚梧、洪采石、郑安洌、郑辅宜等好几位先生。谨在此表示深切的谢意。林厚梧、郑安洌两位先生已作古，特此表示悼念。

筛　　［tʰai˦］　　［tʰai˦］　　［tʰai˦］　　［tʰai˦］　　［tʰai˦］　　［tʰai˥˩］　　［tʰai˦］　　［tʰai˦］箬"竹器"

企站　　［kʰia˥］　　［kʰia˥］　　［kʰia˥］　　［kʰia˥˩］　　［kʰia˥˩］　　［kʰia˦］　　［kʰa˦］　　［kʰa˦］徛"立也"

藏　　［kʰŋ˥］　　［kʰŋ˥］　　［kʰŋ˩］　　［kʰŋ˩］　　［kʰŋ˥˩］　　［kʰŋ˥˩］　　［kʰŋ˥˩］囥"藏也"

高　　［kɐi˥］　　［kɐi˥］　　［kuai˥］　　［kuai˥］　　［kuai˥］　　［kuaŋ˩˩］　　［kɐi˥˩］　　［kɐi˥˩］悬高

低　　［ke˥］　　［ke˥］　　［ke˥］　　［ke˥˩］　　［ke˥˩］　　［ke˦］　　［ke˦］　　［ke˦］下低

淡味淡　　［tsiã˥˩］　　［tsiã˥˩］　　［tsiã˥］　　［tsiã˥］　　［tsiã˥˩］　　［tsiã˥˩］　　［tsiã˦］　　［tsiã˦］潲"食薄味也"

瘦　　［saŋ˥˩］　　［saŋ˥˩］　　［saŋ˥˩］　　［saŋ˥˩］　　［saŋ˦］　　［saŋ˥˩］　　［saŋ˦］　　［saŋ˦］瘠"瘦瘠也"

香味香　［pʰaŋ˦］　　［pʰaŋ˦］　　［pʰaŋ˦］　　［pʰaŋ˦］　　［pʰaŋ˦］　　［pʰaŋ˥］　　［pʰaŋ˦］　　［pʰaŋ˦］芳香

四　训读字举例

　　本节共列举潮阳方言66个训读字，先列60个（1～60）既用本音也用训读音的字，另外6个字（61～66）不用本音专用训读音列在末尾，顺序数统一用阿拉伯数字。其中有25个字（39～60，64～66）训读音的本字待考。排列时，每条先举训读字，标明反切和作为本字的读音，后举训读音的本字，也标明反切和读音，必要时注明意义和用法，方框"□"表示本字未详，又音一般是白读在先。训读字和训读音的本字中间用斜线"/"隔开，以示区别。然后分别举例，双竖线"‖"之前是本音及实例，"‖"之后是训读音及实例，说明也在"‖"之后，不同例子之间用单竖线"｜"隔开。浪线"～"是替代号，表示复举本条目的单字。例如："28 高，古劳切［ko˦］［kau˦］/悬，胡涓切［kuai˥］高［hiaŋ˩］文读……"这一条，表示"高"是训读字，本音有［ko˦］［kau˦］两读，"高"字的训读音是［kuai˥］，［kuai˥］的本字是"悬"字。"‖"之前是"高"字用本音的例子，"‖"之后是"高"字用训读音的例子。"悬"字又音［hiaŋ˩］是文读，文读不用作"高"字的训读音。

　　1 父，扶雨切［hu˥˩］/爸，捕可切［pe˥˩］——～［hu˥˩］，单字读书音，是从普通话来的借音‖～母［pe˥˩˧ bo˥˩］老～［lau˥˩˧ pe˥˩］～母齐全［pe˥˩˧ bo˥˩ tsoi˩˧ tsŋ˥˥］父母都健在‖"阿爸"［a˦ pa˦］的"爸"读阴平，"爸爸"［pa˦ pa˩］前字读阴平，后字读阳平，另有来历。

　　2 吹，昌垂切［tsʰue˦］/欻，普魂切［puŋ˥］——～［tsʰue˦］，读书音‖～过［puŋ˥˧ kue˥˩］吹灭｜～～下［puŋ˥˧（puŋ˥ ＞）luŋ˥ e˩］吹一下‖"欻"字《广韵》列平声魂韵普魂切下，注曰："吐也，又吹气也。"按普魂切，古滂母平声，今音一般读阴平，声母送气。今潮阳方言"欻"字读阳平，声母不送气。

3 识，赏职切［sek˩］/八，博拔切［poiʔ˩］数目［pak˩］认识，懂得——知~［ti˩ sek˩］“知（智）”字知义切丨~目［ske˥ mak˩］知趣‖假~［ke˥ pak˩］假懂丨相~［sio˧ pak˩］丨伊会~［i˧ oi˩ pak˩］他能认识‖潮阳话管“认识、懂得”叫“八”［pak˩］，也许跟“八”字有分的意思有关。

4 跌，徒结切［tiak˥］［tiak˩］/跛，蒲拨切［puaʔ˥］跌倒［puak˥］~涉——“跌”字有两个本音，白读［tiak˥］：~价［tiak˥ ke˩］丨文读［tiak˩］，读书音‖~着［puaʔ˥ tioʔ˥］摔着丨~死去［puaʔ˥ si˥ kʼu˩］摔死了。

5 打，德冷切［ta˥］/拍，普伯切［pʼaʔ˩］——~投［ta˥ tau˧］打击投机倒把的简称‖~倒［pʼaʔ˩ to˥］丨~倒阿孥［pʼaʔ˩ to˥ a˧ nãu˥］打胎丨~石［pʼaʔ˩ tsioʔ˥］把石料开凿成石板丨相~［sio˧ pʼaʔ˩］打架丨截~［tsaʔ˥ pʼaʔ˩］截击丨~价［pʼaʔ˩ ke˩］规定价格丨~种［pʼaʔ˩ tseŋ˧］配种丨~火机［pʼaʔ˩ hue˥ ki˧］。

6 萍，薄经切［pʼeŋ˧］/藻，符霄切［pʼio˧］——~［pʼeŋ˧］，读书音‖水~［tsui˥ pʼio˧］浮萍‖“藻”字《广韵》列平声宵韵符霄切下，注曰：“《方言》当作《尔雅》郭《注》云：江东谓浮萍为藻。”

7 香，许良切［hiõ˧］［hiaŋ˧］/芳，敷方切［pʼaŋ˧］香［huaŋ˧］芬~——“香”字有两个本音，白读［hiõ˧］：~柴［hiõ˧ tsʼa˧］檀香丨~菇［hiõ kou˧］丨软脚~［nŋ˥ kʼa˧ hiõ˧］线香，“脚”字训读丨~炉［hiõ˧ lou˧］丨沉~［tim˧ hiõ˧］丨松~［seŋ˧ hiõ˧］丨文读［hiaŋ˧］：~肠［hiaŋ˧ tŋ˧］丨~豉［hiaŋ˧ si˩］豆豉丨~腐［hiaŋ˧ hu˩］一种豆腐品丨五~味［ŋom˥ hiaŋ˧ bi˩］丨~云纱［hiaŋ˧ huŋ˧ se˧］丨~港［hiaŋ˧ kaŋ˥］‖~花［pʼaŋ˧ hue˧］丨~薰［pʼaŋ˧ huŋ˧］香烟丨~蜡［pʼaŋ˧ laʔ˥］发蜡丨咸~咸~［kiam˩ pʼaŋ˧ kiam˩ pʼaŋ˧］又咸又香。

8 夜，羊谢切［ẽ˩］/暝，莫经切［mẽ˧］——~［ẽ˩］，读书音‖落~［loʔ˧ mẽ˧］深夜丨~市［mẽ˧ tsʼi˩］丨食~昏［tsiaʔ˥ mẽ˧ hŋ˧］吃晚饭丨无~无日［ho˧ mẽ˧ bo˧ zik˧］夜以继日‖潮阳“夜”叫“暝”，也写作“冥”。“冥”字文读［meŋ˧］幽~。

9 粥，之六切［tsok˧］/糜，靡为切［muẽ˧］粥［mĩ˧］~烂——~［tsok˧］，读书音‖~饭［muẽ˧ pŋ˧］泛指饭食丨麦~［beʔ˧ muẽ˧］用小麦或大麦熬成的粥丨鱼~［hu˧ muẽ˧］指掺进鱼片等熬成的粥丨~

饮［muẽ˥˩ am˥˧］米汤｜煮～［tsu˥˧˨˩ muẽ˥］熬粥。

10 蚊，无分切［buŋ˧］/蠓，莫孔切［maŋ˥˧］——水～［tsui˥˧˨˩ buŋ˧］水里的小虫子，可为鱼食‖～罩［maŋ˥˧˨˩ ta˨˩］蚊帐｜～厚死［maŋ˥˧ kau˧˥˧ si˦］蚊子很多｜～罩被席［maŋ˥˧˨˩ ta˨˩˥ p'ue˧˥˧ ts'ioʔ˥］卧具的统称。

11 稻，徒晧切［tau˩］/籼，直佑切［tiu˧˩］——～［tau˩］，读书音‖割～［kuaʔ˩˥ tiu˧˩］收割稻子｜～稿草［tiu˧˥˧ ko˥˧˨˩ ts'au˥˧］稻草。

12 湿，失入切［tsap˩］［sip˩］/溦，都含切［tam˥］——“湿”字有两个本音，白读［tsap˩］：路～～［lou˩ tsap˩˥ tsap˩］路很湿｜文读［sip˩］：浥～［ip˩˥ sip˩］‖半干～［puã˨˩˥ ta˧ tam˥］半干不湿，“干”是训读字｜脚～手痠［k'a˧ tam˥˩ ts'iu˥˧˨˩ sŋ˧］“脚”字训读，形容四肢无力‖《集韵》平声覃韵：“溦，湿也”，都含切。“溦”字《广韵》未见，《集韵》列端母。潮阳话跟其他闽语方言一样，口语用［꜀tam˥］表示湿的意思，单字调是阳平，要是属定母平声字，与今音较切合。本文姑且用“溦”字。

13 返，府远切［huaŋ˥˧］/转，陟兖切［tŋ˥˧］返回［tuaŋ˥˧］展～［tsuaŋ˥˧］好～——～［huaŋ˥˧］，读书音‖～来［tŋ˥˧ lai˥˩］回来｜行～［kiã˥˩ tŋ˨˩］往回走｜～出［tŋ˥˧˨˩ ts'uk˩］演完一出戏演另一出戏｜向碾～［hiõ˨˩˥ liŋ˨˩˥ tŋ˥˧］回头儿｜弯倒～［uãi˧ to˨˩˥ tŋ˥˧］绕回来｜想［siõ˧˩˧ tŋ˨˩］回心转意。

14 缝，符容切［p'oŋ˥］［hoŋ˥］/𦁓，直利切［t'ĩ˩］——“缝”字有两个本音，白读［p'oŋ˥］：～衣机［p'oŋ˥˩ i˧ ki˧］缝纫机｜～衣店［p'oŋ˥˩ i˧ tiam˨˩］｜文读［hoŋ˥］：裁～铺［ts'ai˥˩ hoŋ˥˩ p'ou˨˩］‖～衫裤［t'ĩ˩˧ sã˧ k'ou˨˩］缝衣服｜～衫［t'i˩˧ sã˧］缝上衣｜～裤［t'ĩ˩˧ k'ou˨˩］缝裤子‖《广韵》去声至韵：“𦁓，刺𦁓，针缝也”，直利切。“𦁓”字的音义与潮阳话相合。

15 凹，於交切［au˧］/塌，托盖切据《集韵》［t'ap˩］——～凸镜［au˧ tuk˥˩ kiã˨˩］‖～鼻［t'ap˩˥ p'ĩ˩］塌鼻梁｜鼻～～［p'ĩ˩ t'ap˩˥ t'ap˩］形容塌鼻梁｜～目［t'ap˩˥ mak˥］眼部凹陷。

16 撕，息移切［su˧］/攦，郎计切［li˨˩］——～［su˧］，读书音‖～掉［li˨˩˥ tiau˩］｜～到碎碎［li˨˩˥ au˨˩˥（<kau˨˩˥）ts'ui˨˩˥ ts'ui˨˩］撕得很碎‖《集韵》去声霁韵：“攦，折也”，郎计切。

17 多，得何切［to˧］/载，昨代切［tsoi˩］多　［tsai］够～：一船货物或东西多的意思——少见～怪［siau˥˧˨˩ kiaŋ˨˩ to˧ kuai˨˩］｜差唔～［（ts'a˧

m˩ >）ts'am˥to˦］差不多，"差唔"二字合音读 m 尾韵 ‖ 野 ~ ［ia˥˩ tsoi˩］
很多｜若 ~ 钱［zio?˩˥ tsoi˥ tsĩ˩］多少钱｜ ~ 谢［tsoi˥ sia˩］｜话
事 ~ ［ue˩˥ su˩ tsoi］话多（含贬义）｜ ~ ~ 少少［tsoi˥ tsoi˥ tsio˥˩
tsio˥］‖关于"载昨代切"字的来历和用法，请参看拙作《潮阳方言
的重叠式》（《中国语文》1979 年第 2 期）末了一节的说明。

18 淡，徒滥切［tã˩］［tam˩］/饕，子冉切［tsiã˩］——"淡"字有两
个本音，白读［tã˩］：冷 ~ ［nẽ˥˩ tã˩］｜ ~ 薄［tã˩˥ po?˩˥］｜ ~ 菜
［tã˩˥ ts'ai˩］｜文读［tam˩］： ~ 水［tam˩˥ sui˩］地名 ‖ 白 ~ ［pe?˥
tsiã˥］、 ~ ［tsiã˩］淡而无味｜ ~ 田［tsiã˩˥ ts'aŋ˥］非盐碱地，"田"字训读。

19 一，於悉切［ik˥］/蜀，市玉切［tsek˥］—［tsuak˥］文读—— ~
好［ik˥˩ ho˥］、 ~ 等好［ik˥˩ teŋ˥˩ ho˥］最好 ‖ ~ 个［tsek˥˩
kai˥］｜ ~ 只［tsek˥˩ tsia?˩］｜ ~ 粒［tsek˥˩ liap˩］ ‖《方言》
卷十二："一，蜀也，南楚谓之独。"不过，有的闽语方言，市玉切
的音不全切合。

20 糯，乃卧切［nõ˩］/秫，食聿切［tsuk˥］—— ~ ［nõ˩］，读书音
‖ ~ 米［tsuk˥˩ bi˥］｜ ~ 圆［tsuk˥˩ ĩ˩］糯米汤圆。

21 照，之少切［tsio˩］［tsiau˩］/耀，弋照切［ts'io˩］用火光或灯光等照射
［iau˩］光 ~ ——"照"字有两个本音，白读［tsio˩］： ~ 镜［tsio˩˥
kiã˩］照镜子｜ ~ 约［tsio˩˥ io?˥］遵守约定的话｜文读［tsiau˩］：关 ~
［kuaŋ˥ tsiau˩］ ‖ ~ 到光光［ts'io˩˥ au˩˥（<kau˩˥）kŋ˥ kŋ˥］形
容照得通亮。

22 田，徒年切［tãi˥］［t'iaŋ˥］/塍，食陵切［ts'aŋ˥］——"田"字
字有两个本音，白读［tãi˥］：棉 ~ ［mŋ˥˩ tãi˥］本县城郊地名｜文
读［t'iaŋ˥］，读书音 ‖ 饶 ~ ［ziau˥˩ ts'aŋ˥］肥沃的田地｜ ~ 洋肚
［ts'aŋ˥˩ iõ˥˩ tou˥］田间｜肥 ~ 粉［pui˥˩ ts'aŋ˥˩ huŋ˥］也叫化肥｜
布 ~ ［pou˩ ts'aŋ˥］插秧｜ ~ 螺［ts'aŋ˥˩ lo˥］。

23 锈，息救切［siu˩］/铣，所庚切［saŋ˥］—— ~ ［siu˩］读书音 ‖ ~
［sẽ˥ saŋ˥］长锈｜生 ~ 布里［sẽ˥ saŋ˥ pu˥˩ li˥］形容长很多锈 ‖《广
韵》平声庚韵："铣，铁铣"，所庚切。《集韵》师庚切（这个音相
当于《广韵》所庚切）下有"铣"字，注曰："铁衣也。"

24 瘦，所佑切［sou˩］/痟，所景切［saŋ˥］——黄霜 ~ 痟［ŋ˥˩ sŋ˥
sou˩˥ saŋ˥］脸黄肌瘦 ‖ ~ ~ ［saŋ˥˩ saŋ˥］形容很瘦｜ ~ 脯 ~ 脯［saŋ˥˩
pou˥ saŋ˥˩ pou˥］形容瘦而干瘪｜ ~ 骨落肉［saŋ˥˩ kuk˥˩ lo?˩˥

nek┐] 形容病后消瘦 | 青黄白 ~ [ts‧ẽ┤ ŋ┐∟ pe?┐∟ saŋˊ] 脸黄肌瘦 ‖ 《广韵》上声梗韵："瘠，瘦瘠也"，所景切。

25 翅，施智切 [t‧iˋ] [ts‧iˋ] /翼，与职切 [sik┐] 翅膀 [ek┐] 左~ "翅"字有两个本音，白读 [t‧iˋ]：~ 脯 [t‧iˋ┌ pou┤] 食品名 | 文读 [ts‧iˋ]：鱼 ~ [hu┐ ts‧iˋ] ‖ 鸟 ~ [tsiau┤ sik┐] 鸟的翅膀 | 飞机 ~ [pue┤ ki┤ sik┐] 机翼 | 一对 ~ [tsek┐∟ tuiˋ┌ sik┐] 一对翅膀，"一"字训读。

26 低，都奚切 [ti┤] /下，胡雅切 [keˋ] 低 [eˋ] ~ 日：将来 [hiaˋ] ~ 贱——~空 [ti┤ k‧oŋ┤] ‖ ~ ~ [keˋ∦ keˋ] 形容很低 | 高 ~ 高 [kuãi┐∟ keˋ∦ kuãi┐∟ keˋ] "高"字训读，高低不平的意思。

27 竿，古寒切 [kaŋ┤] /篙，古劳切 [ko┤] —— ~ [kaŋ┤]，读书音 ‖ 竹 ~ [tek∟┌ ko┤] | 高压电 ~ [kau┤ iap∟ tiaŋ┤∦ ko┤] 电线竿子。

28 高，古劳切 [ko┤] [kau┤] /悬，胡涓切 [kuãi┐] 高 [hiaŋ┤] 文读——"高"字有两个本音，白读 [ko┤]：姓 ~ [sẽˋ┌ ko┤] | ~ 潭鼎 [ko┤ t‧am∟ tiãˋ] 大铁锅 | 文读 [kau┤]：~ 兴 [kau┤ heŋˋ] | ~ 级 [kau┤ k‧ip∟] | 跳 ~ [t‧iauˋ┌ kau┤] ‖ ~ ~ [kuãi┐∟ kuãi┐] 形容很高 | ~ 丁丁 [kuãi┐∟ teŋ┤ teŋ┤] 形容个子高 | 平 ~ [p‧ẽ┐∟ kuãi┐] 一样高。

29 脚，居勺切 [kio?∟] [kiok∟] /骹，口交切 [k‧a┤] —— "脚"字有两个本音，白读 [kio?∟]：夫 ~ [pou┤ kio?∟] 挑夫 | ~ 份 [kio?∟┌ huŋ∟] 脚色 | 戏 ~ [hiˋ┌ kio?∟] 演员 | 文读 [kiok∟]，读书音 ‖ ~ 盘 [k‧a┤ puã┐] 脚背 | ~ 刀 [k‧a┤ to┤] 脚外侧的边儿 | ~ 迹 [k‧a┤ tsia?∟] 脚印 | ~ 缠 [k‧a┤ tĩ┤] 裹脚布 | 圆 ~ 屈手 [ĩ┐∟ k‧a┤ k‧uk∟┌ ts‧iuˋ] 形容没人帮忙 | 粗 ~ 散手 [ts‧ou┤ k‧a┤ ts‧ia?∟┌ ts‧iuˋ] 手脚粗，多比喻做事不细致 | 过 ~ [kueˋ┌ k‧a┤] 过后。

30 企，丘弭切 [k‧iaˋ] [k‧iˋ] /徛，渠绮切 [k‧iaˋ] —— "企"字有两个本音，白读 [k‧iaˋ]：~ 业 [k‧iaˋ∦ ŋiap┐] | 文读 [k‧iˋ]：~ 求 [k‧iˋˋ kiu┤] ‖ ~ [k‧iaˋ] 站 | ~ 起 [k‧ia∦ k‧iˋ] 居住 | ~ 圈 [k‧ia∦ k‧uaŋ┤] 轮流打乒乓球老打赢不下球台 | 闲行闲 ~ [ãi┐∟ kiã┤ ãi┐∟ k‧aiˋ] 形容生活清闲 | 放 ~ [paŋˋ┌ k‧aiˋ] 竖着放 | 单 ~ 人 [tuã┤ k‧ia∦ naŋ┤] 单人旁，汉字偏旁 ‖ 《广韵》上声纸韵："徛，立也"，渠绮切。"企"字有一个读音和"徛"字同音，可以认为是借用的同音字。不过，"企"与"徛"字义相近，也可以认为是训读字。本

文姑且把"企"字作为训读字。

31 哭，空谷切［k·ok˩］/号，胡到切［k·auˋ］哭［hou˩］~掉：制止［ho˩］~码［hau˩］~召——~，［k·ok˩］，读书音‖~生~死［k·au˩ sẽ˩ k·au˩ si˥］形容哭得很厉害｜~惨［k·au˩ ts·am˥］诉苦‖《广韵》去声号韵："号，号令，又召也，呼也"，胡到切。《集韵》去声号韵："号，后到切，《说文》痛声也。"（这个音相当于《广韵》胡到切）

32 藏，昨郎切［ts·aŋ˧］/囥，口浪切［k·ŋ˥］——隐~［iŋ˥ ts·aŋ˧］‖~好［k·ŋ˩ ho˥］｜~瞒［k·ŋ˩ muã˧］把东西藏起来‖《集韵》去声宕韵："囥，藏也"，口浪切。

33 贤，胡田切［hiaŋ˧］/勞，牛刀切［gau˧］——~侄［hiaŋ˧ tiak˧］‖~人［gau˧ naŋ˧］｜~死［gau˧ si˥］形容非常贤明或能干极了‖《集韵》平声豪韵："勞，《说文》健也"，牛刀切。

34 辛，息邻切［siŋ˧］/荃，火占切［hiam˧］——~苦［siŋ˧ k·ou˥］‖~［hiam˧］辛辣｜~椒［hiam˧ tsio˧］辣椒‖《集韵》平声盐韵："荃，辛味"，火占切。

35 亦，羊益切［ek˩］/也，羊者切［e˩］之乎者~：文言语助词［ia˩］~是——~［ek˩］，读书音‖~是［ia˩ sɿ˩］。

36 欲，余蜀切［iok˩］/爱，乌代切［ãi˩］——~［iok˩］，读书音‖~来［ãi˩ lai˧］要来｜硬~去［ŋẽ˩ ãi˩ k·u˩］硬要去。

37 难，那干切［naŋ˧］/恶，乌各切［oʔ˩］难［ak˩］~毒——~耐［naŋ˧ nãi˩］难受‖~呾［oʔ˩ tã˩］难说，"呾"是方言字，是说的意思｜~呾话［oʔ˩ tã˩ ue˩］不好说话或不好商量。

38 勿，文弗切［muk˧］/嫚合音字［mãi˩］——~［muk˧］，读书音‖~呾［mãi˩ tã˩］不要说｜~学嘴学舌［mãi˩ oʔ˩ ts·ui˩ oʔ˩ tsiʔ˧］不要学舌，"嘴"是训读字‖［mãi˩］是"唔不"和"爱要"的合音［m˩+ãi˩>mãi˩］。

39 蜢，莫杏切［meŋ˥］/□［mẽʔ˩］——~［meŋ˥］，读书音‖草~［ts·au˥ mẽʔ˩］蚱蜢。

40 干，古寒切［kuã˧］［kaŋ˧］/□［ta˧］——"干"字有两个本音，白读［kuã˧］：豆~［tau˩ kuã˧］豆腐干儿｜枣~色［tso˥ kuã˧ sek˩］枣红色｜饼~［piã˥ kuã˧］｜文读［kaŋ˧］：~呕［kaŋ˧ au˥］干哕｜~燥［kaŋ˧ ts·au˩］‖曝~［p·ak˧ tã˧］晒干｜揉~

[zu˧ ta˦]、拭～ [tsʼik˧ ta˦] 擦干。

41 错，仓故切 [tsʼo˩] [tsʼu˩]／囗 [tã˩] ——"错"字有两个本音，白读 [tsʼo˩]：～误 [tsʼo˥ gou˩] ｜～喉～舌 [tsʼo˥ au˧ tsʼo˥ tsiʔ˩] 形容噎仕丁 ｜文读 [tsʼu˩]，读书音 ‖ 物着～ [muẽ˧ tioʔ˧ tã˩] 弄错。

42 压，乌甲切 [iap˧]／囗 [teʔ˩] ——～力 [iap˩ lak˧] ‖ ～着重死 [teʔ˥ tioʔ˥ taŋ˦ si˥] 压着挺重。

43 蒂，都计切 [ti˩]／囗 [teʔ˩] ——～ [ti˩]，读书音 ‖ 瓜～ [kue˦ tiʔ˩] ｜通柿～ [tʼaŋ˦ sai˦ tiʔ˩] 柿子的蒂。

44 凸，陀骨切 [tuk˧]／囗 [tʼou˥]：凹～镜 [au˦ tuk˧ kiã˩] ‖ ～目 [tʼou˥ mak˧] 鼓眼泡儿 ｜ 双目～～ [saŋ˦ mak˧ tʼou˥ tʼou˥] 形容鼓眼泡儿。

45 痛，他贡切 [tʼoŋ˩]／囗 [tʼiã˩] ——～苦 [tʼoŋ˩ kʼou˥] ‖ 着～ [tioʔ˧ tʼiã˩] 痛惜 ｜ 绞～绞～ [kaʔ˥ tʼiã˩ kaʔ˥ tʼiã˩] 形容绞痛 ‖ "痛"字《广韵》属送韵，从方言比较上看，潮阳话读 [iã] 韵不像是从送韵字来的，像是训读。

46 看，苦旰切 [kʼuã˦] [kʼaŋ˩]／囗 [tʼõi˥] ——"看"字有两个本音，白读 [kʼuã˦]：～命 [kʼuã˥ miã˦] 算命 ｜ ～是乜人 [kʼuã˥ si˦ miʔ˥ naŋ˧] 看是谁了 ｜ 文读 [kʼaŋ˩]：～详 [kʼaŋ˧ siaŋ˧] 细看 ‖ ～书 [tʼõi˥ tsu˦] ｜ ～戏 [tʼõi˥ hi˥] ‖ 潮阳话说 [tʼõi˥]，是看的意思，可能是广州话"睇看" [tʼai˥] 字的借音。

47 够，古候切 [kau˩] [kou˩]／囗 [la˩] ——"够"字有两个本音，白读 [kau˩]：～食 [kau˥ tsiaʔ˩] 足食 ｜ ～坪 [kau˥ pʼiã˦] 整片平地 ｜ 文读 [kou˩]，读书音 ‖ ～食 [la˦ tsiaʔ˧] 足够吃的 ｜ ～～ [la˦ la˩] 形容足够。

48 歪，火蜗切 [uai˦]／囗 [tsʼaʔ˥] ——～ [uai˦]，读书音 ‖ ～嘴 [tsʼuaʔ˥ tsʼui˩] ｜ 齿～～ [kʼiʔ˥ tsʼuaʔ˥ tsʼaʔ˩] 牙齿歪斜不正。

49 觅，莫狄切 [mek˧]／囗 [tsʼue˩] ——～ [mek˧]，读书音 ‖ ～事 [tsʼue˩ su˩] 找职业或找碴儿 ｜ ～唔着 [tsʼue˩ m˦ tioʔ˧] 找不着。

50 拌，部满切 [puaŋ˥]／囗 [tsʼiau˦] ——～ [puaŋ˥]，读书音 ‖ ～囗 [tsʼiau˦ tsau˧] 搅匀 ‖ 潮阳话说 [tsʼiau˦]，表示搅拌、掺和的意思，俗写作"搠"。这是方言字，本字待考。

51 擦，七曷切 [tsʼak˧]／囗 [tsʼiu˩] ——～ [tsʼak˧]，读书音 ‖ ～掉

［ts‘iu√┌ tiau﹏］｜ ~齿［ts‘iu√┌ k‘ｉ丶］刷牙。

52 娶，此主切［ts‘ｕ丫］/□［ts‘ua﹏］—— ~［ts‘ｕ丫］，读书音‖ ~新妇
［ts‘ua﹏┼（siŋ┼＞）sim┼ pu﹏］娶儿媳妇儿，"新"字读如"心"‖ "娶"
字此主切，是根据《集韵》的音。［ts‘ua﹏］也当"带领"讲，通常
写俗体字"挈"。比方说"挈伊来"［ts‘ua﹏┼ i ┼ lai┐］，就是"领他
来"的意思。

53 穿，昌缘切［ts‘ｎ┤］［ts‘uaŋ┼］/□［ts‘eŋ﹏］—— "穿"字有两个
本音，白读［ts‘ｎ┤］：~针［ts‘ｎ┤ tsam┼］｜ ~耳钩［ts‘ｎ┤ hĩ 丫┼
kau┤］在耳垂上穿个眼儿，将耳环穿过去｜文读［ts‘uaŋ┼］：说 ~［sue?┐┌
ts‘uaŋ┼］‖ ~衫［ts‘eŋ﹏┼ sã┼］穿上衣｜ ~鞋［ts‘eŋ﹏┼ oi┐］。

54 个，古贺切［ko√］/□［kai┐］—— ~人［ko√┌ ziŋ﹏］‖大母公 ~
［tua﹏┼ bo丫┼ koŋ┼ kai┐］形容东西个儿大｜细 ~［soi√┌ kai┐］小个儿，多
指小个儿的东西｜ ~天变变［kai┐┗ t‘ｉ┤ pĩ丶 pĩ√］形容天气发生变化｜者个
［tsai丫丶 kai┐］这个，表示近指‖ "个"字作为多字组的末字，如果读
后变调，比如"乌个"［ou┼ kai┐┗］黑的，用法相当于北京话后置字
"的"。从方言比较上看，"个"字读阳平不像是从见母字来的，来
历待考。

55 捲，居转切［kuaŋ丫］/□［kau?﹏］—— ~［kuaŋ丫］，读书音‖ ~
好［kau?﹏┌ ho丫］｜ ~草席［kau?﹏┌ ts‘au丫丶 ts‘io┐］捲席子。

56 稠，直由切［tsiu┼］/□［kik┐］—— ~［tsiu┼］，读音受字形影
响‖撮糜 ~到饭饭［ts‘o?┐┌ muẽ┼ kik┐丶 au√┌（＜kau√┌）pŋ﹏┼
pŋ﹏］形容粥稠得像饭似的。

57 吸，许及切［k‘ip﹏］［hiap﹏］/□［ku?┐］—— "吸"字有两个本
音，白读［k‘ip﹏］：~收［k‘ip﹏┌ siu┼］｜文读［hiap﹏］：~铁
［hiap﹏┌ t‘i?┐］磁铁‖ ~薰［ku?┐┌ huŋ┼］吸烟。

58 睡，是伪切［sui√］/□［guk┐］—— ~［sui√］，读书音‖晏 ~
［uã┌ guk┐］晚睡｜ ~醒［guk┐┗ ts‘ẽ丶］｜食日昼 ~［tsia┐┗ zik┐┗
tau√┌］午睡‖本条［guk┐］字都可以换说成［ĩ?┐］，两个音的本
字均待考。

59 撒，桑割切［sua?﹏］/□［ia﹏］—— ~糖［sua?﹏┌ t‘ŋ┼］撒上糖｜ ~
盐［sua?﹏┌ iam┐］撒上盐‖ ~［ia﹏］撒种；散落｜ ~种［ia﹏┼ tseŋ丶］
撒下种子，播种的意思。

60 蝶，徒协切［tiap┐］/□［ia?┐］——蝴 ~［hu┐┗ tiap］书面语‖ ~

［iaʔ˩］飞蛾｜美～［bue˥˧ iaʔ˩］蝴蝶，也指蚕蛾。

61 筛，北京用山佳切的音，读［ʂai˥］，潮阳平常不用本字。‖ 潮阳
"筛"专训读为"篩"［tʻai˩］，例如：～斗［tʻai˩ tau˥］筛子｜～米
［tʻai˩ bi˥］‖《广韵》平声脂韵："篩，竹器"，丑饥切。

62 嘴，即委切，潮阳平常不用本音。‖ "嘴"潮阳一律训读为"喙"
［tsʻui˥˧］。例如：～临皮［tsʻui˥˧ lim˩ pʻue˧］嘴唇｜花～鸟［hue˧
tsʻui˥˧ tsiau˥˧］贬称胡说的人｜樽～［tsuŋ˧ tsʻui˥˧］瓶口｜刀～［to˧
tsʻui˥˧］刀口｜合～［haʔ˩ tsʻui˥˧］可口儿｜汤～［tŋ˥˧ tsʻui˥˧］漱口｜
带～［tua˥ tsʻui˥˧］顺嘴｜接～［tsiʔ˩ tsʻui˥˧］顶嘴｜帮～驳舌
［paŋ˧ tsʻui˥˧ poʔ˩ tsiʔ˩］帮人说话‖《广韵》去声废韵："喙，
口喙，许秽切，又昌芮切。"潮阳话口语用昌芮切，读［tsʻui˥˧］，单
字读书音用许秽切，读［hui˥˧］。

63 痣，职吏切，潮阳平常也不用本音。‖ "痣"专训读为"记居吏切"
［ki˥˧］。例如：乌～［ou˧ ki˥˧］黑痣｜红～［aŋ˩ ki˥˧］。

64 皱，侧救切，北京读［tʂou˥˧］，潮阳不用本音。‖ "皱"字潮阳专
用来训读为［niãu˥˧］，本字未详。例如：～痕［niãu˥˧ huŋ˩］皱
纹｜面～～［miŋ˩ niãu˥˧ niãu˥˧］形容苍老或不乐意，或愁眉苦脸。

65 闩，数还切，北京读［ʂuan˧］阴平，潮阳不用本音。‖ 潮阳"闩"
专训读为［tsʻuã˥˧］阴去。例如：～门［tsʻuã˥˧ mŋ˧］｜～紧
［tsʻuã˥˧ kiŋ˥］。［tsʻuã˥˧］的本字待考。

66 砌，七计切，潮阳不用本音。‖ "砌"字潮阳专用来训读为［kiʔ˩］
阴入调，本字也待考。例如：～砖［kiʔ˩ tsŋ˧］砌墙。

例1～60是既用本音也用训读音的字，其中各字的本音可以不止一个，
但是训读音只有一个。比如"7香"字，有［hiõ˧］～柴：檀香、［hiaŋ˧］～
肠、［pʻaŋ˧］香 三个读法，［hiõ˧］和［hiaŋ˧］是本音，［pʻaŋ˧］是训读
音。"香"字作为训读字没有又音，只有［pʻaŋ˧］一个读音。例61～66是
不用本音专用训读音的字，只有一个读法。比如"63痣"字不用本音，专
训读为"记"［ki˥˧］，"痣"字专作为训读字也没有又音，只有［ki˥˧］一个
读音。这就是说，无论训读字用不用本音，训读音都只有一个。训读音的
本字也有一个或几个不同的读法。比如"香"字训读［pʻaŋ˧］，［pʻaŋ˧］
的本字是"芳"，"芳"字有两读，白读［pʻaŋ˧］香，文读［huaaŋ˧］芬～。
不过，训读音的本字要是只有一个读音的话，如"骹、藻、塍、喙"等，
在方言地区一般是不使用的，通常使用的是"脚、萍、田、嘴"等训读字。

如果训读音的本字是多音字的话，当地人在使用该字时，往往把可以写成训读字的读音排除在外。比如"悬"字又读［kuāi┐］，是高的意思，就常常写成"高"字，训读［kuāi┐］，一般并不认为口语说［kuāi┐］表示高的意思就是"悬"字，而是习以为常地认为"悬"字只有［hiaŋ┐］一个读音。由此可见，训读字在使用上是跟本音脱节的，即字形跟本音不相符合，只是字义相同而已。

第十一章　潮州话的本地字[*]

潮州是一个有悠久历史的文明之地。它有本地区的方言——潮州话；本地字的丰富多彩是潮州话的显著特点。潮州话本地字的产生和发展，具有深厚的文化基础和广泛的群众基础，在历史、民俗文化、语言文字等方面都具有研究价值。

潮州话是指流行于广东省东部地区——今汕头市、潮州市、揭阳市及其所辖之市、县的方言，通称潮州话。潮州人如果用当地方言写白话文，往往用上一些本地字。

潮州话的本地字具有一定的独特性，而且数量可观。下面将收录的121个本地字，依次分类分项排列，并以字的部首笔画多少为序排列。所列本地字尽量采用潮州方言的同音字和近音字逐条注音。个别字采用拼读注音，拼读的上字只取声母，下字兼取韵母和声调。必要时加注国际音标。注音用的字，有的在右下角加小号字注明现读声调，以示区别。

甲类　形声字

一　声符同音（读半边）

1. 刟〔尢〕用指甲或东西抠。蔡英豪编著《潮汕熟语集释》（潮汕方言研究会，1989）第213页："～：音抗，用指甲着力锥挖皮肉之状曰～；

* 原载北京潮人海外联谊会主办的内部刊物《北京潮讯》合刊号上。

从缝隙中攫取丁点附着物也曰～。'～着痛迹'，指私隐被揭发披露。"

2. 刣〔台〕杀。《十二寡妇征西》（潮汕李春记书坊）卷 3 第 8 页：
"～猪杀羊赏兵丁。"

3. 個〔因〕也说"伊人"。林伦伦编著《潮汕人学习普通话手册》（广东高等教育出版社，1989）第 30 页："～，他们。"本条也写作变体字 106 条"伊"。

4. 壏〔感〕埋。《潮汕熟语集释》第 25 页："'树直先斩，人直先～'，喻忠臣贤士，心直口快之人，易于得罪权贵，导致罹难，以至杀身。～：掩埋也。"

5. 抔〔不〕把东西聚拢搂抱在怀里。例如～草，～衫裤。蒋儒林《潮语十五音》（汕头新华书局，1938）卷 1 第 2 页君部边母上入声："～，引取也"，"又俗曰～物"。

6. 拔〔茂〕舞动。李永明著《潮州方言》（《中国语文丛书》，中华书局，1959）第 211 页："～狮，舞狮子。"

7. 媌〔亩〕妻。薛汕《〈潮州歌册选〉序》（《韩山师专学报》，1986 年第 1 期）："'妻子、老婆'，原'～、妕'兼用，统一用'妕'。"

8. 瘖〔哥〕癫～，麻疯。《潮语十五音》卷 2 第 41 页皆部他母上上声"癫"字下注曰："疯癫，恶疾也，俗谓癫～。"

9. 睭〔周〕《潮州方言》第 189 页："目～仁，眼珠。"余流、蔡英豪编《潮汕民间成语草集》（潮州方言研究会刊印）第 34 页："肚困目～金。"

10. 积〔尺〕含水多，稀薄。《潮州方言》第 185 页："～，稀。"例如：～糜，稀粥。

11. 毖〔必〕裂璺。《潮汕熟语集释》第 119 页："'～缺裂'，指陶瓷器皿残破缺损。～，裂痕也。"

12. 鲃〔巴〕～鲲，鱼名，也写作～鲫。《潮语十五音》卷 1 第 35 页江部柳母上平声："鲲，鱼名，～也；鲫，同上。"

13. 鯂〔苏〕～鳝，鱼名。潮阳县民间文学三套集成编纂领导小组编《中国民间歌谣集成广东卷·潮阳县资料本》（1987 年油印本）第 137 页《百鱼歌》："～鳝生来硃砂鼻，鱿鱼也有二条须。"

14. 鱳〔乖〕～鱼，河豚。陈亿琇、陈放选编《韩江故事林》（南粤出版社，1986 年）第 22 页《向天美人》："这就是龙王派来的～鱼精。"

二　声符文读

15. 撍〔曹文言音〕《潮汕熟语集释》第231页："'～～测测'，搬动家私，重新调整陈设。"

16. 蚘〔九文言音〕《韩江故事林》第120页《翁万达的故事·墓卜三河自有因》："韩江在这里绕山回旋而过。人们形象地把这个地方命名为'蛤～（小青蛙）逆流'。"本条也写作"虮"。翁辉东《潮汕方言》（涵晖楼丛书第十种，1943）卷15释虫鱼第4页下："蛤蚘，较水蛙小，古书少记载，潮产是物独多。"

三　声符白读

17. 埕〔呈白话音〕"庭"（白话音）的俗字。张世珍《潮声十五音》（汕头进步图书局，1919）卷2京部下平声地母："～，梓里乡村旷地曰～，内～，外～，灰～，涂～。"

18. 嗝〔恼烦～〕呵～，赞美。《李旦仔全歌》（潮州李万利出版）卷6第9页下："淮玉听说笑唠唏，呵～夫人孝心机，父母生养恩似海，为子不可忘恩谊。"《广东民歌选·第二辑》（广东人民出版社，1958）第78页刘庄琴、陈诗超《敲渔歌》："敲歌敲到鲤鱼鳞，阮姨卫生强千人，厝边头尾人呵～，政府奖对红灯笼。——选自《海丰报》。"按：广东陆丰市和海丰、大埔、丰顺等县也有不少人说潮州话。

19. 姩〔年〕俗呼母亲也叫"阿～"，随个人习惯而定。《明本潮州戏文五种》（广东人民出版社，1985）第602页《荔枝记》："不免来去报乞阮阿～知。"

20. 椪〔养白话音〕菜苗嫩叶。《潮阳民间故事·第二集》（潮阳县文化局、文化馆编，1985）第18页《韩和尚三朝乾隆君》（韩妹仔搜集整理）："乾隆赞道：'你家的甲篮～好！甘脆无渣，应列为上菜！'"按："甲篮～"，即芥蓝菜的嫩叶。

21. 鰗〔初白话音〕《潮州方言》第235页："苦～，像指头大小的一种小鱼，常成群游于水面。"

22. 鰊〔染白话音〕厚～，较薄的鱿鱼。《潮州方言》卷15释虫鱼第9页下："厚～……状同墨鱼而小。""所谓厚者，谓其肉厚于～脯也。"本条也写作"鰺"。《潮州方言》第 235 页："厚鰺，没有晾干的小鱿鱼。"

四　声符近音

23. 诐〔皮阳入〕闲谈。广东省方言调查指导组编《潮州人学习普通话手册》（广东人民出版社，1959）第 98 页："～闲话，谈天儿。"本条也写作 37 条"呲"。

24. 诖〔亚阴去〕"诩"的俗字。《潮语十五音》卷 3 胶部英母上去声："～，相～，两人相辩也。"《潮州熟语集释》第 275 页：诩，"争辩、诡辩。""'诩到是'，犹'强词夺理'。"诩，"土音字作'～'"。

25. 剺〔犁阴去〕劈。《潮语十五音》卷 2 鸡部柳母上去声："～，以刀斧伐物为畔曰～。"例如：～柴，劈木柴。

26. 愤〔贡阳平〕晕头晕脑。鸣平《潮汕十五音》（汕头岭东出版社，1938）第 30 页公部求母下平声收有"～"字。汕头市戏剧研究室编《潮州剧作选 1》（交流刊物）第 87 页《招才进宝》（现代潮剧）："财喜：我叾～，也叾颠颠，唻唻唻！我有件大事来协商。"

27. 塭〔温阴去〕《潮语十五音》卷 1 君部英母上去声："～，海田曰～田，又水田也。"

28. 墘〔见阳平〕边沿。中国戏剧家协会广东分会编《张华云喜剧集》（花城出版社）第 214 页《南荆钗记》："驿丞：……喂！怎这班小生理伙，物件收起，勿摆路～。"

29. 挼〔而阴上〕弄乱。《潮州方言》第 228 页："～，搞乱。"

30. 揦〔亚阴上〕"拗"的俗字。《潮语十五音》卷 3 第 34 页胶部英母上上声："～，以手折物曰～。"

31. 挠〔去约〕读阴入调是拾取之意，"挈"的俗字。《中国民间谚语集成广东卷·潮阳县资料本》（1987 年油印本）第 98 页："～猪屎占猪，～狗屎占狗。"本条也读阳入调〔去药〕切，拿的意思。《上海案全歌》（潮州李万利出版）卷 1 第 2 页上："来共妻子说明白，后将通书～来看。"

32. 掼〔官阳上〕拎，提。《潮语十五音》卷 4 第 16 页官部求母下上声："～，挈，悬持也，又持物俗曰～物。"薛汕《书曲散记》（书目文献出版社，1985）第 49 页《〈荔枝记〉及其他》："在潮州歌谣中，人们是'一个篮仔来摘茄，听见锣鼓咚咚潮，放丢篮仔走去看，在做陈三共五娘'。"本条也写作 98 条"掴"。

33. 搠〔朝朝廷，阴平〕掺和。《潮语十五音》卷 2 第 25 页骄部出母上平声："～"，注曰"同上"，即"俗以两色之物要和均曰～"。《潮州方言》第 228 页："～，掺。"

34. 哎〔文阴平〕笑吧～，微笑。《潮州人学习普通话手册》第 32 页："吧～笑——抿着嘴笑。"

35. 哅〔公阴上〕讲。《潮州熟语集释》第 116 页："'沉沉唔～'，～：即讲，粤语音，此词显系受粤语影响，是兄弟语言的渗透。喻性格僻静。"

36. 咀〔担阴去〕说。林澜《论潮剧艺术》（花城出版社，1987）第 343 页《风雨三迁》（现代潮剧）："福北：（唱）老刘何必～耍笑。"

37. 哦〔皮阳入〕闲谈。《张华云喜剧集》第 225 页《南荆钗记》："娇娥：无就好！好话多说，闲话勿～。"《潮州熟语集释》第 63 页："'～曲'，曲是唱而不能说的，喻不行，行不通，不同意，不许可。"本条也写作 23 条"诐"。

38. 嗋〔浸阴平〕吻。《潮语十五音》卷 1 第 19 页金部贞母上平声："～，以口相向俗曰相～。"

39. 啱〔岩阴平〕恰好。《潮州人学习普通话手册》第 27 页："～——刚好，合适。"

40. 嚝〔黄阳去〕叹词，表示答应。《论潮剧艺术》第 280 页《松柏常青》（现代潮剧）："排长：（奸笑）～～，说得对。"

41. 姈〔冷阴平〕《潮州方言》第 192 页："阿～，母亲。"

42. 嬢〔哀阳平〕《潮汕方言》卷 7 释亲第 1 页下："～，俗称母为～。"《潮汕人学习普通话手册》第 10 页："后～——后娘。"本条也写作"媛"字。《上海案全歌》卷 2 第 1 页上："故此不敢去见媛。"

43. 炣〔可阴平〕用文火焖或煮。《潮州方言》卷 9 释食第 3 页上："～，俗呼久熬之菜为～菜。童谣：'雨落落，阿公去栅薄，栅着鲤鱼共苦鳅，阿公哩欲煮，阿婆哩欲～。'"《潮汕熟语集释》第 329 页："'～顿菜食三日荞了'，喻粗煮贪多，不会理家烹调。"

44. 焩〔邢〕烧火。《潮语十五音》卷 4 第 30 页下京部喜母下平声："～，俗以灶孔燃火曰～，～火也。"《潮州十五音》第 152 页京部喜母下平声也收有"～"字。本条也写作"烮"字。《潮州民间成语草集》第 33 页："有米无物烮。"本条又写作"炭"字。《潮州熟语集释》第 193 页："'俭柴炭倒灶'，喻节俭过度，适得其反。"

45. 烳〔富阳平〕煮、烧或熬。《潮语十五音》卷 3 第 36 页龟部边母下平声："～，以火燃物曰～，～水，～茶。"本条也写作"煲"字。《张华云喜剧集》第161页《桃花过渡》："我还未食，待我煲糜食了才来。"

46. 椆〔秋阳去〕"树"（白话音）的俗字。《韩江故事林》第162页《夫妻～（畲族）》："在美丽的凤凰山区，到处长着一种奇特的树。树皮光滑，树干挺直，不管树多高大，都是成对分桠。畲家亲切地称它为夫妻～，并由此而流传着一个美丽的故事。"

47. 輋〔社阳平〕"畲"的俗字，也是地名用字。《潮州方言》卷13释地第4页上"潮属山地多称～。""是故称山歌为～歌。……'潮州有山～'。"山～指畲族。

48. 昼〔豆阴去〕"昼"（白话音）的俗字。《潮州方言》第197页："日～，中午，引申为午餐。"如食日～，吃午饭。本条也写作83条"昨"。

49. 臕〔惜阳入〕手心、脚心的汗液。《潮语十五音》卷4第32页蕉部时母下入声："～，脚～，手～。"

50. 膧〔近〕胗。《潮语十五音》卷3第2页囝部求母下上声："～"字注曰"同上"，即"鸭～，鹅～，鸡～"。

51. 瘸〔颓阳平〕头上长的疮。《潮州熟语集释》第45页："'生～生角'，指小孩头部生了毒疮，似长了角一般。"

52. 痟〔消阴上〕《潮州方言》第203页："～，疯。"本条也写作"猾"字。《潮州熟语集释》第197页："'猾神浮'，喻兴之所至。猾与'小'同音，动物，性轻狂好动，故用以喻人之轻狂或发疯。"

53. 蜅〔富阴平〕～螺，海螺。《潮语十五音》卷3第36页龟部边母上平声："～，～螺，可吹，其声响甚。"

54. 蟳〔时汁〕《潮语十五音》卷第11页甘部时母上入声："～，产自海边，取之烧为灰也。"《潮州熟语集释》第189页："觅沙觅～"，"～：贝壳堆积层，潮汕古曾为海，贝丘、～岩多，可作烧灰起厝之用，乃建筑材料。借喻为寻事生非挑剔。"按："觅"俗读〔吹阳去〕，是训读字。

55. 蠋〔蛇阳入〕《潮语十五音》卷3第14页柯部贞母下入声："～，夜游虫也，俗曰胶～。"《潮汕熟语集释》第262页："胶～，即蟑螂。"

56. 鉏〔铜阳上〕罐子。《潮汕熟语集释》第326页："'盐～生虫'，言内部出歹人。"

57. 笘〔店阳上〕"簟"的俗字。《潮语十五音》卷3第18页兼部地母下上声："～，所以储五谷也，米～，谷～。"《潮州熟语集释》第273页："'好粟在～底'，喻真正有本事的人，是那些不声不响的埋头研究者。～：

囷谷的竹围子。"

58. 笛〔巧阴入〕鱼篓。《潮语十五音》卷 3 第 32 页胶部去母上入声:"~,竹器也,可盛鱼之具也。"

59. 鲦〔傻阴入〕~鲮,一种鲷鱼。《中国民间歌谣集成广东卷·潮阳县资料本》第 137 页《百鱼歌》:"前面来有一群鱼,~鲮苦笋并斑猪。"

60. 骭〔郑阴平〕脚后~,脚跟。《潮语十五音》卷 4 第 25 页庚部地母上平声:"~,脚之后~也。"

61. 骿〔坪阴平〕~篱,两肋。《潮语十五音》卷 4 第 29 页京部颇母上平声:"~,俗谓胁下为~离。"本条也写作"胼"字。《潮州人学习普通话手册》第 12 页:"胼篱(骨)——肋骨。"

五 声符训读,变换字调

62. 叱〔挪阳去〕叹词。《潮州方言》第 245 页:"~,恳求、说服或反诘语气。"《潮汕熟语集释》第 276 页:"'勿~','不要吧!'受人戏弄、干扰,都说此话,表示反感。"

63. 唅〔鞋阳去〕叹词,表示招呼或答应。《张华云喜剧集》第 57 页《剪辫记》:"秉金:咳哟,嫂~,歇落来哪!"

64. 蚾〔骂阴平〕沙~,蜻蜓。谭正璧、谭寻编著《木鱼歌、潮州歌叙录》(书目文献出版社,1982)第 149 页:"《玉沙~全歌》……前半故事全似弹词《玉蜻蜓》。"

六 改换声符

65. 鲿〔象阴平〕"鲳"(白话音)的俗字。《中国民间歌谣集成广东卷·潮阳资料本》第 137 页《百鱼歌》:"还有~鱼共白鱼"。按:"~鱼",就是鲳鱼。

七 改换意符

66. 櫼〔城阳去〕用竹篾编的盛器。《潮语十五音》卷 4 第 30 页京部时母下去声:"~,乘物曰~,又储谷曰粜~。"《潮汕熟语集释》第 90 页:"春~:竹做的三格高脚大花篮。潮人习俗之探亲送礼用具。"本条也写作

"簋"字。《潮语十五音》卷 4 第 30 页，与"～"同音的位置收有"簋"字，注曰："竹器，俗曰春簋，乘物也。"

八　加注意符，明确字义

67. 儎〔载阳去〕《潮语十五音》卷 2 第 41 页皆部下去声："～，大船中之货曰～，货足曰满～。"《潮州方言》第 61 页也收有"～"字。

68. 熯〔泉阴平〕"煎"（白话音）的俗字。《潮语十五音》卷 4 第 17 页官部贞母上平声："～，以煎之，俗曰～水，～茶。"

69. 柗〔棕阳平〕"丛"（白话音）的俗字。《十二寡妇征西》卷 1 第 7 页上："飞沙走石狂风作，拔倒满山个树～。"吴南生《松柏长青（革命母亲李梨英)》（工人出版社，1959）第 12 页："水仙花，木棉～，细妹送饭到田中，龙凤金钗成双对，祝贺哥哥好年冬。"原注："年冬"，就是"年成"。

70. 糰〔圆口语〕"圆"（白话音）的俗字。汤圆。《潮州剧作选 1》第 123 页《招才进宝》："（银花端～卵上）银花：阿爸，阿妗，～卵到！"

九　加注意符，表示象声

71. 啯〔国入声〕鸡叫声。《潮汕剧作选 1》第 385 页《双摇篮》（小潮剧）："阿婆：（唱）换袭换袭换，换米来饲鸡。鸡母叫～喙，～喙～～喙，生蛋泡蛋粥。"本条也写作 116 条"咯"。

72. 噢〔欧阳入〕象声字。《潮汕熟语集释》第 269 页："'会啾叿～'，啾～，青蛙的叫声。民间传说宋帝昺逃难至南澳时，夜里被田野里的青蛙叫声噪得睡不安宁。于是说：'只准啾，不准～'，因啾声小，而～声大。后用以喻人受胁迫，不能施展才能，或敢怒而不敢言。"

乙类　合音字（兼会意）

一　左右结合

73. 赊〔买阳上〕"无"和"会"的合音字，没会，不会之意。同下条和79条"嗳"。施其生《汕头方言动词短语重叠式》（《方言》1988年第2期第150页）："～敨气～敨气，形容呼吸困难。"

74. 劷〔买阳上〕同上条和79条"嗳"，只是字形上"勿"与"会"左右的位置对换。翁辉东《潮风·潮语集联》（《潮州风俗志选本》，涵晖楼丛书第十四种，1957年油印本）第8页下："做盐～咸，做醋～酸。"此语比喻不中用，无可取材。

75. 煨〔美阴去〕"唔"和"畏"的合音字，同下条和81条"㬤"。林伦伦《汕头方言词汇（三）》（《方言》1991年第4期第314页）："～，不怕。"

76. 勩〔美阴去〕同上条，字形上"勿"与"畏"左右位置彼此相反，也同81条"㬤"。《潮汕方言》卷1释词第3页上："又畏之反语曰美上去声，乃勿畏之合音俗写作～。"

77. 嫒〔埋阴去〕"唔"和"爱"的合音字，不要的意思。《汕头方言词汇（三）》（同上第314页）："～，不要。"本条常写作训读字"勿"。

二　上下结合

78. 奇〔墓阴上〕"唔"和"可"的合音字，不可以。《潮州熟语集释》第183页："'气到～耐'，言难于忍受。"又第333页："'棺材扛上肩——～歇'，歇后语，喻重任在身必须坚持干下去，直至完成任务。"本条与80条"孬"同音，字义也相通，常写作"孬"。

79. 嗳〔买阳上〕同上73条"赊"、74条"劷"，只是字形结构不同。《潮汕熟语集释》第11页："'冬蚊～死，盐贵过米'，喻天气不正常，冬暖春寒要冻死秧，明年早造必减产。"

80. 孬〔墓阴上〕"唔"和"好"的合音字，不好，不可以。《潮汕熟语集释》第274页：“‘～物’，不好搞，不行。～，不好也。”《潮州剧作选1》第118页《招才进宝》：“银花：妗呀，这回欲认真，～走神呀！”

81. 覔〔美阴去〕同上75条“嫐”、76条“勡”，只是字形结构不同。《潮汕熟语集释》第181页：“‘～生～死’，喻敢闯新路，勇于探索。”

82. 乭〔迷阳上〕“唔”和“是”的合音字，不是的意思。《潮汕熟语集释》第275页：“‘～拉做是’，把假当真。”～：“不是，不对也。”《潮汕人学习普通话手册》第127页：“是也～——伊是学生也～（他是不是学生）?”

丙类　会意字

一　左右合写

83. 昛〔豆阴去〕同上48条“旪”，“昛”的本字也是“昼”（白话音）字。《潮汕十五音》第105页交部地母上去声收有“～”字。

84. 尣〔祭阴平〕女阴。本条也写作“脧”，或训读字“屄”。《潮语十五音》卷4第9页枝部贞母上平声处一起列举了这几个字。

85. 𡰪〔浪〕男阴。“卵”文读的俗字。《潮语十五音》卷1第35页江部柳母下上声：“～，阳物也。”本条也写作训读字“屌”。

86. 甛〔甘阳平〕“含”（白话音）的俗字。《潮州熟语集释》第210页：“‘～着薄荷’，喻心凉凉，放心。”

二　上下合写

87. 氽〔收阳平〕“泅”的俗字。《潮语十五音》卷4第14页鸠部时母下平声：“～，人浮水面不沉而进曰～。”《潮州方言》第227页：“～，游。”

88. 氼〔味〕潜泳。《潮州方言》第227页：“～，氽。”本条同下条。

89. 氽〔味〕本条同上条。《潮语十五音》卷4第11页枝部文母下去声：“～，俗以人入水不见曰～。”《潮汕熟语集释》第240页：“‘～头泅’，喻工作埋头苦干者。”

90. 乫〔件阳去〕身强力壮。“健”（白话音）的俗字。《潮语十五音》

卷 4 第 28 页京部求母下去声："～，俗谓少年壮者曰～，力大也。"

91. 孶〔蔡阳去〕娶亲、带领、引路、引起。《明本潮州戏文五种》第 698 页《荔枝记》："要～新妇。"《潮州熟语集释》第 37 页："'鸡母～鸡仔'，喻老带新。"

92. 堅〔烂阴去〕人受伤倒地或故意倒地。《潮语十五音》卷 4 第 16 页官部柳母上去声："～，跌地也。"

93. 搫〔兵阳平〕《潮语十五音》卷 4 第 28 页京部边母下平声："～，凡物之搬移于他处俗曰～，～字，～物。"

94. 亶〔迷阴平〕严密。《潮语十五音》卷 4 第 36 页天部文母上平声："～，目合而密曰～。"《上海案全歌》卷 2 第 6 页上："看见伊门拴～～。"

95. 翲〔鼻阴平〕便宜。《潮语十五音》卷 4 第 35 页天部颇母上平声："～，凡物价廉者俗曰～，～货，～物，买～。"

96. 蘦〔担阳去〕错，不对。《潮语十五音》卷 4 第 23 页柑部地母下去声："～，凡事作不着曰～，又物之换～。"

三　利用偏旁，以示会意

97. 憨〔语醉〕愚蠢，傻。《潮语十五音》卷 4 第 24 页柑部语母上去声："～，人之不慧曰～，凡事不晓也，愚人也。"

98. 搵〔官阳上〕拎，提。《广东民歌选·第二辑》萧菲《正月正》："红柑～回返，踏出寨门外。"本条也写作 32 条"掼"。

99. 扒〔爬阴平〕用筷子将饭、粥等食物拨入嘴。《潮语十五音》卷 3 第 26 页家部边母上平声："～，～饭，又～物。"

100. 笑〔出官〕竹刺，木刺。"尖"是个上"小"下"大"的会意字，表明尖形的东西一头大一头小，再加竹字头，强调竹刺，也是个会意字。《潮语十五音》卷 4 第 18 页官部出母上平声："～，竹尖曰～。"

丁类　变体字

一　减笔画

101. 冇〔怕鼻音韵〕"～"是相对"有"而言，"有"字中空就是"～"。《潮语十五音》卷 4 第 23 页柑部颇母上去声："～，不实曰～空，又如谷之～。"

102. 有〔殿白话音，阳去〕"～"是相对"冇"而言，"冇"字中实就是"～"。"冇、～"二字都由"有"字演变而来。《潮语十五音》卷 4 第 37 页肩部地母下去声："～，物之实曰～，不实曰冇。"

103. 半〔瓜阳入〕由"半"字演变而来，"半"字去掉下半截就是"～"。《潮声十五音》卷 3 第 30 页瓜部求母下入声："～，物之一半曰～，半～，短～。"

104. 刄〔娘阴上〕"两，斤两"的俗字，利用"那"字去掉偏旁，中间两横略长略短两可。《潮语十五音》卷 3 第 7 页薑部柳母上上声："两，斤两……～，同上，俗写也。"

二　加笔画

105. 丼〔tom 阴上〕在井字中间加一小点做指事符号，表明那里有水。实际上这是在象形字"井"的基础上，中间增加指事符号"、"构成的一个指事字。这个字在字形上与"井"字相关，"井"字金文、小篆都写作"井"。《潮音大众字典》第 5 页二部三画收有"～"字，音"的翁"切，下上声，注曰："下石于井之声也。"

106. 伊〔因〕他们。由"伊"字在单人旁儿上加一撇，成为双人旁儿的"～"，表示代词复数第三人称。本条也写作形声字 3 条"個"。

三　笔画互换

107. 吉〔蜂阳去〕字形的上下从"土口"，由从"士口"的"吉"字变来，字的上半截长短横画互换。《潮语十五音》卷 1 第 37 页江部颇母下去声："～，瓦～，屋～，契文曰屋几～。"

戊类　假借字

潮州话的本地字有时并不是另造的新字，而是用的假借字。所谓假借字是指借用同音或近音字来代替一个与其字义无关的词。一般假借字只是字形和字音的借用。例如潮州话借用"姓阮"的"阮"（音"顽"），用来表示"我们"的意思，读音"往"。表示"我们"的"阮"就是假借字。假借字所表示的新义就叫假借义。如"我们"这个意义就是"阮"字的假借义。

还有一种假借字叫训读字，就是借用的同义字或近义字。例如，潮州人嘴上说"爱"这个音，表示想要、需要或将要等意义，笔下通常写作"欲"字，是使用训读字。"欲"字读阳入调"育"，多用在书面语或文言色彩较浓的语词里，如"从心所欲"。

下面列举一些假借字：

108. 乜〔迷阴入〕什么。《潮语十五音》卷 4 第 36 页天部文母上入声："～，～物，～事，～个。"《明本潮州戏文五种》第 465 页《荔镜记》："有～情意。"又第 697 页《荔枝记》："生白：阿公～事。"《锦鸳鸯全歌》（潮州李万利出版）第 3 卷第 4 页下："忙步行到母亲前，便问母亲～安排。"

109. 厝〔处阴去〕房屋。《明本潮州戏文五种》第 791 页《金花女》："并无一人到～借问。"《论潮剧艺术》第 345 页《风雨三迁》："福北：（唱）老故人，言重如山，见新～，我满头大汗。"

110. 阮〔往〕我们。《明本潮州戏文五种》第 494 页《荔镜记》："旦：～明知恁假意学磨镜来～厝行。"《广东民歌选·第二辑》第 42 页王杏元《茶子树》（潮汕民歌）："茶子树，无空丛，姑嫂采摘在山间，只欲机器转得猛，～个头毛愿蓬松。"

111. 仔〔镜阴上〕《潮语十五音》卷 4 第 28 页京部求母上上声："～，凡物之小曰～，俗曰点～，块～，滴～，撮～，琴～，戏～。"《明本潮州戏文五种》第 522 页："惜～如惜金。"《潮州熟语集释》第 36 页："'猴～心性'，猴性躁，故以比喻人之急性或易动怒者。"

112. 俺〔赧〕咱们。《中国地方戏曲集成·广东省卷》第 501 页《扫窗会》："高文举：（唱）恨只恨……害 ~ 夫妻拆两地。"本条也写作同音字"赧"。《明本潮州戏文五种》第 691 页《荔枝记》："生唱：千金不足赧补报，那图共你知心相惜。"现在"赧"字已少用，常用的是" ~ "字。

113. 勥〔强阴去〕能力强，有才能。《潮州方言》第 215 页：" ~ ，有才干。"例如： ~ 人，能人。

114. 埔〔补阴平〕山坡。《潮语十五音》卷 2 第 16 页孤部边母上平声：" ~ ， ~ 陇，山 ~ ，坟 ~ ，义冢 ~ 。"

115. 吧〔ba 阳平〕《中国民间歌谣集成广东卷·潮阳县资料本》第 138 页《百鱼歌》："红鳍阿妈笑 ~ 哎。"原注：" ~ 哎，微笑。"

116. 咯〔国入声〕鸡叫声，同 71 条"喔"字。《潮语十五音》卷 1 第 42 页公部求母上入声和下入声都收有"咯"字，注曰："鸡声。"

117. 唔〔姆阳上〕不。《潮汕熟语集释》第 10 页："'西瓜 ~ 剧， ~ 知红白'，喻事物、人物要看内在、看本质。"又第 32 页："'牛角 ~ 尖 ~ 敢过岭'，喻有过硬本事，敢于摸老虎屁股，经历风险。"

118. 妎〔亩〕妻。《潮汕熟语集释》第 315 页："'衣破正是衣， ~ 死正是妻'，喻长期相伴相处，互相体贴，一旦失去，方知可贵。"本条繁体"嬷"。《论潮剧艺术》第 310 页《风雨三迁》："钱骨：哇啊，父儿嬷仔，打拆到无空无隙。"本条也写作 7 条"媌"。

119. 恁〔乃引〕你们。《明本潮州戏文五种》第 517 页《荔镜记》：" ~ 有心，阮也有意。"《论潮剧艺术》第 344 页《风雨三迁》："福北：老刘， ~ 欲开会做 ~ 去开会。"

120. 畔〔办阳平〕《潮语十五音》卷 4 第 37 页肩部边母下平声：" ~ ，半也，一物分二曰对 ~ ，半 ~ ，开 ~ 。"《书曲散记》第 46 页《〈荔枝记〉及其他》："东 ~ 出有苦孟姜，西 ~ 出有苏六娘，北 ~ 出有英台共山伯，南 ~ 出有陈三共五娘。"

121. 缶〔肺阳平〕《潮声十五音》卷 1 第 30 页归部喜母下平声：" ~ "注曰"同上"，即"磁器也，陶器也， ~ 窑， ~ 器"。

上述甲类至丁类四类本地字，基本上反映了潮州话本地字造字的一般规律。汉字是属于表意体系的文字，字形和字义密切相关。所以分析本地字的形体结构，可以帮助我们辨析字的意义。形声字兼有表意表音两种成分，一是意符（形旁），一是音符（声旁）。形声字凭字形大多只能确定字义所属的范畴。例如从提手旁"扌"（手的偏旁写法）的形声字都同手的行为动作有关。但有的形声字的意符并不能表示词义的范畴，如 39 条"喥"字与"口"无关。就多数形声字来说，音符只是表示字音，和字义没有必然的联系。例如，"旦"本是个会意字，36 条"咀"字用"旦"做声符，"咀"是说的意思，与"旦"的本义是天明、早晨无关。

会意字是表意字，其中合音会意字也有一定的表音成分。会意字一般可以通过分析字形看出字的意义。用"会意"法造出来的都是"合体字"。从字形结构上看，上述左右结合和上下结合，左右合写和上下合写等各项会意字的造字方法，分别通过排列或重叠两个字组成一个新字。从字义上看，则大体是两个字的意义的会合。从数量上看，会意造字法不如使用形声造字法那样广泛。这是由于形声造字法既有事物的意义类属，又有标音成分的缘故。字里有标音成分体现了汉字发展的表音化趋势，所以占优势。

戊类是利用现成的汉字来表示方言词，以避免另造新字。这是一种节制文字孳生的方法，但要注意理解假借字所包含的假借义，以区别于原来的字义。

本地字是记录方言的文字，大多具有特殊性和地方性，从总体上看，其区域分布往往和方言区的划分大体上是一致的。所以，本地字的深入研究，在一定程度上也可以为方言研究提供重要的资料和有益的例证。本地字的一致与否，也是区别方言亲疏关系的标志之一。

中华文化是地方文化的总和，是一个璀璨的宝库。潮州话的本地字土生土长，"约定俗成"，丰富多彩。从文字传播效果看，潮州话本地字也是潮州人民的文化财富，可以说是对汉字宝库起了补充作用。从发展的眼光看，潮州话的本地字必将随着潮州地区经济、文化的日益繁荣，遵循"约定俗成，优胜劣汰"的自然规律，继续发挥长久的生命力和影响力。

潮州话的本地字源远流长，作为一种社会文化现象，必将代代相传，长期流传下去。

第十二章　潮州方言本字举例略说*

本章所说潮州话是广义的说法，是指通行于广东东部地区潮州市、汕头市、揭阳市及其所辖市县区的方言。该地区说潮州话的人口有一千多万。从汉语方言分区来说，潮州话属闽语闽南区潮汕小片。

潮州话虽属闽南话，古知彻澄三母读如端透定三母，但有着独有的地区特色和浓烈的乡土韵味。潮州话有 18 个声母，［b l g］和［m n ŋ］是两套不同的声母，不能合并，即所谓 18 音。如刘绎如在地方韵书《新编潮声十八音》（大众出版社，1936）一书的序里说："十五音之字母，即今之所谓声母。十五音以'柳边求去地'等十五字为声母，而潮音应有十八声母，方足运用。"该书中所列十八音的 18 个例字是：波［p］，粕［p·］，毛［m］，无［b］，各［k］，克［k·］，岳［ŋ］，曷［h］，大［t］，台［t·］，乃［n］，来［l］，子［ts］，此［ts·］，史［s］，耳［z］，乙［Ø］，玉［g］。这是潮州话和某些只有 15 个声母的闽南方言的显著差别。潮州话韵母数量较多，有口音韵和鼻音韵之别，鼻音韵尾有［m ŋ］两个，入声韵尾有［ʔ p k］之分，声调有八类，平上去入各分阴阳，语音系统整齐。

潮州话训读字多，方言俗字（本地字）多，多音字多，尤其是字音的文白异读特别丰富。这是潮州话的语音特点。潮州话口语里保存着一些古词，有的字语言和文字已失去联系，只是口耳相传，一代传一代，现在只知道说法，不知道写法。因此，探求若干口语字音的本字，客观上有需求，既有现实意义，也有学术价值。本章分三节：（一）循音求字，以字证音，（二）本字举例略说，（三）结语。

---

* 原载《第六届潮学国际研讨会论文集》（澳门潮州同乡会，2005 年 11 月），略有修改。

一 循音求字 以字证音

一个字的字形字音字义是一个完整的结合体。表示词的本音本义的字称为本字。反切是我国传统的一种注音方法。这就是说，字音在古代是用反切来表示的。所谓反切是用两个汉字即反切上字和反切下字合起来为一个汉字注音。从古音的音韵地位看，被切字的声母和反切上字相同，被切字的韵母及声调的平上去入和反切下字相同。从今音并结合古音演变看，反切上字管被切字的声母和声调的阴阳之分，反切下字管被切字的韵母和声调平上去入的区分，上字下字拼合就是被切字的读音。现代方言的字调分类，主要是由古四声和古声母的清浊决定的。一般规律大致是：古清声母字今读阴调类，古浊声母字今读阳调类。比如"东，德红切"，潮州话白读［taŋ］阴平，读如潮音"冬季"的"冬"，文读［toŋ］阴平，读如潮音"麦冬"（一种中药）的"冬"。又如"同，徒红切"，潮州话白读［taŋ］阳平，读如潮音"铜"，文读［t'oŋ］阳平，读如潮音"童"。

《广韵》是官修韵书，成书于宋大中祥符元年（1008）。《集韵》也是官修韵书，成书于宋宝元二年（1039），比《广韵》晚 31 年。《广韵》《集韵》一系韵书全面而详尽地记录了古代汉语的语音系统，审音精密，兼赅古今南北，逐字定音，记以反切。古今字音有变化，以《广韵》《集韵》之反切审音，可以通今音。语音是不断演变的。虽然古音今音不同，我们仍然可以从韵书里的反切来看字的音韵地位和拼出读音来。但现今若要运用反切来拼读某一个字的方言字音，必须先结合该方言语音系统和结构，和古今语音演变的一般规律去进行推断，然后才能拼出该字正确的读音来。

要考证本字，必须依循字音可能的来历，仔细考察字书上和韵书里与之相关的字的反切。以"虹"字为例来说，彩虹潮州话叫做"虹"［k'eŋ］阳上，读如潮音"杏"。有人认为这是训读。比如《潮语十五音》（汕头新华书局，1938）一书卷二经部去音下上声"虹"字下注曰："原音洪，俗呼曰虹，用其义也"。按"俗呼曰虹，用其义也"。这句话的意思是说，"虹"这个字是借用的训读字，潮州话口语训读为潮音"杏"。《广韵》"虹"字只有平声户公切和去声古巷切两种读音，《集韵》"虹"字也只有平声胡公切和去声古巷切两种读音。《广韵》《集韵》都未见"虹"字有上声的读法。颜森编纂《广集韵谱》（江西人民出版社，2005）东韵匣母户公切下有"虹"字，注曰："螮蝀也。"绛韵见母古巷切下也有"虹"字，注曰"螮蛛。一曰县名。"董韵匣母胡孔切和户孔切下都未见有"虹"字。宋吴棫撰《宋本韵补》［据辽宁省图书馆珍藏宋刻本缩印，刻书时间约在宋孝宗乾道年间（1165～1173），中华书局，1987］卷第三上声董韵收有"虹"字，注曰："户孔切，蟠蛛也。"明张自烈、清廖文英《正字通》［据清康熙九年（1670）序弘文书院刊本影印，中国工人出版社，1996］申集中虫部"虹"字下注明又音曰："又董韵洪上声。"南北朝顾野王撰、宋陈彭年等重修《大广益会玉篇》（下文简称《玉篇》，丛书集成初编本，据小学汇函本影印，商务印书馆，1936）卷第二十五虫部："蟠，丁计切，蟠蛛，虹也。"按《宋本韵补》"虹"字"户孔切"，反切上字"户"属匣母字，古匣母字今潮州话可以读［k·］声母，比如"荦"（户耕切）潮音［k'eŋ］阳平；反切下字"孔"属东韵，古东韵（举平以赅上去）今潮州话可以读［eŋ］韵，比如"宫"　（居戎切）潮音［keŋ］阴平。潮州话与户孔切一音相符的"虹"字才是本字。因此这个字才读［k·eŋ］阳上，读如潮音"杏"。北京话"虹"字用户公切的音，读［xoŋ］阳平，与潮州话"虹"字从户孔切的来历不同，所以字音不同，声调有别，只是字形字义相同而已。

如上所述，必须循音求字，以字证音，才能探求出本字来。循音求字，就是探明某个字音究竟应该写哪个字。以字证音，就是说明所写的某个字，按其反切拼读与今音今义恰好相符，确实是本字。

二　本字举例略说

本书以潮州话的实际口语为出发点，对要讨论的字，先列出字形，用国际音标注以潮音标调类，然后举出方言词语，说明方言常用义，并以韵书（包括方言韵书）和字书等文献为书证，意在探讨若干字音的本字，其中有的字音是现在口语里知道怎么说，书面上不知道怎么写。在考证本字的本音时，按循音求字以字证音的意向，着重从潮州话的语音系统联系古今语音演变的一般规律来考察。必要时，也分别和北京话、闽南话相对比。对于若干方言俗字（本地字）和训读字的本字，则结合相关的字做了一些说明和辨正。

本节例字的排列分为 18 个单字条目，大致按字的部首笔画多少为序，个别字因与某一条目讨论的内容相关则不受此限。对形同而音义不同的，附在相关条目下一并讨论，不分立条目。单字条目所用汉字字体以通行的为准，异体字在行文中说明，个别条目加括号附列在正体之后。

1 剌 [tsʰiaʔ] 阴入，手工织网。潮州话说"剌网"，刺绣说"剌花"，剌痒说"剌咬"，"剌"字读如潮音"赤"。《广韵》入声昔韵："剌，穿也"，七迹切。以上"剌"字阴入 [tsʰiaʔ] 一读从七迹切。"刺"字从七赐切有文白两读，文读 [tsʰu] 阴去用于书面语，读如潮音"趣"，如"刺史"；白读 [tsʰi] 阴去用于口语，读如潮音"试"，如长刺潮州话说"生刺"，黄瓜叫做"刺瓜"。《广韵》去声寘韵："刺，针刺。《尔雅》曰：'刺，杀也。'……束，木芒……莿，草木针也"，七赐切。汉扬雄记、晋郭璞注《方言》[可称《辂轩使者绝代语释别国方言》，抱经堂校定本，乾隆甲辰（1784）杭州刻本，北京直隶书局影印，1923] 卷三："凡草木刺人北燕朝鲜之间谓之茦……自关而西谓之刺……"汉许慎撰、清段玉裁注《说文解字注》（据经韵楼原刻本略加工整理缩小影印，上海古籍出版社，1981）第一篇下艸部："茦，莿也。"段玉裁注曰："木芒曰束，草芒曰茦。""茦"字《集韵》七赐切。《玉篇》卷十七刀部："刺，且利切，杀也，又七亦切，针刺也。"去声"刺、束、莿、茦"四字同音，义也相通，今写作"刺"。宋贾昌朝撰《群经音辨》（丛书集成初编本，中华书局，1985）卷六辨彼此异音："剚谓之刺，七亦切，伤谓之刺，七赐切。"按且利切相当于七赐切，七亦切相当于七迹切。"刺"字自古就有去声入声之别，潮州话一直延续下来，北京话只保留去声一读。"刺"字潮州话还可以当训读字用，详见下条"㨫"字。

2 㨫 [tsʰŋ] 阴去。"刺"字还有 [tsʰŋ] 阴去一读，那是借其字义训读，比如"刺客、行刺、刺激"的"刺"都这么读。其实 [tsʰŋ] 阴去一音另有本字。《集韵》去声漾韵："㨫，刺也"，七亮切。按七亮切，反切上字"七"属古清母字，潮州话今读 [tsʰ] 声母符合常例，反切下字"亮"属古阳韵（举平以赅上去），今潮州话可以读 [ŋ] 韵。比如"肠" [tŋ] 阳平，"秧" [ŋ] 阴平，又如告状的"状" [tsŋ] 阳去。"㨫"字 [tsʰŋ] 阴去一音与七亮切相合。"㨫"字就是"刺"字训读为 [tsʰŋ] 阴去的本字。"刺客、行刺"和"刺激"，实为"㨫客、行㨫"和"㨫激"。

3 塥 [kʰak] 阴入，读如潮音"殼"。土坯潮州话叫做"塗塥"。《广韵》入声锡韵："塥，土塥"，古历切。"古历切"的反切上字"古"属见母字，古见母字潮州话今读 [k kʰ] 声母和零声母 [Ø]，读 [kʰ] 声母的如"奇"（奇数）[kʰia] 阴平、"挂"（挂念）[kʰua] 阴去、"瓜"（瓜子）[kʰue] 阴平、"告"（告示）[kʰo] 阴去等字，还有"柏擊"（打擊）的"擊" [kʰek] 阴入，声母也读送气音 [kʰ]，尤其是"擊"字与"塥"字的反切相同，可供参证。按"古历切"的反切下字"历"属锡韵，古锡韵字潮州话可以分别读［eʔ oʔ iaʔ iʔ ak ek ok iok］等韵母，读［ak］韵的字如"踢"［tʻak］阴入。汉语大字典编辑委员会编《汉语大字典》（四川辞书出版社、湖北辞书出版社，1986）第一卷土部"墼"字条目注曰："……砖坯；土砖。……明杨慎《丹铅续录拾遗·周纥筑墼》：'《字林》：砖未烧曰墼。《埤苍》：形土为方曰墼。今之土砖也，以木为模，实其中。'"潮州话"墼"字的音义都和古历切相符。

4 奓［pʻā］阴去，这是"奓"字的白读音，读鼻音韵，读如潮音"怕"，鼓起而松软，虚而不实的意思，当地人习用本地字写作"奵"。比如"奵粟"是指秕谷子。"奵炭"是指粗大重量轻而不耐烧的木炭。用爆米花加糖料等做成的方块糕点，潮州话叫做"奵方"，此类糕点往往是体积大而份量小。《潮语十五音》柑部颇音上去声收有"奵"字，注曰："不实曰奵空，又如谷之奵。"闽南方言韵书也收有"奵"字，如《渡江书十五音》（据抄本影印，编者不详，李荣序，东京外国语大学亚非言语文化研究所出版，1987）暴韵上去声波母下有"奵"字，注曰："空奵，奵奵。"（"奵"字也是闽南话包括潮州话在内的本地字，坚硬、硬实的意思）从方言韵书的对比可以看出，闽南话"奵"字的音义相当于潮州话的"奵"，并且由此可见，"奵"字在广泛使用和长期流传中，已为闽南话地区包括潮州话地区的大众所认可。其实"奵"字的本字就是"奓"字。《集韵》去声效韵："奓，披教切。《说文》：'大也。'"《说文解字注》第十篇下大部："奓，大也。"段玉裁注曰："此谓虚张之大。"

"奓"字又读［pʻau］阴去，这是"奓"字的文读音，读口音韵，读如潮音"炮"。夸夸其谈说大话，潮州话说"车大奓"，当地人惯用同音字"炮"替代"奓"字写作"车大炮"。其实这里"炮"（同音替代）的本字就是"奓"字。不同的是，这里"奓"字读口音韵，用的是文读音，而且与上述读鼻音韵的白话音"奓"字意义有别，用法不同。《正字通》丑集下大部"奓"字下注曰："又大也，方言以大言冒人曰奓。"

5 喙［tsʻui］阴去，这是"嘴"这个训读字的本字。无论人的口或鸟兽虫鱼的嘴，潮州话都叫做"喙"，读如潮音"碎"，通常写作训读字"嘴"。"喙"字也用于引申义，比如"疮口"潮州话叫做"疮喙"。《广韵》去声废韵："喙，口喙，许秽切，又昌芮切。"潮州话"喙"字口语从昌芮切，读［tsʻui］阴去；单字读书音从许秽切，读［hui］阴去。"嘴"字即委切，潮州话平常不用这个字的本音。"嘴"字潮州话一律训读为"喙"［tsʻui］

阴去。

6 嘮［pʻa］阴平，读如潮音"脬"。说话不实，夸大其词，潮人谓之"四散嘮"或"嘮三领四"。《集韵》平声爻韵："嘮，言不实而夸"，披交切。潮州话"嘮"字的音义与披交切相符。

7 㰤［hia］阴平，读如潮音"靴"。水瓢潮州话叫做"匏㰤"。《广韵》平声支韵："桸，杓也"，"蠵，蠡名"，许羁切；戈韵："蠡，瓠瓢也"，落戈切。《集韵》平声支韵："㰤，蠡也，或作蠵；瓢，瓠瓢也；桸，杓也"，虚宜切。《正字通》辰集中木部："㰤，虚欺切，音希，蠡也，即今瓢杓。""桸，虚欺切，杓也"；又午集上瓜部："瓢，虚期切，音希，瓠瓢。"《方言》卷五："蠡音丽，案即蠡字，音礼，陈楚宋魏之间或谓之单，或谓之㰤音义，或谓之瓢。"郭璞注曰："瓠杓也"，"今江东通呼杓为㰤。"桸、蠵、㰤、瓢四字同音，义也相通，今写作"㰤"。

8 橛（橜）字有文白异读，文读［kʻik］阳入，是木橛子的意思。比如拴牛的短木桩，潮州话叫做"牛橛"。《广韵》入声月韵："橜，《说文》杙也……亦作橛"，其月切。"杙"是指小木桩。清王念孙（1744~1832）撰《广雅疏证》（据上海图书馆藏清嘉庆本影印，上海古籍出版社，1983）卷第七上释宫："橛……杙也。"王念孙注曰："今俗语犹谓杙为橛……凡木形之直而短者谓之橛。"

橛字白读［kueʔ］阳入，俗写"半"字，潮州话管事物之半段、半截儿叫做"半半"。《潮语十五音》卷三瓜部求音下入声收有"半"字，注曰："物之一半曰半，半半，短半。""半"是方言俗字，取"半"字字形之上半，表示某一事物被分割开的一小段，一小截儿，其实就是"橛"字的白读音，只是其白读音掩盖了本字并与之脱节而已。

9 褐［kueʔ］阳入，读如潮音"半"（本地字），即与上一条目"橛"字的白读同音。比如短裤潮州话叫做"裤褐"，俗为"裤半"。有人以为本例用字即上条"半"字，实际上这是同音替代，而另有本字。司马光等编撰《类篇》（约于宋英宗治平三年编成，据姚刊三韵本影印，中华书局，1984）卷第八中卷之二十三衣部："褐……又其月切，短衣。"《集韵》入声月韵其月切下"褐"字也注曰："短衣。"由此可见，本条"褐"字与上条"橛"字反切相同，但字义不同。"裤半"的"半"其本字就是"褐"字，"裤半"实为"裤褐"。

10 治直之切［tʻai］阳平，读如潮音"台"，杀的意思。潮州人如果用当地方言写白话文，就会用上一些本地字和训读字。比如"刣鸡教猴"是杀鸡给猴看的意思。杀潮州话说为［tʰai］阳平，俗写"刉"字。潮汕地方韵书，如《潮语十五音》卷二皆部他音下平声，和陈复衡编纂《潮汕注音字集》（汕头大潮社发行，汕头铸字局印刷，1928）声韵切音云部历韵下平声都收有"刉"字。立切儿"刂"是形旁，"台"是声旁，合成"刉"是一个本地字，半边表音半边表义，声符同音（读半边）。"刉"的本字即古平声之韵直之切的"治"字。①《说文解字注》第四篇下刀部："剞，楚人谓治鱼也。"《玉篇》卷十七刀部："剞，割也。"《广韵》入声屑韵："剞，割治鱼也"，古屑切。潮州话管"剖鱼"叫"刉鱼"，"刉"就是直之切的"治"。"治"字另有去声志韵直更切一读，那是音义与本条不同的另一个字，读如潮音"地"。

11 洎［pʰĩ］阳去，读如潮音"鼻"，鼻涕的意思。比如流鼻涕，潮州话说"流洎"，说"洎流流"是形容断断续续接连流鼻涕的样子。《正字通》巳集上水部："洎……旧注涕也，与泪义近，改音鼻，非六书无洎。"《玉篇》卷十九水部："洎，音鼻，涕也。""洎"字就是潮州话读音"鼻"表示鼻涕意义的本字。

12 潘（潘）［pʰuŋ］阴平，潮州话管泔水叫"潘"，泔水缸叫"潘缸"。《潮语十五音》卷一君部颇音上平声收有"潘"字，注曰："米之水曰潘。""潘"字可能是俗体。辽释行均编《龙龛手镜》（以高丽版影印辽刻《龙龛手镜》为底本影印，卷二上声及缺页补之以《四部丛刊》续编本，中华书局，1985）上声卷（按上声卷是指该卷部首都属上声字，同一部首下再分平上去入）第二米部第十五平声收有"潘"字，注曰："米汁也。"《玉篇》卷十九水部："泔，古三切，潘也。"《广韵》平声桓韵："潘，淅米汁，又姓……普官切。"《集韵》平声元韵："潘，米澜也，或作潘"，孚袁切。《群经音辨》卷四辨字同音异："澜，大波也，力干切；澜，米潘也，刀旦切。"《广韵》平声元韵："潘，米汁"，孚袁切。清周兆基辑《佩文诗韵释要》［据光绪十二年（1886）陆润庠刻本影印，上海古籍出版社，1982］卷一上平声十三元韵："潘，米汁，亦作潘。"《广雅疏证》卷第八上释器："泔，潘，澜也。"王念孙注曰："《说文》：'澜，潘也。'……澜与澜同。潘，《玉篇》音孚袁切。《说文》：'潘，淅米汁也。'……《众经音义》云：'江北名泔，江南名潘。'"指泔水的"潘"读［pʰuŋ］阴平是白读音，从潮州话看，可能来自山摄合口三等元韵孚袁切，山摄合三等仙韵"船"字读

---

① 请参阅罗杰瑞《闽语里的"治"字》，《方言》1979 年第 3 期。

［tsuŋ］阳平是白读音可供参证。姓潘的"潘"来自普官切读［pʻuā］阴平也是白读音。

13 烌［hu］阴平，炉灰、灶灰潮州话都称为"火烌"，有人写作"火灰"，"灰"字训读，读如潮音"墟"。比如《潮汕注音字集》声韵切音厂部 x 音上平声就列有"灰"字，这显然是训读音，其实本字就是"烌"字。《类篇》卷第十中火类："烌，虚尤切，吴俗谓灰为烌。"古尤韵字潮州话今读［u］韵的，有"浮"［pʻu］阳平、"牛"［gu］阳平等字。"烌"字潮州话读［hu］阴平，与虚尤切相合。"灰"字从呼恢切有文白两读，"灰色、灰心"的"灰"字读［hui］阴平，读如潮音"辉"是文读；"灰窑"（石灰窑）、"灰工"（瓦匠）的"灰"字读［hue］阴平，读如潮音"花"是白读。

《渡江书十五音》朱韵目上平声喜母下有"炋"字，注曰："火炋。"按"火炋"就是炉灰、灶灰的意思，音义都与潮州话的"火烌"相符合。据查，"炋"字意义与字书不合。"炋"像是民间仿造的利用声旁以读半边的方言俗字，实际上"炋"的本字也是"烌"字。

14 戇字潮州话有两个读音，两个读音各有来历，反切不同。第一个读音［kʻoŋ］阴去，愚蠢、傻潮州话说"戇"，读如潮音"控"。《说文解字注》第十篇下心部："戆，愚也。"《集韵》去声送韵："戆，呼贡切，憃戆，愚也。"《类篇》第十下卷之三十心部："憃，卢贡切，憃戆，愚也。"第二个读音［koŋ］阴去，对傻而不灵活的人，潮州话称为"柴大戇"，"戇"字读如潮音"贡"。《集韵》去声送韵："戆，憃戆，愚也"，古送切。两个"戇"字读音不同，今音的区别只在于声母的送气不送气，前者从呼贡切，今声母送气，后者从古送切，今声母不送气。虽然两者字形字义相同，字音也相近，但两者用法却有所区别。

比如从古送切的"戇"字口语里不用作单音词。

北京话"戆"字从陟降切，读如京音"壮"，用于书面语"戆直"等词语。"戇"字还有一个读法多用于吴语方言，北京话折合方音读如京音"杠"，但反切未详。比如吴语方言上海话和苏州话都有"戇"（傻）、"戇大"（傻瓜）、"戇头戇脑"（愣头愣脑）等词语。但上海话和苏州话"戇"字的声母不读［k kʻ］，而是读为全浊声母［g］，就吴语方言古今语音演变的一般规律而言，不像是来自呼贡切和古送切的"戇"。对比闽语方言和吴语方言今声母的清浊和送气与否来看，吴语方言"戇"字的反切上字有可能来自古全浊声母群母字，来历待考。

15 蛺 [iaʔ] 阳入，读如潮音"驿"，蝴蝶、飞蛾类的统称。蝴蝶潮州话叫做"美蛺"，"美"字在"美蛺"这个词里用白读音，读如潮音"尾"[bue] 阴上。《广韵》入声帖韵："蝶，蛺蝶。"《说文解字注》第十三篇上虫部："蛺，蛺蜨也"，段玉裁注曰："今俗云胡蝶。"又"蜨，蛺蜨也"，段玉裁注曰："俗作蝶。"《类篇》卷第十三中"蛺"字下注曰："蛺蜨，虫名，胡蝶也……又辖夹切。"按辖夹切，反切上字"辖"属匣母，古匣母字今潮州话可以读零声母，比如"画"[ue] 阳去，反切下字"夹"属古咸摄开口二等洽韵字，匣母字逢二等韵在今韵母的主要元音前面是否带 [i] 介音两可。潮州话"蛺"字读零声母 [iaʔ] 韵阳入，音义都和辖夹切相符。

16 蔫 [iaŋ] 阴平，鱼、肉等食物不新鲜，潮州话谓之"蔫"，读如潮音"殃"。比如说"撮鱼蔫了"。意思是说，这些鱼不新鲜了。《广韵》平声仙韵："蔫，物不鲜也"，於乾切。潮州话"蔫"字的音义与於乾切相符。此"蔫"字北京话口语里不用，潮州话说"蔫"[iaŋ] 阴平，北京话就说"不新鲜"，意思完全一样。

蔫 [ŋiaŋ] 阴平，这个字与以上"蔫"[iaŋ] 字字形相同，但字音字义不同。鲜花、蔬菜、水果等发蔫萎缩，潮州话谓之"乾蔫"，"乾"字训读 [ta] 阴平，"蔫"字读 [ŋiaŋ] 阴平。《钜宋广韵》平声元韵："蔫，菸也，谒言切。"《类篇》卷第一中卷之二艸部上："菸……蔫，菸败也。"按以上"菸"字从《集韵》衣虚切，枯萎之意。["菸"字如指烟草，则从《广韵》乌前切]《方言调查字表》（中国科学院语言研究所编辑，科学出版社，1955）元韵平声影母处"蔫"字下注曰："花萎。"丁声树编辑、李荣参订《古今字音对照手册》（中华书局，1981）ian（13）韵部 niān 阴平"蔫"字下注曰："花蔫了"，谒言切，北京话读为 [nian] 阴平。对比潮州话和北京话来看，此"蔫"字潮州话读鼻音声母 [ŋ]，[iaŋ] 韵，北京话读鼻音声母 [n]，[ian] 韵，又都是阴平字，可能本字是同一个字。由今及古，假定该字的反切上字属古疑母，就与今音比较切合。"蔫"字谒言切，反切上字属古影母，今却读鼻音声母尚存疑点。本文姑且认为该字读法特殊，也在此一起讨论。

17 饯 [tsiã] 阴上，食物味道不咸或不浓潮州话谓之"饯"，读如潮音"整"，通常写"淡"字训读。咸淡潮州话说"咸饯"，淡而无味说"白饯"。《广韵》上声琰韵："饯，食薄味也，子冉切。"《龙龛手镜》入声卷第四食部第十八上声："饯，子冉反，食薄味也。"清谢秀岚编《雅俗通十五音》[清嘉庆二十三年（1818），文林堂刊本] 惊韵上上声"饯"字注曰："食味薄也。"该书惊韵相当于漳州话、厦门话的 [iã] 韵，上上声就是指阴上。三书"饕"字音义均与现今闽南话包括潮州话相符。从闽语方言内部比较看，"饕"字应来自三等韵，本字当据《广韵》和《龙龛手镜》子冉切作"饕"。

18 齬 [ŋũ] 阴上，读如潮音"语"。"咀话咀着齬齬"是一句通俗的潮州话，"咀"是方言俗字，说的意思，"齬齬"是形容人发音不正，语音不纯，整句话的意思是指说本地话方音不纯，和"本土化"有一定差距。《龙龛手镜》上声卷第二齿部第十八平声："齬……又音语，龃齬，不相当也。"《广韵》上声语韵："齬，龃齬，不相当也……《说文》曰：'齬，齿不相值也。'语巨切。"杨维增《字义声韵辨异》[清光绪二十一年（1895）寿州刻本] 上声语韵："齬，牙齿上下不合，又语言不合曰龃齬。"潮州话"齬"字的音义都和语巨切相符。

三　结语

潮州历史久远悠长，文化积淀深厚。自古潮州多文化，潮州文化是我国灿烂文化中的一颗明珠。潮州话以特有的声韵调，一字一句，一腔一调，世代口耳相传，后来，方言俗字和训读字在书面上对汉字宝库起了补充作用，并和用潮州话道白与演唱的潮剧、民间口头唱本潮州歌册一起发挥了辅助功能，伴随着历史的足迹，千百年来的承继和传扬，演变出富有一定特色的方言。潮州话字音文白复杂，语音变化多端，词语丰富多彩，富有地方特色，在汉语方言中，对非闽南语地区的人而言，一向以难懂难学而著称。潮州话的鲜明特色，也反映了潮汕地区独特的传统和文化。潮州话是潮州文化具有鲜明特色的重要组成部分。

方言音义相随，闻音知义，但时常会碰上一些语言成分只知道说法，不知道写法，某个字音究竟该写哪个字没有着落，在书写上带来很多不便，对方音词语，真是"开口容易下笔难"。潮州话保存着不少古音古词，单就本字而言，潮州话还有好多字音的本字有待于进一步探求和考证。由此可见，要深入研究潮州话，进行方言的历史比较研究是必不可少的。比如潮州话今音和古音的关系，语音演变的规律等等，都需要进一步深入探讨。考求本字只是其中的研究内容之一，何况还做得很不够。总之，潮州方言的历史比较研究还有很多工作要做，我们尚须继续努力。

清文字训诂学家、经学家段玉裁（1735～1815）在给清音韵训诂学家王念孙（1744～1832）《广雅疏证》一书作序时写道："小学有形有音有义，三者互相求，举一可得其二，有古形有今形，有古音有今音，有古义有今义，六者互相求，举一可得其五。"又曰："圣人之制字，有义而后有音，有音而后有形。学者之考字，因形以得其音，因音以得其义，治经莫重于得义，得义莫切于得音。"这一番话对方言的历史比较研究和本字的考求很有指导意义和参考价值，就权且引用来做本文末了儿的结束语罢。

参考文献

丁声树等：《现代汉语语法讲话》，商务印书馆，1961。

李荣编译《北京口语语法》，开明书店，1952。

吕叔湘：《汉语语法分析问题》，商务印书馆，1979。

朱德熙：《语法讲义》，商务印书馆，1982。

赵元任：*A Grammar of Spoken Chinese* 1968，Berkeley《汉语口语语法》，吕叔湘中译本，商务印书馆，1979。

吕叔湘主编《现代汉语八百词》，商务印书馆，1980。

丁声树等：《现代汉语语法讲话》，商务印书馆，1962。

朱德熙：《现代汉语形容词研究》，《语言研究》1956 年第 1 期。又收入作者《现代汉语语法研究》，商务印书馆，1980。

赵元任：《北京口语语法》（李荣据《国语入门》节译，单行本，又作为李荣《语文论衡》第 187~215 页附录），商务印书馆，1982。

陈亚川、郑懿德：《福州话形容词重叠式的音变方式及其类型》，《中国语文》1990 年第 5 期。

陈亚川、郑懿德：《汉语集锦》，北京语言学院出版社，1993。

黄侃：《声韵略说》，载《黄侃论学杂著》，上海古籍出版社，1980。

孟琮：《北京话的拟声词》，载中国语文杂志社编《语法研究和探索》（一），北京大学出版社，1983。

马庆株：《拟声词研究》，载南开大学中文系编《语言研究论丛》第四辑，南开大学出版社，1987。

朱德熙：《潮阳话和北京话重叠式象声词的构造》，《方言》1982 年第 3 期。

张盛裕：《潮阳方言的重叠式》，《中国语文》1979 年第 2 期。

张盛裕：《潮阳方言的语音系统》，《方言》1981 年第 1 期。

张盛裕：《潮阳方言的象声字重叠式》，《方言》1982 年第 3 期。

陆志伟等：《汉语的构词法（修订本）》，科学出版社，1965。

（宋）陈彭年等编《宋本广韵》（张氏重刊，泽存堂藏版），北平来薰阁影印，1934。

（宋）陈彭年撰《钜宋广韵》［据上海图书馆藏，宋孝宗乾道五年（1169）闽中建宁府黄三八郎书铺刊本影印］，上海古籍出版社，1983。

（宋）丁度等撰《集韵》（万有文库第二集七百种，附校楝亭藏本，方成珪《集韵考正》），商务印书馆，1937。

（宋）丁度等编《集韵》（据上海图书馆藏，述古堂影宋抄本影印），上海古籍出版社，1983。

（宋）司马光等编撰《类篇》（据姚刊三韵本影印），中华书局，1984。

（汉）许慎撰、（清）段玉裁注《说文解字注》（据经韵楼藏版略加整理缩小影印），上海古籍出版社，1981。

图书在版编目（CIP）数据

潮阳方言研究/张盛裕著．—北京：社会科学文献出版社，
2016.3
（中国社会科学院老年学者文库）
ISBN 978 - 7 - 5097 - 8077 - 0

Ⅰ.①潮…　Ⅱ.①张…　Ⅲ.①闽南语 - 方言研究 - 潮阳县
Ⅳ.①H177.2

中国版本图书馆 CIP 数据核字（2015）第 225644 号

中国社会科学院老年学者文库

潮阳方言研究

著　　者 / 张盛裕

出 版 人 / 谢寿光
项目统筹 / 宋月华　李建廷
责任编辑 / 关志国　李建廷

出　　版 / 社会科学文献出版社·人文分社（010）59367215
　　　　　 地址：北京市北三环中路甲 29 号院华龙大厦　邮编：100029
　　　　　 网址：www.ssap.com.cn
发　　行 / 市场营销中心（010）59367081　59367018
印　　装 / 三河市尚艺印装有限公司

规　　格 / 开　本：787mm × 1092mm　1/16
　　　　　 印　张：16　字　数：275 千字
版　　次 / 2016 年 3 月第 1 版　2016 年 3 月第 1 次印刷
书　　号 / ISBN 978 - 7 - 5097 - 8077 - 0
定　　价 / 79.00 元